能量石
與誕生石
全書

西洋占星術 × 脈輪解說133種礦石・366天生日！

八木麻恭子【著】
須田布由香【著】
玉井宏【監修】

U0072718

Prologue

從數字中找出意義或特定的力量，藉此解讀各種事物的方法稱為「數祕術」；而受到數祕術的影響，從星象配置分析一個人的人格特質和命運的方法則稱為「西洋占星術」。本書中不同生日的性格分析及命運發展傾向等內容，基本上都是由這兩種占卜的結果所構成的。

首先將一年三百六十六天分成八十四個星區，度數相近的四～五天為一區。性格分析會仔細介紹每個星區的基本性格，以及在愛情・人際關係、事業、金錢等不同主題進行說明。其次則會為每個生日做個別分析，為當日壽星的人格特質和命運添加更詳細的說明。速配表則使用了結合數祕術與莎比恩占星術（Sabian Astrology，將黃道分成三六○度，並為每一度賦予不同詩句及意涵的占卜）的特殊手法。

此外，本書的獨家賣點在於提供豐富的守護石選項。透過從多種不同的角度分析每個星區，選出四種基本守護石，以及符合三種不同主題的礦石，一個主題兩種，所以總共十種。

佩戴能量石的時候，佩戴者對礦

石的喜愛比礦石本身的效果更重要。為了讓拾起本書的每一位讀者都能找到自己喜歡的石頭，我們盡可能準備了最豐富的選項。

　　這十種守護石除了提供給生日對應到各星區的讀者作為參考，其他人也可以藉由不一樣的方式加以利用。一種是當成「適合在這天使用的石頭」，從而了解每一天的能量適合和哪些礦石搭配。舉例來說，假如今天是四月二十日的話，「四月二十日～四月二十三日」的守護石（尤其是四月二十日的兩種）就有助於提升運勢。另一種則是用於「書本占卜」（bibliomancy），也就是隨便翻開本書的其中一頁，則該頁的礦石將會帶你找到解決煩惱的答案。

　　除了守護石之外，本書還介紹了適用於不同目的的礦石，以及書中提及的所有礦石的基本資訊，更網羅了為能量石初學者所準備的礦石基本知識。本書濃縮集結了各種要素，希望各位讀者都能隨自己喜歡的方式加以利用。

關於占卜和守護石

本書介紹的星區＆生日性格占卜，
皆是根據西洋占星術及數祕術分析後得到的結果。
也請一併參考按能量及人格特質挑選出來的守護石。

◢ 西洋占星術

西洋占星術起源自古巴比倫，是經由地中海世界傳入歐洲的一種占卜術。從某個特定時間點（例如某個人的出生時間等）的星象配置，解讀現在狀態和未來發展，觀看當事人的人格特質及命運走向。

西洋占星術會用到十種天體（月亮、水星、金星、太陽、火星、木星、土星、天王星、海王星及冥王星）。將太陽的行進軌跡「黃道」切成十二等分，透過天體在十二星座（牡羊座、金牛座、雙子座、巨蟹座、獅子座、處女座、天秤座、天蠍座、射手座、魔羯座、水瓶座及雙魚座）上的位置以及彼此之間的相對關係來判斷狀態。這時用到的圖叫「天宮圖」（horoscope）。

占星術利用天宮圖上的星象配置進行占卜，而每個天體所代表的主題也各不相同，因此在占卜特定主題時，會以該天體為中心進行解讀，例如從太陽看人生、從月亮看感情、從火星看行動力和競爭力等等。此時，由於「太陽」這個天體一年繞行黃道一周，代表太陽每年都會在同樣的時間點走到黃道上的同一個位置（星座），例如五月五日出生的人，太陽落在黃道上的金牛座。這種劃分被用

各天體分別對應的主題

- ☉ 太陽：長期目標、人生方向、工作
- ☽ 月亮：性格（內在傾向）、日常處事
- ☿ 水星：知性、溝通能力
- ♀ 金星：享受各種事物的能力和方法
- ♂ 火星：行動力、活力、競爭力
- ♃ 木星：善意、資質、成長／發展性
- ♄ 土星：限制、重視規則、實現目標的想像
- ♅ 天王星：重視個性／獨立性
- ♆ 海王星：幻想、夢、與「無意識世界」的相處之道
- ♇ 冥王星：極端、強制力、領袖特質

於現今刊登於雜誌上的一般星座運勢占卜，因此，雜誌的星座運勢可說是從西洋占星術所使用的太陽位置算出來的。

然而，並非所有牡羊座（太陽落在牡羊座）的人都有相同的命運。一如前述，星座是將黃道分成十二等分，也就是十二個三十度的區塊，這些區塊還可以再細分成星區，每個星區都有各自的不同之處和故事發展。本書聚焦在星座內部的變化，將星座分成星區，細看對應的人格特質。

除此之外，關於每一天的描述，則是融合了將黃道分成三六〇度，並為每一度賦予詩句及意涵的特殊手法「莎比恩占星術」，以及使用生日數字占卜的「數祕術」，更深入地分析在這天生日的壽星有什麼樣的人格特質和命運。其中包含你已經有自覺的部分、未來才會出現的部分以及無意識顯露出來的部分。假如是優點，你可以特別注意這些地方以增強該特質；縱使是缺點，你也可以虛心地自我檢討並逐步改善。

十二星座元素　「火」、「土」、「風」、「水」是十二星座的四大元素，代表每個星座各自注重的面向。

火
與外在、個人有關的。重視個人的欲望和熱忱，會積極追求並表現出來。追求精神層面的提升。充滿熱情。情緒高漲。
星座：牡羊座、獅子座、射手座

風
與外在、他人有關的。追求與他人的交集和資訊。關注外界的事物。善於溝通。掌握資訊。態度客觀。
星座：雙子座、天秤座、水瓶座

土
與內在、個人有關的。著重於個人的內面，即自己的身體。也因此與物質性關係密切。充滿實際性，做事具體。
星座：金牛座、處女座、魔羯座

水
與內在、他人有關的。重視他人的內面，即他人的情感或情緒。顧慮他人的心情。尋求共鳴。情緒化。
星座：巨蟹座、天蠍座、雙魚座

數祕術

數祕術是一種自古傳承至今的占卜手法，人們認為從一到九的每個數字都有不同的涵義及特殊能力，會用它們來解讀各種事物。這些數字的變遷包括人類的成長與事物的變化循環，同時也影響了包含占星術在內的其他占卜，作為在歷史的長河中最主要的構成要素，不斷給予人們支持。

實際在看一個人的命運或人格特質等等傾向時，主要會對用生日、姓名算出的數字進行解讀。而在一到九之外還有一些被稱為「卓越數」的特殊數字（11、22、33），世人認為它們能量強大，會強化命運傾向，反之卻也很容易受其擺布。

除此之外，一種叫作「生命靈數」，即把出生年月日加總得到的數字，則會作為當事人的核心部分，並帶來劇烈影響。

本書並沒有指定出生的年分，只有用到月分和日期，但持有跟生命靈數有關的能量石也能以適合當事人的方式帶來好運。

Chapter 3的能量石基本介紹有註明礦石對應的靈數，藉此認識自己的生命靈數，選擇喜歡的能量石隨身攜帶也是一個不錯的方法。

～生命靈數的算法～
寫下西元出生年月日，將所有數字拆開來個別加總；但遇到11、22、33這些卓越數則不再繼續相加。
例）1987年3月26日出生的人
$1+9+8+7+3+2+6=36$
$\rightarrow 3+6=9$
生命靈數為「9」。

數字的主要涵義

1	開始、自立、自發性、能動性	**7**	探求、跳躍、分析、知性
2	相對性、反應、協調的、容受性	**8**	繁榮、成功、實現、統率
3	創造性、喜悅、發展、生產性	**9**	神祕性、哲學、變化、精神性
4	安定、根基、秩序、保守的	**11**	理想、藝術、纖細、靈能力
5	自由、變化、好奇心、冒險	**22**	領袖特質、指導者、直覺、無畏
6	協調、平衡、美	**33**	和平、平等、無條件的愛、慈愛

守護石

能量石具有超越人類認知的神奇能力，會為持有者提供強大的力量及療癒能量。可是在某種意義上來說，所有能量石都有所謂的「契合度」。

舉例來說，如果一個人本身的能量很強，強大的礦石因為適合他的能量特性，所以會恰到好處地延展其特質；反之，如果是一個感受性高、心思細膩的人，則比較適合用會釋放微弱波動、帶來療癒和活力的礦石，溫柔接收自己身上的能量。

然而，契合度並不能從人和能量石的能量強弱一概而論。因為人類本身就是波動的混合體，兼具強大、線性的能量以及纖細、敏感的能量於一身。例如在家裡總是丟三落四，在工作上卻非常細心，在愛情上則處於被動等等；在不同場合，使用到的能量區塊大不相同。

本書透過占星術和數祕術概括性地掌握一個人的能量及人格特質，選出最適合的四種礦石，以及分別對應愛情人際關係、工作和金錢這些主題的守護石。

建議各位可以將主要的四種守護石隨身攜帶，或是根據情況或願望，使用對應不同主題的守護石，而結合兩者甚至還有望得到加乘效果，至於每天的生日守護石則是從主要的四種守護石當中選出最適合當日壽星的。讓能量石成為自己的夥伴，一同邁向多采多姿又無拘無束的人生吧！

Contents

Chapter 1
生日性格分析＆守護石指南

Chapter 2

各種用途的能量石

能量石基本介紹

●大地之星脈輪

●海底輪

●生殖輪

●太陽神經叢輪

●心輪

●喉輪

●眉心輪

●頂輪

●靈魂之星脈輪

本書的各種用法

✱認識自己的星區守護石
守護石不論何時都是你的強大後盾；而與愛情・人際關係、事業或金錢有關的守護石則有調整能量、提升該運勢的效果。

✱了解或吸引特定對象
Chapter 1右頁的速配表列出了在哪一天生日的人容易和你發展出特定關係。該生日對應的星區守護石可以用來吸引對方；競爭對手的星區守護石則可以用來補充不輸對方的強大能量。

✱認識今日守護石
Chapter 1單數頁的能量石對應每天的固定能量。佩戴特定日期的守護石有助於提升當日運勢，即使不是當天生日的人也可以用。

尤其是在有重要活動的日子裡，獲得適合那一天的能量加持，應該就能讓活動順利成功。另外，如果想要在特定日期求得好結果的事情跟愛情・人際關係、事業或金錢有關，請搭配左頁的主題守護石一起使用。

✱用於翻書占卜
一邊在心裡默念煩惱或提問，一邊隨意翻到本書的其中一頁，這時出現在該頁的礦石將會引導你解決心中的疑惑。倘若翻到介紹星座的頁數，則代表該頁最吸引你目光的能量石不但與問題的本質有關，還會賦予你解決煩惱的能量（Chapter 1左頁下方的「使用效果」也是解決問題的提示）。

Chapter 1 使用說明

本章將介紹根據西洋占星術和數祕術算出來的性格分析，
以及按照占卜結果所挑選的守護石。

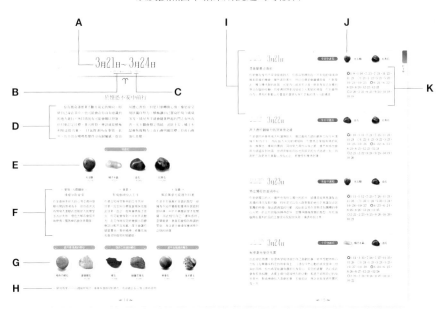

A 生日

以四～五天為一區，將三六六天分成八十四個星區。

B 星座度數

將單一星座（三十度）細分後，這個星座所在的度數。

C 跟星區有關的天體

除了星座本身的特徵以外，會對這個星區的人帶來影響的天體。

D 基本性格

分析這個星區的基本性格，並說明守護石所帶來的能量。

E 守護石

按基本性格挑選的守護石。請根據個人的目的或喜好使用。

F 關於不同心願主題

分析該星區在「愛情·人際關係」、「事業」和「金錢」方面的心願。

G 主題守護石

選出有助於提升「愛情·人際關係」、「事業」和「金錢」運勢的各二種守護石。

H 使用效果……

介紹在這段時間（星區）佩戴上述守護石可望出現的效果，就算不是自己的生日星區也可以加以利用。

例：假設今天是四月二十日，則佩戴「4月20日～4月23日」（P28）的守護石或主題守護石會提升運勢。

I 每天的內在性格

仔細分析在每一天出生的人，他們的人格特質和命運走向。

J 每天的守護石

從偶數頁的守護石中，選出最適合當日壽星的礦石。

K 速配表 ※

◯容易發展戀情的對象
◯培養友情的對象◯容易變成競爭關係的對象
◯命中注定的他／她。

※速配表中的◯「容易發展戀情的對象」和◯「命中注定的他／她」，有一部分並非雙向關係（即自己的速配表有對方的生日，對方的速配表也有自己的生日），代表「明明能量平衡不佳卻莫名吸引你的對象」，或是「在愛情或人生中扮演重要角色的人」。

Chapter 1

生日性格分析＆守護石指南

將三百六十六天拆成八十四個星區，
從西洋占星術及數祕術的觀點分析每個星區的性格和命運，
接著再找出相對應的守護石。

3月21日～3月24日

♈

於惶恐不安中前行

你有被命運推著不斷往前走的傾向。即使自己身在其中，也可能會在你沒有意識到的地方進行，所以情況有可能會難以控制。但只要訂定目標、拿出幹勁，應該就能積極利用這股力量，一口氣推進所有事情。此外，你不管在哪裡都覺得沒有歸屬感，很容易擔心害怕，但是只要轉換心情，像是接受現狀獨自努力、積極讓自己置身於現今處境等等，情況多半就會隨著燃起的鬥志有所改善。光玉髓會穩定情緒、消除不安；橘子水晶會恢復精力；血石會明確目標；拉長石會強化直覺。

守護石

光玉髓
⇒P218

橘子水晶
⇒P221

血石
⇒P245

拉長石
⇒P281

※ 愛情・人際關係 ※
積極爭取愛情

你是會揣測對方的心情並適時發動攻勢的情場高手。但也很常因為情緒太激動而忽略對方的期望並因此失敗。橙色方解石會招來新戀情；薔薇輝石會改善關係。

※ 事業 ※
聚精會神投入工作

你適合短時間集中的工作內容，只要一設定好目標就會飛快地做出成果。反之，如果事情拖了很久，你可能會做到一半就失去動力。在工作時設定好幾個小目標應該比較不容易膩。煤玉會讓你腳踏實地、集中精神；綠簾花崗石會消除疲勞和煩膩感。

※ 金錢 ※
無欲無求方能提升財運

你是不太執著於金錢的類型，卻擁有不知不覺輕鬆獲得所需錢財的好運。由於不暴露欲望才是關鍵，因此相信自己「運氣很好」至關重要。東菱石會預防無謂的開銷；海洋碧玉會增加獲得意外之財的好運。

提升愛情運的礦石

橙色方解石
⇒P219

薔薇輝石
⇒P236

提升工作運的礦石

煤玉
⇒P209

綠簾花崗石
⇒P248

提升金錢運的礦石

東菱石
⇒P240

海洋碧玉
⇒P284

※ 使用效果……心裡暖呼呼的，漸漸恢復幹勁和精力，也很適合在心情沮喪時使用。

內在性格 *the other side...* 3月21日

今日守護石

 光玉髓　　 拉長石

憑直覺勇往直前

你是會在惶恐不安中前進的人。你很容易遇到在一片未知的領域中摸索前進的機會,雖然感到害怕,但往往還是會繼續前進。你散發出一種沉穩恬靜的氣質,可是內心卻非常活潑,總是有各式各樣的想法在腦中打轉。即使遇到想要回頭或令人害怕的場面,你也會用自內心湧現的衝動以及豐富的靈感投身於混亂的情況向前邁進。

♡ 1/9、1/10、7/23、7/24、11/22、11/23　◔ 1/21、1/22、5/21、5/22、10/24、10/25　◑ 6/21、6/22、8/23、8/24、12/22、12/23
✪ 2/20、2/21、9/23、9/24、10/18、10/19

內在性格 *the other side...* 3月22日

今日守護石

 血石　　 拉長石

用入微的觀察力找到容身之處

你是個同時兼具強大和謹慎的人,會試圖用入微的觀察力在任何環境下努力求生。而在踏入未知的場域時,你會馬上掌握現場的氣氛,像模仿一樣親自實踐,同時努力尋找容身之處。雖然有時也會用力過猛踩到地雷,但通常都能巧妙地用搞笑的方式逃過一劫。時常把「為更多人貢獻」放在心上,將會使你獲得好運。

♡ 1/10、1/11、7/24、7/25、11/23、11/24　◔ 1/22、1/23、5/22、5/23、10/25、10/26　◑ 6/22、6/23、8/24、8/25、12/23、12/24
✪ 2/21、2/22、9/24、9/25、10/19、10/20

內在性格 *the other side...* 3月23日

今日守護石

 光玉髓　　 血石

特立獨行的漩渦中心

你是個獨立的人,雖然也有特立獨行的部分,卻還是能無意識配合周遭的情況採取行動。特別是可以在人群聚集的地方下意識吸收該集團的特徵,做出最適當的行動,因此很容易在早期成為團體的中心人物。而且你的腦袋轉得很快,是懂得隨機應變的類型,但把頭腦用在圖利的目的上會很容易招致失敗,還請特別注意。

♡ 1/11、1/12、7/25、7/26、11/24、11/25　◔ 1/23、1/24、5/23、5/24、10/26、10/27　◑ 6/23、6/24、8/25、8/26、12/24、12/25
✪ 2/22、2/23、9/25、9/26、10/20、10/21

內在性格 *the other side...* 3月24日

今日守護石

 橘子水晶　　 血石

祕密基地使你充實

比起迎合周遭,你更希望能埋頭於自己喜歡的事。經常想把所有心力投注在興趣或特定的對象身上,沉浸在怦然心動的感受當中。但與此同時,你也希望讓身邊的人有安心、安定的感覺,內心或許會有很多糾葛。表面上進行造福他人的活動,私底下卻有自己的祕密基地,製造機會投入喜歡的事,若能如此,應該就能度過充實的每一天。

♡ 1/12、1/13、7/26、7/27、11/25、11/26　◔ 1/24、1/25、5/24、5/25、10/27、10/28　◑ 6/24、6/25、8/26、8/27、12/25、12/26
✪ 2/23、2/24、9/26、9/27、10/21、10/22

3月25日～3月28日

＊牡羊座4～7度　水星＊

化直覺為行動

你有憑直覺快速下判斷並採取行動的傾向，有時能讓你順利把握機會，有時則會因為太早下結論而招致失敗。不過，只要你用與生俱來的熱情繼續挑戰，失敗終將化為成長的養分；倘若偶爾能提醒自己要從客觀角度看事情的話，失敗的次數應該也會慢慢減少。此外，無法自由行動或許會對你造成壓力，但要是把這種限制當成遊戲規則，以正面的態度處之，未來應該就會有更多的可能性。尖晶石會提升行動力；紅碧玉會維持精力和安神；黃鐵礦會集中注意力；水晶會強化直覺，讓你接收到更準確的訊息。

守護石

尖晶石
⇒P214

紅碧玉
⇒P216

黃鐵礦
⇒P223

水晶
⇒P269

＊ 愛情・人際關係 ＊
剎那之間的戀情

你或許會瞬間掉入情網，發生像是一見鍾情的情況。雖然在那之後的行動非常迅速，但也可能會不等對方的回應就積極進攻、用力過猛，導致對方拉開距離。粉紅菱鋅礦會促進雙向關係的形成；水光水晶能幫你抓住戀愛的機會。

＊ 事業 ＊
用機動性掌握良機

你會用靈活的機動性把握商場上的良機。會瞬間做出決定推動事物，但也有可能會因為太浮躁而粗心犯錯。沙漠玫瑰是預防失誤的護身符，蘇打石會賦予你認真完成工作的穩定度。

＊ 金錢 ＊
身心靈的安定是關鍵

你會有計畫地用錢，但要是太累、太忙了，在這方面就會變得比較隨便。在動用大筆金錢的時候太貪心有可能導致直覺失靈，甚至虧錢。苔蘚瑪瑙會做好穩定的理財；鋰雲母會提高跟金錢有關的直覺。

提升愛情運的礦石

粉紅菱鋅礦
⇒P235

水光水晶
⇒P250

提升工作運的礦石

沙漠玫瑰
⇒P204

蘇打石
⇒P261

提升金錢運的礦石

苔蘚瑪瑙
⇒P247

鋰雲母
⇒P266

＊ 使用效果……賦予你認清現況、迅速採取行動的力量，讓你有更多把握良機的機會。

內在性格 the other side... 3月25日

今日守護石

 尖晶石　　 水晶

跟著直覺走

你會跟隨瞬間閃現的靈感行動。一個不經意的想法或直覺總是會讓你情緒高漲、精神亢奮。而且你會直接將其付諸實行。將想法化為行動的你容易被周遭認為是一個衝動的人，但也許有很多事情等到結束以後，他們才會發現你的行為或言論是正確的。儘管很容易遭受誤解，只要相信自己往前邁進，一定就能抓住好運。

❤ 1/13、1/14、7/27、7/28、11/26、11/27　🕐 1/25、1/26、5/25、5/26、10/28、10/29　⭕ 6/25、6/26、8/27、8/28、12/26、12/27　⭐ 2/24、2/25、9/27、9/28、10/22、10/23

內在性格 the other side... 3月26日

今日守護石

 紅碧玉　　 黃鐵礦

與環境調和

你會一邊與周遭的人和環境調和，一邊打造出一個平穩的場域，而且還會利用這個地方創造出新的事物。你憑直覺精準把握周遭的情況，以正面的態度接受其中的規則、限制並積極學習。也許還能在學習過程中感受到自己的進步，體會到成長的喜悅。除此之外，你還具備從所學當中創造新事物的可能性，最好腳踏實地地累積相關經驗。

❤ 1/14、1/15、7/28、7/29、11/27、11/28　🕐 1/26、1/27、5/26、5/27、10/29、10/30　⭕ 6/26、6/27、8/28、8/29、12/27、12/28　⭐ 2/25、2/26、9/28、9/29、10/23、10/24

內在性格 the other side... 3月27日

今日守護石

 紅碧玉　　 水晶

享受反差

你需要在兩種以上的主題或領域之間來回移動，才能帶著充實感繼續前進。與其只對一件事情保持專注或感到滿足，你更想同時接觸兩件截然不同的事物，享受其中的反差，以此作為生活的原動力。建議可以讓工作和私生活有很大的落差，或經營與自己的氣質不符的興趣。也許「雙管齊下」才會讓你學習到各種不同的觀點。

❤ 1/15、1/16、7/29、7/30、11/28、11/29　🕐 1/27、1/28、5/27、5/28、10/30、10/31　⭕ 6/27、6/28、8/29、8/30、12/28、12/29　⭐ 2/26、2/27、9/29、9/30、10/24、10/25

內在性格 the other side... 3月28日

今日守護石

 黃鐵礦　　 水晶

預測整體走向

你退後幾步對自己身邊的事物進行觀察，從而事先掌握情況的走向或變化。雖然很少埋頭或專注在一件事情上，但是因為能從客觀的角度縱觀整體，或許反而更有機會正確掌握事物的本質。除此之外，你透過這種視角預測未來的能力也很強，常常能藉此事先避開麻煩，或是比其他人更早搶得先機。

❤ 1/16、1/17、7/30、7/31、11/29、11/30　🕐 1/28、1/29、5/28、5/29、10/31、11/1　⭕ 6/28、6/29、8/30、8/31、12/29、12/30　⭐ 2/27、2/28、9/30、10/1、10/25、10/26

3月29日~4月1日

＊ 牡羊座8 ~ 11度　金星 ＊

製造樂趣

你有積極尋找樂趣的傾向。你討厭無聊，總在追尋新的刺激。當你不再從外界尋求刺激，而是進入自己製造樂趣的境界時，就會以驚人的速度突飛猛進。倘若在這時用更寬廣的角度看事情再採取行動，應該就能做出某種行動讓更多人受到感動。你只要事情稍有不順就很容易情緒低落，但這也是因為視野太狹隘所致。石榴石會激發源自愛的創造力；菫青石會打開視野，帶來清晰的景象與對未來的希望；蒂芙尼石會提升對藝術的感受性；鋰雲母會激發新點子。

守護石

石榴石	菫青石	蒂芙尼石	鋰雲母
⇒P216	⇒P258	⇒P266	⇒P266

＊ 愛情‧人際關係 ＊
直球式的戀愛

你是能把情緒直接表現出來，坦率向他人傳達愛意的人。你也有能力顧慮對方的感受，可是只要你一興奮起來，就很容易忽略掉這點。火瑪瑙會穩定情緒，維持良好的關係；草莓晶會提升魅力，為告白等帶來加乘效果。

＊ 事業 ＊
平衡型的領導者

即使擔任領導者，你也會採納對方的意見，在維持良好平衡的同時推進事物。但是對工作的過度投入也可能會讓你因為太拼命而弄壞身體。軟玉會讓你用踏實和沉著取得成功；紫黃晶會平衡身心、減輕壓力。

＊ 金錢 ＊
從分享獲得好運

財運相對良好。只要確實釐清自己想要的東西或想做的事，應該會很容易實現心願。不要貪心，偶爾把獲利分享給其他人，會讓財運變得更好。異性石會提升及維持財運；孔雀石會抑制貪念。

提升愛情運的礦石

火瑪瑙	草莓晶
⇒P221	⇒P234

提升工作運的礦石

軟玉	紫黃晶
⇒P244	⇒P283

提升金錢運的礦石

異性石	孔雀石
⇒P212	⇒P247

＊ 使用效果……從自己身上發掘出新的才能或創造力，悠然自得地享受各種事物。

內在性格 *the other side* 3月29日

今日守護石

 堇青石　　 蒂芙尼石

掌握整體的情況

你會概括性地觀察事物，從而掌握骨架、構造等整體情況。因為乍看給人一種漫不經心的感覺，周遭的人或許會覺得你悠悠哉哉又我行我素。然而，由於你會以俯瞰的視角縱觀全局，最後多半都會準確地掌握當下情況，或是敏銳地推測出後續發展。而且你還能抓到從整體走向來看的局勢變化，因此很容易獲得率領他人的立場。

♥ 1/17、1/18、7/31、8/1、11/30、12/1　� 1/29、1/30、5/29、5/30、11/1、11/2　◐ 6/29、6/30、8/31、9/1、12/30、12/31　✦ 2/28、2/29、10/1、10/2、10/26、10/27

內在性格 *the other side* 3月30日

今日守護石

 石榴石　　 鋰雲母

賦予常識變化

你這個人充滿創意，能夠改變既有的觀點或概念，從中找出新的詮釋。有時候，你或許會需要鼓起勇氣改變常識或大眾視為理所當然的事情，而與生俱來的滿腔熱血和改革力會幫助你繼續前進。另外，你還能從不一樣的觀點來看一些不斷老調重彈的主題或存在已久的想法，賦予它們新的價值，因此經常成為懷舊熱潮的中心人物，或是負責推行回收再利用的工作。

♥ 1/18、1/19、8/1、8/2、12/1、12/2　� 1/30、1/31、5/30、5/31、11/2、11/3　◐ 1/1、7/1、7/2、9/1、9/2、12/31　✦ 2/29、3/1、10/2、10/3、10/27、10/28

內在性格 *the other side* 3月31日

今日守護石

 石榴石 　　 堇青石

貫徹自己想做的事

你是一個對自己想做的事情絕不妥協、貫徹到底的人。相較於常識或正確性，你更常基於熱情採取行動，因此可能會時常被周遭的人用「熱血」或「頑固」來形容。此外，你還經常有機會站在發號施令的立場，然而比起判斷情況做出合適的應對，你更有可能用自己喜歡的方式進行，獨做完所有的事，還具備堅持到底的強大能量。

♥ 1/19、1/20、8/2、8/3、12/2、12/3　� 1/31、2/1、5/31、6/1、11/3、11/4　◐ 1/1、1/2、7/2、7/3、9/2、9/3　✦ 3/1、3/2、10/3、10/4、10/28、10/29

內在性格 *the other side* 4月1日

今日守護石

 蒂芙尼石　　 鋰雲母

活在自然的循環之中

你是會把大自然的法則或自然循環帶進生活，遵循這些規範活下去的人。你對季節變化、月亮盈缺等等，在自然中的像潮流一樣的變化有很高的感受性，會把它們當成是自己身體或生活的變化；並且在意識到這些變化的同時，將它們作為生活節奏運用於日常。相較於都會區，在能就近感受大自然的地方生活應該會比較容易調整身心的狀態。

♥ 1/20、1/21、8/3、8/4、12/3、12/4　� 2/1、2/2、6/1、6/2、11/4、11/5　◐ 1/2、1/3、7/3、7/4、9/3、9/4　✦ 3/2、3/3、10/4、10/5、10/29、10/30

4月2日～4月5日

聚焦於目的

要堅強度過一生，還是經常為了小事擔心受怕？這或許會因自信有無而產生分歧。即使毫無根據也深信「自己一定做得到」的人多半能度過難關；但一旦擔心起成果與實力不足，又會陷於猶豫不安。與其在意自己的能力或實力，倒不如把焦點放在自己想做什麼、想成為什麼樣的人，再害怕也要繼續前進。如此便能在過程中累積成果，隨著時間增加自信。黑碧璽會將負面想法一掃而空；黃鐵礦能幫助建立自信；髮晶會提升積極前進的欲望；土耳其石會提醒你著重目的，促使你邁出步伐走向未來。

守護石

黑碧璽
⇒P208

黃鐵礦
⇒P223

髮晶
⇒P226

土耳其石
⇒P255

＊ 愛情・人際關係 ＊
引人注目的好人緣

引人注目的你很容易變成中心人物，人緣很好，也有很棒的桃花運。不過，要是太過任性，對方可能會對你的態度心生厭煩。太陽石會激發魅力，讓你光芒四射，為愛情加分；粉晶會讓你更能體貼對方。

＊ 事業 ＊
關鍵致勝

在關鍵時刻的運氣很好，會在壓力山大的生場上發揮出來。但也可能會因為厭倦單調的工作內容而出現失誤。虎眼石會提升在關鍵時刻的運氣；量子混合水晶會賦予你完成工作的細膩度。

＊ 金錢 ＊
小心大失血

有大筆開銷時會比較能夠腳踏實地地存錢，但其他時候花起錢來都毫不手軟。有獲得意外收入的好運，有時會因此得救，不過還是要小心破財。空晶石會幫你守好錢包；祖母綠會讓獲得意外之財的運氣變得更好。

提升愛情運的礦石

太陽石
⇒P220

粉晶
⇒P232

提升工作運的礦石

虎眼石
⇒P203

量子混合水晶
⇒P286

提升金錢運的礦石

空晶石
⇒P202

祖母綠
⇒P241

＊ 使用效果……能夠著重於目的，曉得現在該做什麼。

內在性格 the other side... 4月2日

今日守護石

 黑碧璽　 土耳其石

從失敗中成長

你是會從失敗中有所收穫並提升自我的人。無論是什麼事情，比起成功本身，你更傾向於關注「不順利」或「做不好」的地方，或許會因此陷入負面情緒。不過，你會用心找出原因，最後發現需要改善或更好的方法，這些無法從成功獲得的巨大寶藏。只要不要過度悲觀，就很有可能成就一番事業。

♡ 1/21、1/22、8/4、8/5、12/4、12/5、11/6　☺ 2/2、2/3、6/2、6/3、11/5、11/6　☀ 1/3、1/4、7/4、7/5、9/4、9/5　✭ 3/3、3/4、10/5、10/6、10/30、10/31

內在性格 the other side... 4月3日

今日守護石

 黑碧璽　 髮晶

和與自己相反的事物相處融洽

你會遇到跟自己恰好相反的事物，在和對方相處的過程中逐漸成長。你或許會被對立或性質相反的事物擋住去路，例如性質或個性與自己截然不同的人，或是無法順利融入的環境等等。但只要仔細觀察，花時間慢慢深入接觸，應該就能發現自己無法接受的原因，並將其納為己用，打造出一個全新的自己。「欲速則不達」是重點。

♡ 1/22、1/23、8/5、8/6、12/5、12/6　☺ 2/3、2/4、6/3、6/4、11/6、11/7　☀ 1/4、1/5、7/5、7/6、9/5、9/6　✭ 3/4、3/5、10/6、10/7、10/31、11/1

內在性格 the other side... 4月4日

今日守護石

 黃鐵礦　 土耳其石

不斷重複同一件事來達成目標

你這個人會在日復一日的默默耕耘中累積實力來達成目標。決定好目標或目的以後，你不會朝著那裡筆直前進，而是在能力範圍內不斷重複一樣的工作，最終達成目標。因此即便是曠費時日的浩大工程，你往往都能順利完成。關鍵在於面對未來時，要在適度放鬆的同時維持住自己的節奏。

♡ 1/23、1/24、8/6、8/7、12/6、12/7　☺ 2/4、2/5、6/5、6/6、11/7、11/8　☀ 1/5、1/6、7/6、7/7、9/7、9/8　✭ 3/5、3/6、10/7、10/8、11/1、11/2

內在性格 the other side... 4月5日

今日守護石

 黃鐵礦　 髮晶

用自己的步調生活

你是會自然暴露出自己的本質或最真實的部分，卻還是能從容做自己的人。無論身邊充斥著什麼樣的人，抑或處在非常危險的情況之下，你都不會迷失自己，而是從中找到屬於自己的樂趣或有趣之處，經常保持著樂觀開朗的氛圍。周遭的人似乎將你視為一種情緒緩和劑，而你的適應能力和正向思考可說是讓其他人都相形見絀的優秀才能。

♡ 1/24、1/25、8/7、8/8、12/7、12/8　☺ 2/5、2/6、6/6、6/7、11/8、11/9　☀ 1/6、1/7、7/7、7/8、9/8、9/9　✭ 3/6、3/7、10/8、10/9、11/2、11/3

4月6日～ 4月10日

靠「先搶先贏」向前衝

你傾向積極投入事物，快速得到結果，在人生路上大步邁進。雖然個性急躁，想到什麼就會馬上行動，但這似乎會造就「先搶先贏」的結果。不過，你可能會忽略身心狀態，不管不顧地往前衝，結果弄壞了身體，陷入不得不休息的窘境；或是忘了顧慮身邊其他人的心情，在事後遭到反彈。若能刻意保留時間好好放鬆或認真採納周遭的意見的話，應該就能穩穩做出成果了吧！紅寶石會讓獲勝運更強；光玉髓包辦從提高生命力到穩定身心的效果；黃水晶會放鬆心情；藍銅礦會讓你有環顧周圍的餘裕。

守護石

紅寶石
⇒P215

光玉髓
⇒P218

黃水晶
⇒P229

藍銅礦
⇒P259

＊ 愛情・人際關係 ＊
直接表達愛意

直接向心儀對象表達愛意的真摯態度會帶來愛情。但也很容易因為自己的情緒太高漲就忽略了對方的情緒。紅鋅礦會讓表現愛情的方式變得更豐富；粉紅碧璽會讓和對方的情感交流更流暢。

＊ 事業 ＊
用敏捷的行動取勝

你會視需要以敏捷的行動把握商機。但是要是事情拖得很久或遲遲沒有進展，你也很容易就失去耐心並做出錯誤的應對。黑碧璽會整理心情、增加耐力；鷹眼石會賦予你冷靜判斷的能力。

＊ 金錢 ＊
賺多花多的財運

賺錢的時候拼命賺，花錢的時候也會拼命花。最好事先做好哪些錢要存起來，哪些錢可以用來花的財務分配。綠碧璽會培養你對金錢的平衡感；天眼石會防止你亂花錢。

提升愛情運的礦石

紅鋅礦
⇒P220

粉紅碧璽
⇒P231

提升工作運的礦石

黑碧璽
⇒P208

鷹眼石
⇒P211

提升金錢運的礦石

綠碧璽
⇒P242

天眼石
⇒P287

＊ 使用效果……精力充沛、全神貫注，即使遭遇困難也能積極設法度過難關。

內在性格 *the other side* 4月6日

今日守護石

 光玉髓　黃水晶

掌握情緒波動

你對自己的情緒波動很敏感，會明確感受到情緒變化。你會透過自己的實際感受，仔細觀察內心對於快樂的、悲傷的事物有什麼反應，以客觀的角度看待，進而了解他人的心情。但另一方面，交談能力似乎稍嫌不足。

♡ 1/25、1/26、8/8、8/9、12/8、12/9　☽ 2/6、2/7、6/7、6/8、11/9、11/10　☉ 1/7、1/8、7/8、7/9、9/9、9/10　✪ 3/7、3/8、10/9、10/10、11/3、11/4

內在性格 *the other side* 4月7日

今日守護石

 紅寶石　藍銅礦

用自己的步調慢慢恢復

你是個不管在什麼情況下都能找回步調、打起精神的人。雖然會被周遭影響，或是對他人的言行舉止心生動搖，但即使在這樣的情況之下，你還是有辦法想起自己應有的樣子或做事風格，最終用符合自己個性的方法達成目標。你還有一顆強大的心，就算陷入低潮也會很快就滿血復活。

♡ 1/26、1/27、8/9、8/10、12/9、12/10　☽ 2/7、2/8、6/8、6/9、11/10、11/11　☉ 1/8、1/9、7/9、7/10、9/10、9/11　✪ 3/8、3/9、10/10、10/11、11/4、11/5

內在性格 *the other side* 4月8日

今日守護石

 光玉髓　藍銅礦

邁向遠大的夢想

你是個能夠朝著自己設定的遠大夢想邁進的人。雖然這個夢想有時候會過了頭，但是目標越大，你的心情就越亢奮，會在一瞬間充滿幹勁。此外，你還有豐富的創造力以及幫助他人心中有夢的好口才，可說是具備煽動眾人的情緒，讓他們拿出積極性和幹勁的特質。

♡ 1/27、1/28、8/10、8/11、12/10、12/11　☽ 2/8、2/9、6/9、6/10、11/11、11/12　☉ 1/9、1/10、7/10、7/11、9/11、9/12　✪ 3/9、3/10、10/11、10/12、11/5、11/6

內在性格 *the other side* 4月9日

今日守護石

 黃水晶　藍銅礦

溫柔伸出援手

你會對有困難的人伸出援手。具備柔軟的感受性，對身陷危機的人非常敏感。而且你還會試圖幫助對方，即使這麼做會讓自己陷入不利的情況也不在乎，你擁有跟隨自己內心的想法行動的強韌心志。

♡ 1/28、1/29、8/11、8/12、12/11、12/12　☽ 2/9、2/10、6/10、6/11、11/12、11/13　☉ 1/10、1/11、7/11、7/12、9/12、9/13　✪ 3/10、3/11、10/12、10/13、11/6、11/7

內在性格 *the other side* 4月10日

今日守護石

 紅寶石　黃水晶

走自己的路

你會積極在自己的路上全力衝刺。就算有一堵高牆擋在面前，你也會用天生就有的力量及後天養成的實力，正面打破那道牆再繼續前進。你不會要心機或表裡不一，看起來個性直接又有點笨拙，但是對身邊的人來說，這就是你最大的魅力所在。

♡ 1/29、1/30、8/12、8/13、12/12、12/13　☽ 2/10、2/11、6/11、6/12、11/13、11/14　☉ 1/11、1/12、7/12、7/13、9/13、9/14　✪ 3/11、3/12、10/13、10/14、11/7、11/8

4月11日～4月15日

※ 牡羊座21～25度／木星 ※

展開新事物

面對新事物，你積極學習的態度和學以致用的靈活性會完美結合，讓這股熱情和滿足擴及周遭。必要時，你會像戰士一樣猛烈進攻，卻又具備為身邊的人竭心盡力的善良心腸，因此除了個人實力之外，來自周圍的支援也會幫你取得成功。然而，如果一昧地追求樂趣，運氣就會在你迷失方向的瞬間跌到谷底。只要時時把目標放在心上繼續行動，就不至於會誤入歧途。尖晶石會激發你對目標的執行力和實現力；髮晶會賦予你跨越難關的堅強意志；藍寶石會緩解迷失方向時的混亂情緒；藍晶石會為你釐清方向。

守護石

尖晶石
⇒P214

髮晶
⇒P226

硫磺
⇒P228

藍晶石
⇒P260

※ 愛情・人際關係 ※
樂觀開朗的奉獻型情人

開朗又不拘小節的個性是你的魅力所在，但你也許是會為心儀對象付出一切的奉獻型情人。過度配合對方的要求可能會讓你身心俱疲。矽孔雀石會讓你與生俱來的魅力變得更加動人；賽黃晶會幫你找回自己，防止惡性循環。

※ 事業 ※
受情緒左右

對想做的工作會非常熱心，但如果是不想做的工作就會容易粗心犯錯。此外，難以預料的情況也可能會對你造成壓力。貴橄欖石有助於紓壓；玉會穩定情緒，預防出錯。

※ 金錢 ※
豪爽的個性是阻礙

容易有出乎意料的意外收入，財運相對好。不過因為個性豪爽，可能會因為人家拜託你就答應請客，或直接設宴招待大家。琥珀會讓良好的財運更穩定；海洋碧玉會培養決定某筆開銷是否真有必要的判斷力。

提升愛情運的礦石

矽孔雀石
⇒P254

賽黃晶
⇒P273

提升工作運的礦石

貴橄欖石
⇒P238

玉
⇒P243

提升金錢運的礦石

琥珀
⇒P225

海洋碧玉
⇒P284

※ 使用效果……賦予你活潑開朗的特質，能夠找到關於未來的光明指針。

內在性格 *the other side* 4月11日

今日守護石

 尖晶石　　 藍晶石

掌握情況，達成目的

你是善於在接受現況的同時實現自己心願的人。你會很快就掌握自己身處的情況，立刻從中找出最有需要或最重要的事物，並利用它們來達成目的。乍看之下，你流露出一種溫柔包容一切的氛圍，但本質上卻是活潑好動的類型。

♡ 1/30、1/31、8/13、8/14、12/13、12/14　◐ 2/11、2/12、6/12、6/13、11/14、11/15　◑ 1/12、1/13、7/13、7/14、9/14、9/15　✪ 3/12、3/13、10/14、10/15、11/8、11/9

內在性格 *the other side* 4月12日

今日守護石

 髮晶　　 藍晶石

在浪濤中抓緊機會

你是會在像海浪般起起伏伏的環境裡做出最佳選擇，藉此成長茁壯的人。與其待在安穩舒適的地方，不如追求充滿變化和活力的場所，在那裡整合自己的想法，同時創造新的事物。而且多累積幾次這樣的經驗之後，或許還能因此培養出掌握好時機點的能力。

♡ 1/31、2/1、8/14、8/15、12/14、12/15　◐ 2/12、2/13、6/13、6/14、11/15、11/16　◑ 1/13、1/14、7/14、7/15、9/15、9/16　✪ 3/13、3/14、10/15、10/16、11/9、11/10

內在性格 *the other side* 4月13日

今日守護石

 尖晶石　　 硫磺

善用想像力和直覺

你這個人擁有豐富的靈感和想像力，會在人生路上將它們運用自如。你會把偶然從天而降的想法牢牢抓住，在工作或日常生活中發揮出來。此外，增進把憑直覺掌握住的東西化為形體的能力，應能增加內心的自信與肯定，度過更令人滿足的人生。

♡ 2/1、2/2、8/15、8/16、12/15、12/16　◐ 2/13、2/14、6/14、6/15、11/16、11/17　◑ 1/14、1/15、7/15、7/16、9/16、9/17　✪ 3/14、3/15、10/16、10/17、11/10、11/11

內在性格 *the other side* 4月14日

今日守護石

 尖晶石　　 髮晶

來回穿梭在兩個世界之間

你是會因為在兩個截然不同的領域來回奔波而產生活力的人。例如「生活過得腳踏實地，內心世界卻充滿夢幻泡泡」，你經常會跟這種反差很大的兩個世界扯上關係，從不同角度看事情的能力也很高。而且你還能藉此培養寬闊的視野，湧現繼續前進的可能力或精力，活出多采多姿的人生。

♡ 2/2、2/3、8/17、8/18、12/16、12/17　◐ 2/14、2/15、6/15、6/16、11/17、11/18　◑ 1/15、1/16、7/17、7/18、9/17、9/18　✪ 3/15、3/16、10/17、10/18、11/11、11/12

內在性格 *the other side* 4月15日

今日守護石

 髮晶　　 硫磺

豐富多樣的才能

你這個人多才多藝，能夠對各種事物產生興趣並發揮所長。但有時也會覺得自己並沒有把它們發揮到極致，因而喪失鬥志。若是能找到可以結合所有才能的工作或興趣的話，應該就能積極做下去。

♡ 2/3、2/4、8/18、8/19、12/17、12/18　◐ 2/15、2/16、6/16、6/17、11/18、11/19　◑ 1/16、1/17、7/18、7/19、9/18、9/19　✪ 3/16、3/17、10/18、10/19、11/12、11/13

4月16日～4月19日

※ 牡羊座26～29度／土星 ※

與其想半天，不如先行動

你充滿各式各樣的可能性以及掌握事物全貌的感受性，會試圖活出最真實的自己。雖然你想找出自己的特色和獨一無二的能力，但多樣的天賦及取得各種情報的能力，卻往往更難掌握。不過，與其在那邊想破頭，不如先採取行動或相信直覺說話或傳遞某種訊息。如此一來，你也許能意外發現自己的歸屬，或是一條靠自己獨有的某種特質活下去的道路。紅鋅礦會讓你從因迷惘而生的低落或失望中打起精神；血石會提高生命力，敦促你採取行動；青金石會強化直覺；極光23會讓你回想起自己最真實的模樣。

守護石

紅鋅礦
⇒P220

血石
⇒P245

青金石
⇒P262

極光23
⇒P285

※ 愛情·人際關係 ※
不可過度解讀

你會用很直接的方式向心儀對象表達愛意，但也可能會苦惱於無從得知對方的心情而感到沮喪，或是迷失方向而招致失敗。紫蘇輝石會促使你採取前後一貫的行動；西瓜碧璽會讓你和對方順利交心，孕育愛情。

※ 事業 ※
迅速地、確實地

在工作上，你會在需要搶快時迅速應對並確實處理。儘管非常拼命，但也可能會把自己逼得太緊，造成壓力。煙晶會進一步磨練你在工作上的能力；葡萄石會幫你放鬆心情、舒緩壓力。

※ 金錢 ※
情緒起伏導致破財

金錢運相對穩定，不過可能會受到精神狀態的影響。也有可能會因為情緒的波動或低潮衝動購物。花園水晶會讓財運更穩定；方鉛礦會進入你的精神核心撫平波動，阻止你衝動購物。

提升愛情運的礦石

紫蘇輝石
⇒P207

西瓜碧璽
⇒P284

提升工作運的礦石

煙晶
⇒P203

葡萄石
⇒P246

提升金錢運的礦石

花園水晶
⇒P271

方鉛礦
⇒P279

※ 使用效果……可能會有關於自己的新發現，或是不同以往的新觀點或新突破。

內在性格 *the other side...* 4月16日

今日守護石 紅鋅礦　 青金石

改變觀點

你可以透過從不同的角度看事情，並發現全新的可能性。你不會被侷限在一般定義下的「輸贏」或常識範圍內的「成功」及「失敗」，總是可以從不同的面向進行觀察，發掘全新的價值或可能性。此外，你也經常透過不同視角，為那些失敗拖住腳步的人提供支持，或是幫助他們從挫折中振作起來。多元的視角也會改變他人的認知，甚至成為樹立新趨勢的中心人物。

♡ 2/4、2/5、8/19、8/20、12/18、12/19　◐ 2/16、2/17、6/17、6/18、11/19、11/20　◑ 1/17、1/18、7/19、7/20、9/19、9/20　✦ 3/17、3/18、10/19、10/20、11/13、11/14

內在性格 *the other side...* 4月17日

今日守護石 血石　 極光23

做自己

你是不論周遭對你有什麼樣的期待，都能堅持做自己的人。你不會輕易被他人的想法牽著鼻子走，或是任憑控制狂指手畫腳，而是以自己的感受為重，走自己的路。或許因此被當成一個頑固的人，但你只不過是表裡如一、坦率表現自己罷了。因為這樣，他們對你的誤會會慢慢解開，還會有很多人被你那自然不做作又真誠的性格深深吸引。

♡ 2/5、2/6、8/20、8/21、12/19、12/20　◐ 2/17、2/18、6/18、6/19、11/20、11/21　◑ 1/18、1/19、7/20、7/21、9/20、9/21　✦ 3/18、3/19、10/20、10/21、11/14、11/15

內在性格 *the other side...* 4月18日

今日守護石 青金石　 極光23

感受氣氛

你可以自然察覺現場氣氛。除了氣氛之外，你還能感受到星星的移動及自然的循環，有時還會以這些作為行動基準。但受其驅使的傾向也可能會害你被周遭的人當成怪人。然而很多舉動乍看莫名其妙，卻是你無意間為整體做出的必要行動，因此也有可能會在事後收到來自周圍的感謝。

♡ 2/6、2/7、8/21、8/22、12/20、12/21　◐ 2/18、2/19、6/19、6/20、11/21、11/22　◑ 1/19、1/20、7/21、7/22、9/21、9/22　✦ 3/19、3/20、10/21、10/22、11/15、11/16

內在性格 *the other side...* 4月19日

今日守護石 紅鋅礦　 血石

活得適得其所

你充分了解自己的能力和特質，能夠在對的地方發光發熱。雖然不會有太大的動作，也不會積極展現自我，但你很清楚自己的能耐，會在能力範圍內以不逞強但確實的手段做出成果。另外，你或許還會到處尋找適合自己的地方，為了尋求能夠有效利用工作、興趣、人際關係等個人素養的歸宿而四處遊走。

♡ 2/7、2/8、8/22、8/23、12/21、12/22　◐ 2/19、2/20、6/20、6/21、11/22、11/23　◑ 1/20、1/21、7/22、7/23、9/22、9/23　✦ 3/20、3/21、10/22、10/23、11/16、11/17

4月20日～4月23日

善用優異的身體感受

你擁有優異的身體感受及伴隨而來的豐富才能，卻在日常生活中將之視為理所當然，所以很有可能完全沒有自覺。如果在有其他人在場的地方積極展現，應該可以透過與他人比較後發現過人之處。發揮所長才是在人生路上大步向前的關鍵。煤玉會使你接地（grounding），保護你不受外界的負能量干擾；纏絲瑪瑙會穩定情緒，讓身體感受或才能進一步提升；東菱石會讓你發現自己的潛能；苔蘚瑪瑙會調整身心靈的平衡，讓你用更好的方法發揮所長。

守護石

煤玉
→ P209

纏絲瑪瑙
→ P219

東菱石
→ P240

苔蘚瑪瑙
→ P247

※ 愛情・人際關係 ※
從被愛開始的戀情

相較於你自己主動出擊，有更多時候是你親人的個性受到他人欣賞，從而發展出一段戀情。另外，你也可能會因為太晚才吐露真心，因此被對方誤解並受到傷害。綠銅礦會治癒內心的傷痛；紫黃晶會使你魅力大增，吸引愛情來敲門。

※ 事業 ※
用自己的步調前進

你做事總是按照自己的步調，因此在忙碌的工作現場經常顯得畏畏縮縮。但「做事小心謹慎」是你的武器，強調這點會更容易獲得認可。藍紋瑪瑙會緩和你因為我行我素和周遭產生的摩擦；紫龍晶會增加謹慎度。

※ 金錢 ※
身心靈的安定是關鍵

在金錢方面的運勢非常好。或許會有一筆額外收入，正好足以買下想要之物，但內心或生活習慣的穩定度很容易影響到財運的高低，最好把自己的心靈和生活都整頓好。中性長石會戒掉不良的生活習慣；透石膏會治癒心靈。

提升愛情運的礦石

綠銅礦
→ P243

紫黃晶
→ P283

提升工作運的礦石

藍紋瑪瑙
→ P256

紫龍晶
→ P264

提升金錢運的礦石

中性長石
→ P270

透石膏
→ P273

※ 使用效果……能夠重新證明自己的才能，從而感到安心及肯定。

內在性格 the other side 4月20日

今日守護石

 東菱石　 苔蘚瑪瑙

恃才而生

你這個人會用豐富的才能在人生的路上前進。你有出眾的感官（色感、音感或味覺等）及身體能力，會自然運用它們來推進事物。而且你鮮少受周遭的言論或局勢變化影響，因此可能常常被說是「我行我素」。不過，只要相信自己的感覺或心中的事物，用心培養這些能力，走自己的路，就可以得到驚人的成果。

♡ 2/8、2/9、8/23、8/24、12/22、12/23　🕐 2/20、2/21、6/21、6/22、11/23、11/24　⚪ 1/21、1/22、7/23、7/24、9/23、9/24　✪ 3/21、3/22、10/23、10/24、11/17、11/18

內在性格 the other side 4月21日

今日守護石

 煤玉　 苔蘚瑪瑙

衝動行事

你這個人會跟著忽然湧現的衝動行事並獲得成功。你有靈敏的嗅覺可以感知到事情的發生，會無意識地對狀態的細微變化做出反應並取得所需。這一連串的動作往往快到或許就連本人也毫無自覺。但只要相信自己繼續前進，最後就會走到最好的結果。而你那強而有力的步伐和氣勢也可能會對周遭帶來很大的影響或震撼。

♡ 2/9、2/10、8/24、8/25、12/23、12/24　🕐 2/21、2/22、6/22、6/23、11/24、11/25　⚪ 1/22、1/23、7/24、7/25、9/24、9/25　✪ 3/22、3/23、10/24、10/25、11/18、11/19

內在性格 the other side 4月22日

今日守護石

 纏絲瑪瑙　 苔蘚瑪瑙

自然生活

你是個能用自己最自然的狀態生活的人。你對大自然的變化和力量非常敏感，能夠無意識做出與之相符的行動。因為與周遭環境完全沒有勉強或嫌隙，無論身在何處，都會在一種沉穩、閒適的氛圍環繞下，用自己的步調前進。你和自然的關係也很緊密，或許可以在森林、海邊這種被大自然包圍的地方盡情放鬆，或是經常從石頭、花草等等感受到特殊的緣分。

♡ 2/10、2/11、8/25、8/26、12/24、12/25　🕐 2/22、2/23、6/23、6/24、11/25、11/26　⚪ 1/23、1/24、7/25、7/26、9/25、9/26　✪ 3/23、3/24、10/25、10/26、11/19、11/20

內在性格 the other side 4月23日

今日守護石

 煤玉　 東菱石

發展天賦

你是個極具才能及天賦的人。但你並不會直接使用這些與生俱來的特質，而是先使它們多方發展，再以會影響周遭的方式進行發揮。雖然這麼做等於是在積極開發自己的才能，不過重點在於重新意識到自己究竟有多麼幸運。一邊體會善用天賦才能生活的樂趣和好運，一邊用自己的方式表現出來，這樣應該就能讓自己及身邊的人都變得很幸福。

♡ 2/11、2/12、8/26、8/27、12/25、12/26　🕐 2/23、2/24、6/24、6/25、11/26、11/27　⚪ 1/24、1/25、7/26、7/27、9/26、9/27　✪ 3/24、3/25、10/26、10/27、11/20、11/21

4月24日～4月27日

設法運用天賦

你傾向運用自己既有的天賦度過難關或解決難題。雖然學習一件事情需要花不少時間，不過只要記住了就絕不會忘，而是當成生存工具用一輩子。你搞不好還會有溝通上的煩惱，但只要意識到除了話語，態度和表情也是用來表達的工具，應該就可以突破僵局了。琥珀會穩定精神，消除學習時的焦慮情緒；玫瑰黝簾石會在解決煩惱或舒緩壓力時派上用場；苔蘚瑪瑙會在學習時提供協助；蘇打石會讓你更快意識到態度和表情，賦予你與他人交流的自信。

守護石

琥珀	玫瑰黝簾石	苔蘚瑪瑙	蘇打石
P225	P235	P247	P261

＊ 愛情・人際關係 ＊
慢慢進行

你是會透過一次又一次的深談來推展戀情的人。雖然鮮少發生問題，但對方令人出乎意料的舉動或許會讓你難以招架，心情焦慮煩躁。天河石會使戀情穩定發展；蛻變石英會培養彈性，讓你能對對方的行動做出反應。

＊ 事業 ＊
強大的應變能力

你會利用強大的記憶力以及能夠視情況微調作法的應變能力處理各種工作。不過也可能會以利益為優先，忽略了其他人的心情而導致失敗。粉紅碧璽會培養對工作夥伴的體諒；海藍寶石會進一步提升你對工作的調整能力。

＊ 金錢 ＊
藉理財來提升財運

財運本身還算不錯，但你有透過理財來增加資產的天賦。若是頻繁確認高利率的金融商品等等，財運應該也會越來越好。檸檬晶會提升你的理財能力；藍銅礦會培養看出哪些是優質金融商品的好眼力。

提升愛情運的礦石		提升工作運的礦石		提升金錢運的礦石	

天河石	蛻變石英	粉紅碧璽	海藍寶石	檸檬晶	藍銅礦
P241	P278	P231	P251	P227	P259

＊ 使用效果……應該可以找到能夠將自己的能力運用自如的小訣竅。

內在性格 the other side 4月24日

今日守護石

 苔蘚瑪瑙　 蘇打石

把自己發揮到極限

相較於自己的現狀或天賦，你這個人寧可努力從身上找出其他更有趣、更強大的能力。你不會因為身體上的極限或遺傳上的限制受到侷限，而是會每天努力鍛鍊，靠自己的力量把「自己」發揮到極致。設定目標，決定「想要成為什麼樣的人」至關重要，所以關鍵在於花時間慢慢挖掘自己認為有趣的事物。這會讓你湧出一股巨大的能量，使你能在努力的同時樂在其中。

♡ 2/12、2/13、8/27、8/28、12/26、12/27　◐ 2/24、2/25、6/25、6/26、11/27、11/28　◑ 1/25、1/26、7/27、7/28、9/27、9/28　☆ 3/25、3/26、10/27、10/28、11/21、11/22

內在性格 the other side 4月25日

今日守護石

 琥珀　 玫瑰黝簾石

向外界敞開心扉

你不會一昧躲在自己的小框框或舒適圈，總是對外界敞開心扉，並且不斷建立新的羈絆。你會接觸各式各樣的人，同時對他們的才能產生興趣，並逐漸發現藏在自己和他人身上的各種可能性。若是遇到比自己更厲害的人，你也可能因此意志消沉。但比起這點，你更傾向於從對方身上追求刺激，所以不必灰心，把這些當成養分繼續前進吧！

♡ 2/13、2/14、8/28、8/29、12/27、12/28　◐ 2/25、2/26、6/26、6/27、11/28、11/29　◑ 1/26、1/27、7/28、7/29、9/28、9/29　☆ 3/26、3/27、10/28、10/29、11/22、11/23

內在性格 the other side 4月26日

今日守護石

 玫瑰黝簾石　 蘇打石

在比較中磨練自己

你會在被拿來與他人比較的機會中磨練自己的內涵。例如職業、外貌或工作表現等等，或許其他人總喜歡拿事拿你和別人比較。然而在累積這種經驗的過程中，你才會發現什麼才是真正重要的事物，最終不再被表面上的優劣迷惑，形成堅定不移的充實內涵。雖然需要花一點時間，請你正視自己的本質，好好鍛鍊自己。

♡ 2/14、2/15、8/29、8/30、12/28、12/29　◐ 2/26、2/27、6/27、6/28、11/29、11/30　◑ 1/27、1/28、7/29、7/30、9/29、9/30　☆ 3/27、3/28、10/29、10/30、11/23、11/24

內在性格 the other side 4月27日

今日守護石

 琥珀　 蘇打石

預測未來再採取行動

你是可以預測未來發展，在事前採取必要行動的人。準備去做某件事情時，你會考慮可能發生的各種情況，提早做好必要的準備。一旦情況實際發生時，你會按照計畫拿出事先準備好的事物，即使是當下的突發狀況，也可以游刃有餘地應對處理。你總是散發出冷靜沉著的氛圍，對身邊的人來說是非常重要的存在。

♡ 2/15、2/16、8/30、8/31、12/29、12/30　◐ 2/27、2/28、6/28、6/29、11/30、12/1　◑ 1/28、1/29、7/30、7/31、9/30、10/1　☆ 3/28、3/29、10/30、10/31、11/24、11/25

4月28日~5月1日

♉

使既有的才能登峰造極

你有豐富的天賦，會利用它們在人生的道路上前進並樂在其中。你傾向於追求安心舒適或充實內心的事物，而這些會磨練你既有的才能，所以最好集中精神全力去做，並偶爾以自己的方式追求極致。此外，貪圖快樂也許會很容易選到安逸的道路而停止成長。不過若能把自己憑感覺所做的判斷或自己認為有趣的事物等積極向他人展現的話，人生應該就會有如虎添翼。異性石會進一步強化你的感覺和協調力；紫鋰輝石會帶來共鳴力與撼動人心的表現力；東菱石會讓你發現內在的潛能；軟玉會培養腳踏實地。

守護石

異性石
→P212

紫鋰輝石
→P234

東菱石
→P240

軟玉
→P244

＊ 愛情・人際關係 ＊
展現魅力

你很了解自己的魅力，能無意識用最好的方式把它展現出來。然而，對美的高度重視也會讓你有「外貿協會」的一面，也有可能會因此失敗。菱錳礦會讓你與生俱來的魅力變得更閃耀動人；貴橄欖石會培養你看見對方內涵的眼光。

＊ 事業 ＊
活用美感

只要靈活運用過人的美感，工作運就會漸趨穩定。若能把美感帶進枯燥乏味的事務工作當中，無論是什麼工作都會一躍成為你的生存價值。綠玉髓會讓你一展長才；紫龍晶會賦予你從各種事物中發現「美」的能力。

＊ 金錢 ＊
仔細選物

財運不錯，只是有認為想要的東西就一定要弄到手的傾向，所以也會有一定的開銷。不過，你會再三斟酌之後才下手，因此就算是高單價的東西也會珍惜地使用很久，CP值很高。中性長石會鍛鍊挑選好東西的眼光；瑪瑙會讓財運變得更好。

提升愛情運的礦石

菱錳礦
→P233

貴橄欖石
→P238

提升工作運的礦石

綠玉髓
→P242

紫龍晶
→P264

提升金錢運的礦石

中性長石
→P270

瑪瑙
→P282

＊ 使用效果……顯露出豐富多樣的特質，沉浸在一邊使用，一邊享受的喜悅當中。

內在性格 *the other side* 4月28日

今日守護石

 紫鋰輝石　　 軟玉

帶著一顆充實的心一起生活

你是個可以不忘保持開朗，帶著一顆充實的心度過一生的人。即使身處在艱困的情況之下，你也會從中找出能帶來正面影響或綻放耀眼光芒的事物，將它們化成養分，度過難關。你的內心和特質會隨著各種經驗的累積獲得磨練，在做人方面也會以很棒的方式逐漸成熟；而自內在溢出的明亮氛圍，使你看不出年齡的青春活力一直是你的魅力所在。

❤ 2/16、2/17、8/31、9/1、12/30、12/31　🌙 2/28、2/29、6/29、6/30、12/1、12/2　☀ 1/29、1/30、7/31、8/1、10/1、10/2　✦ 3/29、3/30、10/31、11/1、11/25、11/26

內在性格 *the other side* 4月29日

今日守護石

 紫鋰輝石　　 東菱石

把痛苦化成養分踏步向前

你這個人會從過去痛苦的經驗獲得堅定的意志與強大的能力，並根據這些向其他人伸出援手。你或許會在人生的某段時期經歷某種煎熬的情況或面臨困難的高牆。然而，你為了克服難關所做的努力以及用心自我檢討的態度，都會使內在隨著時間逐漸成熟。隨著經驗的累積，你在做人方面也會突飛猛進，還會利用這些經驗幫助陷入相同困境的人。

❤ 1/1、2/17、2/18、9/1、9/2、12/31　🌙 2/29、3/1、7/1、7/2、12/2、12/3　☀ 1/30、1/31、8/1、8/2、10/2、10/3　✦ 3/30、3/31、11/1、11/2、11/26、11/27

內在性格 *the other side* 4月30日

今日守護石

 異性石　　 東菱石

享受栽培的樂趣

你是會從栽培中發現樂趣的人。只要有什麼佔據了你的心，例如感興趣的事情或嗜好等等，你就會全心投入，小心栽培，並且在過程中找到自己的幸福與充實感，更會讓精神方面的能量及熱情得到充電。這些力量會成為你活下去的原動力，所以要是現在沒有積極栽培的事物，先找到要栽培的東西也許才是當務之急。

❤ 1/1、1/2、2/18、2/19、9/2、9/3　🌙 3/1、3/2、7/2、7/3、12/3、12/4　☀ 1/31、2/1、8/2、8/3、10/3、10/4　✦ 3/31、4/1、11/2、11/3、11/27、11/28

內在性格 *the other side* 5月1日

今日守護石

東菱石　　軟玉

探索才能的可能性

世上的人百百種，你會客觀檢視它們身上的才能或特質，並同時探索自身能力的可能性。你不會漫無目的地鍛鍊自己的能力，而是會深入觀察其他人才能中的要素及發揮的方法，摸索出自身的素養、才能的狀態，以及該如何將其妥善運用。而且你還會用對自己更好的方式發展這些才能，積極向周遭展現，讓可能性大幅增加。「即使性質不同也要仔細觀察」才是關鍵所在。

❤ 1/2、1/3、2/19、2/20、9/3、9/4　🌙 3/2、3/3、7/3、7/4、12/4、12/5　☀ 2/1、2/2、8/3、8/4、10/4、10/5　✦ 4/1、4/2、11/3、11/4、11/28、11/29

5月2日～5月6日

＊ 金牛座12 ～ 16度　太陽 ＊

從經驗得到自信

你有穩定的內在與豐富的特質，及踏實度過一生的傾向。雖然在到達某個年齡之前也會經歷一些失敗或迷惘，但你會一一把它們化成養分，紮實地鍛鍊自己，試圖打造一個金剛不壞之身。而且你還會因此獲得堅定的自信，不過這需要多多累積的經驗，所以請留意不要在自己的小圈圈裡貪圖安逸。虎眼石會提高對目標的重視，賦予你確實執行的能力；摩根石會讓你有更寬闊的意識；祖母綠會讓你對豐富特質產生自覺；綠碧璽會讓身心在失敗等情況下保持安定。

守護石

虎眼石	摩根石	祖母綠	綠碧璽
⇒P203	⇒P236	⇒P241	⇒P242

＊ 愛情・人際關係 ＊
貫徹自己的步調

即使在愛情方面，你也不太會改變自己的步調，所以必定是由對方來配合你會比較容易發展戀情。可是，一旦對方累了，你們的關係便會蒙上陰影。蛇紋石會改善你的我行我素、穩定關係；藍寶石會為你添加察覺對方意圖的能力。

＊ 事業 ＊
一步一腳印地進行

你會踏實地把事做好，穩穩地拿出結果。不過，你也有不相信直覺，容易因為過度追求確實的判斷而錯失一些機會。磷鋁石會強化你腳踏實地耕耘累積的耐力；拉長石會鍛鍊直覺，增加把握良機的頻率。

＊ 金錢 ＊
以能動性提高財運

財運相對良好穩定。與其期待餡餅從天而降，財富更容易在你主動採取行動時，以必然的形式落入口袋。黃水晶會讓你的自主行為與財運緊密相連；超級七會鍛鍊你掌握跟金錢有關的整體走勢的能力。

提升愛情運的礦石

蛇紋石	藍寶石
⇒P228	⇒P261

提升工作運的礦石

磷鋁石	拉長石
⇒P244	⇒P281

提升金錢運的礦石

黃水晶	超級七
⇒P229	⇒P286

＊ 使用效果……湧現出一股用自己的步調走自己的路的精力。

內在性格 the other side　5月2日

今日守護石

 虎眼石　 祖母綠

在社會上發揮所長

你會努力把自己的特質或才能用來奉獻社會。雖然也有野心勃勃的一面，但你會敏銳察覺社會或自己參與的團體需要什麼，不但會親自承擔該職務，還會試圖藉此鍛鍊自己的能力。另外，你可能也會經常在重複這個行為的過程中找到自己的歸宿。

♥ 1/3、1/4、2/20、2/21、9/4、9/5
🕐 3/3、3/4、7/4、7/5、12/5、12/6
🟠 2/2、2/3、8/4、8/5、10/5、10/6
✴ 4/2、4/3、11/4、11/5、11/29、11/30

內在性格 the other side　5月3日

今日守護石

 摩根石　 綠碧璽

把握好分寸盡情享受

你是個可以在把握分寸的同時盡情享樂的人。你有很好的品味，能夠把美麗的東西變得更有價值再提供給其他人，但會用資金、才能或時間等等畫出界線，在界線範圍內盡情活動，可說是一種能夠在不逞強就能開心享受的範圍裡發掘最大可能性的天賦。

♥ 1/4、1/5、2/21、2/22、9/5、9/6
🕐 3/4、3/5、7/5、7/6、12/6、12/7
🟠 2/3、2/4、8/5、8/6、10/6、10/7
✴ 4/3、4/4、11/5、11/6、11/30、12/1

內在性格 the other side　5月4日

今日守護石

 摩根石　 祖母綠

做好準備，平衡應對

你是會以萬全準備面對事情的人。可是這種作法並不會讓人覺得不知變通或產生壓迫感，而是在不失品味、幽默感與樂在其中的平衡感之前提下，用最好的方法嘗試自己能力所及的事。這種氣氛和成果也會讓你經常收到來自周遭的信賴。

♥ 1/5、1/6、2/22、2/23、9/7、9/8
🕐 3/5、3/6、7/6、7/7、12/7、12/8
🟠 2/4、2/5、8/6、8/7、10/7、10/8
✴ 4/4、4/5、11/6、11/7、12/1、12/2

內在性格 the other side　5月5日

今日守護石

 虎眼石　 摩根石

總是在追求「不一樣」

你會刻意放棄自己的才能或特質，企圖摸索出其他新的事物。你反對「一如往常」或「固定選項」這種貪圖方便的作法，總是想要用不一樣的方法進行嘗試。儘管也會因此招致，但就算不順利，你也會從過程中找到非常重要或感動人心的美好事物。

♥ 1/6、1/7、2/23、2/24、9/8、9/9
🕐 3/6、3/7、7/7、7/8、12/8、12/9
🟠 2/5、2/6、8/7、8/8、10/8、10/9
✴ 4/5、4/6、11/7、11/8、12/2、12/3

內在性格 the other side　5月6日

今日守護石

 虎眼石　 綠碧璽

追求重要的事物

你這個人會對自己真正重要的事物追根究柢。對於自己認為有價值或重要的東西，你會花時間細細思考，或是在付諸行動的同時探究其中的意義。你會廢寢忘食地全心投入喜歡的事物，而這樣累積起來的成果應該會讓你感到無比充實。

♥ 1/7、1/8、2/24、2/25、9/9、9/10
🕐 3/7、3/8、7/8、7/9、12/9、12/10
🟠 2/6、2/7、8/8、8/9、10/9、10/10
✴ 4/6、4/7、11/8、11/9、12/3、12/4

5月7日～5月11日

＊ 金牛座17～20度／火星 ＊

♉

保持堅定與專注

你對於下定決心要做的事情會澈底集中精神，擁有堅持到最後的強大毅力。但是這種堅定不移的態度看在他人眼中或許會變成冥頑不靈，進而引發衝突。仔細向身邊的人說明自己為什麼要這麼做，應該就能解決這種問題。只要默默耕耘自己擅長的事，一定就會被帶往能夠感受到生命價值的人生。黑碧璽會治癒精神上的疲憊；黑水晶會提高專注力；綠碧璽會緩和與人有關的衝突；精靈石會放送繃緊的神經。

守護石

黑碧璽
⇒P208

黑水晶
⇒P211

綠碧璽
⇒P242

精靈石
⇒P288

＊ 愛情・人際關係 ＊
審慎推進

你會穩穩地發展戀情，可是也有一旦變成情侶，就很容易把對方當成自己的東西，進而演變成衝突的一面。紅碧玉是穩定戀情的護身符，藍晶石會讓你意識到自己和對方都是獨立個體，避免衝突發生。

＊ 事業 ＊
踏實及大膽

你會以踏實、大膽的行動獲得豐碩的成果。但由於對自己做事的方式有所堅持，也可能會因此和周遭產生摩擦。藍孔雀石會提高協調性並緩和摩擦；紅寶黝簾石會增加活力，帶領你在工作取得成功。

＊ 金錢 ＊
花大錢時要注意

你的財運相對良好，但是在花大錢時需要特別小心的類型。也有可能忽略了重要的合約內容而發生失敗。鉻鉛礦使你活力充沛，讓財運變得更好；輝沸石會強化直覺，讓你避開危機。

提升愛情運的礦石

紅碧玉
⇒P216

藍晶石
⇒P260

提升工作運的礦石

藍孔雀石
⇒P282

紅寶黝簾石
⇒P288

提升金錢運的礦石

鉻鉛礦
⇒P213

輝沸石
⇒P272

＊ 使用效果……提醒你別被周遭的事物迷惑心志，用自己的步伐謹慎前進。

內在性格 the other side 5月7日

今日守護石

 黑水晶

 精靈石

壓抑到最後大解放

你時常把情緒往肚子裡吞，一方面卻也會藉一吐為快來重新振作。在製作某樣東西時，你會做得澈底，一直做到沒有任何地方可以再改進的程度之後，才向其他人展現成果，藉此獲得滿足。在對人方面有很強的忍耐力，可是一旦超過忍耐極限，你也會吐出真心話，把對方嚇一大跳。

♡ 1/8、1/9、2/25、2/26、9/10、9/11　◐ 3/8、3/9、7/9、7/10、12/10、12/11　◑ 2/7、2/8、8/9、8/10、10/10、10/11　✪ 4/7、4/8、11/9、11/10、12/4、12/5

內在性格 the other side 5月8日

今日守護石

 黑碧璽

 綠碧璽

用盡各種方法展開行動

你是個能透過持續不斷的行動獲取新事物的人，還擁有「為達目的，不擇手段」的旺盛精力。只要在某種程度上確定方向性，應該就能避免浪費力氣或繞遠路，讓事情進行得更有效率。請謹記不論在什麼場合都要設定好目標。

♡ 1/9、1/10、2/26、2/27、9/11、9/12　◐ 3/9、3/10、7/10、7/11、12/11、12/12　◑ 2/8、2/9、8/10、8/11、10/11、10/12　✪ 4/8、4/9、11/10、11/11、12/5、12/6

內在性格 the other side 5月9日

今日守護石

 黑碧璽

 精靈石

靈敏地對變化做出反應

你會靈敏地對局勢變化做出反應，藉此獲得機會。雖然平時氣質穩重，但你不會放過任何一個細微的變化並且善用，把事情導向對自己有利的方向。而且你也很擅長從偶然中找到對自己有用的線索，會利用這些獲得更多好運。

♡ 1/10、1/11、2/27、2/28、9/12、9/13　◐ 3/10、3/11、7/11、7/12、12/12、12/13　◑ 2/9、2/10、8/11、8/12、10/12、10/13　✪ 4/9、4/10、11/11、11/12、12/6、12/7

內在性格 the other side 5月10日

今日守護石

 綠碧璽

 精靈石

採納舊有的事物

你對自古以來就有的事物產生安心感，將其融入生活或人生。而且還會把從古至今延續下來的思想或傳統的風格等等當作指引，以它們為基石，克服種種難關。由於追本溯源會讓精神面變得更穩定，因此也建議你試著調查自己的族譜或現居地的歷史傳承。

♡ 1/11、1/12、2/28、2/29、9/13、9/14　◐ 3/11、3/12、7/12、7/13、12/13、12/14　◑ 2/10、2/11、8/12、8/13、10/13、10/14　✪ 4/10、4/11、11/12、11/13、12/7、12/8

內在性格 the other side 5月11日

今日守護石

 黑水晶

 綠碧璽

重大的指針是關鍵

你是能在變化莫測的情況中保持堅定意志的人。擁有像人生的目標或使命等等的巨大指針會讓你湧出更多的精力大膽前進。此外，你或許還經常能在混亂的情況中迅速找出最重要的事項，走在最前面帶領同樣身處在混亂之中的群眾。

♡ 1/11、1/12、2/29、3/1、9/13、9/14　◐ 3/11、3/12、7/12、7/13、12/14、12/15　◑ 2/10、2/11、8/12、8/13、10/13、10/14　✪ 4/11、4/12、11/12、11/13、12/8、12/9

5月12日～5月16日

＊金牛座21～25度 木星＊

冷靜和從容

把該做的事做好的踏實態度及由此而生的從容，使你在他人眼中充滿魅力並深受信賴。對於自己能力所及的事，你會積極回應周遭的要求；反之，則會擺出「巧婦難為無米之炊」的態度果斷拒絕。雖然可以用「深知極限在哪的成熟大人」來形容你，但這或許也會讓你在面對新挑戰時猶豫不決。只要試著在精神飽滿、體力充沛的時候大膽挑戰，人生閱歷應該就會變得更加豐富。琥珀會進一步延伸你的才能或特質；玉會為你灌注嘗試新挑戰的勇氣；天使石會讓你變得更能體恤他人；花園水晶會穩定身心，為新的活動做好準備。

守護石

琥珀
→P225

玉
→P243

天使石
→P253

花園水晶
→P271

＊ 愛情・人際關係 ＊
充滿服務精神

你對自己喜歡的人充滿服務精神，能夠付出各種努力以建立良好的關係。不過，如果你搞不懂對方的心意，就會開始擔心這個、擔心那個。孔雀石會提高洞察力並消除擔憂；坦桑石會穩定精神。

＊ 事業 ＊
出於興趣而全心投入

你會仔細完成工作並做出成果。可是也有可能會對自己感興趣的工作太過投入，導致步調無法跟周遭的人互相配合。磷灰石會讓你和周遭的步調保持同步，防止問題發生；紫方鈉石會強化平衡感，減緩過分投入的情況。

＊ 金錢 ＊
與他人來往非常重要

財運很好。積極與他人來往會讓能獲得財富的機會從天而降。還會確立金錢相關的願景，填補所需的金額。阿賽斯特萊石會為你帶來清晰的願景；托帕石會吸引機會上門。

提升愛情運的礦石

孔雀石
→P247

坦桑石
→P262

提升工作運的礦石

磷灰石
→P253

紫方鈉石
→P287

提升金錢運的礦石

阿賽斯特萊石
→P268

托帕石
→P274

＊ 使用效果……讓你能把自己的特質和魅力發揮到最大程度，坦率地表現出來。

內在性格 *the other side* 5月12日

今日守護石

 琥珀　　 花園水晶

打磨原石

你擁有豐富的才能以及將其打磨拋光、腳踏實地的態度。你非常清楚自己身上如原石般的特質，能夠為了讓它變得更好，一點一滴地努力耕耘。因為無論如何都會花上很多時間，也可能會因此產生被其他人拋下的感覺。但最後還是會得到周圍的認可，大有一番作為。

♡ 1/12、1/13、3/1、3/2、9/14、9/15
◐ 3/12、3/13、7/13、7/14、12/15、12/16　♂ 2/11、2/12、8/13、8/14、10/14、10/15　✦ 4/12、4/13、11/13、11/14、12/9、12/10

內在性格 *the other side* 5月13日

今日守護石

 琥珀　　 玉

最強的守護戰士

你這個人平常個性溫和，卻可以在保護自己最重要的事物時化身為最強的戰士。你溫柔善良又成熟穩重，但是對於自己決定的事情會澈底投入，小心翼翼地培育它們。而且為了保護它們，你還會發揮強大的力量擊退外敵。「有所堅持」似乎是開拓人生的關鍵。

♡ 1/13、1/14、3/2、3/3、9/15、9/16　◐ 3/13、3/14、7/14、7/15、12/16、12/17　♂ 2/12、2/13、8/14、8/15、10/15、10/16　✦ 4/13、4/14、11/14、11/15、12/10、12/11

內在性格 *the other side* 5月14日

今日守護石

 玉　　 天使石

以最適當的方法執行

你這個人一旦打開開關，就會以驚人的氣勢全力以赴，做出成果。你才華洋溢又有執行力，只要想到什麼有趣的點子，就會做好隨之產生的準備或計畫，蒐集必要的資訊，接著再用最適當的方法付諸實行。有時身邊的人可能會跟不上你的衝勁，所以在這個點上要特別注意。

♡ 1/14、1/15、3/3、3/4、9/16、9/17　◐ 3/14、3/15、7/15、7/16、12/17、12/18　♂ 2/13、2/14、8/15、8/16、10/16、10/17　✦ 4/14、4/15、11/15、11/16、12/11、12/12

內在性格 *the other side* 5月15日

今日守護石

 天使石　　 花園水晶

從日積月累獲得恩惠

你是個會認真努力，把累積起來的成果當作恩惠收下的人。儘管有卓越的美感與超凡的才能，卻依然會腳踏實地地積攢必要的努力，最終取得豐碩的成果。而你也可能會經常藉此獲得良好的地位或相應的報酬。

♡ 1/15、1/16、3/4、3/5、9/17、9/18　◐ 3/15、3/16、7/17、7/18、12/18、12/19　♂ 2/14、2/15、8/17、8/18、10/17、10/18　✦ 4/15、4/16、11/16、11/17、12/12、12/13

內在性格 *the other side* 5月16日

今日守護石

 琥珀　　 天使石

豐盛的愛與才華

你是個充滿愛且才華洋溢的人。你對身邊的人永遠保持著敬愛之心，並以自己獨特的方式表現出來，因此或許你總是能收到他們給予的溫暖的愛。此外，你通常還希望能用自己的技術或能力使重要的人獲得幸福，並為此持續精進某種才能。

♡ 1/16、1/17、3/5、3/6、9/18、9/19　◐ 3/16、3/17、7/18、7/19、12/19、12/20　♂ 2/15、2/16、8/18、8/19、10/18、10/19　✦ 4/16、4/17、11/17、11/18、12/13、12/14

5月17日～5月20日

＊ 金牛座26～29度　土星 ＊

嚴格律己地自我磨練

你很清楚自己的能力和極限，會用它們付出最大的努力，腳踏實地地做出成果。其他人覺得你是個能幹的人，可是你卻自認能力不足，會嚴格地自我提升。過分自我要求會對身心帶來壓力，所以請有意識地製造能夠放鬆的機會。此外，你也有可能會因為常常猶豫該不該依賴他人而把煩惱憋在心裡。擁有能說心裡話的朋友是讓人生在各方面都能過得無憂無慮的關鍵。

守護石

百吉石
⇒P201

煙晶
⇒P203

藍玉髓
⇒P255

花園水晶
⇒P271

＊ 愛情・人際關係 ＊
一步步培養關係

你會一步一步地縮短距離，花時間慢慢培養感情，但要是制定規範來維護關係，反而會因此受到限制，覺得呼吸越來越困難。木化石會穩固關係；量子混合水晶會教你如何不靠規範建立有彈性的關係。

＊ 事業 ＊
累積實際成果

這是累積成果，獲得周遭認同的運勢。然而你不擅長處理突發狀況，甚至可能會因為焦慮導致災情擴大。草莓晶會療癒心靈、減緩焦慮；捷克隕石會強化直覺，並賦予你縱觀整體的能力，讓你發揮該能力從困境中重整旗鼓。

＊ 金錢 ＊
穩定的財運

你的財運穩定堅實，會設定長期目標，有很好的理財能力。可是只要壓力一大，就有可能會為了紓壓，把錢包裡面的東西拿出來到處亂花。霰石會提升財運的穩定度；水晶會緩解壓力、預防亂花錢。

提升愛情運的礦石

木化石
⇒P204

量子混合水晶
⇒P286

提升工作運的礦石

草莓晶
⇒P234

捷克隕石
⇒P239

提升金錢運的礦石

霰石
⇒P202

水晶
⇒P269

＊ 使用效果……你會想要踩著穩健的腳步朝目標前進，有能力跨越重重難關。

內在性格 *the other side...* 5月17日

今日守護石 百吉石　 花園水晶

對歸宿的深厚情感

你對自己所屬的社會或地區有很深的愛情和驕傲，會以此為基礎發起活動。你有過人的美感和創造力，會用它們來傳遞與自身根源有關的表現或作品。而且，藉由這些活動，你會確認自己的歸宿或發現為自己的存在給予支持的事物，使心靈層面漸趨穩定，湧現對「活著」的渴望。也可以試著查詢當地起源的相關文獻。

♥ 1/17、1/18、3/6、3/7、9/19、9/20　☽ 3/17、3/18、7/19、7/20、12/20、12/21　● 2/16、2/17、8/19、8/20、10/19、10/20
✿ 4/17、4/18、11/18、11/19、12/14、12/15

內在性格 *the other side...* 5月18日

今日守護石 煙晶　 藍玉髓

創造完美無瑕的「美」

你會試圖創造出具有高完成度的美麗事物，把自己獲得的各種經驗以及遭遇過的諸多元素當作材料，追求並展現能讓自己熱血沸騰的曠世巨作。你或許傾向於在感動、喜悅或生活方式中追求能讓自己情緒激亢奮的事物，度過充滿戲劇性的人生。所有成果都與在這段過程中得到的經驗環環相扣，因此「凡事都不妥協」是最重要的。

♥ 1/18、1/19、3/7、3/8、9/20、9/21　☽ 3/18、3/19、7/20、7/21、12/21、12/22　● 2/17、2/18、8/20、8/21、10/20、10/21
✿ 4/18、4/19、11/19、11/20、12/15、12/16

內在性格 *the other side...* 5月19日

今日守護石 百吉石　 藍玉髓

取新擇舊

你非常了解新、舊事物各自的優點，能夠視需求進行選擇。你不會受限於常識或既定觀念，而是會正確把握當下的情況，將新、舊事物運用自如。你會視情況對舊事物加工，創造適用新情況的事物；或在新奇的東西裡融入傳統元素再呈現出來，擁有讓老舊的事物重獲新生的才能。

♥ 1/19、1/20、3/8、3/9、9/21、9/22　☽ 3/19、3/20、7/21、7/22、12/22、12/23　● 2/18、2/19、8/21、8/22、10/21、10/22
✿ 4/19、4/20、11/20、11/21、12/16、12/17

內在性格 *the other side...* 5月20日

今日守護石 藍玉髓　 花園水晶

展現集大成

你會運用美感將自身技術或細心栽培的事物集大成展現出來。你與製作作品或創作活動有很深的緣分，在進行這些活動時，你甚至會激底追求每個細節，用心完成作品。不論在什麼場合，你都不會放鬆力道，而是會毫不保留地發揮自己當下的所有能力進行創作，因此可能隨時都在全力以赴。「融入所有要素」的傾向也會讓你在穿著打扮上發揮獨特的平衡感。

♥ 1/20、1/21、3/9、3/10、9/22、9/23　☽ 3/20、3/21、7/22、7/23、12/23、12/24　● 2/19、2/20、8/22、8/23、10/22、10/23
✿ 4/20、4/21、11/21、11/22、12/17、12/18

5月21日~5月24日

＊ 雙子座0～3度 月 ＊

Ⅱ

為了讓自己放心而四處奔波

你對流通的消息很敏感，有對任何事情都充滿興趣的傾向。這種傾向的根源來自於「因為不知道什麼時候會發生什麼事，所以想盡量蒐集資訊，以備不時之需」的心態，你也許隨時都有種岌岌可危的感覺。會為了讓自己放心而採取行動，然而四處奔波卻使你更沒有安全感。但強大的溝通能力也經常讓你得到他人的幫助，對自己的強項有所自覺應該會讓你更安心、更自在。檸檬晶會讓情緒保持平靜；藍紋瑪瑙會使友情加溫，吸引對方伸出援手；青金石會讓頭腦更清晰，掌握必要的資訊；透石膏會緩和不安的感覺。

守護石

檸檬晶
→P227

藍紋瑪瑙
→P256

青金石
→P262

透石膏
→P273

＊ 愛情·人際關係 ＊
用對話孕育愛情

強大的溝通能力與親人的性格，使你擁有無論和誰都能馬上拉近關係的才能。你會透過一次次的交談來孕育愛情，不要因為寂寞而劈腿。橘子水晶會緩和寂寞的感覺；薔薇輝石會強化心靈的交流。

＊ 事業 ＊
有效率地進行

你會迅速判斷什麼才是最適合的方法，無論什麼工作都能做得無懈可擊。但是你重視效率的一面也可能會讓你忘了考慮他人的心情而招致反感。拉利瑪會強化你對工作夥伴的共鳴力，避免衝突；海洋碧玉會消除工作疲勞。

＊ 金錢 ＊
焦慮導致破財

你可能會有很多不在計畫內的支出，例如只要一看到新鮮貨就會馬上購買等等。尤其在情緒低落或心情浮躁的時候，你很容易為了緩解這些情緒而到處亂花錢。樹枝石會預防衝動購物；月光石會穩定情緒，阻止你亂花錢。

提升愛情運的礦石

橘子水晶
P221

薔薇輝石
→P236

提升工作運的礦石

拉利瑪
→P252

海洋碧玉
→P284

提升金錢運的礦石

樹枝石
→P274

月光石
→P278

＊ 使用效果……可以不被訊息牽著鼻子走，在安全感的陪伴下生活。

內在性格 *the other side* 5月21日

  檸檬晶　　 青金石

探索未知的事物

和既有的東西相比，你反而對新的、未知的事物更有興趣，並且總是在追求它們。你好奇心旺盛，對任何事都有很強的求知欲，而這正是你對於所有事情的動機。此外，越是不曾去過或一般人沒辦法去的地方，你就會覺得越興奮，你或許擁有純粹享受「知」的樂趣的能力。與其拘泥於某件事情，不如自由地享受變化吧！

❤ 1/21、1/22、3/10、3/11、9/23、9/24　☪ 3/21、3/22、7/23、7/24、12/24、12/25　◐ 2/20、2/21、8/23、8/24、10/23、10/24　✪ 4/21、4/22、11/22、11/23、12/18、12/19

內在性格 *the other side* 5月22日

  藍紋瑪瑙　　 透石膏

用想像為每一天染上繽紛色彩

你是個想像力豐富的人。擁有像孩子般自由奔放的心靈，即使日子單調乏味，你也能展開想像的翅膀，快樂地用色彩妝點每一天。而且你也很擅長延伸話題，似乎也有把一件小事說得很有趣來緩和氣氛的傾向。不過要是做得太誇張的話，也會很容易遭到身邊的人質疑，所以請以「讓自己和周遭都覺得很開心」為基準來展開有趣的話題吧！

❤ 1/22、1/23、3/11、3/12、9/24、9/25　☪ 3/22、3/23、7/24、7/25、12/25、12/26　◐ 2/21、2/22、8/24、8/25、10/24、10/25　✪ 4/22、4/23、11/23、11/24、12/19、12/20

內在性格 *the other side* 5月23日

  青金石　　 透石膏

在秩序中看見「美」

你能夠在慣例或秩序中發現並愛護井然有序的美。你有出色的美感，對於製作精良的物品，你或許也很擅長精準點出它「美在哪裡」，指出其中的不足或用語言描述。另外，你有在整潔的環境裡才能好好放鬆的傾向，可是只要一忙起來，你的心境也會作為混亂的房間表現出來。這種情況會讓內心便得更糟糕，所以請你有意識地把周遭的環境整理乾淨吧！

❤ 1/23、1/24、3/12、3/13、9/25、9/26　☪ 3/23、3/24、7/25、7/26、12/26、12/27　◐ 2/22、2/23、8/25、8/26、10/25、10/26　✪ 4/23、4/24、11/24、11/25、12/20、12/21

內在性格 *the other side* 5月24日

  檸檬晶　　 藍紋瑪瑙

探究真意

你會敏銳察覺並試圖了解隱藏在事物背後的真意。你不在乎已經化成言語的內容，而是對暗示的象徵或線索充滿興趣，說不定還很擅長自己解開其中的謎題。此外，把這種象徵性帶入日常生活，可以讓你感受到無法用言語表達的真實就近在身邊，從而獲得充實感。建議你可以在手邊放一些關於象徵主義或繪畫象徵的書。

❤ 1/24、1/25、3/13、3/14、9/26、9/27　☪ 3/24、3/25、7/26、7/27、12/27、12/28　◐ 2/23、2/24、8/26、8/27、10/26、10/27　✪ 4/24、4/25、11/25、11/26、12/21、12/22

5月25日～5月28日

雙子座4～7度　水星

Ⅱ

知的喜悅

純粹的好奇心與靈巧的機動性應該是你此生最大的武器。你曉得「知」在本質上的喜悅，所以每知道一件事情，就會想要知道更多。但真正重要的不是只有這樣而已，把自己知道的事情傳遞給他人並發揮功用，應該會讓你覺得更充實。不論於公於私，對自己獲得的知識進行統整，或是在整理得淺顯易懂之後告訴更多的人，這些應該都會讓你的人生變得更加開闊。檸檬晶會理清思路；天河石會成為不被資訊過度影響的保護傘；銀星石會打開視野，提升你對各種事物的關注；海藍寶石會增進語言表達能力。

守護石

檸檬晶
⇒P227

天河石
⇒P241

銀星石
⇒P248

海藍寶石
⇒P251

＊ 愛情・人際關係 ＊
使戀情進展神速

你豐富的交談能力能讓你們迅速發展成戀愛關係。不過，由於你不善於面對沉重的氣氛，只要可能出現嚴肅的話題，你就會拉開距離，甚至讓戀情告終。粉紅菱鋅礦會激發出溫柔的一面，讓戀情長長久久；水晶會調和你和對方的心。

＊ 事業 ＊
隨機應變

你隨機應變的靈活性非常出色，例如在發生問題的時候等等，你經常在許多事情上受到周圍的信賴。你也有很強的應用能力，不管什麼工作都能做得很好，但是也有容易在累了之後，把工作做得亂七八糟的傾向。螢石會提高專注力、減少混亂；鋰雲母會讓適應力變得更強。

＊ 金錢 ＊
理財容易陷入混亂

在金錢方面，明明你覺得自己有做好理財，卻可能會在途中遇到困難。此外，隨便向他人借錢會很容易因為忘記還等等的原因引發糾紛，請特別注意。黑曜石會穩定精神面，防止你和其他人發生金錢糾紛；藍玉髓會提升理財能力。

提升愛情運的礦石

粉紅菱鋅礦
⇒P235

水晶
⇒P269

提升工作運的礦石

螢石
⇒P246

鋰雲母
⇒P266

提升金錢運的礦石

黑曜石
⇒P209

藍玉髓
⇒P255

＊ 使用效果……能夠快速對訊息做出反應，搶先一步把握機會。

內在性格 *the other side* 5月25日

今日守護石

 檸檬晶　　 海藍寶石

對激發情緒的事物抱持興趣

你對色彩、形狀等跟象徵有關資訊以及它們所激發出來的情緒充滿興趣。會一面觀察各種顏色、形狀或表現方式，一面注意人們在看到這些之後，會呈現出什麼樣的情緒波動。除此之外，你還會利用這些反應，漸漸學會故意刺激他人情緒或是讓心情變好的技巧。因為你的吸引力都是一目瞭然，也很容易產生共鳴，所以應該也很擅長捕捉他人的情緒。

♥ 1/25、1/26、3/14、3/15、9/27、9/28　🕐 3/25、3/26、7/27、7/28、12/28、12/29　⚫ 2/24、2/25、8/27、8/28、10/27、10/28　⭐ 4/25、4/26、11/26、11/27、12/22、12/23

內在性格 *the other side* 5月26日

今日守護石

 檸檬晶　　 銀星石

用資訊來操控氣氛

你是個能把自己掌握到的資訊告訴他人，藉此操控現場氣氛的人。你很擅長觀察自己當下所處的情況，會把聽到或看到的事情表現得活靈活現來炒熱現場的氣氛，視情況還會對其他人進行挑釁。如果能用在好的地方，你會因此得到周圍的信賴；如果用來圖利自己，則會被周遭當成可怕的人敬而遠之。所以請你仔細確認自己的能力性質，把它用在好的方向吧！

♥ 1/26、1/27、3/15、3/16、9/28、9/29　🕐 3/26、3/27、7/28、7/29、12/29、12/30　⚫ 2/25、2/26、8/28、8/29、10/28、10/29　⭐ 4/26、4/27、11/27、11/28、12/23、12/24

內在性格 *the other side* 5月27日

今日守護石

 銀星石　　 海藍寶石

不停刺激自己

你是個討厭一成不變，會不斷為自己帶來刺激的人。你總是想從自己身上找到新的可能性，試圖採納可能成為契機的各種資訊或生活方式。你甚至可能會為了隨時都能隨心所欲地取得資訊而添購最新型的資訊裝置。不過，相較於從資訊獲得刺激的作法，需要身體力行的事情才會帶給你附有實感的強烈刺激，所以請你試著多挑戰各種事物。

♥ 1/27、1/28、3/16、3/17、9/29、9/30　🕐 3/27、3/28、7/29、7/30、12/30、12/31　⚫ 2/26、2/27、8/29、8/30、10/29、10/30　⭐ 4/27、4/28、11/28、11/29、12/24、12/25

內在性格 *the other side* 5月28日

今日守護石

天河石　　銀星石

傑出的情況改善能力

你在改善情況方面有天才般的眼力。即使是千篇一律又難以改變的情況，你也會找出細微的異常或疏漏，從這些地方開始慢慢賦予事物變化。你可能以為自己只是稍微改了一些地方，周遭的人卻把你視為帶來巨大改革的人物。另外，精通各種資訊會比較容易想出好的改善對策，所以請你勤勞一點地資訊蒐集吧！

♥ 1/28、1/29、3/17、3/18、9/30、10/1　🕐 1/1、3/28、3/29、7/30、7/31、12/31　⚫ 2/27、2/28、8/30、8/31、10/30、10/31　⭐ 4/28、4/29、11/29、11/30、12/25、12/26

5月29日～6月1日

※ 雙子座8～11度　金星 ※

Ⅱ

淺而廣地享受樂趣

你對各式各樣的事物充滿好奇，在時間允許的範圍內，會盡可能地享受其中的樂趣。但你總感覺專注投入在一件事情上，可能會錯過其他有趣的事，因此有廣泛接觸但淺嘗輒止的傾向。你或許也覺得具備專業知識讓自己比較容易生存，但是如果以長遠來看，倒不如把知識的寬度作為長處，才會漸漸轉變成正面效果。還可以刻意把自己從興趣裡發現的特定資訊告訴需要的人，藉此獲得金錢、工作或生存價值。綠玉髓會進一步磨練才能；海藍寶石會穩固與他人的聯繫；透石膏會淨化煩惱；瑪瑙會增加樂趣。

守護石

綠玉髓
⇒P242

海藍寶石
⇒P251

透石膏
⇒P273

瑪瑙
⇒P282

※ 愛情・人際關係 ※
享受戀人未滿的關係

跟愛情有關的運勢很好。會在對話中發現對方的真正心意，慢慢地發展戀情。但是你也有享受戀人未滿的關係的傾向，被你吊胃口的對象也可能會因此離開。草莓晶會提升魅力；菫青石能讓你察覺對方變心，化解分手危機。

※ 事業 ※
人際關係是關鍵

絕大部分的工作你都可以做得很好，可是工作的完成度可能會很容易因為與工作夥伴之間的關係好壞產生區別。切記要讓關係隨時都保持在一定的水準。紫鋰輝石會讓職場的人際關係變好；孔雀石會調整心態，讓你可以靜心工作。

※ 金錢 ※
小心可愛的事物

你有衝動買下可愛的或自己感興趣的物品，事後讓錢包變得又乾又癟的傾向。請養成再三斟酌「這個真的有需要嗎？」再購物的習慣吧！纏絲瑪瑙會穩定情緒，減緩衝動購物的情況；骨幹水晶會培養看東西的眼光。

提升愛情運的礦石

草莓晶
⇒P234

菫青石
⇒P258

提升工作運的礦石

紫鋰輝石
⇒P234

孔雀石
⇒P247

提升金錢運的礦石

纏絲瑪瑙
⇒P219

骨幹水晶
⇒P271

※ 使用效果……能夠刺激你對各種事物的好奇心，從中獲得樂趣。

內在性格
the other side 5月29日

今日守護石

 海藍寶石　　 瑪瑙

迅速做出成果

你是會以強大專注力與迅速執行力做出成果的人。一旦開始在意起某件事情，你的所有心思就會被瞬間佔據，並且馬上展開行動獲取所需。雖然也有性急的一面，但良好的機動性也經常讓你搶先他人一步，還可能會在不知不覺間扮演起負責向身邊的人傳遞最新或流行資訊的角色。然而你也有會做到一半就半途而廢的情況，容易因此和周遭產生摩擦，還請特別注意。

♡ 1/29、1/30、3/18、3/19、10/1、
10/2　◍ 1/1、1/2、3/29、3/30、
7/31、8/1　◐ 2/28、2/29、8/31、
9/1、10/31、11/1　✿ 4/29、4/30、
11/30、12/1、12/26、12/27

內在性格
the other side 5月30日

今日守護石

 綠玉髓　　 透石膏

執行感興趣的事

你是個就算多少有些勉強，也還是會對自己感興趣的事情採取行動的人。儘管在某種意義上來說，你是一個充滿挑戰精神的人，但你搞不好只是更討厭什麼都不做、只是乾瞪眼的空虛感，因此當機立斷地採取了行動。一點點勉強也許能讓你大有所獲，但堅持逞強也可能和周圍發生衝突，所以請你要仔細留意人際關係，這樣應該就能避免衝突了。

♡ 1/30、1/31、3/19、3/20、10/2、
10/3　◍ 1/2、1/3、3/30、3/31、
8/1、8/2　◐ 2/29、3/1、9/1、9/2、
11/1、11/2　✿ 4/30、5/1、12/1、
12/2、12/27、12/28

內在性格
the other side 5月31日

今日守護石

 綠玉髓　　 瑪瑙

從未知的事物開闢可能性

你這個人對越是了解不了的事情就越感興趣，努力試圖開闢自己的可能性。你想要認清現實的意志非常堅定，要是對於自己的當前處境有什麼不清楚的地方，你就會澈底調查，把所有事情都弄個明白。就結果來說，周遭也可能因此視你為學識淵博或掌握最新資訊的人，提供你豐厚的待遇。而且偶爾還有機會透過這樣蒐集而來的資訊，找到活下去的道路或人生的指針。

♡ 1/31、2/1、3/20、3/21、10/3、
10/4　◍ 1/3、1/4、3/31、4/1、
8/2、8/3　◐ 3/1、3/2、9/2、9/3、
11/2、11/3　✿ 5/1、5/2、12/2、
12/3、12/28、12/29

內在性格
the other side 6月1日

今日守護石

 透石膏　　 瑪瑙

坦率主張己見

你這個人同時具備宛如少女般的柔軟感性以及不輕易應被周圍感染的堅韌意志。你不會隨波逐流，例如好事或壞事等等，對於牽動自身感受的事物，你都能明確陳述或主張自己的見解。而且你的情感表現也很豐富，會把作為情緒接收到的事物直接輸出，所以也會被周遭視為是表裡如一的人。你豐富的感性與純粹的靈魂狀態，應該會深深吸引身邊的人。

♡ 2/1、2/2、3/21、3/22、10/4、
10/5　◍ 1/4、1/5、4/1、4/2、8/3、
8/4　◐ 3/2、3/3、9/3、9/4、11/3、
11/4　✿ 5/2、5/3、12/3、12/4、
12/29、12/30

雙子座

6月2日~6月6日

Ⅱ

善用資訊向前邁進

你傾向利用從興趣中得到的知識或資訊在人生的路上邁進。你會敏銳地對供需做出反應並抓住機會，例如早一步發現哪些地方需要什麼，馬上付諸執行或安排有能力的人去做。你傾向在知識、資訊、流通或人力仲介這些具有流動性的事物中生活，卻也會因此對自己正在做的事情產生懷疑。倘若能對「創造並控制流向是自己的使命」產生自覺，精神應該就會趨於穩定，並帶著確信前進了吧！黃水晶會提高你對自身行動的使命感；螢石會創造數不清的點子；拉長石會強化靈感；斑彩石會提升靈活的應對力。

守護石

黃水晶
→P229

螢石
→P246

拉長石
→P281

斑彩石
→P283

※ 愛情・人際關係 ※
用談話力抓住愛情

你會一邊積極與心上人交流溝通，一邊算準時機發動進攻。不過，你也有容易像遊戲攻略一樣，熱衷於攻陷對方的傾向。粉晶會孕育愛情，使它不會淪為一場遊戲；土耳其石會支持你積極表現出自己的愛。

※ 事業 ※
迅速行動

你有迅速採取行動，搶先其他人做出成果的傾向。但是也有可能會經常出於不安而做出不必要的行為，反而讓自己更累或白忙一場。空晶石會穩定情緒、消除不安，預防徒勞的舉動；紫水晶會緩解疲勞。

※ 金錢 ※
在小地方破財

有一個大目標時，你可以一邊平衡收支一邊存錢；但是在除此以外的時候，你卻有到處亂花錢等等的浪費傾向。縞瑪瑙會讓你意識到跟金錢有關的目標，幫助你有效率地存錢；珍珠會沉澱心靈，預防浪費。

提升愛情運的礦石

粉晶
→P232

土耳其石
→P255

提升工作運的礦石

空晶石
→P202

紫水晶
→P265

提升金錢運的礦石

縞瑪瑙
→P206

珍珠
→P275

※ 使用效果……磨練你對資訊等進行篩選的眼力，也可以作為排除錯誤資訊的護身符。

內在性格 *the other side...* 6月2日

今日守護石

 螢石　　 拉長石

享受獨特性

你這個人可以享受跟其他人不一樣的自己。你有高超的技巧或才能，會發揮它們在人生的路上前進。而且就算因為這些能力而孤身一人，你也可以很乾脆地用「別人是別人，自己是自己」做出切割，致力於對自己有意義的活動。說不定也會經常和與眾不同的人結緣。

♥ 2/2、2/3、3/22、3/23、10/5、10/6　 1/5、1/6、4/2、4/3、8/4、8/5　 3/3、3/4、9/4、9/5、11/4、11/5　 5/3、5/4、12/4、12/5、12/30、12/31

內在性格 *the other side...* 6月3日

今日守護石

 拉長石　　 斑彩石

憑直覺看透本質

你這個人有很強的直覺，有能力看透事物的本質。你也會很想要憑直覺得到的事物分享給其他人，會不斷對「該怎麼做才能把這種心情原原本本地傳遞出去」進行各種嘗試及修正。結果你會因此得到豐富的表現能力，在掌握要點的同時説出能抓住人心的話語。

♥ 2/3、2/4、3/23、3/24、10/6、10/7　 1/6、1/7、4/3、4/4、8/5、8/6　 3/4、3/5、9/5、9/6、11/5、11/6　 1/1、5/4、5/5、12/5、12/6、12/31

內在性格 *the other side...* 6月4日

今日守護石

 螢石　　 斑彩石

享受溝通

你是個在真正意義上懂得溝通的樂趣所在的人。「接住對方説的話，瞬間理解內容，給予適當回覆，接著對方再對此做出回應……」，你了解這種對話的奧妙之處，因此就算是簡短的交流也不會敷衍了事。除此之外，你巧妙的話術還能有技巧地引出對方的真心話。

♥ 2/4、2/5、3/24、3/25、10/7、10/8　 1/7、1/8、4/4、4/5、8/6、8/7　 3/5、3/6、9/7、9/8、11/6、11/7　 1/1、1/2、5/5、5/6、12/6、12/7

內在性格 *the other side...* 6月5日

今日守護石

 黃水晶　　 斑彩石

充滿説服力的話語

你這個人擁有的話術及説服力能夠打動眾人的心。雖然只要一開口就很容易越説越激動，但是你的模樣會感化並鼓舞身邊的人。由於你很清楚自己的主張，因此會慢慢掌握很強的話語權。或許會不知不覺被人們當成像領導者一樣的角色。

♥ 2/4、2/5、3/25、3/26、10/7、10/8　 1/8、1/9、4/4、4/5、8/6、8/7　 3/5、3/6、9/7、9/8、11/6、11/7　 1/2、1/3、5/6、5/7、12/6、12/7

內在性格 *the other side...* 6月6日

今日守護石

 黃水晶　　 拉長石

毫不猶疑地前進

你這個人能夠在不受他人的言語或外在資訊的影響下做出對自己必要的行動。對於自己該做或想做的事情，你會參考各種資訊，並在自行思考的同時斷付諸行動。另外，你還有先為此做好準備、製造合適的情境、調整身體的狀態，藉此幫自己提振士氣的傾向。

♥ 2/5、2/6、3/26、3/27、10/8、10/9　 1/9、1/10、4/5、4/6、8/7、8/8　 3/6、3/7、9/8、9/9、11/7、11/8　 1/3、1/4、5/7、5/8、12/7、12/8

6月7日～6月11日

Ⅱ

一邊確認一邊前進

你有用積極的行動做出成果的傾向。在出現不確定要素時，你會立刻確認，這讓周遭人對你非常放心信任你。另外，你還有同時處理兩件以上的事情的天賦，因此做事迅速也是你的優點之一。然而隨著處理的事情越來越多，你也會漸漸開始感到混亂，搞不清楚自己在做什麼。累過頭的時候會比較容易出現這種傾向，所以請你有意識地維護身心健康。白雲母會消除疲勞；水光水晶會強化潛能；輝沸石會增強跟行動有關的直覺；藍孔雀石會防止你在同時處理多件事情時陷入混亂，幫助事情順利進行。

守護石

白雲母
⇒P215

水光水晶
⇒P250

輝沸石
⇒P272

藍孔雀石
⇒P282

＊ 愛情・人際關係 ＊
進展神速的戀情

你會對對方一見鍾情，轉眼間便墜入情網，接著立刻發動攻勢。但是不想輸給對方的心情也可能會害你忍不住較勁，因此錯過一場戀愛。硫磺會培養寬闊的心胸，緩和對抗意識；粉紅碧璽會在瞬間的衝動中孕育穩固的愛。

＊ 事業 ＊
先搶先贏

你會用工作速度與其他人拉開距離，取得成果。你會先預測對方的下一步再採取行動，卻也有因為想太多讓自己越來越緊張的傾向。舒俱徠石會緩解緊張的情緒；天眼石會提升專注力，幫助你比他人更快得出結果。

＊ 金錢 ＊
因著急而破財

你搞不好有很強的破財運，會為了搶先得到別人沒有的東西而進行非必要的購物。蘇打石會強化判斷力，確定自己是否需要某樣物品；乳白晶會讓你保持冷靜，預防衝動購物。

提升愛情運的礦石

硫磺
⇒P228

粉紅碧璽
⇒P231

提升工作運的礦石

舒俱徠石
⇒P265

天眼石
⇒P287

提升金錢運的礦石

蘇打石
⇒P261

乳白晶
⇒P277

＊ 使用效果……增強好奇心與機動性。特別適合在懶懶的、不想動的時候使用。

內在性格 *the other side* 6月7日

今日守護石

 水光水晶　　 輝沸石

對內行人展現才能

你是個可以在自己熟悉的地方或擅長的領域，把才能或技術全面發揮出來的人。即使平常像一般人一樣融入周圍的環境，擁有特殊才能或狂熱興趣的你，會在能夠理解的人面前開誠布公地展現特質，毫不保留地發揮能力。或許也會經常在同好之間備受崇拜。

♥ 2/6、2/7、3/27、3/28、10/9、10/10　🕐 1/10、1/11、4/6、4/7、8/8、8/9　● 3/7、3/8、9/9、9/10、11/8、11/9　✦ 1/4、1/5、5/8、5/9、12/8、12/9

內在性格 *the other side* 6月8日

今日守護石

 白雲母　　 藍孔雀石

將古老的思想作為基石

自古傳承下來的觀念或知識使你深受感動，你是個會以這些為基石用心生活的人。你對古代思想、古典哲學，或是自古流傳的諺語、格言等等都充滿興趣，會將它們融入生活、調整身心並培養怡然自得的精神。曾經有「在情緒動搖時忽然想起某句格言而豁然開朗」的經驗。

♥ 2/7、2/8、3/28、3/29、10/10、10/11　🕐 1/11、1/12、4/7、4/8、8/9、8/10　● 3/8、3/9、9/10、9/11、11/9、11/10　✦ 1/5、1/6、5/9、5/10、12/9、12/10

內在性格 *the other side* 6月9日

今日守護石

 水光水晶　　 藍孔雀石

提供所需的資訊

你是個擅長根據四處蒐集來的資訊為周遭帶來刺激的人。你在迅速找到他人所需的資訊、告訴對方使情況發生變化這件事情上非常拿手。你很容易因為經常為周遭帶來各方面的影響，結果成為像颱風眼一樣的中心人物，讓他們非常喜歡你，認為你是個博學多聞的人。

♥ 2/8、2/9、3/29、3/30、10/11、10/12　🕐 1/12、1/13、4/8、4/9、8/10、8/11　● 3/9、3/10、9/11、9/12、11/10、11/11　✦ 1/6、1/7、5/10、5/11、12/10、12/11

內在性格 *the other side* 6月10日

今日守護石

 白雲母　　 水光水晶

把來自興趣的收穫賦予他人

你這個人有旺盛的好奇心，能夠藉此把此獲得的事物提供給周遭的人。你對各種事物都充滿興趣，導致你擁有比其他人更豐富的經驗及資訊。再加上當其他人向你請教這些經驗或領悟時，你也能毫不吝嗇地大方分享，因此身邊的人在各方面都很倚仗你，對你寄予深厚的信賴。

♥ 2/9、2/10、3/30、3/31、10/12、10/13　🕐 1/13、1/14、4/9、4/10、8/11、8/12　● 3/10、3/11、9/12、9/13、11/11、11/12　✦ 1/7、1/8、5/11、5/12、12/11、12/12

內在性格 *the other side* 6月11日

今日守護石

 輝沸石　　 藍孔雀石

澈底磨練技能

你是會想要澈底磨練自己的技能或能力的人。儘管有時候會讓自己的身心無法負荷，你依然會大膽挑戰，超越極限，獲得全新的力量。你生性精力充沛、積極樂觀，當其他人越是用「你辦不到」來挑釁你，你就越想嘗試，最終成功達成目標。

♥ 2/10、2/11、3/31、4/1、10/13、10/14　🕐 1/14、1/15、4/10、4/11、8/12、8/13　● 3/11、3/12、9/13、9/14、11/12、11/13　✦ 1/8、1/9、5/12、5/13、12/12、12/13

6月12日〜6月16日

※ 雙子座21〜25度　木星 ※

♊

了解意圖的喜悅

你對各種事情都充滿興趣，會因探究其背後的意圖獲得喜悅。儘管偶有過度解讀，但你似乎經常會透過像這樣深入思考，拓展自己的豐富特質並把握機會。此外，即使跟自己無關的事也會有解的求知欲，其他人也可能會因此覺得你無所不知。你通常也是一個喜歡交談、人見人愛、人脈寬廣的人。然而豐富的知識也會讓你有容易偏離主題或談話過於冗長的傾向，這個部分還需多加留意。橘子水晶適合用於疲憊時充電；磷灰石會支援你的社交能力；托帕石會讓思路保持清晰；透鋰長石會讓思考充實延伸。

守護石

橘子水晶
→P221

磷灰石
→P253

托帕石
⇒P274

透鋰長石
⇒P276

※ 愛情・人際關係 ※
豐盛的愛

你很擅長發現別人的優點，會將每個人都當成可愛的存在投注情感。可是也可能因此發展成腳踏多條船的情況，請小心因此引發衝突。矽孔雀石會讓你藏於心中的愛變得更加飽滿；藍銅礦有助於抑制花心，預防衝突發生。

※ 事業 ※
掌握大方向，填滿小細節

你有在從開闊的視角實際掌握情況以後，再一個個把細節填滿的工作傾向。倘若能善用直覺的話，你的工作方式應該會有更多可能性。魚眼石會強化直覺；海洋碧玉會療癒身心，幫助你可以冷靜地工作。

※ 金錢 ※
因為在意他人的眼光而破財

財運本身相對良好，不過也可能會因為想讓其他人覺得自己很大方，就又是請客，又是撒錢地到處散財。煤玉會穩定情緒、預防破財並提升基本財運；珍珠母會培養不必在意他人目光的精神面。

提升愛情運的礦石

矽孔雀石
⇒P254

藍銅礦
⇒P259

提升工作運的礦石

魚眼石
⇒P270

海洋碧玉
⇒P284

提升金錢運的礦石

煤玉
⇒P209

珍珠母
⇒P277

※ 使用效果……充滿想學習各種事物的欲望，也可以在感到無聊的時候使用。

內在性格 *the other side* 6月12日

  橘子水晶　　 托帕石

深藏不露的高手

你是個開放且具有閒散氣質又樸實的人。不但頭腦聰明，能力也很強大，只要有心就可以在讀書或工作上有很好的表現。但是你不會把自己逼得太緊，而是會一邊留意身心靈的健康，一邊悠閒自在地前進。你和植物、礦物等自然物質非常有緣，把它們放在身邊應該能獲得療癒。

♡ 2/11、2/12、4/1、4/2、10/14、10/15　🌙 1/15、1/16、4/11、4/12、8/13、8/14　⚫ 3/12、3/13、9/14、9/15、11/13、11/14　✦ 1/9、1/10、5/13、5/14、12/13、12/14

內在性格 *the other side* 6月13日

  托帕石　　 透鋰長石

整理資訊再下判斷

你這個人精通各種資訊，可以在把它們整理好之後，判斷每一項的重要程度。即使身處在混亂的情況之中，也能根據一些判斷基準進行區分，採取在當下最有必要的行動。你也善於處理問題，或許會經常自然而然地擔任起像軍師、參謀一樣的職務。

♡ 2/12、2/13、4/2、4/3、10/15、10/16　🌙 1/16、1/17、4/12、4/13、8/14、8/15　⚫ 3/13、3/14、9/15、9/16、11/14、11/15　✦ 1/10、1/11、5/14、5/15、12/14、12/15

內在性格 *the other side* 6月14日

  橘子水晶　　 透鋰長石

從多個角度進行研究

你這個人具有從不同面向對事物進行觀察及研究的能力。你可以透過這種能力，在被視為不利的情況中找出有利之處翻轉局勢；或是善用負面思維，把它變成具有正向意義的事物。而且你還有無論在哪裡都能享受其中的天分，會像遊戲破關一樣克服困難的工作。

♡ 2/13、2/14、4/3、4/4、10/16、10/17　🌙 1/17、1/18、4/13、4/14、8/15、8/16　⚫ 3/14、3/15、9/16、9/17、11/15、11/16　✦ 1/11、1/12、5/15、5/16、12/15、12/16

內在性格 *the other side* 6月15日

  磷灰石　　 托帕石

巧妙取捨

你是個擅長在一團混亂當中對需要及不需要的東西進行取捨的人。尤其當你有某個特定的目的時，你會把所有注意力放在最終目標，在捨棄不需要的東西時，把這項特質發揮地淋漓盡致。你也很會整理別人說過的話，當有人來找你商量事情時，你會整理摘要，點醒對方。

♡ 2/14、2/15、4/4、4/5、10/17、10/18　🌙 1/18、1/19、4/14、4/15、8/17、8/18　⚫ 3/15、3/16、9/17、9/18、11/16、11/17　✦ 1/12、1/13、5/16、5/17、12/16、12/17

內在性格 *the other side* 6月16日

磷灰石　　 透鋰長石

追究真正的本質

你是個會固執地追求事物本質的人。尤其是在走投無路的情況下，你不會被痛苦的情緒或嚴峻的現況搶走注意力，而是能冷靜判斷自己陷入這種情況的原因，著眼於最重要的部分並跨越難關。你也很少會有無謂的行動或浪費時間的行為。

♡ 2/15、2/16、4/5、4/6、10/18、10/19　🌙 1/19、1/20、4/15、4/16、8/18、8/19　⚫ 3/16、3/17、9/18、9/19、11/17、11/18　✦ 1/13、1/14、5/17、5/18、12/17、12/18

6月17日～6月20日

※ 雙子座26～29度　土星 ※

Ⅱ

想要知曉一切

你的求知欲很強，有想要把自己塑造成萬事通的傾向。不論接觸什麼領域，相關研究自然不用說，就連周遭事物你也想全數掌握，因此可能會常常有一種無意識的迫切感。如果能意識到自己真正需要的知識其實沒那麼多，在精神方面應該會變得比較穩定。除此之外，你似乎也很擅長將所學統整後再教給其他人。倘若能有意識地在注意結構的同時進行彙整，將來應該會越來越進步。霰石會讓你意識到真正重要的事物並沉澱心靈；捷克隕石會培養縱觀整體的能力；鈣沸石會淨化身心；賽黃晶會提升創造力。

守護石

霰石
⇒P202

捷克隕石
⇒P239

鈣沸石
⇒P272

賽黃晶
⇒P273

※ 愛情・人際關係 ※
追求理想的關係

容易為了摸索出理想或更好的關係而煩惱，即使對方直接向你示愛，你也會過度思考、過度解讀導致關係惡化。青金石會讓理想的關係順利形成；西瓜碧璽會使你能夠坦然地付出及接受愛情。

※ 事業 ※
善用情況判斷力

你會正確掌握資訊或周圍的情況，確實採取必要的處置。或許是因為能力很好的關係，你也經常被安排在瞬息萬變、一刻不得大意的職場做事，因此容易累積壓力。天青石會舒緩壓力；方鉛礦會幫你連接宇宙來補充能量。

※ 金錢 ※
腳踏實地理財

你有穩定的財運，會踏實地存錢或有計畫地花錢，而且你有能力配合需要進行理財，因此可以讓積蓄變得越來越多。軟玉是讓財運更穩定的護身符；赫基蒙鑽水晶會強化直覺，培養發現更好的金融商品的眼力。

提升愛情運的礦石

青金石
⇒P262

西瓜碧璽
⇒P284

提升工作運的礦石

天青石
⇒P254

方鉛礦
⇒P279

提升金錢運的礦石

軟玉
⇒P244

赫基蒙鑽水晶
⇒P275

※ 使用效果……賦予你將各種要素統整起來的視角，也很適合在覺得混亂的時候使用。

內在性格 the other side 6月17日

今日守護石　霰石　　賽黃晶

用技能開拓人生

你會以過去培養的能力或技能為基礎，憑一己之力開拓人生。就算處在不得不投身於陌生環境的情況之下，你也會相信自己的力量舉步前進，獲得成果。而憑臨場反應做事的膽量以及能力的多樣性，也會讓你被當成解決問題的重要戰力受周遭信賴。越是在各種場合累積經驗，就越能提升你的情況判斷力，所以可以盡量多挑戰感覺會很有趣的事物。

💗 2/16、2/17、4/6、4/7、10/19、10/20　🕐 1/20、1/21、4/16、4/17、8/19、8/20　🔵 3/17、3/18、9/19、9/20、11/18、11/19　⭐ 1/14、1/15、5/18、5/19、12/18、12/19

內在性格 the other side 6月18日

今日守護石 捷克隕石　　鈣沸石

斷捨離高手

你對過去或現狀沒有太多的執著，可以偶爾把自己變回一張白紙，選擇更好的道路。你會經常讓內心的一部分保持冷靜，同時精準地掌握情況。而且如果有必要的話，你甚至可以把「捨棄至今為止用心栽培的事物」納入考慮。你擁有的或許可說是將混亂的情況重新整頓的能力。由於你會縱觀整體，認真評估該割捨哪些部分之後，再以適當的方法執行，因此周遭也很難對你提出不滿。

💗 2/17、2/18、4/7、4/8、10/20、10/21　🕐 1/21、1/22、4/17、4/18、8/20、8/21　🔵 3/18、3/19、9/20、9/21、11/19、11/20　⭐ 1/15、1/16、5/19、5/20、12/19、12/20

內在性格 the other side 6月19日

今日守護石　鈣沸石　　賽黃晶

預測下一步

你不但對各種資訊反應靈敏，還能夠立刻預測到接下來會發生的事。而且還會用簡單易懂的話告訴他人，因此可以精確掌握對方的情緒。除此之外，你有時還會根據早一手的消息，立基比其他人更好的位置，但是這份自負並不會表現在態度上，所以周遭也會覺得你很謙虛。總是追求新鮮事物應該能讓你順勢搭上很棒的潮流。

💗 2/18、2/19、4/8、4/9、10/21、10/22　🕐 1/22、1/23、4/18、4/19、8/21、8/22　🔵 3/19、3/20、9/21、9/22、11/20、11/21　⭐ 1/16、1/17、5/20、5/21、12/20、12/21

內在性格 the other side 6月20日

今日守護石 捷克隕石　　賽黃晶

強調與眾不同的魅力

你可以巧妙地宣傳自己與眾不同的魅力。就算是負面的特質，你也會自己加入正面的解釋，巧妙地賦予其價值。而且對其他人你也一樣能指出對方的魅力或才能，讓他展現比較好的樣態，因此或許會擔任類似顧問的職務。你應該也很擅長在充斥著許多非常相似的商品或主題的領域裡，精準地找出賣點、強調獨特感來吸引顧客。

💗 2/19、2/20、4/9、4/10、10/22、10/23　🕐 1/23、1/24、4/19、4/20、8/22、8/23　🔵 3/20、3/21、9/22、9/23、11/21、11/22　⭐ 1/17、1/18、5/21、5/22、12/21、12/22

追求心靈上的交流

你對周遭的人溫柔和善，具有細膩的感受性。面對初見的陌生人，你會緊閉心扉、保持警戒，然而隨著時間經過，你會慢慢敞開心胸，追求情感上的交流。你對發生在身邊的事情非常敏感並反應於情緒，所以會很容易出現情緒波動。與其憋在心裡，不如用大哭、暴怒等方式釋放，會更容易有好結果。另外，你也很會察覺他人的情緒，經常充當諮詢對象，或擔任像協助者的角色。空晶石建議在感到不安的時候使用：珊瑚會把感受性培養得更豐富；拉利瑪會讓你能好好把情緒表現出來，療癒心靈；月光石會穩定情緒。

守護石

空晶石
⇒P202

珊瑚
⇒P213

拉利瑪
⇒P252

月光石
⇒P278

※ 愛情・人際關係 ※
互相體諒的愛

你傾向於追求既穩定又能互相體諒的關係。雖然有能夠守護、療癒對方的溫柔的心，卻也因此非常纖細，因為失戀等所受到的傷害也許會很容易比別人多出一倍。煤玉會穩定心緒，使戀情順利成長；綠銅礦會治療內心傷痛。

※ 事業 ※
心思細膩

在工作上，你做事心思細膩。但容易對會頻繁接觸到新的工作內容或陌生人的事情感到難以招架。光玉髓會賦予你在全新的情況下也能積極投入的強大意志；中性長石會幫助你和初次見面的人也能建立融洽的關係。

※ 金錢 ※
不善於長期運用

你對每天的收支平衡還算拿手，但是在長期運用方面卻也有粗心大意的地方。建議也可以把儲蓄等設定成自動轉帳。玻隕石會賦予你跟錢有關的第六感與長遠的視角；橙色方解石會招來財運。

提升愛情運的礦石

煤玉
⇒P209

綠銅礦
⇒P243

提升工作運的礦石

光玉髓
⇒P218

中性長石
⇒P270

提升金錢運的礦石

玻隕石
⇒P210

橙色方解石
⇒P219

※ 使用效果……撫平情緒波動，為內心帶來平穩及沉靜。

内在性格 the other side 6月21日

今日守護石

 空晶石　　珊瑚

成為仲裁者或領頭羊

你會和擁有相同目標的人們一起行動，並在其中扮演好屬於自己的角色。你對周遭的氣氛很敏感，可以和身邊的人保持協調，又巧妙地表現出自己的才能或個性。此外，為了達成目標，你還會透過炒熱氣氛來讓所有人團結一心，或是為有嫌隙的同伴們居中協調。說不定還經常自然被同伴們當成領導者，或擔任追尋目標的領頭羊。

♥ 2/20、2/21、4/10、4/11、10/23、10/24　☾ 1/24、1/25、4/20、4/21、8/23、8/24　☉ 3/21、3/22、9/23、9/24、11/22、11/23　✿ 1/18、1/19、5/22、5/23、12/22、12/23

内在性格 the other side 6月22日

今日守護石

 珊瑚　　 月光石

承擔在團體中的職責

你是個能夠在大團體中認清自己的職責並輕鬆完成它的人。你有很強的共鳴力，會小心揣測身旁人的心情，自然而然地擔起團體中所需的職務。有時你也會被委以重任，並常常因此壓力如山，可是只要想到是為了大家，就會不可思議地湧出力量，讓你能好好完成自己的職責。而且在這種時候，應該還會有很多人伸出援手支持你。

♥ 2/21、2/22、4/11、4/12、10/24、10/25　☾ 1/25、1/26、4/21、4/22、8/24、8/25　☉ 3/22、3/23、9/24、9/25、11/23、11/24　✿ 1/19、1/20、5/23、5/24、12/23、12/24

内在性格 the other side 6月23日

今日守護石

 拉利瑪　　 月光石

掌握周圍的局勢

你很會把握周圍的氣氛，在猶豫不決時會透過順勢而為來度過危機。你也有很強的危機感知能力，會不慌不忙並仔細地了解情況，迅速將其納入考量，做出對現況最有必要的發言或行動。但縱使事情因此得到了好的結果，對你這個當事人來說，這一連串的思考只不過是理所當然的行為；因為會以極其自然的方式採取最必要的行動，所以或許對危機本身沒什麼實感。

♥ 2/22、2/23、4/12、4/13、10/25、10/26　☾ 1/26、1/27、4/22、4/23、8/25、8/26　☉ 3/23、3/24、9/25、9/26、11/24、11/25　✿ 1/20、1/21、5/24、5/25、12/24、12/25

内在性格 the other side 6月24日

今日守護石

 空晶石　　 拉利瑪

解讀情緒

你很擅長解讀他人的情緒，能夠自然做出對方想要的回應並達成目的。像是對自尊心很高的人就拼命讚美，對自卑感很重的人就放低姿態等等，你會在揣測對方內心的同時引導情緒，把事情導向自己想要的結果。你很擅長攏絡難搞的人，或是拉攏在工作或興趣方面的重要人物，因此周遭會認為你是個很會待人處世的人，可能會經常在各方面受到重用。

♥ 2/23、2/24、4/13、4/14、10/26、10/27　☾ 1/27、1/28、4/23、4/24、8/26、8/27　☉ 3/24、3/25、9/26、9/27、11/25、11/26　✿ 1/21、1/22、5/25、5/26、12/25、12/26

6月25日～6月28日

＊巨蟹座4～7度　水星＊

協調的步伐

你能在與周遭保持協調的情況下朝未來邁進。你很擅長解讀旁人的情緒，也經常在理解對方心情的前提下，給對方建議。你還會透過從值得尊敬或產生共鳴的對象所學的事物逐漸成長。這個時候，你會用入微的觀察力，把對方的為人、技術等刻在腦中，化成自己的養分。也很擅長用他人容易理解的方式進行互動，例如配合對象調整說話方式等等，因此也可能常被當成值得信賴的商量對象。玫瑰黝簾石會督促你為他人著想；葡萄石可以在很累的時候用來放鬆、療癒；螢石會帶來潔淨無瑕的光明；藍玉髓會讓你與旁人的溝通更順利。

守護石

玫瑰黝簾石
⇒P235

葡萄石
⇒P246

螢石
⇒P246

藍玉髓
⇒P255

＊ 愛情・人際關係 ＊
給予對方想要的回應

你可以立刻讀懂對方的心情，毫無困難地說出對方需要的話語，所以應該會很容易發展成戀愛關係。不過要小心因為偏好「交往就是一定要去○○／做○○」，導致約會等內容總是一成不變。蘇打石會戀情來安定感；蛻變石英會緩解一成不變的問題。

＊ 事業 ＊
用體貼讓工作更順利

你很會為他人著想，能透過與身邊的人或工作夥伴之間的心靈上交流互相協調，讓工作順利進行。因為比較容易團結一心，故設定遠大的目標也很重要。尖晶石會讓你意識到遠大的志向，提高工作意願；藍銅礦對提升能力有很好的效果。

＊ 金錢 ＊
因心情破財

你有視當下心情花錢的傾向。尤其在情緒低落或感到煩躁時，破財的機率或許會比較容易上升。水光水晶會讓你恢復冷靜、提高判斷力，確定自己到底需不需要某樣東西；鎳鐵隕石會平衡內心、穩定財運。

提升愛情運的礦石

蘇打石
⇒P261

蛻變石英
⇒P278

提升工作運的礦石

尖晶石
⇒P214

藍銅礦
⇒P259

提升金錢運的礦石

水光水晶
⇒P250

鎳鐵隕石
⇒P279

＊ 使用效果……能夠敏感察覺對方的情緒，幫助你化解與對方之間的衝突。

內在性格
the other side...
6月25日

今日守護石 玫瑰黝簾石　 螢石

勇於挑戰

態度積極，充滿奮力一搏的挑戰精神。尤其在面對停滯不前的狀況或不知變通的團體時，你會為了改善現況，積極表現自己的願望或意圖，用像是在說「不試試看怎麼會知道」的態度大膽挑戰。雖然通常都不是很順利，但就算失敗了你也不會輕易氣餒，而是會採取不同的策略繼續嘗試。你會接納所有失敗，將它們化為養分，藉此成長茁壯並取得過人成就。

⚆ 2/24、2/25、4/14、4/15、10/27、10/28　⚆ 1/28、1/29、4/24、4/25、8/27、8/28　⚆ 3/25、3/26、9/27、9/28、11/26、11/27　⚆ 1/22、1/23、5/26、5/27、12/26、12/27

內在性格
the other side...
6月26日

今日守護石 葡萄石　 藍玉髓

顛覆常態

你是個會想刻意推翻「理所當然」、「平凡無奇」這些感覺的人。這種行為會讓身邊的人非常震驚，但你會一次又一次地重複，藉此確認不同的反應，熟悉群眾的心理，學會如何對他人帶來更大的影響力。你也很擅長刺激他人情緒的激將法，讓他人的心情朝著你希望的方向發展，不過你並沒有惡意，倒不如說，很多行為搞不好最後會變成了他人的善舉。

⚆ 2/25、2/26、4/15、4/16、10/28、10/29　⚆ 1/29、1/30、4/25、4/26、8/28、8/29　⚆ 3/26、3/27、9/28、9/29、11/27、11/28　⚆ 1/23、1/24、5/27、5/28、12/27、12/28

內在性格
the other side...
6月27日

今日守護石 玫瑰黝簾石　 藍玉髓

守護心的寄託

你會把對自己和他人來說都很重要的事物放在內心正中間的位置，努力守護好它。你會一邊默默關心重要的人，一邊和他們一起保護心靈寄託，有時還能為此捨身一戰。你也是一個很重視家庭或同伴的人，平常總是表現得冷靜沉著，不太會露出熱血的一面，因此在關鍵時刻為所有人採取的強硬手段可能會嚇到大家。

⚆ 2/26、2/27、4/16、4/17、10/29、10/30　⚆ 1/30、1/31、4/26、4/27、8/29、8/30　⚆ 3/27、3/28、9/29、9/30、11/28、11/29　⚆ 1/24、1/25、5/28、5/29、12/28、12/29

內在性格
the other side...
6月28日

今日守護石 葡萄石　 螢石

用玩樂製造餘裕

你不會被忙碌壓得喘不過氣，而是會從中找到樂趣，讓內心保持從容。你會認真把該做的事情做好，卻也會趁空檔偷偷找樂子，或是在工作中發現樂趣，擁有在做事時保留餘裕的才能。此外，你也很擅長從刻不容緩的情況中找出像遊戲一樣的要素，同時讓周遭其他人繼續對事情抱持熱忱，因此越是忙碌，其他人可能就越依賴你。

⚆ 2/27、2/28、4/17、4/18、10/30、10/31　⚆ 1/31、2/1、4/27、4/28、8/30、8/31　⚆ 3/28、3/29、9/30、10/1、11/29、11/30　⚆ 1/25、1/26、5/29、5/30、12/29、12/30

6月29日～7月2日

打造有愛的空間

你可以一邊和周遭的人產生共鳴，一邊建立富足並充滿愛的空間，能夠和同伴們互相分享開心或有趣的事，在彼此的微笑中感到安心的環境。而需要團隊合作時，你也會擔任炒熱氣氛的角色，為提振團隊整體的士氣盡一份力。開心時，你會想透過與他人的相處來確認自己的感受，因此，在獨處時容易感到孤單。尤其是在沒有其他同伴的情況下進行活動時，你可能會因為孤獨感而情緒低落。纏絲瑪瑙會幫助你與同伴建立充滿愛的關係；紫鋰輝石會消除孤獨；苔蘚瑪瑙會緩和低落情緒；精靈石會放鬆心情。

守護石

纏絲瑪瑙
→P219

紫鋰輝石
→P234

苔蘚瑪瑙
→P247

精靈石
→P288

＊ 愛情・人際關係 ＊
灌注溫暖的愛情

你傾向於對心上人灌注溫暖的愛來孕育愛情。你也很擅長照顧對方，但也可能會因為管太多被當成老媽子。菱錳礦會向對方傳達純粹的愛；軟玉會穩定關係，讓愛情長長久久。

＊ 事業 ＊
融入環境並發揮所長

在工作上的表現或許會很容易因為與同儕之間的關係出現差異。如果待在無法融入的團體當中，工作意願會減半，工作效率也很容易降低。石榴石會讓你無論在哪裡都能對工作充滿熱誠、提升效率；中性長石會幫助你跟處不來的人取得平衡。

＊ 金錢 ＊
被「可愛」掏空錢包

你可能會經常忍不住購買一些價格不貴、但自己覺得「很可愛」的小東西或衣服，害錢包不知不覺就變得空空如也。火瑪瑙會讓你購買真正打動自己的商品；磷灰石會防止亂花錢及穩定財運。

提升愛情運的礦石

菱錳礦
→P233

軟玉
→P244

提升工作運的礦石

石榴石
⇒P216

中性長石
⇒P270

提升金錢運的礦石

火瑪瑙
→P221

磷灰石
⇒P253

＊ 使用效果……提升與他人產生共鳴的能力，讓自己與對方的關係變得更好。

內在性格 the other side... 6月29日

今日守護石　 紫鋰輝石　 精靈石

秘密活動是關鍵

你是個只要擁有不為人知的興趣或活動就可以過得很充實的人。你的感受性非常豐富，即使其他人絲毫未覺，你也會靈敏地做出反應。這會導致你經常遇到把事情告訴別人時，對方卻無法理解的情況，搞不好保密還比較好。倘若你把這種傾向昇華成嗜好或個人興趣，內心應該就會立刻穩定下來，而且還會因此獲得滿滿的精力，成為你在人生路上大步向前的原動力。

2/28、2/29、4/18、4/19、10/31、11/1　2/1、2/2、4/28、4/29、8/31、9/1　3/29、3/30、10/1、10/2、11/30、12/1　1/26、1/27、5/30、5/31、12/30、12/31

巨蟹座

內在性格 the other side... 6月30日

今日守護石　 纏絲瑪瑙　 苔蘚瑪瑙

以理想的自己為目標

你是個會時時刻刻以理想的自己為目標努力不懈的人。尤其你很會觀察別人，對於體現你心中理想的人物，你會一邊學習他們的言行舉止，一邊磨練自己。而且這種觀察力除了用在自己身上之外，還能帶領整個團隊往更好的方向前進，所以你也可能會因此得到類似指導者的立場。明確想像出自己的理想模樣；如果有超過一個以上的憧憬對象，就在去蕪存菁的同時以他們為範本，這樣一來，應該就能堅定不移地實現自己期望的姿態。

2/29、3/1、4/19、4/20、11/1、11/2　2/2、2/3、4/29、4/30、9/1、9/2　3/30、3/31、10/2、10/3、12/1、12/2　1/1、1/27、1/28、5/31、6/1、12/31

內在性格 the other side... 7月1日

今日守護石　 纏絲瑪瑙　 紫鋰輝石

支持他人的情緒波動

你對他人的情緒波動非常敏感，會毫不猶豫地朝這種細膩的部分伸出援手。你的共鳴力很強，會輕輕握住傷者的情緒，但你並不會置身事外，而是會刻意介入其中，傾力相助。或許可以說你擁有柔軟的感受性與熱情的心。除此之外，你還能說出對方想聽的話、做到對方希望你做的事，因此同伴自然會聚集到你身邊。

2/29、3/1、4/20、4/21、11/1、11/2　2/3、2/4、4/29、4/30、9/1、9/2　3/30、3/31、10/2、10/3、12/1、12/2　1/1、1/28、1/29、6/1、6/2、12/31

內在性格 the other side... 7月2日

今日守護石　苔蘚瑪瑙　精靈石

表現自己的情感

你會想要在不流於形式而掉價的情況下，把自己無比珍惜的情感或感受表現出來。你有過人的感受性，會有一股衝動想要把藉此掌握到的事物化成文字或作品表現出來，並且付諸實行。然而，要把無形的情感化為有形的事物相當困難，因此你會不斷重複嘗試與改進的過程，也可能會有很多失敗的經驗。儘管如此，只要默默累積實力，就會建立能夠打動人心的表現方式。

3/1、3/2、4/21、4/22、11/2、11/3　2/4、2/5、4/30、5/1、9/2、9/3　3/31、4/1、10/3、10/4、12/2、12/3　1/1、1/2、1/29、1/30、6/2、6/3

7月3日～7月7日

＊ 巨蟹座11～15度　太陽 ＊

與夥伴比肩同行

相較於單打獨鬥，與值得信賴的夥伴行動對你更具意義。因此你很重視夥伴，也經常主動居中協調或整合團隊。此外，在和周遭合力傳達某種訊息時，可能會被批評做事不夠謹慎，透過小心翼翼的改進可以讓你得到磨練。另外，除了身邊的人，如果和更多人產生共鳴，參與能讓大家安心生活的某項活動，作為人應該就會有更多的成長。百吉石會補強整合他人的綜合能力；紫水晶對疲憊時的療癒有很好的效果；珍珠會穩定精神層面；白紋石會讓你坦率地表現自己，強化與周遭的共鳴。

守護石

百吉石
⇒P201

紫水晶
⇒P265

珍珠
⇒P275

白紋石
⇒P276

＊ 愛情・人際關係 ＊
守護的愛

你的戀情多半是從想要保護或幫助對方的心情開始發生，會在守護對方的同時孕育愛情。一旦把對方當成自己人，你很容易用對家人的方式對待他，也可能會因此發生衝突。虎眼石會為關係帶來新鮮感，為愛情帶來刺激；蛇紋石會平穩地孕育愛情。

＊ 事業 ＊
安全優先

在工作上，你可以一邊和周遭協調，一邊穩穩地完成工作。但是你傾向選擇比較安全又確實的方向，當不得不大幅調整前進方向時，會感到舉棋不定。黃鐵礦會讓你大膽跨出一步，在工作上取得成功；超級七會穩定你和周遭之間的平衡。

＊ 金錢 ＊
致力於室內裝潢

財運相對穩定。有為了室內裝潢、廚房用具等居家用品花錢的傾向，甚至可能會因為當下的情緒太過興奮，不小心就買了很貴的東西。太陽石會讓你認清哪些才是真正需要的；水矽釩鈣石會提升遇到划算商品的物品運。

提升愛情運的礦石

虎眼石
⇒P203

蛇紋石
⇒P228

提升工作運的礦石

黃鐵礦
⇒P223

超級七
⇒P286

提升金錢運的礦石

太陽石
⇒P220

水矽釩鈣石
⇒P260

＊ 使用效果……能夠與很多人建立協調的關係。

內在性格 *the other side* 7月3日

 今日守護石 紫水晶　　 白紋石

重視內在的交友

你是個非常清楚頭銜、排名這些東西都毫無意義的人。你不會被表面的事物蒙蔽雙眼，重視人的內在，會想親近那些具有豐富內涵的人。而且你還會和他們建立以共鳴為基礎的關係，藉此培養自己的價值觀，作為一個人成長進步。

♡ 3/2、3/3、4/22、4/23、11/3、11/4　♧ 2/5、2/6、5/1、5/2、9/3、9/4　♣ 4/1、4/2、10/4、10/5、12/3、12/4　✿ 1/2、1/3、1/30、1/31、6/3、6/4

內在性格 *the other side* 7月4日

今日守護石 百吉石　　珍珠

為相信的事物傾盡全力

你是會帶著信念對自己下定決心的事情堅持到底的人。就算這件事乍看似乎沒什麼價值，你也能在找到對自己來說具有重大意義的課題之後，鍥而不捨地投注心力，取得成果。你是會把「相信」當成動機的類型，信念的所在才是一切的關鍵。

♡ 3/3、3/4、4/23、4/24、11/4、11/5　♧ 2/6、2/7、5/2、5/3、9/4、9/5　♣ 4/2、4/3、10/5、10/6、12/4、12/5　✿ 1/3、1/4、1/31、2/1、6/4、6/5

內在性格 *the other side* 7月5日

今日守護石 百吉石　　 紫水晶

堅持貫徹信念

你是個會一直貫徹自身信念的人。儘管表面上擁有配合他人的彈性，內心深處卻有著不改變想法的堅定意志。而且你還有對附屬於信念之下的事物全力以赴、除此以外就敷衍了事的傾向，以及對和自己有共鳴的人不遺餘力幫忙的熱血心腸。

♡ 3/4、3/5、4/24、4/25、11/5、11/6　♧ 2/7、2/8、5/3、5/4、9/5、9/6　♣ 4/3、4/4、10/6、10/7、12/5、12/6　✿ 1/4、1/5、2/1、2/2、6/5、6/6

內在性格 *the other side* 7月6日

今日守護石 紫水晶　　珍珠

深度與冷靜

你具備有深度的內在以及冷靜的觀點。你總是會非常深入地思考一件事，因為有鑽牛角尖的傾向，所以有時也會陷入低潮。而且你不會對他人抱有過多的期待，就某種意義上來說有些豁達，因此不論對方的其中一面有多麼幼稚，你也能溫柔接納他，這種寬闊的胸襟也很有魅力。

♡ 3/5、3/6、4/25、4/26、11/6、11/7　♧ 2/8、2/9、5/4、5/5、9/7、9/8　♣ 4/4、4/5、10/7、10/8、12/6、12/7　✿ 1/5、1/6、2/2、2/3、6/6、6/7

內在性格 *the other side* 7月7日

今日守護石 珍珠　　 白紋石

逗夥伴開心

你會想把與重要的人的相處時光變得更好。你有很強的共鳴力，和重要的親朋好友一起行動時，你會努力把每個瞬間都變成最美好的一刻，讓每個人都能開開心心。由於你在思考時會著重於眼前這個人的心情，因此易於做出相似的反應而行動，但正是這點會引起共鳴，成為他人眼中的魅力之處。

♡ 3/6、3/7、4/26、4/27、11/7、11/8　♧ 2/9、2/10、5/5、5/6、9/8、9/9　♣ 4/5、4/6、10/8、10/9、12/7、12/8　✿ 1/6、1/7、2/3、2/4、6/7、6/8

7月8日～7月12日

＊ 巨蟹座16～20度　火星 ＊

珍惜同伴的情義之士

為了重要的人赴湯蹈火的情義之士。儘管平常為人善良溫和，為了保護同伴，你會以強硬的態度採取行動。此外，你會積極推動對同伴有益的事，但是過於熱心的話，也可能會和他們發生衝突。你還有「在家一條龍，出外一條蟲」的傾向，也許正是因為相信對方，才會經常撒嬌或是做出任性或目中無人的舉動。即便如此，你還是會與身邊的人團結，創造能讓大家安心的未來。珊瑚會培養為同伴著想的情感；舒俱徠石會消除努力過後的疲勞；鈣沸石會吸收怒氣及負能量；乳白晶會幫助你控制情緒。

守護石

珊瑚
→P213

舒俱徠石
→P265

鈣沸石
→P272

乳白晶
→P277

＊ 愛情・人際關係 ＊
溫暖又專一的愛

你對自己喜歡上的人非常專情，會想積極和對方建立溫暖的關係。但是當交往的時間久了之後，你可能會做出任性的舉動，導致關係出現裂痕。黑碧璽會穩定心緒，防範任性造成的衝突；紅碧玉會把你熱情如火的心意傳達給對方。

＊ 事業 ＊
提振士氣來取得成果

你對周遭熱心且無微不至的關照會為整個職場提振士氣，成為全體共同做出成果的重要因素。有時你關注的範圍會比較狹隘，請努力把眼光放遠，不要一味專注於現在。鉻鉛礦會督促你關注未來；紅寶石會提高工作熱忱。

＊ 金錢 ＊
因抗衡產生無謂的開銷

你在自己身上的花錢方式還算安定，但也會有請客招待朋友、為了不輸給對手而購買更好的工具等等所產生的無謂開銷。紅鋅礦會提升基本財運；磷灰石會穩定情緒，阻止你因為太在乎他人而亂花錢。

提升愛情運的礦石

黑碧璽
→P208

紅碧玉
→P216

提升工作運的礦石

鉻鉛礦
→P213

紅寶石
→P215

提升金錢運的礦石

紅鋅礦
→P220

磷灰石
→P253

＊ 使用效果……促進和許多人之間的交流活動。適合在團體活動時使用。

內在性格 *the other side* 7月8日

今日守護石

 鈣沸石　　乳白晶

顯化心情

你會想把心中的事物化為形體。你很擅長把感謝、扼腕這些存在心中的各種情感化成行動或言語，可說是心理層面和行為取向非常一致。雖然很容易把心情的好壞寫在臉上，但因為你能用很自然的方式對他人表達關心，所以會被當成一個心地善良又體貼人的人。

♥ 3/7、3/8、4/27、4/28、11/8、11/9　🌙 2/10、2/11、5/6、5/7、9/9、9/10　☀ 4/6、4/7、10/9、10/10、12/8、12/9　✦ 1/7、1/8、2/4、2/5、6/8、6/9

內在性格 *the other side* 7月9日

今日守護石

 舒俱徠石　　乳白晶

孕育出可能性

你是個相信著自己的可能性默默耕耘的人。只要在自己身上發現才能、技能等等的成長幼苗，你就會腳踏實地地鑽研並栽培它們。就算不確定它們將來會變成什麼模樣，你還是會相信著未來，用心注入能量，使它們成長茁壯。

♥ 3/8、3/9、4/28、4/29、11/9、11/10　🌙 2/11、2/12、5/7、5/8、9/10、9/11　☀ 4/7、4/8、10/10、10/11、12/9、12/10　✦ 1/8、1/9、2/5、2/6、6/9、6/10

內在性格 *the other side* 7月10日

今日守護石

 珊瑚　　鈣沸石

朝著目標前進

你會在設定好目標之後選擇適合的方法確實執行。你有很高的情況判斷力，一旦有什麼想做的事情，就會立刻計算出所需的材料或步驟等等，接著再妥善執行並且取得成果。不過你在沒有目標的時候會完全放鬆，因此其他人可能會覺得你是個在不同狀態下反差很大的人。

♥ 3/9、3/10、4/29、4/30、11/10、11/11　🌙 2/12、2/13、5/8、5/9、9/11、9/12　☀ 4/8、4/9、10/11、10/12、12/10、12/11　✦ 1/9、1/10、2/6、2/7、6/10、6/11

內在性格 *the other side* 7月11日

今日守護石

 珊瑚　　舒俱徠石

好好扮演同伴的角色

你很重視身邊的人，會試圖找出自己在團體內部所扮演的角色。對他人的情緒非常敏感，會藉此在所屬的團體當中找到自己能做的事情，主動承擔職責。被同伴依賴的喜悅是你的動力來源，而你會珍惜同伴之間的和諧，同時提高整體的士氣。

♥ 3/10、3/11、4/30、5/1、11/11、11/12　🌙 2/13、2/14、5/9、5/10、9/12、9/13　☀ 4/9、4/10、10/12、10/13、12/11、12/12　✦ 1/10、1/11、2/7、2/8、6/11、6/12

內在性格 *the other side* 7月12日

今日守護石

珊瑚　　乳白晶

不斷重複一些小事來達成目標

你這個人的魅力在於自然拾起他人心情的能力與毫不做作的開朗性格。你深知縱使沒有引人注目的實力，每天重複一些小事也會穩穩地創造成果，並且會用這個方法堅持把事情做到最後。另外，你也可能會發現一些不足為道的樂趣或喜悅，把它們化成內心的養分繼續前進，最後在不知不覺間達成目標。

♥ 3/11、3/12、5/1、5/2、11/12、11/13　🌙 2/14、2/15、5/10、5/11、9/13、9/14　☀ 4/10、4/11、10/13、10/14、12/12、12/13　✦ 1/11、1/12、2/8、2/9、6/12、6/13

7月13日～7月17日

＊巨蟹座21～24度　木星＊

施比受使你更富足

你有為了身邊這些自己非常珍惜的人傾盡所有的傾向。對同伴的一點善意會立刻收到對方提供的各種好處作為回報，而情感上的交流則會使你獲得富足。你會察覺他人的心情做出行動，也很珍惜與同伴之間的和諧相處，或許經常在不知不覺間變成大家的商量對象或統籌意見的人。只要有意識地擴大「自己人」的圈圈範圍，你應該就能進化成一個有能力為大家提供可以安心的所在與希望的人。魚眼石會增強靈性；珍珠母會安定心靈；海洋碧玉會療癒身心；蛋白石會讓你意識到充滿希望的未來，促進精神面的成長。

守護石

魚眼石	珍珠母	海洋碧玉	蛋白石
⇒P270	⇒P277	⇒P284	⇒P285

＊ 愛情・人際關係 ＊
充滿保護欲的愛

你會想要盡可能幫助或照顧喜歡的人，把它化成行動並孕育愛情。但做得太過分則有可能會被定位成類似父母的角色。玉會培養對等的關係；孔雀石會讓你表現出滿滿的愛。

＊ 事業 ＊
掌控全場

你會顧及周遭，為整個職場營造出良好的氣氛，並跟大家一起做出成果。不過也許不太擅長單獨行動。髮晶會提高工作意願；阿賽斯特萊石會強化直覺，消除單獨行動時的無助感。

＊ 金錢 ＊
體貼他人會提升財運

財運很好。對他人的善意或體貼會讓物質方面的運氣變得更豐沛。此外，在收到東西時向對方道謝或回贈厚禮，則會有加乘效果。白鐵礦會加深對彼此的體諒以提升財運；賽黃晶是讓財運穩定上升的護身符。

提升愛情運的礦石

玉	孔雀石
⇒P243	⇒P247

提升工作運的礦石

髮晶	阿賽斯特萊石
⇒P226	⇒P268

提升金錢運的礦石

白鐵礦	賽黃晶
⇒P224	⇒P273

＊ 使用效果……促進你與珍視之人的情感交流並帶來富足。

內在性格 *the other side*
7月13日

今日守護石　 珍珠母　 海洋碧玉

展現努力的成果

你會把努力做出來的成果展現給周遭的人看。當你在磨練與生俱來的天賦或擁有屬於自己的目標時，你會心無旁騖地付出努力，腳步踏實地取得成果。而且，你在用心展示活動成果的同時，也不會疏於努力讓周遭認同自己的價值，因此很有可能會得到不錯的地位。

♡ 3/12、3/13、5/2、5/3、11/13、11/14　◐ 2/15、2/16、5/12、5/13、9/14、9/15　✿ 4/11、4/12、10/14、10/15、12/13、12/14　✪ 1/12、1/13、2/9、2/10、6/13、6/14

內在性格 *the other side*
7月14日

今日守護石　 海洋碧玉　 蛋白石

把握良機前進

你是個能夠抓準機會、算準時機來實現夢想或心願的人。如果有需要，你可以一直等下去，別人可能會因此認為你是個無欲無求的人。然而你心中懷抱著遠大的夢想，當實現它的機會來臨時，你會立刻卯足全力把握良機，帶著驚人的專注力和執行力取得成果。

♡ 3/13、3/14、5/3、5/4、11/14、11/15　◐ 2/16、2/17、5/13、5/14、9/15、9/16　✿ 4/12、4/13、10/15、10/16、12/14、12/15　✪ 1/13、1/14、2/10、2/11、6/14、6/15

內在性格 *the other side*
7月15日

今日守護石　 魚眼石　 蛋白石

多方考量

在事情發生時，你能夠從各種方面進行考量，思考各種可能性。你有用不完的點子，無論在哪裡都會讓自己的各種想法恣意延伸。尤其是在與其他人溝通討論的場合，你自由地提出意見，也會採納他人的說詞並進一步延伸，所以應該會常常得到超乎預期的結果。

♡ 3/14、3/15、5/4、5/5、11/15、11/16　◐ 2/17、2/18、5/14、5/15、9/16、9/17　✿ 4/13、4/14、10/16、10/17、12/15、12/16　✪ 1/14、1/15、2/11、2/12、6/15、6/16

內在性格 *the other side*
7月16日

今日守護石　 魚眼石　 珍珠母

透過交流成長

你這個人會透過與才華出眾的同伴之間的交流來鍛鍊自己。你和與眾不同但感覺敏銳的人很有緣，與這些人深交應該會把你的生活方式或思考能力鍛鍊得更加出色。而且你還有刻意往有這種人的地方去的傾向。你對怪人習以為常，似乎也很擅長攏絡難搞的人。

♡ 3/15、3/16、5/5、5/6、11/16、11/17　◐ 2/18、2/19、5/15、5/16、9/17、9/18　✿ 4/14、4/15、10/17、10/18、12/16、12/17　✪ 1/15、1/16、2/12、2/13、6/16、6/17

內在性格 *the other side*
7月17日

今日守護石　 魚眼石　海洋碧玉

發揮強大的意志

你這個人平常溫和敦厚，但是在以自己的意志行動時，卻會發揮出壓倒性的強大實力。在自己擅長的領域，你對自己出眾的實力相當自豪，會在相關活動中發揮領袖般的能力，讓身邊的人為你傾倒。平常和認真時的反差也充滿魅力，說不定附近有很多默默喜歡你的低調支持者。

♡ 3/15、3/16、5/6、5/7、11/16、11/17　◐ 2/19、2/20、5/15、5/16、9/17、9/18　✿ 4/14、4/15、10/17、10/18、12/16、12/17　✪ 1/15、1/16、2/13、2/14、6/17、6/18

7月18日～7月22日

＊巨蟹座25 ～ 29度　土星 ＊

慎重為他人考慮

你認為應該盡可能顧慮到他人的心情，但偶爾也會對這個行為本身產生快要窒息的感覺。你也曾經因為忘了考慮他人的心情而做錯事，在這個部分，你或許不得不更小心謹慎。明明想一直做自己喜歡的事情卻無法如願，這種情況使你感到進退兩難，然而在面對不同的對象或情況時，如果能用時而做自己，時而配合周遭等方式進行切換的話，壓力應該會減輕許多。沙漠玫瑰會讓你在面對不同狀況時能順利轉換心情；天青石化解僵局，改善你與周遭的關係；赫基蒙鑽水晶會幫助你展現自我；乳白晶會緩解壓力。

守護石

沙漠玫瑰　　　天青石　　　赫基蒙鑽水晶　　　乳白晶
→P204　　　→P254　　　→P275　　　→P277

＊ 愛情・人際關係 ＊
注重對方的愛

你會在顧慮對方心情的同時，用心孕育愛情。但也會因為以對方為重，無法表現出自己的情緒而悶悶不樂。煙晶會讓你好好正視自己的情緒，慢慢將它們表現出來以消除不滿；木化石會幫助你建立穩定的關係。

＊ 事業 ＊
腳踏實地的工作態度

對周遭冷靜沉著的顧慮以及腳踏實地的工作態度會讓你經常處在帶領眾人的位置，而需要氣勢的情況也會因此增加，例如靠自己決定某一件事。血石會提升決斷力；水晶會賦予你靜下心來整合所有工作的協調力。

＊ 金錢 ＊
謹慎的財運

在金錢方面可以看到出手謹慎的傾向。但是在進行高額消費或處理大筆投資時，也可能會被謹慎耽誤而錯失良機。紫蘇輝石會在保留謹慎的情況下，增加做出必要決定的精力；綠玉髓會提升整體財運，改善錢的循環。

提升愛情運的礦石

煙晶　　　　木化石
→P203　　　→P204

提升工作運的礦石

血石　　　　水晶
→P245　　　→P269

提升金錢運的礦石

紫蘇輝石　　　綠玉髓
→P207　　　→P242

＊ 使用效果……自己與團體之間的關係會獲得改善。尤其適合在發生摩擦的時候使用。

7月18日

今日守護石 　 天青石　　赫基蒙鑽水晶

良好的教養和餘裕

別人認為你是有著溫和處事態度與品格的風雅之士。你熟知能提升靈性的教養，還有把豐富的內涵表現在態度上的傾向，遊刃有餘的模樣讓你在旁人眼中充滿魅力。就算你努力提升知性或技能，旁人卻鮮少看到這一面，也可能會因此受到特殊待遇。

♥ 3/16、3/17、5/7、5/8、11/17、11/18 🕐 2/20、2/21、5/16、5/17、9/18、9/19 ☀ 4/15、4/16、10/18、10/19、12/17、12/18 ★ 1/16、1/17、2/14、2/15、6/18、6/19

7月19日

今日守護石 　 天青石　　乳白晶

全力守護

你是個能為了保護重要的事物或人們傾盡全力的人。自己被攻擊的時候，你不怎麼在意；可是如果有人說夥伴或家人的壞話，你就會立刻使出全力反擊。你也很能忍耐，擁有不論在什麼情況下都能夠耐心等待，把握好轉的時機，最終扭轉局勢的強大意志。

♥ 3/17、3/18、5/8、5/9、11/18、11/19 🕐 2/21、2/22、5/17、5/18、9/19、9/20 ☀ 4/16、4/17、10/19、10/20、12/18、12/19 ★ 1/17、1/18、2/15、2/16、6/19、6/20

7月20日

今日守護石 　 沙漠玫瑰　　赫基蒙鑽水晶

從不同性質的事物開始延伸

你是個能夠一面接受不同性質的事物，一面拓展自身可能性的人。你會參加跨業交流等活動，接觸與自己毫無關聯的領域的人，從自己身上發現新可能性的嫩芽，並且使它成長茁壯。你擁有跨越興趣、年齡、國籍、人種、宗教的廣大人脈，也會將他們串聯在一起善加利用。

♥ 3/18、3/19、5/9、5/10、11/19、11/20 🕐 2/22、2/23、5/18、5/19、9/20、9/21 ☀ 4/17、4/18、10/20、10/21、12/19、12/20 ★ 1/18、1/19、2/16、2/17、6/20、6/21

7月21日

今日守護石 　 沙漠玫瑰　 天青石

經驗與直覺

你擁有出自經驗的精準判斷力與純粹的直覺，可以適當地使用它們。你做事不會只靠經驗法則或全憑直覺，而是會混用兩者來導出結論。你也經常收到各種大大小小的諮詢，而你會與對方產生共鳴，提出符合邏輯的意見，因此深受信賴。

♥ 3/19、3/20、5/10、5/11、11/20、11/21 🕐 2/23、2/24、5/19、5/20、9/21、9/22 ☀ 4/18、4/19、10/21、10/22、12/20、12/21 ★ 1/19、1/20、2/17、2/18、6/21、6/22

7月22日

今日守護石 　 赫基蒙鑽水晶　　乳白晶

從多個角度進行確認

你會從各種角度觀察事物及確認自己應有的模樣。你不會輕易對目前的情況或環境感到滿足，而是會不斷反問自己：「真的這樣就好了嗎？」此外，你一直在努力追求更好的事物，所以總是一刻也不得閒；然而隨著時間流逝，你會作為一個人逐漸成熟，內在也持續受到淬鍊。

♥ 3/20、3/21、5/11、5/12、11/21、11/22 🕐 2/24、2/25、5/20、5/21、9/22、9/23 ☀ 4/19、4/20、10/22、10/23、12/21、12/22 ★ 1/20、1/21、2/18、2/19、6/22、6/23

7月23日～7月26日

♌

展現熱忱向前行

你有把自己的熱忱或想做的事直接表現出來並付諸實行的傾向。雖然偶爾也會和身邊的人發生衝突，但你熱切的情緒卻更勝一籌，不會就此輸給現況，而是會清楚表明自己的熱忱。與其說你不在乎與眾不同，倒不如說充滿獨特性的行為會讓你充滿喜悅，拉高你的幹勁和情緒。儘管本質有很多單純的地方，但是做自己以及坦率的行動最終會照亮周圍的心、鼓舞所有的人。光玉髓恢復精力的效果絕佳；橙色方解石會激發創造力；水光水晶會在前往目標的路上給予支持；赫基蒙鑽水晶會在疲憊時提供療癒。

守護石

光玉髓
⇒P218

橙色方解石
⇒P219

水光水晶
⇒P250

赫基蒙鑽水晶
⇒P275

＊ 愛情・人際關係 ＊
真誠的愛

你似乎會從自己最真實的心開始展開一段戀情。對方也會被你像孩子般天真無邪的模樣深深吸引，但要是疏於溝通，也會很容易演變成衝突。橘子水晶會激發明亮動人的魅力；藍紋瑪瑙會讓溝通變得更輕鬆以避免衝突。

＊ 事業 ＊
受心情左右

參與有趣的事情時，你可以積極去做；可是一旦沒了興致，你做事的品質就會瞬間降低。另外，你應該也會常常被不起眼的工作弄得疲憊不堪。東菱石會讓你在不感興趣的事物中找到喜悅，提高工作意願；樹枝石會賦予你腳踏實地做事的能力。

＊ 金錢 ＊
單點奢侈主義

你把錢花在某件特殊事物上的傾向，所以雖然很少到處亂花錢，但可能會一看到「僅此一件」或「名家之作」就衝動下手。鉻雲母會沉澱心靈，減緩對購物的焦慮感；紫黃晶會培養平衡感、提升判斷力，判斷一樣東西是否需要。

提升愛情運的礦石

橘子水晶
⇒P221

藍紋瑪瑙
⇒P256

提升工作運的礦石

東菱石
⇒P240

樹枝石
⇒P274

提升金錢運的礦石

鉻雲母
⇒P245

紫黃晶
⇒P283

＊ 使用效果……感覺情緒高漲、湧現活力。適合在想要「嗨」起來的時候使用。

內在性格 *the other side* 7月23日

今日守護石　橙色方解石　水光水晶

展現最真實的自己

你是會一邊展現自己的特色，一邊前進的人。你討厭被埋沒在平凡無奇當中，有時候會以爆炸般的瞬間爆發力，把自己的想法化為行動。你不在乎別人怎麼想，也不介意跟其他人不一樣，可能會因此被當成是一個特立獨行的人。你也有瞬間想到好點子的能力，以及將其付諸實行的衝動的一面，不會中途妥協或衡量得失的單純個性，或許在身邊的人眼中充滿魅力。

♥ 3/21、3/22、5/12、5/13、11/22、11/23　🕐 2/25、2/26、5/21、5/22、9/23、9/24　◑ 4/20、4/21、10/23、10/24、12/22、12/23　☆ 1/21、1/22、2/19、2/20、6/23、6/24

內在性格 *the other side* 7月24日

今日守護石 水光水晶 赫基蒙鑽水晶

展現靈魂的原貌

你是個靈魂純粹、情感表現豐富的人。例如在開心、難過或充滿企圖的時候，你會把自己的情緒直接表現出來，強大的力道也會打動周遭的人，因此你透過個人情感所發出的訊息會對他們產生很大的影響。另外，你很喜歡會讓人情緒高漲的場合，所以也會在大型活動或祭典等熱鬧的地方率先行動。有時也會站在起頭者的位置，營造歡樂的氣氛。

♥ 3/22、3/23、5/13、5/14、11/23、11/24　🕐 2/26、2/27、5/22、5/23、9/24、9/25　◑ 4/21、4/22、10/24、10/25、12/23、12/24　☆ 1/22、1/23、2/20、2/21、6/24、6/25

內在性格 *the other side* 7月25日

今日守護石 光玉髓 橙色方解石

活出自己

你是會想保有自己的原創性或風格的人。你不喜歡跟著流行走，會不停追求屬於自己的路線。而且你有澈底沉浸在自己喜歡或令你感動的事物的傾向。在全面推廣佔據自己所有注意力的事物時，可能會和身邊的人發生衝突或遭人誤解，然而在你心裡，你所重視的事物比他人的眼光更重要，所以即使遇到這種情況也不會太在意。

♥ 3/23、3/24、5/14、5/15、11/24、11/25　🕐 2/27、2/28、5/23、5/24、9/25、9/26　◑ 4/22、4/23、10/25、10/26、12/24、12/25　☆ 1/23、1/24、2/21、2/22、6/25、6/26

內在性格 *the other side* 7月26日

今日守護石 光玉髓 赫基蒙鑽水晶

帶著驕傲前進

你對自己的模樣相當自豪，能夠大力展現自己。你擁有才能、技能等值得自豪的事物，會以它為內心的縱軸大步邁進。偶爾遇到不得不證明自己的情況時，你也不會畏畏縮縮，而是會大方展現實力、做出成果。「即使不被周圍認可也要了解自己」固然重要，但要是能廣為人知，你也會更有動力。

♥ 3/24、3/25、5/15、5/16、11/25、11/26　🕐 2/28、2/29、5/24、5/25、9/26、9/27　◑ 4/23、4/24、10/26、10/27、12/25、12/26　☆ 1/24、1/25、2/22、2/23、6/26、6/27

7月27日～7月30日

＊ 獅子座4 ～ 7度／水星 ＊

♌

展現獨特性

　　你傾向把自己的風格積極表現出來讓別人知道。沒有獨特性的發言一點也不有趣，所以你會仔細琢磨自己的想法之後再說出來，可是有時候卻得不到想要的反應，也可能會常常因此陷入低潮或喪失幹勁。儘管如此，要是能繼續反覆嘗試，邊觀察反應，邊慢慢改善的話，一定就能對別人的內心造成衝擊並留下印象。重要的是不要只因為失敗一次就澈底放棄。尖晶石會讓你更重視目標，帶領你實現目標；火瑪瑙對重新振作有很好的效果；黃水晶是永不放棄、繼續努力的助力；水光水晶會幫助你展現才能。

守護石

尖晶石
⇒P214

火瑪瑙
⇒P221

黃水晶
⇒P229

水光水晶
⇒P250

＊ 愛情・人際關係 ＊
用積極的對話所構築的愛

你會透過熱情的溝通來發展關係，但是對對方來說，你的愛情表現有時候太多了，甚至還有可能會因此被拉開距離。海藍寶石會在對方拉開距離時幫忙修補關係；水晶會協助你們形成平衡的關係。

＊ 事業 ＊
善用優秀的宣傳力

你似乎能夠從事可以在需要大力推動或推廣的情況下發揮特質的工作，但可能並不擅長在接受對方要求的同時進行變通。黑曜石會增加工作上的自信，強化推動力；苔蘚瑪瑙會培養靈活的應變能力。

＊ 金錢 ＊
設定目標理財

當你有想要的東西時，你傾向適當規劃收支來得到它；可是一旦金額變大，你反而會因為做得太極端，把自己搞得筋疲力盡。阿祖瑪會賦予你對金錢的餘裕，招來豐沛的財運；天河石會提高理財能力並穩定財運。

提升愛情運的礦石

海藍寶石
⇒P251

水晶
⇒P269

提升工作運的礦石

黑曜石
⇒P209

苔蘚瑪瑙
⇒P247

提升金錢運的礦石

阿祖瑪
⇒P240

天河石
⇒P241

＊ 使用效果……向他人宣揚自身主張的能力會提高，也很推薦在進行簡報或告白的時候使用。

內在性格 *the other side* 7月27日

今日守護石

 尖晶石

 黃水晶

以挫折為養分成長茁壯

你會透過一次次挫折或挫敗的經驗壯大自己。雖然想向周遭展現自己真實的一面，但最後或許總是以令你心灰意冷的結果收場。可是你不會就此放棄，而是會摸索出更好的方法，培養強壯的內在和表現力。只要多挑戰幾次，資質受到磨練這點自然不在話下，包含經驗也會逐漸累積，所以你應該會隨著歲月的流逝慢慢變得更成熟。

❤ 3/25、3/26、5/16、5/17、11/26、11/27　🕐 2/29、3/1、5/25、5/26、9/27、9/28　◐ 4/24、4/25、10/27、10/28、12/26、12/27　⭐ 1/25、1/26、2/23、2/24、6/27、6/28

內在性格 *the other side* 7月28日

今日守護石

 火瑪瑙

 水光水晶

配合周圍調整作法

你會正確把握周圍的情況，同時用自己的風格行事。即使周圍要的跟你想表現的東西之間存在落差，你也可以做出適當的修正，並且看準時機表現出來。而且你也很擅長在仔細聆聽過其他人的意見之後，與自己的意見進行整合，最後讓事情朝著自己想要的方向發展。你也是一位能夠邊掌握時代潮流，邊發揮原創性的藝術家。

❤ 3/26、3/27、5/17、5/18、11/27、11/28　🕐 3/1、3/2、5/26、5/27、9/28、9/29　◐ 4/25、4/26、10/28、10/29、12/27、12/28　⭐ 1/26、1/27、2/24、2/25、6/28、6/29

內在性格 *the other side* 7月29日

今日守護石

 黃水晶

 水光水晶

追求永恆的價值觀

你是個會追求歷久不衰的價值觀並將其體現出來的人。為了掌握不受流行影響、切中本質的內容，你會試圖在眾多事物中找到共通的主題，而且還很容易對自古傳承至今的哲學以及最新的現代科學等等產生興趣，甚至會想從中找出絕對的價值觀。因為你也有一點在狹隘的空間裡進行思考的傾向，要是能刻意挑戰看看之下毫無關聯的事物，應該就可以從寬廣的視野找到自己追求的事物。

❤ 3/27、3/28、5/18、5/19、11/28、11/29　🕐 3/2、3/3、5/27、5/28、9/29、9/30　◐ 4/26、4/27、10/29、10/30、12/28、12/29　⭐ 1/27、1/28、2/25、2/26、6/29、6/30

內在性格 *the other side* 7月30日

今日守護石

 尖晶石

 火瑪瑙

顛覆常識

你排斥將事物視為理所當然或既定的模樣，並且把自己認為它們應該要有的樣子表現出來。你會想要了解事物的本質，對於人們把這些當成社會的普遍認知或既定觀念來接受，你不但會提出質疑，甚至還會常常說出不同的意見。你還認為個性及自由是最神聖不可侵犯的，並把它們當成自己的生活軸心。即使跟周圍發生衝突，也請你繼續琢磨自己的看法，累積說服對方的力量。

❤ 3/28、3/29、5/19、5/20、11/29、11/30　🕐 3/3、3/4、5/28、5/29、9/30、10/1　◐ 4/27、4/28、10/30、10/31、12/29、12/30　⭐ 1/28、1/29、2/26、2/27、6/30、7/1

7月31日～8月3日

＊ 獅子座 8 ～ 11度　金星 ＊

♌

展現自身的美感

你傾向以自己的方式展現個人的獨特美感。你會在日常生活或公共活動中呈現自己認為「很美」的事物，從周遭對此做出的反應獲得能量。可是一旦收到的反應不如預期，你就會立刻跌入谷底，覺得未來一片漆黑。如果也能聽取他人的批評並予以改善，好的反應就會隨之增加，自信和動力也會逐漸提升，所以保持樂觀的態度，慢慢前進就好。石榴石會維持正面樂觀；火瑪瑙會在沮喪時補充能量；賽黃晶會幫助你發揮個人特色；紅寶黝簾石會使你展現感性。

守護石

石榴石
⇒P216

火瑪瑙
⇒P221

賽黃晶
⇒P273

紅寶黝簾石
⇒P288

＊ 愛情・人際關係 ＊
積極的愛情表現

你會一邊積極表現愛情，一邊試圖拉近彼此的距離，但如火的熱情也可能讓你只顧著眼前的情況，忽略了對方的深意或意圖而造成衝突。菫青石會讓你在意識到下一步的情況下孕育愛情；綠玉髓會提升表現愛情的力，使戀情往好的方向發展。

＊ 事業 ＊
活用美感

要是能參與活用美感的工作，你便可以帶著熱忱認真做事；但如果工作以枯燥乏味的作業內容為主的話，你可能就會失去幹勁，變得很容易累積不滿。異性石會讓你在單調的工作中發現跟美有關的事物；骨幹水晶會在消除不安的同時帶來樂觀的心。

＊ 金錢 ＊
用品質好的東西來提升財運

財運相對高。好東西要珍惜著用，這樣的態度會提升財運；而親切待人也會讓財運有上升的傾向。摩根石會使你自然流露出對他人的親切並提升財運；綠簾花崗石會鍛鍊對待金錢的從容、挑選物品的眼光並帶來豐饒。

提升愛情運的礦石

菫青石
⇒P258

綠玉髓
⇒P242

提升工作運的礦石

異性石
⇒P212

骨幹水晶
⇒P271

提升金錢運的礦石

摩根石
⇒P236

綠簾花崗石
⇒P248

＊ 使用效果……美感上升，使周遭乃至於整個人生都染上繽紛色彩。

內在性格 *the other side...* 7月31日

今日守護石

 石榴石　　賽黃晶

將熱忱和想法化為形體

你會投入自己的熱忱和欲望來製作、創造出新事物。你充滿創造力，會把自己的想法或點子放在作品裡表現出來。因為不願妥協或敷衍了事，所以可能常常要花很多時間。不過正因裡面灌注了純粹的靈魂之火，才能創造出撼動人心的事物。請記得別被周遭的步調牽著走，維持自己的步伐，把時間和精力花在真正需要的事物上。

♡ 3/29、3/30、5/20、5/21、11/30、12/1 　◇ 3/4、3/5、5/29、5/30、10/1、10/2 　● 4/28、4/29、10/31、11/1、12/30、12/31 　✦ 1/29、1/30、2/27、2/28、7/1、7/2

內在性格 *the other side...* 8月1日

今日守護石

 賽黃晶　　 紅寶黝簾石

發現美麗的事物

你這個人能夠從自己的周遭發現閃閃發光的事物。你天生就有細膩的感受性及創造力，會從身邊的一些小地方得到靈感，創造出具有個人特色的事物。你也很擅長發現其他人的有趣之處，不但會激發他們的才能或魅力，而且還會把這些告訴對方。只要相信自己的感性活下去，你就能發現圍繞在自己身邊的這個世界有多美麗，並踏上更精采的人生。

♡ 3/30、3/31、5/21、5/22、12/1、12/2 　◇ 3/5、3/6、5/30、5/31、10/2、10/3 　● 1/1、4/29、4/30、11/1、11/2、12/31 　✦ 1/30、1/31、2/28、2/29、7/2、7/3

內在性格 *the other side...* 8月2日

今日守護石

 石榴石　　 火瑪瑙

用玩心展開事物

你能夠用有如孩子般的感受性和玩心好好享受既有事物。你有純粹而直率的靈魂，能夠以身邊的事物、先人的智慧等為基礎，使事物自由發展，讓想法恣意延伸。你還是一個才華洋溢的改編者，會打破既定形式，創造出充滿新鮮創意的事物。透過工作以外的個人時間積極玩樂，你的構思力和靈感會受到磨練，作品的品質也會有所提升。

♡ 3/31、4/1、5/22、5/23、12/2、12/3 　◇ 3/6、3/7、5/31、6/1、10/3、10/4 　● 1/1、1/2、4/30、5/1、11/2、11/3 　✦ 1/31、2/1、2/29、3/1、7/3、7/4

內在性格 *the other side...* 8月3日

今日守護石

 火瑪瑙　　 紅寶黝簾石

讓氣氛熱絡起來

你這個人很擅長打造讓很多人一起開心玩樂的場合。你熱愛社交，覺得和別人一起享受一件事情非常有趣，所以在遇到這種狀況時，你經常主動擔任統籌者的角色。而在大型活動等場合，你會一面了解每一位參加者的個性，一面營造適合所有人的氣氛。你不獨善其身，希望每個人都能享受到的態度充滿魅力，因此周遭的人會對你寄予厚望及信賴。

♡ 4/1、4/2、5/23、5/24、12/3、12/4 　◇ 3/7、3/8、6/1、6/2、10/4、10/5 　● 1/2、1/3、5/1、5/2、11/3、11/4 　✦ 2/1、2/2、3/1、3/2、7/4、7/5

8月4日～8月8日

＊ 獅子座 12 ～ 16度／太陽 ＊

宣揚自己的特色

你有追求「活出自己」，帶著熱忱前進的傾向。你會摸索出自己才有的特色，將其貫徹到底並積極表現，而且用各種手法表現，向其他人大力宣傳。雖然年輕時也會遭遇失敗，但是隨著年齡的增長，在表現力越練越好的同時，你也能夠獲得堅定不移的自信。

儘管也會經歷些許挫折，但不被挫折擊垮，而是堅定地在自己的道路上邁進，這件事情最終會化作實際成果，成為你的心靈支柱。太陽石會增加自信及自尊心；黃鐵礦會保佑你避開麻煩、把握機會；索拉利斯會治療失敗造成的心傷；水晶會幫助你自我統合。

守護石

太陽石　　　黃鐵礦　　　索拉利斯　　　水晶
⇒P220　　　⇒P223　　　⇒P224　　　⇒P269

＊ 愛情・人際關係 ＊
情感激烈碰撞的愛

你很容易愛上充滿野心或霸氣的對象，希望能和對方擦出激烈的愛情火花。當對方露出脆弱的一面，或是感受不出對方的成長，你就會立刻失望地拉開距離。土耳其石會培養等待對方成長的耐心；拉長石是增加魅力、實現戀情的愛情護身符。

＊ 事業 ＊
用宣傳力推動事物的進行

你會積極宣傳自己想做的事，大力推動事物的發展以獲得成果，但是也可能會因為周遭跟不上你的氣勢等因素而遭到孤立。縞瑪瑙會賦予你腳踏實地的執行力；祖母綠會培養協調性，改善你與周遭的關係。

＊ 金錢 ＊
小心愛慕虛榮

財運相對高，但是要是露出想追求虛榮的傾向，則有可能會因為種種原因而破財。請把錢花在自己真正需要的事物上吧！綠龍晶會療癒內心，消除虛榮心；藍寶石會讓你看清真正需要的事物。

提升愛情運的礦石

土耳其石　　　拉長石
⇒P255　　　⇒P281

提升工作運的礦石

縞瑪瑙　　　祖母綠
⇒P206　　　⇒P241

提升金錢運的礦石

綠龍晶　　　藍寶石
⇒P237　　　⇒P261

＊ 使用效果……湧出一股力氣，對自己正在做的事情萌生信心。

內在性格 *the other side*

8月4日

今日守護石 索拉利斯 水晶

從容不迫的強者

你總有一種豁達的氣質。年紀輕輕卻能仔細反思經歷過的事，將其化為確實的經驗與成就不斷累積。不慌不忙的態度或許讓你看起來毫無幹勁，可是到了關鍵時刻，你會發揮自己的手腕及能力，用適當的方法處理事情。

- ❤ 4/2、4/3、5/24、5/25、12/4、12/5
- 🕐 3/8、3/9、6/2、6/3、10/5、10/6
- ⭕ 1/3、1/4、5/2、5/3、11/4、11/5
- ✨ 2/2、2/3、3/2、3/3、7/5、7/6

內在性格 *the other side*

8月5日

今日守護石 太陽石 黃鐵礦

尋找自己的容身之地

你很清楚一樣東西和自己合不合拍，會努力尋找更適合自己的環境。你期盼能為自己帶來刺激的人以及便於行動的環境，會為了得到這些而不斷默默耕耘。在人際關係上，你也會因為渴望和對方建立良好的關係而摸索試探，可是一旦確定自己和對方合不來，就會果斷地切斷關係。

- ❤ 4/3、4/4、5/25、5/26、12/5、12/6
- 🕐 3/9、3/10、6/3、6/4、10/6、10/7
- ⭕ 1/4、1/5、5/3、5/4、11/5、11/6
- ✨ 2/3、2/4、3/3、3/4、7/6、7/7

內在性格 *the other side*

8月6日

今日守護石 太陽石 水晶

發揮魅力活下去

你是個會一輩子沐浴在聚光燈下的人。你非常了解自己的魅力和能耐，會在能夠盡情發揮的場合大膽地表現自己。此時，你也不會疏於為展現自己的舞台做好準備，並努力增進自己的能耐，先打好基礎再盡情展現自己的特質。

- ❤ 4/4、4/5、5/26、5/27、12/6、12/7
- 🕐 3/10、3/11、6/5、6/6、10/7、10/8
- ⭕ 1/5、1/6、5/4、5/5、11/6、11/7
- ✨ 2/4、2/5、3/4、3/5、7/7、7/8

內在性格 *the other side*

8月7日

今日守護石 太陽石 索拉利斯

在極度興奮和平時的狀態之間來回切換

你會透過熱鬧的活動與平穩的日常間來回穿梭來培養內在。你喜歡讓內心雀躍不已的體驗以及像慶典一樣的特殊場合，會全力享受其中，並和許多人分享感動。而在活動結束之後，你會把成果和自己付出的努力銘記於心，一邊確認自己從中得到的收穫一邊成長。

- ❤ 4/5、4/6、5/27、5/28、12/7、12/8
- 🕐 3/11、3/12、6/6、6/7、10/8、10/9
- ⭕ 1/6、1/7、5/5、5/6、11/7、11/8
- ✨ 2/5、2/6、3/5、3/6、7/8、7/9

內在性格 *the other side*

8月8日

今日守護石 黃鐵礦 水晶

在日常生活中找出寶藏的能力

你能夠從平凡的每一天找出閃閃發光的喜悅和幸福。比方說一件小事、一段萍水相逢，你天生就有在日常生活中找到幸福的才能，可以感受到豐盛的事物隨時都充斥在自己身邊。而這種態度也會自然而然地感化身邊的人，讓他們的臉上總是掛著笑容。

- ❤ 4/6、4/7、5/28、5/29、12/8、12/9
- 🕐 3/12、3/13、6/7、6/8、10/9、10/10
- ⭕ 1/7、1/8、5/6、5/7、11/8、11/9
- ✨ 2/6、2/7、3/6、3/7、7/9、7/10

8月9日~8月13日

獅子座17~21度／火星

♌

澈底享受其中的能力

對於自己產生興趣或感到興奮的事物，你有澈底投入其中的傾向。因為討厭做事情半吊子，你會一邊注意細節，一邊大力推動事物。而埋頭苦幹也會讓你更確信自己心中熊熊燃燒的熱情之火，拿出更多的幹勁。儘管可能會因太過激動而引發問題，或是過度的行為而招致失敗，但全力投入某件事情會讓你大幅成長。如果能讓消息靈通或待人溫和的人成為夥伴，問題應該也會隨之減少。辰砂會培養直覺；紅寶石會提高專注力，在實現的過程中推你一把；紅鋅礦會讓人際關係變好；拉長石會讓你展現內在的潛能。

守護石

辰砂
⇒P214

紅寶石
⇒P215

紅鋅礦
⇒P220

拉長石
⇒P281

＊ 愛情・人際關係 ＊
專一且熾熱的愛戀

你會一個勁地把自己熱情如火的心意傳遞給心上人，卻也可能會因為過於投入嚇跑對方，搞不好還會只顧著發動攻勢而忘了捕捉對方的情緒。硫磺會冷卻過熱的頭腦，讓你坦率地表達愛意；藍孔雀石會促進情感的交流。

＊ 事業 ＊
全力拼到最後

你會大力推動事物以做出結果。有時候時間會拉的很長，一直處在過度緊張的狀態也可能會讓你在結束之後筋疲力竭。綠碧璽會在消除疲勞的同時為你補充體力；蘇打石會強化耐力，幫助你完成長期企畫。

＊ 金錢 ＊
為所欲之物傾倒

一旦非常想要某樣東西，你的心裡就會一直想著它，直到買到之前都靜不下來。另外你還有一時衝動導致破財的傾向，需要特別小心。利比亞玻璃會放鬆心情，解開對購買的執著；藍晶石會培養看清某樣東西是否真有必要的眼光。

提升愛情運的礦石

硫磺
⇒P228

藍孔雀石
⇒P282

提升工作運的礦石

綠碧璽
⇒P242

蘇打石
⇒P261

提升金錢運的礦石

利比亞玻璃
⇒P229

藍晶石
⇒P260

＊ 使用效果……帶來強大的推動力。建議在提不起勁或有目標的時候使用。

內在性格 *the other side...*

8月9日

今日守護石

 辰砂　　 拉長石

找出法則

你是個能夠在常理或常識中找出新的法則或規則性的人。為了用自己的方法證明這點，你會不斷挑戰並逐步改進。儘管歷經多次失敗，你仍會把目光放在失敗的原因，進一步制定解決方案，並隨著經驗的累積不斷進步，最終成功提出撼動人心的事物。

♡ 4/7、4/8、5/29、5/30、12/9、12/10　🌙 3/13、3/14、6/8、6/9、10/10、10/11　☀ 1/8、1/9、5/7、5/8、11/9、11/10　⭐ 2/7、2/8、3/7、3/8、7/10、7/11

內在性格 *the other side...*

8月10日

今日守護石

 紅寶石　 拉長石

尋找適合自己的地方

你是個能夠自由自在地追求適合自己的生活方式的人。你對規則與常識認為的「應該」興趣缺缺，你會順從內心的想法決定自己的歸宿及生活方式。尤其你對好玩有趣或勾起興趣的事物特別積極，如果有自己能熱衷投入的主題，你甚至會把它看得比食、衣、住更重要。請留意健康狀態。

♡ 4/8、4/9、5/30、5/31、12/10、12/11　🌙 3/14、3/15、6/9、6/10、10/11、10/12　☀ 1/9、1/10、5/8、5/9、11/10、11/11　⭐ 2/8、2/9、3/8、3/9、7/11、7/12

內在性格 *the other side...*

8月11日

今日守護石

 紅寶石　 紅鋅礦

如太陽般綻放光芒

你是個像太陽一樣，光是存在就能讓現場瞬間亮起來的人。由於你會熱心參與令自己興奮不已的活動，絲毫不隱藏自己的喜悅，那激動的模樣會讓身邊的人也自然而然地受到感化。你整個人洋溢著活潑的感受性及活著的喜悅，這樣的為人會為人們帶來勇氣，讓他們不知不覺聚集到你的身邊。

♡ 4/9、4/10、5/31、6/1、12/11、12/12　🌙 3/15、3/16、6/10、6/11、10/12、10/13　☀ 1/10、1/11、5/9、5/10、11/11、11/12　⭐ 2/9、2/10、3/9、3/10、7/12、7/13

內在性格 *the other side...*

8月12日

今日守護石

 辰砂　　 紅寶石

嚴格要求自己專注在一件事

你這個人會把精神一昧集中在自己能夠投注熱情的事物。你有嚴格要由自己把事情做到最好的傾向，一有在意的事情，你就會刻意把所有神經集中在那裡並灌注熱情。提不起勁時，你常常在發呆；可是只要打開開關，就會像換了個人格似的性情大變。

♡ 4/10、4/11、6/1、6/2、12/12、12/13　🌙 3/16、3/17、6/11、6/12、10/13、10/14　☀ 1/11、1/12、5/10、5/11、11/12、11/13　⭐ 2/10、2/11、3/10、3/11、7/13、7/14

內在性格 *the other side...*

8月13日

今日守護石

 紅鋅礦　 拉長石

超越極限，傾注熱情

你會傾注所有熱情在自己重視的事情上並完成它。雖然有時會面臨不得不超越至今為止的常識或極限的情況，但是擋在前面的牆壁越高，你的鬥志越會熊熊燃燒，並勇敢地向其發起挑戰。你會使出各種手段以達到目的，而手段多也是你的魅力所在。

♡ 4/11、4/12、6/2、6/3、12/13、12/14　🌙 3/17、3/18、6/12、6/13、10/14、10/15　☀ 1/12、1/13、5/12、5/13、11/13、11/14　⭐ 2/11、2/12、3/11、3/12、7/14、7/15

8月14日～8月18日

＊ 獅子座 22 ～ 25 度／木星 ＊

♌

傳遞熱切的心意

你總是積極向周遭表達自己的熱情或心意。你認為用自己的風格或獨特的表現方式撼動人心是一件很有意義的事，所以也可能會經常刻意煽動周遭的人，還會策劃活動或製造驚喜讓他們的心撲通狂跳。雖然一開始計畫可能會略顯粗糙，但經驗的累積會讓你慢慢學會顧及周圍，最後成功打造出一個讓許多人共同參與並留下好印象的場所。橙色方解石會幫助你彰顯才能；髮晶會驅散惡運、提升運勢；賽黃晶會提高創造性、磨練獨特性；天眼石會賦予你踏實的計畫執行力。

<table>
<tr><td colspan="4" align="center">守護石</td></tr>
</table>

橙色方解石
⇒P219

髮晶
⇒P226

賽黃晶
⇒P273

天眼石
⇒P287

＊ 愛情・人際關係 ＊
讓彼此變得更好的戀愛

你喜歡有上進心和熱忱的人，希望能建立互相切磋、讓彼此變得更好的關係。不過也可能會過度把對方當成對手，拼命較勁，導致關係陷入僵局。磷灰石會緩和競爭意識，為愛情帶來正面作用；藍銅礦會帶來精神上的成長，吸引合適的對象。

＊ 事業 ＊
推動大型企畫

你會用豐富的點子和強大的推動力策動大型的企畫案。獲得好幫手會讓企畫規模變得更大，因此請記得要建立信賴關係，讓事情協調地進行。煤玉是穩定推動事物的護身符；琥珀會安定與夥伴之間的關係。

＊ 金錢 ＊
用熱忱提升運勢

財運相對高，尤其是當你正在從事投注熱情的活動，像是談戀愛、工作等等的時候會特別高。可是一旦情緒低落或心理狀態不穩定時，也可能會出現補償性的消費行為。天使石會療癒心傷、恢復財運；坦桑石增加熱忱、調整財運。

<table>
<tr><td colspan="2" align="center">提升愛情運的礦石</td><td colspan="2" align="center">提升工作運的礦石</td><td colspan="2" align="center">提升金錢運的礦石</td></tr>
</table>

磷灰石
⇒P253

藍銅礦
⇒P259

煤玉
⇒P209

琥珀
⇒P225

天使石
⇒P253

坦桑石
⇒P262

＊ 使用效果 …… 看見人生的展望，湧出幹勁和精力。

內在性格 *the other side* 8月14日

今日守護石　 橙色方解石　 賽黃晶

將職責和熱情合而為一

你會從自己想做的事情與周遭的要求之間找出共通點，努力在達成目標的同時獲得幫助他人的喜悅。就算是別人要求的事，你也能從中找出對自己有利或有價值的地方，邊做邊樂在其中。因為這個緣故，你鮮少出現像是筋疲力竭這種能量耗盡的情況。

♡ 4/12、4/13、6/3、6/4、12/14、12/15　🌙 3/18、3/19、6/13、6/14、10/15、10/16　○ 1/13、1/14、5/13、5/14、11/14、11/15　✩ 2/12、2/13、3/12、3/13、7/15、7/16

內在性格 *the other side* 8月15日

今日守護石　 橙色方解石　 髮晶

鍥而不捨地繼續挑戰

你會透過一次次的挑戰來實現想做的事情。你從來沒有放棄實現自己的願望的想法，所以不會把一、兩次的失敗放在心上，而是會把滿溢於心的熱情化作能量，大膽無謂地繼續嘗試。最後不僅會達成目標，還能把各式各樣的技能及經驗收入囊中。

♡ 4/13、4/14、6/4、6/5、12/15、12/16　🌙 3/19、3/20、6/14、6/15、10/16、10/17　○ 1/14、1/15、5/14、5/15、11/15、11/16　✩ 2/13、2/14、3/13、3/14、7/17、7/18

內在性格 *the other side* 8月16日

今日守護石　 髮晶　 天眼石

專注地投注熱情

你可以心無旁騖地對決定好的事情投注熱情。因為你不在意別人的眼光，也不會為周遭的變化產生動搖，所以能夠克己地把能量投注在對自己最重要的事情上。而且你還會專注於不擇手段地達到目的，因此通常很快就能做出成果。說不定會在早期嶄露頭角。

♡ 4/14、4/15、6/5、6/6、12/16、12/17　🌙 3/20、3/21、6/15、6/16、10/17、10/18　○ 1/15、1/16、5/15、5/16、11/16、11/17　✩ 2/14、2/15、3/14、3/15、7/17、7/18

內在性格 *the other side* 8月17日

今日守護石　 賽黃晶　 天眼石

不畏孤獨地挑戰

你是個會不畏孤獨，果斷朝著自己的目標挑戰的人。就算不被周遭的人理解，只要自己認為是重要的事情，你就會盡全力去做並得到結果。你同時兼備強大和聰穎、熱情和冷靜，因此會對需要的事物默默投注熱情以達成自己的目的。

♡ 4/14、4/15、6/6、6/7、12/16、12/17　🌙 3/21、3/22、6/15、6/16、10/17、10/18　○ 1/15、1/16、5/15、5/16、11/16、11/17　✩ 2/14、2/15、3/15、3/16、7/18、7/19

內在性格 *the other side* 8月18日

今日守護石　 髮晶　 賽黃晶

帶著寬廣的視野前進

你這個人富有靈感，會在接收靈感的同時用更寬廣的視野生活。不但會以自己的方式誠心誠意地做好能力所及的事，還時常憑直覺獲得出乎意料的好運，甚至還能窺見人類智慧所無法企及的世界。你還有出類拔萃的美感，會靠著品味和直覺在人生的路上前進。

♡ 4/15、4/16、6/7、6/8、12/17、12/18　🌙 3/22、3/23、6/16、6/17、10/18、10/19　○ 1/16、1/17、5/16、5/17、11/17、11/18　✩ 2/15、2/16、3/16、3/17、7/19、7/20

獅子座

8月19日～8月22日

＊ 獅子座 26 ～ 29度 ｜ 上星 ＊

♌

探究「活著」這件事

你心裡渴望追求「帶著熱情活著」這件事情的本質，傾向從哲學的角度看事情，搞不好經常在思考「何謂活著」、「何謂生命」之類的問題。當你找到精力和熱情的來源，會視自身體力行，或是向大眾提倡你的觀點。你可能一邊置身於狂熱之中，一邊卻又會發現失去熱情的自己；儘管會感到有些寂寞，但你仍然會向大眾提供某種令人興奮的發現，並度過一段欣喜雀躍的人生。紫蘇輝石會賦予你推動活動的能力；太陽石讓你表現自己；血石會讓思緒清晰，賦予你看透本質的能力；托帕石在你感到寂寞時提供療癒。

守護石

紫蘇輝石
⇒P207

太陽石
⇒P220

血石
⇒P245

托帕石
⇒P274

＊ 愛情・人際關係 ＊
選擇可以長久的對象

你不會僅憑一時的衝動，而是會用長遠的眼光來挑選對象，讓關係維持下去。不過，你也很重視規則，只要一沒有照著規則走，就會對這段關係感到不安。捷克隕石會幫助你接受不符合規則的行動；青金石會吸引好對象，帶來穩定的關係。

＊ 事業 ＊
保持熱情推進工作

你會一邊保持如火的熱情，一邊確實推進事物並取得成果。但你可能會在進行時過於嚴苛，以至於忘了顧及周遭的人，甚至演變成糾紛。軟玉會提升與周遭的協調性，帶領你取得成功；花園水晶會賦予你穩定的動力。

＊ 金錢 ＊
從顧慮提升財運

財運很穩定。你會用長遠的眼光看事情，但是在必要的時候花起必要的錢也毫不手軟。只要增進顧及他人的能力，便會出現一股讓更多錢透過他人流到你手中的金流。異極礦會促使你顧及他人；量子混合水晶會穩定財運。

提升愛情運的礦石

捷克隕石
⇒P239

青金石
⇒P262

提升工作運的礦石

軟玉
⇒P244

花園水晶
⇒P271

提升金錢運的礦石

異極礦
⇒P256

量子混合水晶
⇒P286

※ 使用效果……可以發現自己的熱忱所在與熱情的原點。適合在心中有所迷惘時使用。

內在性格 *the other side* 8月19日

今日守護石 紫蘇輝石　托帕石

步步為營地朝目標前進

你會認真鎖定目標，一步一步穩穩地朝著方向前進。即使情況很糟，你也相信有充滿光明的未來等在前方，不讓內心的火焰熄滅，小心翼翼地謹慎前進。偶爾不安也可能會湧上心頭，但是只要把注意力放在目標，不安的感覺就會慢慢消散。此外，意料之外的好運會降臨在你身上，這是你樂觀的態度讓那樣的現實被你吸引所產生的結果，所以一直想像著美好的未來是很重要的。

♥ 4/16、4/17、6/8、6/9、12/18、12/19　🌙 3/23、3/24、6/17、6/18、10/19、10/20　⭐ 1/17、1/18、5/17、5/18、11/18、11/19　✡ 2/16、2/17、3/17、3/18、7/20、7/21

內在性格 *the other side* 8月20日

今日守護石 太陽石 血石

直接投入感興趣的事物

你會直接對各種有興趣的事物進行嘗試。就結果來說，你會變成一個多才多藝的人，漸漸獲得各式各樣的才能和技術。而當你帶著某個目的做事時，你不會從很花時間的地方開始準備，而是會有效率地進行，例如先從能做的事情著手，接著才在過程中準備之後需要的東西。儘管別人或許會覺得你這樣是走一步算一步，但這種靈活性也稱得上是一種重要的才能。

♥ 4/17、4/18、6/9、6/10、12/19、12/20　🌙 3/24、3/25、6/18、6/19、10/20、10/21　⭐ 1/18、1/19、5/18、5/19、11/19、11/20　✡ 2/17、2/18、3/18、3/19、7/21、7/22

內在性格 *the other side* 8月21日

今日守護石 太陽石 托帕石

用想像力和技術進行創作

你同時具備強大的想像力以及現實的技術。所以你會搭配品味，把想像化為明確的形體，一邊感動周遭的人，一邊在人生的路上前進。你也有很高的可能性會成為藝術家、創作家或某種作家並大放異彩。而且因為你會把在內心描繪的事物當成現實，並對此深信不疑，所以也可能會無意識靠吸引力法則來抓住好運。建議你可以具體想像自己期望的未來。

♥ 4/18、4/19、6/10、6/11、12/20、12/21　🌙 3/25、3/26、6/19、6/20、10/21、10/22　⭐ 1/19、1/20、5/19、5/20、11/20、11/21　✡ 2/19、2/19、3/19、3/20、7/22、7/23

內在性格 *the other side* 8月22日

今日守護石 紫蘇輝石 太陽石

傳遞感動，引發共鳴

你會表現出自己的感動或打動內心的經歷，讓許多人一起產生共鳴。你不會把感動自己的事物藏於心中，而是會把它化成言語或作品表現出來。一開始或許會因為內容太過主觀而不被理解，不過也有很多時候會打動那些有相同經歷的人，最後製造出一個巨大的共鳴波。就算失敗也不要放棄，只要繼續這麼做，一定會隨著時間結出果實。

♥ 4/19、4/20、6/11、6/12、12/21、12/22　🌙 3/26、3/27、6/20、6/21、10/22、10/23　⭐ 1/20、1/21、5/20、5/21、11/21、11/22　✡ 2/19、2/20、3/20、3/21、7/23、7/24

8月23日～8月26日

※ 處女座0～3度　月 ※

♍

細細感受

你有細膩地感受事物，再謹慎處理或使之成形的傾向。而且你對別人的情緒相當敏感，對於該怎麼做比較好了解得很具體，甚至還可以把作法告訴對方。冷靜判斷並採取行動的模樣也會讓你經常受到周遭的信賴，因此要小心太為別人著想而累了自己，或是因為緊張而弄壞身體。只要找到可以獨處的環境或一個人享受的樂趣，應該就能舒緩緊張，平靜地度過每一天。橘子水晶會恢復精力；貴橄欖石會緩解壓力；東菱石會保護你在喜悅的包圍下度過每一天；紫黃晶會賦予你沉著處事的能力。

守護石

橘子水晶
→P221

貴橄欖石
→P238

東菱石
→P240

紫黃晶
→P283

＊ 愛情・人際關係 ＊
仔細地注入愛情

你們會因為你的體諒得以維持良好的關係。在因此取得平衡的情況下，雙方倒還相安無事，但覺得「對方太自私了」的不平衡感也可能會讓你累積不滿。煤玉會讓體貼順利轉換成行動；拉利瑪會分解累積在心中的不滿，同時促進雙向的情感交流。

＊ 事業 ＊
不放過不完善的地方

你具備確實掌握並謹慎處理其他人沒發現的不完善或不協調的小地方的能力，因此在工作上，身邊的人都對你另眼相看。不過你也會因此感到精神疲勞。玻隕石會讓意識變得更敏銳，讓你能有效率地完成工作；透石膏會緩解工作上的疲勞。

＊ 金錢 ＊
靠計畫性提升財運

良好的計畫性也會招來財運。雖然你的收支平衡也做得很好，但內心某個地方覺得「錢不夠」的想法結果也可能會導致財運下滑。薔薇輝石會改變「不夠」的想法，帶領你獲得豐足的生活；血石會提升整體財運。

提升愛情運的礦石

煤玉
⇒P209

拉利瑪
⇒P252

提升工作運的礦石

玻隕石
→P210

透石膏
→P273

提升金錢運的礦石

薔薇輝石
→P236

血石
→P245

※ 使用效果……讓你學會細心顧及身邊的人，也很適合在因為太隨便而失敗的時候使用。

內在性格 the other side

8月23日

今日守護石

 東菱石　　 紫黃晶

入微的觀察力

你是個觀察力入微的人。對於在意的事情，你會關照並澈底觀察那些被其他人忽略或乍看不容易發現的地方，至於不怎麼在意的對象則會忽略掉或記不清楚。對有心要做的事情，你會講究細節，做到完美無缺，因此周遭也時常對你讚譽有加。你可能還有瘋狂迷上興趣等細節的傾向。

♥4/20、4/21、6/12、6/13、12/22、12/23　♣3/27、3/28、6/21、6/22、10/23、10/24　♦1/21、1/22、5/21、5/22、11/22、11/23　♧2/20、2/21、3/21、3/22、7/24、7/25

內在性格 the other side

8月24日

今日守護石

 貴橄欖石　　紫黃晶

按照自己的價值標準行動

你會仔細訂定自己的價值標準，在這個基礎上採取行動。你會用細緻而縝密的觀點看事情，因此最終會分辨黑白，並傾向把結果化成自己的價值標準。你有想冷靜看清事物本質的意圖，而且對任何事情都不會擺出模稜兩可的態度，應該會因此贏得周遭的信賴。但是在人際關係上，分得太清楚也可能會引發問題，所以可能需要小心一點。

♥4/21、4/22、6/13、6/14、12/23、12/24　♣3/28、3/29、6/22、6/23、10/24、10/25　♦1/22、1/23、5/22、5/23、11/23、11/24　♧2/21、2/22、3/22、3/23、7/25、7/26

內在性格 the other side

8月25日

今日守護石

 橘子水晶　　紫黃晶

與他人的價值觀協調折衷

你是個心胸寬大的人，能夠在保有自身標準的同時接受他人的價值觀。即使有自己的規則或想提出的意見，你也會坦率接受他人的想法或判斷，與自己的意見協調折衷。另外，因為你也能接受人的本質，所以會在各方面受到他人的喜愛，而且那寬大的心胸也可能會讓你後來遇到很多被他人幫助的情況。運勢也是對別人越好，就會有越多好運降臨在你身上。

♥4/22、4/23、6/14、6/15、12/24、12/25　♣3/29、3/30、6/23、6/24、10/25、10/26　♦1/23、1/24、5/23、5/24、11/24、11/25　♧2/22、2/23、3/23、3/24、7/26、7/27

內在性格 the other side

8月26日

今日守護石

橘子水晶　　貴橄欖石

看清他人的本質

你絲毫不在乎常識或偏見，會以純粹的心情著眼於最重要的事物。面對周遭的人也不會只看外表或頭銜，而是會試圖接觸對方的本質，因此身邊或許會很容易聚集一些比較特別的人。而且你會從他們身上學到自己沒有的創意或無拘無束的想法，在自己的人生道路上自在前進。刻意接觸不同行業或其他領域的人應該也會讓你有所成長。

♥4/23、4/24、6/15、6/16、12/25、12/26　♣3/30、3/31、6/24、6/25、10/26、10/27　♦1/24、1/25、5/24、5/25、11/25、11/26　♧2/23、2/24、3/24、3/25、7/27、7/28

處女座

8月27日～8月30日

※ 處女座1～7度　水星 ※

♍

有策略地進行

你有優秀的分析力和策劃力，任何事情都能擬定策略，按部就班地進行。而且你會在其他人開口前就先做好準備，在萬全的狀態來做事，因此事情大致會順利進行，穩定地獲得結果。由於你會制定各種計畫作為事前準備，常常沒辦法讓大腦休息，使疲勞不斷累積，或因為用腦過度而陷入混亂。請你仔細辨別哪些是需要事前多方考量的事物，小心別對身心造成多餘的負擔。沙漠玫瑰會撫平混亂；天河石會理清思緒；苔蘚瑪瑙會幫助你腳踏實地的讓事情往好的方向發展；藍銅礦會培養分辨事情重要程度的眼光。

守護石

沙漠玫瑰	天河石	苔蘚瑪瑙	藍銅礦
▶P204	▶P241	▶P247	▶P259

※ 愛情・人際關係 ※
強調派得上用場的自己

你能夠幫上心儀對象的忙並穩穩地發展戀情。可是你會一邊隱藏真心，一邊做出曖昧的行為，所以對方也可能會覺得有點困惑。螢石會賦予你輕巧表現的能力以成就戀情；蘇打石會幫助戀情穩定發展。

※ 事業 ※
穩健的實務能力

你做事踏實穩健並適應情況，因此身邊的人也許覺得不管交代什麼事情給你都很放心。但也因為如此，即使你已經慌了手腳，周遭卻不見得會察覺到。檸檬晶會增加頭腦的清晰度，幫助工作進展；鎳鐵隕石會調整身心平衡並緩解緊張。

※ 金錢 ※
很會理財

你會有計畫地理財，並具備能夠應付意外開銷的踏實性。只不過要是過度節省，把省下來的錢用於儲蓄等用途的話，也有可能會出現因為反作用力而衝動購物破財的危險。黃鐵礦會提升跟金錢有關的整體運勢；粉紅菱鋅礦會放鬆心情，緩和衝動。

提升愛情運的礦石

螢石	蘇打石
▶P246	▶P261

提升工作運的礦石

檸檬晶	鎳鐵隕石
▶P227	▶P279

提升金錢運的礦石

黃鐵礦	粉紅菱鋅礦
▶P223	▶P235

※ 使用效果……讓事情的處理順利進行。尤其適合用在工作、打掃等方面。

內在性格 the other side

8月27日

今日守護石　 天河石　 藍銅礦

用想像力克服

你會用細膩而豐富的想像力克服一切。即使用幻想或構思力為單調的每一天染上顏色，或是置身在某種令人難受的情況，你也會對未來懷抱明亮的想像，藉此打起精神，反轉情況。而且你不只是單純的幻想，而是會用跳躍性的思維在停滯不前的情況帶來變革。從事能發揮想像力的工作或經營這類的興趣應該會讓你可以用更強健的腳步在人生的路上前進。

♥ 4/24、4/25、6/16、6/17、12/26、12/27　🕐 3/31、4/1、6/25、6/26、10/27、10/28　◐ 1/25、1/26、5/25、5/26、11/26、11/27　✿ 2/24、2/25、3/25、3/26、7/28、7/29

內在性格 the other side

8月28日

今日守護石　 沙漠玫瑰　 天河石

從一件事情開始

你是個會以一個主題或主軸為中心盡情享受事物的人。你會讓決定好的事情往多個方向延伸，藉此擴展想法，推動計畫，並且讓夢想一個接著一個朝現實靠攏。而且這一連串的活動也有可能會在不知不覺間形成一股巨大的潮流。得到的知識和技能越多，就越能夠把它們結合在一起創造碩大的成果，所以也請別疏於精進自己。

♥ 4/25、4/26、6/17、6/18、12/27、12/28　🕐 4/1、4/2、6/26、6/27、10/28、10/29　◐ 1/26、1/27、5/26、5/27、11/27、11/28　✿ 2/25、2/26、3/26、3/27、7/29、7/30

內在性格 the other side

8月29日

今日守護石　 苔蘚瑪瑙　 藍銅礦

歡樂漩渦的中心

你會拉著很多人一起以自己為中心打造出一個快樂的場所。在待人方面有很好的平衡感，會一邊周旋一邊拉攏周圍的人，慢慢形成一個像慶典一樣讓人情緒高漲的歡樂場所。此外，你似乎也會與其他人一起積極從事自己覺得有趣的事，甚至還會常常因為人緣的關係而獲得意外的好運，交友越廣泛多樣，幸運度就會越高。

♥ 4/26、4/27、6/18、6/19、12/28、12/29　🕐 4/2、4/3、6/27、6/28、10/29、10/30　◐ 1/27、1/28、5/27、5/28、11/28、11/29　✿ 2/26、2/27、3/27、3/28、7/30、7/31

內在性格 the other side

8月30日

今日守護石　　沙漠玫瑰　　苔蘚瑪瑙

興浪者

你會從主動積極開始做某件事情來得到樂趣。你覺得別人的施予或他人造成的好運不太踏實，能夠從自己主動做某件事情來實際感受到手感和喜悅。雖然很行我素，但對於自己從零開始做的事，你常常會花時間把它好好完成，並因為成就感而滿心歡喜。如果培養可以一個人細細研究的興趣，精神面應該比較穩定。

♥ 4/27、4/28、6/19、6/20、12/29、12/30　🕐 4/3、4/4、6/28、6/29、10/30、10/31　◐ 1/28、1/29、5/28、5/29、11/29、11/30　✿ 2/27、2/28、3/28、3/29、7/31、8/1

8月31日～9月3日

※ 處女座8～11日度　金星 ※

♍

細心建立友好的關係

你希望與他人建立友好的關係，謹慎並全力做好自己能力所及的事。尤其是想要貢獻他人的心情會讓你常常給予他人在實務方面的協助或準備等幫助。可是一旦對方的反應不如預期，你就會立刻鎖上心扉，表面上佯裝平靜，表現出來的態度卻非常冷淡。你常為了肯定自我而做出貢獻他人的行為，這樣也很容易會引發問題，所以別理會對方的反應，而是培養純粹的貢獻精神吧！異性石會提升敞開心胸貢獻他人的精神；貴橄欖石會幫助你與周遭建立協調的關係；藍孔雀石會放寬看事情的角度；紫黃晶會安定內心。

守護石

異性石
>P212

貴橄欖石
>P238

藍孔雀石
>P282

紫黃晶
>P283

※ 愛情・人際關係 ※
欲擒故縱釣出真心

你覺得主動釋出好意對自己不利，因此會用欲擒故縱的方式來刺激對方告白。要是對方比較遲鈍，也可能會遲遲沒有進展。紫鋰輝石會打開心扉，加快戀情的發展；軟玉會激發不用欲擒故縱、自然表現愛情的方法。

※ 事業 ※
正確性會因好惡而異

無論是什麼樣的工作，你都能做出適當的處理，發揮穩定的工作表現。然而對內容的好惡之分也會反映在工作的正確性上面。磷灰石會穩定情緒，消弭結果的差異；瑪瑙會調整心情，讓工作穩定進行。

※ 金錢 ※
對細節的講究

財運很穩定，但是在興趣的相關用品等方面卻很講究細節，有在這種地方花錢無度的傾向。草莓晶會恢復對金錢的平衡感，預防大筆的開銷；蒂芙尼石會強化對金錢的直覺。

提升愛情運的礦石

紫鋰輝石
>P234

軟玉
>P244

提升工作運的礦石

磷灰石
>P253

瑪瑙
>P282

提升金錢運的礦石

草莓晶
>P234

蒂芙尼石
>P266

※ 使用效果……能夠自然給予他人無微不至的關照，讓人際關係變好。

內在性格
the other side

8月31日

今日守護石

 異性石　　 貴橄欖石

創造前所未有的事物

你會用奔放的想像力和縝密的執行力創造出前所未有的事物。你不滿足於理所當然或了無新意之物，會為了把在腦中描繪的充滿理想的未來想像化為現實，不斷進行嘗試與修正。雖然作為創作者的才華也很出眾，但倘若透過言語或作品等等，把腦中描繪的想像具體表現出來，一邊確認其他人是否能理解自己的意圖，一邊努力的話，應該會有更進一步的成長。

♥ 4/28、4/29、6/20、6/21、12/30、12/31　◆ 4/4、4/5、6/29、6/30、10/31、11/1　● 1/29、1/30、5/29、5/30、11/30、12/1　★ 2/28、2/29、3/29、3/30、8/1、8/2

內在性格
the other side

9月1日

今日守護石

 貴橄欖石　　 藍孔雀石

用能力興起變化

會試圖用敏銳的分析、計畫能力超越極限。你不滿足於現狀，擅長拼命動腦以改善情況，或是為創新的想法加入實用性再付諸實行。你能透過這些舉動打破停滯不前的情況，因此周遭可能會把你視為改革者。只要全心全意地投入，就沒有過不了的難關，所以切勿粗心大意或混水摸魚。

♥ 1/1、4/29、4/30、6/21、6/22、12/31　◆ 4/5、4/6、7/1、7/2、11/1、11/2　● 1/30、1/31、5/30、5/31、12/1、12/2　★ 2/29、3/1、3/30、3/31、8/2、8/3

內在性格
the other side

9月2日

今日守護石

 異性石　　 紫黃晶

利用技能實現夢想

你是個會入微的觀察力和技能實現夢想或願望的人。有想做的事情或心願時，你會鉅細靡遺地在腦中模擬實際要做的事情和步驟，並透過踏實穩健的實行動讓夢想成形。有時你也會描繪遠大的夢想，但即便如此，你還是會花時間一步一步慢慢前進，最後成功實現夢想。太過在意周遭會打亂自己的節奏，讓你離夢想越來越遠，所以請盡全力專注於眼前的事。

♥ 1/1、1/2、4/30、5/1、6/22、6/23　◆ 4/6、4/7、7/2、7/3、11/2、11/3　● 1/31、2/1、5/31、6/1、12/2、12/3　★ 3/1、3/2、3/31、4/1、8/3、8/4

內在性格
the other side

9月3日

今日守護石

 貴橄欖石　　紫黃晶

追求看不見的世界

你會特別好奇並追求肉眼看不見的事物或謎團。你有旺盛的求知欲，只要看到不懂的事情，就會想用敏銳的分析力及縝密的考察力一探究竟。你還容易對超自然現象、古文明之謎這些稀奇古怪的事情產生興趣，接觸這些東西會刺激你的好奇心並補充精力。職業也好，業餘也罷，如果能以研究家或專家的方式生活，應該能讓整個人生變得更豐富。

♥ 1/2、1/3、5/1、5/2、6/23、6/24　◆ 4/7、4/8、7/3、7/4、11/3、11/4　● 2/1、2/2、6/1、6/2、12/3、12/4　★ 3/2、3/3、4/1、4/2、8/4、8/5

9月4日~9月8日

※ 處女座12~15度　太陽 ※

♍

提供他人需要的技能

你很清楚自己的能力和技能，會細心為周遭付出，做自己能做的事。而且還會透過技能或技術累積成果，獲得對周遭的說服力。然而，你也有不想把弱點暴露給其他人的傾向，有時可能會因此勉強自己，或是經常過度地繃緊神經。只要學會療癒身心的方法以及做好健康管理的技術，應該就能應付各種場合，完美達成要求，讓自己更加果決。祖母綠會鬆弛神經，放鬆心情；藍寶石會讓你發揮內在的潛能；賽黃晶會調整身心靈的平衡；量子混合水晶會幫助你確立堅定不移的內心。

守護石

祖母綠	藍寶石	賽黃晶	量子混合水晶
P241	P261	P273	P286

※ 愛情·人際關係 ※
固執成了好印象

你會在心儀對象面前表現得很固執，常常沒辦法坦承以待。但是這副模樣也可能會讓對方產生好感，開啟一段關係。不過也要小心因為太固執而傷害到對方。虎眼石會激發坦率的愛情表現；紫水晶會增加對對方的體貼。

※ 事業 ※
意識到目標最重要

你會對目標保持專注，並同時做好幾件事情來取得成果。可是一旦失去目標，你就會立刻變得不曉得自己在做什麼。黃水晶會讓你確實意識到目標；水矽釩鈣石會讓你邊用寬闊的視角確認自己該做的事，邊享受工作。

※ 金錢 ※
靠巨大的目標來提升運勢

財運平穩。能夠有計畫地存錢並做好收支平衡。如果想著「要買○○」等等，有一個比較大的目標的話，就會增加意願、提升財運。髮晶會刺激意願，提升整體財運；粉晶會培養跟錢有關的平衡感。

提升愛情運的礦石

虎眼石	紫水晶
P203	P265

提升工作運的礦石

黃水晶	水矽釩鈣石
P229	P260

提升金錢運的礦石

髮晶	粉晶
P226	P232

※ 使用效果……能夠搞清楚自己做得不明所以的事情是出自什麼樣的目的或原因並感到安心。

內在性格 the other side　9月4日

 藍寶石　 量子混合水晶

朝著目標大步前進

你會把焦點放在目標上，用力踢開所有障礙大步前進。你同時具備強韌的意志與細膩而確實的執行力，即使遇到麻煩的情況，也能腳步踏實地達成目標。有時你也會需要對抗自己心中的欲望或怠惰，但你會用理性壓制它們，踏實地做出結果。

♡ 1/3、1/4、5/2、5/3、6/24、6/25
☽ 4/8、4/9、7/4、7/5、11/4、11/5
● 2/2、2/3、6/2、6/3、12/4、12/5
✸ 3/3、3/4、4/2、4/3、8/5、8/6

內在性格 the other side　9月5日

今日守護石

 祖母綠　 藍寶石

善用背景的優勢

你會從栽培自己的文化或土地得到無與倫比的好運。而且有時候還會善用家庭背景的優勢或遺傳學上的有利條件在人生的路上前進。要是能對自己擁有的好運或優勢有更清楚的認知，並刻意向身邊的人展現的話，人生應該就會有更好的發展。

♡ 1/4、1/5、5/3、5/4、6/25、6/26
☽ 4/9、4/10、7/5、7/6、11/5、11/6
● 2/3、2/4、6/3、6/4、12/5、12/6
✸ 3/4、3/5、4/3、4/4、8/6、8/7

處女座

內在性格 the other side　9月6日

今日守護石

 祖母綠　 賽黃晶

與細膩的美麗同在

你的魅力在於細膩度及高雅的美。即使不怎麼打扮自己，你也會用與生俱來的優秀品味與高尚的品格虜獲眾人的心。在美麗事物的圍繞下生活會讓內心層面趨於穩定，因此仔細注意食、衣、住的每一個小地方是很重要的；也建議你從事活用美感的工作或興趣。

♡ 1/5、1/6、5/4、5/5、6/26、6/27
☽ 4/10、4/11、7/6、7/7、11/6、11/7
● 2/4、2/5、6/5、6/6、12/6、12/7
✸ 3/5、3/6、4/4、4/5、8/7、8/8

內在性格 the other side　9月7日

今日守護石

 賽黃晶　 量子混合水晶

展現衝動

你能夠藉由激烈表現出本能的事物來解放自己。平時你會小心翼翼地度過日常生活，但有時潛藏在內心的衝動卻也會如激流般湧現，下定決心釋放這股衝動應該會讓整個人生變得更加豐富。在工作之餘擁有大膽且需要勇氣的興趣或活動或許是不錯的選擇。

♡ 1/5、1/6、5/4、5/5、6/27、6/28
☽ 4/11、4/12、7/6、7/7、11/6、11/7
● 2/4、2/5、6/5、6/6、12/6、12/7
✸ 3/5、3/6、4/5、4/6、8/8、8/9

內在性格 the other side　9月8日

今日守護石

 祖母綠　 量子混合水晶

因為衝動發生改變

你會因為剎那間的想法或衝動，讓方向性出現大幅改動。你基本上是個冷靜的人，很少出現大幅度的情緒波動，但要是處在無法吐露真心的環境下或累積壓力時，就有可能會在出乎意料的地方情緒爆發。隨著時間流逝，你會發現自己有大膽前進的力量，但是關鍵在於不要把什麼事情都悶在心裡。

♡ 1/6、1/7、5/5、5/6、6/28、6/29
☽ 4/12、4/13、7/7、7/8、11/7、11/8
● 2/5、2/6、6/6、6/7、12/7、12/8
✸ 3/6、3/7、4/6、4/7、8/9、8/10

以精闢的分析了解本質

你有精闢的分析能力，能看透各種事物的構造或本質。你還有對自己感興趣的事情越來越著迷的傾向，也可能會發現其他人沒注意到部分，或是做出需要精密技術的作品等等。此外，你不管做什麼都能確實地做出成果，所以周遭對你十分信賴。只不過，你

也有因為太講究細節而忽略整體的傾向，可能會因此引發問題。記得偶爾要和迷上的事物拉開距離、縱觀整體。鷹眼石會提升專心研究興趣的精力；綠碧璽會消除集中精神後的疲勞；藍晶石會讓思考變得清晰；輝沸石會幫助你減少忽略、避開問題。

守護石

鷹眼石
→P211

綠碧璽
→P242

藍晶石
→P260

輝沸石
→P272

---

* 愛情‧人際關係 *

畏畏縮縮的愛

在愛情方面，你可能有一點膽小，還常常因為擔心「對方發現我的另一面而討厭我」，所以沒辦法坦率地表現愛情。黑碧璽會消除對自己的負面觀感；舒俱徠石會治療內心的傷痛，以樂觀的態度孕育愛情。

* 事業 *

容易忽略必要以外的事項

把該做的事做好的態度會讓你經常得到很高的評價，然而你也可能會沒注意到除此以外的地方，因而掉進意外的陷阱，或與周遭的人發生衝突。銀星石會放寬視野；磷灰石會促使你顧及他人以避免衝突。

* 金錢 *

情緒的穩定會影響財運

財運基本上還算穩定，可是一旦情緒失控，就有可能會為了緩解情緒問題破財。尤其人際問題可能會很容易變成衝動購物的導火線。赤鐵礦會強化財運，提高金錢方面的勝算；粉紅碧璽會填補跟人有關的問題所造成的內心空洞，並防止破財。

提升愛情運的礦石

黑碧璽
→P208

舒俱徠石
→P265

提升工作運的礦石

銀星石
→P248

磷灰石
→P253

提升金錢運的礦石

赤鐵礦
→P210

粉紅碧璽
→P231

---

* 使用效果……可以專心處理精密的作業。特別適合在製作需要講究細節的東西時使用。

9月9日

內在性格
the other side

今日守護石　 綠碧璽　 藍晶石

抓住看不見的心流

你是個對內心的波動或無意識的心流很敏感的人。經常靠著不好的預感成功逃過一劫或抓住機會。而且你還會揣測對方的心情，察覺並提供所求，讓對方大吃一驚。雖然也會憑直覺行動，但因為也會把該做的事情做好，所以深受他人的信賴。

♥ 1/7、1/8、5/6、5/7、6/29、6/30
☾ 4/13、4/14、7/8、7/9、11/8、11/9　● 2/6、2/7、6/7、6/8、12/8、12/9　✪ 3/7、3/8、4/7、4/8、8/10、8/11

9月10日

內在性格
the other side

今日守護石　 鷹眼石　 藍晶石

解讀他人的情緒

你的心理解讀能力很強。也可能會為了在事前讓情況變得對自己有利，打出類似心理戰的策略。你的內心燃燒著熊熊烈火，採取行動時，會在仔細做好準備之後，執行得又快又集中以取得成果。因為也有容易感到精神疲乏的一面，請有意識地安排休息時間。

♥ 1/8、1/9、5/7、5/8、6/30、7/1
☾ 4/14、4/15、7/9、7/10、11/9、11/10　● 2/7、2/8、6/8、6/9、12/9、12/10　✪ 3/8、3/9、4/8、4/9、8/11、8/12

9月11日

內在性格
the other side

今日守護石　 綠碧璽　 輝沸石

和夥伴一起創造未來

你的志向很高，希望能和夥伴一起完成某件事。你會敏感察覺夥伴需要什麼，因此經常擔任輔助他人的角色。而且你很善於發掘對方的才華或擅長的部分，會分配適合的工作給對方，或是因為幫忙增進能力，結果得到對方的信賴。

♥ 1/9、1/10、5/8、5/9、7/1、7/2
☾ 4/15、4/16、7/10、7/11、11/10、11/11　● 2/8、2/9、6/9、6/10、12/9、12/11　✪ 3/9、3/10、4/9、4/10、8/12、8/13

9月12日

內在性格
the other side

今日守護石　 藍晶石　 輝沸石

完成課題的同時不斷成長

你是個很有上進心的人，會時時意識到自己的課題並仔細地完成它。你能夠以精闢的分析能力，從自己身上或周圍的情況找出不足之處，制定策略以進行彌補。藉由重複「設定一個小目標→確實執行→做出結果」的過程來接近理想。

♥ 1/10、1/11、5/9、5/10、7/2、7/3
☾ 4/16、4/17、7/11、7/12、11/11、11/12　● 2/9、2/10、6/10、6/11、12/11、12/12　✪ 3/10、3/11、4/10、4/11、8/13、8/14

9月13日

內在性格
the other side

今日守護石　鷹眼石　綠碧璽

支持身邊的人達成目標

你是個很有實力的人，會試圖在支持周遭的同時達成全體的共同目標。精神的穩定性很高，可以冷靜做好必要的處置，因此在實務方面深受信賴。用自己的才能或能力幫助他人會很容易讓你產生喜悅，選擇這種工作也許會讓運氣更容易提升。

♥ 1/11、1/12、5/10、5/11、7/3、7/4
☾ 4/17、4/18、7/12、7/13、11/12、11/13　● 2/10、2/11、6/11、6/12、12/12、12/13　✪ 3/11、3/12、4/11、4/12、8/14、8/15

處女座

9月14日～9月18日

※ 處女座21～25度　木星 ※

♍

寬廣的視角和穩健的執行力

你會在細心顧慮周遭的同時謹慎執行並做出結果。因為覺得世上充滿了可能性，所以也會拼命調查、確認自己感興趣的事情。也因為這樣，能夠應付突發狀況、適應各種情況等等彈性以及多元能力也讓你獲得周遭的信賴。此外，你還有同時進行兩件以上的事情之能力，讓你用更快的速度掌握多樣的才能，要小心因為同時多工處理而陷入混亂，變得難以因應情況。琥珀會沉澱情緒、帶來療癒；貴橄欖石會拓展對眾多事物的希望和可能性，增加能力的多樣性；坦桑石會強化應變能力；青金石會防止你陷入混亂。

守護石

琥珀	貴橄欖石	坦桑石	青金石
P225	P238	P262	P262

※ 愛情・人際關係 ※
在關懷的同時發展戀情

你可以一邊細心關懷對方，一邊讓戀情有所進展。不過，即使表現得坦蕩蕩，內心深處卻有不想被人觸碰的地方，一被碰到就會想和對方拉開距離。玉會讓戀情穩定發展；魚眼石會培養靈性，增加對對方的包容性。

※ 事業 ※
同時進行及處理多件事情

你可以善用一心多用的能力，小心地讓事情同時進行，又能同時完成好幾件工作。可是只要累積疲勞就很容易忙不過來。白鐵礦會趕跑疲勞感，讓你能冷靜地處理工作；托帕石會理清思緒，推進工作進度。

※ 金錢 ※
被意料外的開銷打亂節奏

你有長遠的眼光，存錢和用錢也很有計畫性。可是只要出現意料之外的開銷，花錢的方式就會變得很隨便，在不知不覺間增加很多花費。尖晶石會讓注意力回到目標上並重振財運；矽孔雀石會培養平衡感並調整財運。

提升愛情運的礦石　　提升工作運的礦石　　提升金錢運的礦石

玉	魚眼石	白鐵礦	托帕石	尖晶石	矽孔雀石
P243	P270	P224	P274	P214	P254

※ 使用效果……以寬廣的視野理解事物，並在這個基礎上把現在該做的事情弄個明白。

內在性格 the other side 9月14日

 今日守護石 坦桑石 青金石

克服難題，成長茁壯

你對自己的能力和技術充滿自信，舉止大方，氣度不凡。曾經在人生的某段時期專心埋頭於某件事，當時培養的能力會為內心帶來充實感。而且你還有事情越困難就越想挑戰的傾向，會全力以赴取得成果，結果因此得到專屬的地位或成為領袖般的存在。

♥ 1/12、1/13、5/12、5/13、7/4、7/5 🌙 4/18、4/19、7/13、7/14、11/13、11/14 ☯ 2/11、2/12、6/12、6/13、12/13、12/14 ✿ 3/12、3/13、4/12、4/13、8/15、8/16

內在性格 the other side 9月15日

今日守護石 琥珀 貴橄欖石

觀察後提出建議

你善於發現他人的優點，觀察力也很高。會從別人一些細微的態度了解對方的心理傾向及優缺點，不只是觀察而已，還常常會建議對方從事適合自己的活動。另外，你也會冷靜判斷自己的涵養，透過適合自己的訓練來鍛鍊技術。

♥ 1/13、1/14、5/13、5/14、7/5、7/6 🌙 4/19、4/20、7/14、7/15、11/14、11/15 ☯ 2/12、2/13、6/13、6/14、12/14、12/15 ✿ 3/13、3/14、4/13、4/14、8/16、8/17

內在性格 the other side 9月16日

今日守護石 琥珀 青金石

狂熱的研究家

你是個一旦迷上一件事就會做到極致，埋頭鑽研喜愛事物的研究家。對於自己該做的事情會全力以赴，而不是自己也無所謂的事情則會適度偷懶，一邊達到要求，一邊擠出自己的時間。另外，如果能在自己喜歡的狂熱領域裡交到朋友，你會感到安心，同時內心也會變得更充實。

♥ 1/14、1/15、5/14、5/15、7/6、7/7 🌙 4/20、4/21、7/15、7/16、11/15、11/16 ☯ 2/13、2/14、6/14、6/15、12/15、12/16 ✿ 3/14、3/15、4/14、4/15、8/17、8/18

內在性格 the other side 9月17日

今日守護石 貴橄欖石 坦桑石

展現優雅的退場

你是會一邊盯著折衷方案，一邊盡全力做事的實務派。在做任何計畫時，你都會考慮到失敗的情況，在這個基礎上思考現在該怎麼做並確實執行。就算快要失敗了，你也能想好最後要如何抽身才是最好的辦法，所以也經常有人稱讚你優雅的工作心態。乾脆果決的態度會讓其他人產生好感。

♥ 1/15、1/16、5/15、5/16、7/7、7/8 🌙 4/21、4/22、7/17、7/18、11/16、11/17 ☯ 2/14、2/15、6/15、6/16、12/16、12/17 ✿ 3/15、3/16、4/15、4/16、8/18、8/19

內在性格 the other side 9月18日

今日守護石 貴橄欖石 青金石

為了進步而斷捨離

你是個能追求更好的事物、讓自己往上提升的人。縱使有時候會遇到不得不把至今為止的價值觀通通捨棄的情況，你也會毫不猶豫地拋棄它們來提升自己。你有遠大的夢想，並把焦點放在最終實現夢想這件事上，所以就算要拋棄自尊，你應該也不會有半點遲疑。

♥ 1/16、1/17、5/16、5/17、7/8、7/9 🌙 4/22、4/23、7/18、7/19、11/17、11/18 ☯ 2/15、2/16、6/16、6/17、12/17、12/18 ✿ 3/16、3/17、4/16、4/17、8/19、8/20

處女座

9月19日～9月22日

※ 處女座26～29度　上星 ※

♍

提高完成度

你有嚴格鍛鍊自己，摸索著讓自己變得更完整的傾向。除了身體、工作等肉眼可見的事物，你也很在乎內在或精神性，會試圖讓自己的身心狀態都比現在更好。然而對於身邊的許多活動，你一方面會追求更好，一方面卻也會累積壓力，出現因為想太多而睡

不著等等的情形，甚至還會在結果不符合預期的時候灰心喪志。最好不要太鑽牛角尖，讓自己有機會可以適度放鬆。葡萄石會放鬆繃緊的神經；海藍寶石會帶來冷靜的觀點；花園水晶會讓你以樂觀的態度觀接受結果；量子混合水晶會支持內在的意識化。

※ 愛情・人際關係 ※
有共同興趣的對象

你在喜歡的人面前會變得僵硬，因此戀愛的進展或許很容易陷入僵局。假如是有共通點，例如興趣等等的對象，應該就能自然地堆砌戀情。煙晶會沉澱心情，消除僵硬；天青石會激發坦率的愛情表現。

※ 事業 ※
因為謹慎取得成果

你會認真處理工作，好好地做出成果，但是在需要團隊合作的情況，你卻可能會因為作法的不同而搞不清楚自己的立場。霰石會讓你謹慎工作，提高整體工作運；綠玉髓會改善與周圍的關係，讓你在團隊裡發揮實力。

※ 金錢 ※
突如其來的開銷是壓力

你會在理財方面發揮一絲不苟的性格，想讓所有事情都照計畫進行。因此對於突如其來的開銷，你也有容易產生壓力的傾向。西瓜碧璽會培養對金錢的平衡感；極光23會減輕跟錢有關的壓力。

※ 使用效果……追求完成、完美的心情逐漸高漲。可以仔細謹慎地工作。

內在性格 *the other side* 9月19日

 海藍寶石　　 花園水晶

使用卓越的美感

你有過人的感性及美感，是個品性很好的人。雖然會想著「為了他人」進行活動，但是因為有重視美觀和品質好壞的傾向，也許很容易會被其他人想成是跟興趣有關的活動。然而你與生俱來的優秀能力可以把完成度極高的事物作為結果呈現出來，因此很容易得到令人讚嘆不已的結果。把美麗的東西放在身邊會讓內在變得更加充實，所以盡量在房間的內裝等地方多花點心思會比較好。

♡ 1/17、1/18、5/17、5/18、7/9、7/10　◐ 4/23、4/24、7/19、7/20、11/18、11/19　◑ 2/16、2/17、6/17、6/18、12/18、12/19　✪ 3/17、3/18、4/17、4/18、8/20、8/21

內在性格 *the other side* 9月20日

 花園水晶　　 量子混合水晶

專注於決心要做的事

你對自己下定決心的事情全心投入。你不太在乎別人怎麼想，會認真做好自己決定的事情並做出成果。基本上很能體恤他人，會基於良心採取行動，所以搞不好會經常發生一直到了做出結果，才終於得到周遭的理解或幫助的情況。如果可以不要只是一個人努力，而是在與周遭的互助合作下做事的話，應該就會有所成長。

♡ 1/18、1/19、5/18、5/19、7/10、7/11　◐ 4/24、4/25、7/20、7/21、11/19、11/20　◑ 2/17、2/18、6/18、6/19、12/19、12/20　✪ 3/18、3/19、4/18、4/19、8/21、8/22

內在性格 *the other side* 9月21日

 葡萄石　　 量子混合水晶

結合知性與直覺

你會讓知識和直覺很好地結合在一起，藉此判斷事情、採取行動。你的內心充滿豐富的想像力，會把這些拿來和自己學到的知識或技巧進行比較及套用，穩穩將可以執行的部分化為現實。因為直覺很強，有時候你也會語出驚人，精準點出他人的想法或事情的另一面，在非刻意的情況下讓身邊的人大吃一驚。要是有機會與大自然慢慢接觸的話，直覺應該也會更上一層樓。

♡ 1/19、1/20、5/19、5/20、7/11、7/12　◐ 4/25、4/26、7/21、7/22、11/20、11/21　◑ 2/18、2/19、6/19、6/20、12/20、12/21　✪ 3/19、3/20、4/19、4/20、8/22、8/23

內在性格 *the other side* 9月22日

海藍寶石　　量子混合水晶

踏實推動龐大的計畫

你同時具備推動龐大計畫的膽量以及踏實做事的能力。比起為了自己，你在為更多人貢獻的活動上更能發揮實力，會一邊發揮幹練的手腕，一邊朝著目標前進。不過有時可能也有脫線的地方，像是出現忽略了細節等等的失誤。恰到好處的少根筋以及認真把該做的事情做好的實力，這樣的反差在周圍的眼中充滿魅力。

♡ 1/20、1/21、5/20、5/21、7/12、7/13　◐ 4/26、4/27、7/22、7/23、11/21、11/22　◑ 2/19、2/20、6/20、6/21、12/21、12/22　✪ 3/20、3/21、4/20、4/21、8/23、8/24

9月23日～9月26日

簡單明瞭地介紹自己

你有自然融入人群，享受各種相遇的傾向。雖然在初來乍到的地方多少會有些遲疑，但你更在意認識大家與他們豐富多樣的個性。而且為了讓對方記住自己，你會透過簡單易懂的形象塑造或介紹暱稱等方式來縮短距離。開放的態度以及親人的性格會讓你和對方產生共鳴、建立關係，還會因此擁有寬廣的人脈，走到哪裡都有認識的人，並經常利用這些人脈來實現心願。薔薇輝石會促使你打開心扉與人接觸；藍玉髓會穩定內心；紫龍晶會排除不好的人脈；透石膏會在你見過許多人之後淨化能量。

守護石

薔薇輝石
⇒P236

藍玉髓
⇒P255

紫龍晶
⇒P264

透石膏
⇒P273

※ 愛情・人際關係 ※
用對話建立關係

你會顧及對方的心情，慢慢建立起良好的關係。發生問題時，你會試圖溝通到彼此都可以接受為止，但是也可能會因為太為對方著想而被對方的說詞哄騙。光玉髓會賦予你與對方辯駁的強大力量；藍紋瑪瑙會讓良好的關係長長久久。

※ 事業 ※
需要顧慮的職務

你可能很容易遇到需要用心顧及各個方面的工作對象或職場。雖然有一股想要當面說清楚、講明白的衝動，但這麼做也可能反而會導致情況惡化。鉻雲母會讓人際關係往好的方向改善；月光石會培養對對方的體諒。

※ 金錢 ※
內心的傷痛造成衝動購物

你只要看到新潮或有品味的東西就會忍不住買下去。特別容易在情緒低落或心情受傷之後，為了填補這種空虛而衝動購物。綠銅礦會治療心傷，預防衝動購物；苔蘚瑪瑙會培養冷靜審視金錢的態度。

提升愛情運的礦石

光玉髓
⇒P218

藍紋瑪瑙
⇒P256

提升工作運的礦石

鉻雲母
⇒P245

月光石
⇒P278

提升金錢運的礦石

綠銅礦
⇒P243

苔蘚瑪瑙
⇒P247

※ 使用效果……在與他人的交流中感到安心，還會因為有人聽自己說話而鬆了一口氣。

內在性格 *the other side...*

9月23日

今日守護石

 藍玉髓

 紫龍晶

個性鮮明

你會明確展現出自己的個性，是個很有存在感的人。與其說你很強硬，到不如說你是對自己的個性有客觀的理解，會一邊顧及周遭所追求的形象，一邊把它化成自己的性格表現出來。你會把自己變成一個簡單好懂的人物植入人心，藉此製造與他人建立良好關係的契機。此外，你也很擅長觀察當下的情況並提出意見，或是幫其他人的說話內容整理重點。你會因為喜歡社交又有優秀的溝通能力而握有廣大的人脈。

- ♥ 1/21、1/22、5/21、5/22、7/13、7/14
- ♣ 4/27、4/28、7/23、7/24、11/22、11/23
- ● 2/20、2/21、6/21、6/22、12/22、12/23
- ✪ 3/21、3/22、4/21、4/22、8/24、8/25

內在性格 *the other side...*

9月24日

今日守護石

 薔薇輝石

 藍玉髓

一頭栽進有趣的事

你能夠不帶偏見地一頭栽進有趣的事情當中。你有旺盛的好奇心，只要看到讓自己產生興趣的事情，就會無視過去的經驗或傳聞大膽挑戰。而對於初次見面的人，你也會在覺得有趣之後主動接近，開拓新的人脈。另外，你還有搶先獲得時下最熱門的話題的傾向，所以可能會因此被有需要的人依賴或成為流行的發源地。

- ♥ 1/22、1/23、5/22、5/23、7/14、7/15
- ♣ 4/28、4/29、7/24、7/25、11/23、11/24
- ● 2/21、2/22、6/22、6/23、12/23、12/24
- ✪ 3/22、3/23、4/22、4/23、8/25、8/26

內在性格 *the other side...*

9月25日

今日守護石

 紫龍晶

透石膏

想著「當下」前進

你是個可以隨時把注意力放在「當下」並搭上潮流的人。你對自己身邊或社會上正在發生的事情非常敏感，能夠配合情況靈活應對。面對他人，你也能尊重對方現在的心情或情況，因此不會拘泥於背景或過去這些東西，而是會看準對方的為人與他來往。既公平又誠實的人格特質會招來好感，使人們不知不覺間聚集到你的身邊。

- ♥ 1/23、1/24、5/23、5/24、7/15、7/16
- ♣ 4/29、4/30、7/25、7/26、11/24、11/25
- ● 2/22、2/23、6/23、6/24、12/24、12/25
- ✪ 3/23、3/24、4/23、4/24、8/26、8/27

內在性格 *the other side...*

9月26日

今日守護石

 薔薇輝石

 透石膏

重視他人的心情

你重視他人心情，同時加深與對方來往。你會積極接收他人的想法或意見，分擔他人情緒的溫暖的心是你最大的魅力所在。你也有重感情的一面，可以從你身上看到與其他人一起合作，共同達成某個目標的場面。而在另一方面，以前幫助過的人也會反過來向你伸出援手，你應該可以透過和許多同伴一起互相幫助、彼此勉勵來抓住很好的浪潮。

- ♥ 1/24、1/25、5/24、5/25、7/17、7/18
- ♣ 4/30、5/1、7/26、7/27、11/25、11/26
- ● 2/23、2/24、6/24、6/25、12/25、12/26
- ✪ 3/24、3/25、4/24、4/25、8/27、8/28

9月27日～9月30日

※ 天秤座4～7度 水星 ※

基於對他人的興趣做出行動

你有透過積極與他人溝通來了解對方的傾向。你對人充滿了興趣和好奇心，會研究眼前的人有什麼嗜好、珍惜哪些東西，還會調查並分析聚集在特定場所的人有什麼樣的傾向。再加上你會積極聽別人說話，所以經常有人來找你商量事情。你會透過這樣的累積受到眾人的喜愛，成為大受歡迎的人物。感到疲累時也能透過與他人交談來轉換心情。檸檬晶會理清思緒；粉紅碧璽會敞開心胸，養成不只看興趣的態度；粉紅菱鋅礦有助於和他人建立協調的關係；綠碧璽會消除人際關係所產生的疲勞。

守護石

檸檬晶
→P227

粉紅碧璽
→P231

粉紅菱鋅礦
→P235

綠碧璽
→P242

※ 愛情・人際關係 ※
靠互相溝通來建立關係

你有凡事都靠溝通來建立兩人關係的傾向。但要是對方不予回應，你就會覺得愛情好像被削弱了一樣，與對方拉開距離。尖晶石是讓關係保持熱情如火的護身符；海藍寶石會為愛情加溫，並且刺激對方和你對話。

※ 事業 ※
善用出色的交涉能力

你只要一有不懂的地方就會馬上發問並及時修正。交涉能力也相當出色，即使是難搞的對手，在你面前也會漸漸卸下心防，在工作上朝著好的方向前進。阿祖瑪會贏得他人的信賴，帶領工作取得成功；藍玉髓會讓工作上的人際關係維持良好狀態。

※ 金錢 ※
衝動買下好看的東西

你會一邊確認真理財一邊用錢，可是只要看到有品味的東西，你就會忍不住想要，等到發現時已經變成了一筆不在計畫內的支出。琥珀會讓基本財運變得更好；蛻變石英會把忽然竄升的購物欲轉移到其他地方緩和衝動。

提升愛情運的礦石

尖晶石
→P214

海藍寶石
→P251

提升工作運的礦石

阿祖瑪
→P240

藍玉髓
→P255

提升金錢運的礦石

琥珀
→P225

蛻變石英
→P278

※ 使用效果 …… 溝通能力會向上提升。能夠以適合的方法應付眼前的人。

內在性格 the other side...

9月27日

今日守護石

 粉紅菱鋅礦　 綠碧璽

分享夢想，比肩同行

你會汲取其他人深藏心中的熱情和心意，分享彼此的夢想並努力實現。你有優秀的溝通能力以及精闢的分析力，會用這些來了解他人的想法和情緒，同時盡可能包容一切。此外，假如彼此的夢想之間有可以互相合作的地方，你會分享這件事情，並與對方共同實行。有時你也會帶領眾人參與某個龐大的企畫，與身邊的人一起往實現夢想邁進。

○ 1/25、1/26、5/25、5/26、7/17、7/18　● 5/1、5/2、7/27、7/28、11/26、11/27　○ 2/24、2/25、6/25、6/26、12/26、12/27　● 3/25、3/26、4/25、4/26、8/28、8/29

內在性格 the other side...

9月28日

今日守護石

 檸檬晶　 粉紅菱鋅礦

說出希望並實現它

你積極展現自己的夢想或希望，藉此在不知不覺間實現它。你待人和善，會傾聽他人的心願或希望，同時為對方貢獻一己之力，因此有受眾人喜愛的傾向。而且這些人會在聽到你的願望之後，馬上全力提供協助，結果讓你自己的目標也很快就實現了。好好向幫助自己的人們表達感謝會讓運氣變得更好。

○ 1/26、1/27、5/26、5/27、7/18、7/19　● 5/2、5/3、7/28、7/29、11/27、11/28　○ 2/25、2/26、6/26、6/27、12/27、12/28　● 3/26、3/27、4/26、4/27、8/29、8/30

內在性格 the other side...

9月29日

今日守護石

 檸檬晶　 粉紅碧璽

守護重要的事物

你具備積極性與執行力兼具的強悍，以及想要守護某個重要事物的豐富感受性。你是個充滿正義感的重情之人，只要發現處於劣勢的人或弱者，就會想立刻發揮能力來守護他們。而且你還有很廣的人脈，陷入無法獨力完成的情況時，你會尋找可以和自己產生共鳴的夥伴，同心協力來做出成果。有時你也會收到自己曾經幫助過的人對你伸出的援手，搞不好還會常常藉著好人緣避開危機。

○ 1/27、1/28、5/27、5/28、7/19、7/20　● 5/3、5/4、7/29、7/30、11/28、11/29　○ 2/26、2/27、6/27、6/28、12/28、12/29　● 3/27、3/28、4/27、4/28、8/30、8/31

內在性格 the other side...

9月30日

今日守護石

 檸檬晶　 綠碧璽

用分析力進行挑戰

你是個勇於挑戰的人，內心深處總是有一把火焰在熊熊燃燒。不會因為區區一次的失敗就感到挫折，而是會在仔細蒐集情報，從各種角度進行分析以後，邊尋求周遭的協助，邊反覆挑戰。你會不停確認過去的情況與現在的差別，同時看準時機發起行動，所以通常挑戰第二次就會成功。另外，你還有敏銳的直覺，善用它來抓住好的局勢，也許還會常常取得超乎預期的成果。

○ 1/28、1/29、5/28、5/29、7/20、7/21　● 5/4、5/5、7/30、7/31、11/29、11/30　○ 2/27、2/28、6/28、6/29、12/29、12/30　● 3/28、3/29、4/28、4/29、8/31、9/1

10月1日～10月4日

※ 天秤座8～11度／金星 ※

靈活運用平衡感向前行

你與他人交流時的平衡感相當傑出，會很好地協調對方的要求以及自己的感受，選擇折衷方案來決定事情。而且你的美感也十分出色，所以像衣服、生活雜貨這些平常會用到的東西都會挑好看的，導致身邊的人常常覺得你很時髦。不過，只要有人向你提出某種強烈的要求，你就會不得不答應而忍不住聽從對方的要求。接下的燙手山芋常常在後來變成一個大麻煩，所以記得要先三思過後再接受要求。草莓晶會提升美感；天使石會讓人際關係變好；紫龍晶會趕走麻煩的人；瑪瑙會吸引好的人脈並帶來豐碩。

守護石

草莓晶
⇒P234

天使石
⇒P253

紫龍晶
⇒P264

瑪瑙
⇒P282

※ 愛情・人際關係 ※
建立互相體諒的關係

你為他人著想的能力很強，會順利和對方建立互相體諒的關係。兩人之間的問題會透過冷靜的對話來解決，但你也會在無法從對方身上感受到熱情的時候指責對方。石榴石會讓你順利表現愛情；綠玉髓會保護愛的關係。

※ 事業 ※
運用美感

倘若能從事活用品味的工作，應該就可以毫無壓力地大顯身手。不過，你也可能會為了回應周遭的期待或要求而耗盡體力。纏絲瑪瑙會讓你能邊調整身體狀態，邊順利完成工作；摩根石會療癒身心、消除疲勞。

※ 金錢 ※
為美麗的事物破財

從你身上可以看到破財的傾向，例如一看到會刺激美感、有品味的東西，就會不小心把它買回家。而且還可能發生因為社交費增加，導致月底過得拮据的情況。菱錳礦會使你買下真正美麗的事物；東菱石會提醒你在能力範圍內交朋友，減少無謂的開銷。

提升愛情運的礦石

石榴石
⇒P216

綠玉髓
⇒P242

提升工作運的礦石

纏絲瑪瑙
⇒P219

摩根石
⇒P236

提升金錢運的礦石

菱錳礦
⇒P233

東菱石
⇒P240

※ 使用效果……培養發掘美麗事物的眼光，還有讓人際關係的平衡感變好。

內在性格 the other side... 10月1日

今日守護石

 天使石　　 紫龍晶

藉先人的智慧理解事物

你這個人會善用先人的智慧或他們累積的成果來加深對事物的理解。你沒有自以為是的偏見或刻板印象，而是會把過去的情況或對方至今為止的經驗等等當成實際成果列入考量，藉此判斷事物，而且還會把這些點子或想法應用在新的嘗試上。累積越多知識，判斷力也會越精準，所以請你在讀書等方面積極投入。閱讀史書或建立某種成就的人物評論式傳記應該會得到更好的提示。

❤ 1/29、1/30、5/29、5/30、7/21、7/22　🌙 5/5、5/6、7/31、8/1、11/30、12/1　🔵 2/28、2/29、6/29、6/30、12/30、12/31　✴ 3/29、3/30、4/29、4/30、9/1、9/2

內在性格 the other side... 10月2日

今日守護石

 草莓晶　　 紫龍晶

活用先前經驗分析

你是個可以在事發後客觀分析，把結果應用在下一次的人。你也有很高的臨場判斷能力，會冷靜剖析某個行動的過程及結果，然後在下次發生類似情況的時候，善用上次的經驗，做出更好的成果，可說是一個能隨著經驗的累積提升技術或能力的人。透過體驗各種不同的情況，你應該會漸漸獲得順利解決難題的能力。

❤ 1/30、1/31、5/30、5/31、7/22、7/23　🌙 5/6、5/7、8/1、8/2、12/1、12/2　🔵 1/1、2/29、3/1、7/1、7/2、12/31　✴ 3/30、3/31、4/30、5/1、9/2、9/3

內在性格 the other side... 10月3日

今日守護石

 天使石　　 瑪瑙

以觀察力掌握本質

你這個人有很強的觀察力及卓越的溝通能力。因為不會用刻板印象或成見看人，所以不論對象是誰，你都能掌握對方的本質，接著再用對方可以理解的話來進行表達。富有魅力的性格、看透人心的強大能力，在這兩者的相乘效果之下，可能很容易讓各式各樣的人聚集到你身邊。你可以把正在製作有趣內容的人的活動以適合聽者的表現方式進行傳達，所以從事跟公關有關的活動會更好。

❤ 1/31、2/1、5/31、6/1、7/23、7/24　🌙 5/7、5/8、8/2、8/3、12/2、12/3　🔵 1/1、1/2、3/1、3/2、7/2、7/3　✴ 3/31、4/1、5/1、5/2、9/3、9/4

內在性格 the other side... 10月4日

今日守護石

草莓晶　　天使石

傳遞感興趣的事物

你對知識有很強的好奇心，會對自己感興趣的事物堅持到底。你有一顆永不厭倦的探究之心，一旦決定某個主題，就會朝著那裡全力衝刺。此外，你還會用與生俱來的分析能力進行理解，可是並不會就此滿足，而是會試圖把事情告訴更多的人。由於這些內容通常都不是已知的事實，因此就結果來說，你會為周遭帶來新的資訊或意想不到的點子。

❤ 2/1、2/2、6/1、6/2、7/24、7/25　🌙 5/8、5/9、8/3、8/4、12/3、12/4　🔵 1/2、1/3、3/2、3/3、7/3、7/4　✴ 4/1、4/2、5/2、5/3、9/4、9/5

對於人的純粹好奇心

你很在意「何謂人類」，並細心觀察在各種場合遇到的人。除了觀察，你還會透過一次次的對話了解對方的本意或心願，把這些當成知識存入腦中、加以考察，解讀他人的行為使你感到有趣。另外，你也會從偉人或歷史人物身上學習他們的態度或思想，加以應用在自己的生活裡。獲得和眾人面對面交流的立場會讓你更想要一探究竟，而發現對方心裡的想法也會讓你變得更野心勃勃。石榴石會向對方傳達自己的熱忱；黃水晶會讓你帶著自信與人來往；粉晶會促進與他人的心靈交流；磷鋁石會強化藉他人得來的好運。

守護石

石榴石　　黃水晶　　粉晶　　　磷鋁石
⇒P216　　⇒P229　　⇒P232　　⇒P244

※ 愛情・人際關係 ※
誠心誠意地建立關係

你會帶著誠意面對喜歡上的對象，一面用心溝通，一面孕育愛情。可是有時候你會太過以對方為優先，沒辦法說出自己的意見。黃鐵礦會鼓勵你，讓你能說出自己的想法；拉長石會讓對話能力更上一層樓。

※ 事業 ※
採納他人的意見前進

你會把工作夥伴的意見納入考量，同時踏實地處理工作。雖然在交涉等方面也做得很好，但是在被要求察言觀色的場合卻會陷入苦戰。綠龍石會保護你可以放心處理任何工作；珍珠會進一步激發解讀對方情緒的能力。

※ 金錢 ※
善用資訊理財

你會在比較各種資訊的同時規劃財富。但是也有一在人際關係或工作上累積壓力或鬱悶，就會用購物來紓壓的傾向，還請多加小心。蛇紋石會穩定財運；綠碧璽會舒緩壓力、防止破財。

提升愛情運的礦石

黃鐵礦　　　拉長石
⇒P223　　　⇒P281

提升工作運的礦石

綠龍晶　　　珍珠
⇒P237　　　⇒P275

提升金錢運的礦石

蛇紋石　　　綠碧璽
⇒P228　　　⇒P242

※ 使用效果……讓你和他人的關係變得更好，也很推薦用來修復關係。

內在性格 *the other side...* 10月5日

今日守護石　石榴石　磷鋁石

展開豐富的創意

你的點子很多，能夠提出各式各樣的創意並樂在其中。而且還對知識有很強的好奇心及探究心，精通遍及各種領域的資訊。但你不會只是拿來利用，還會讓它們發展成不同型態再提出來，像是在打電動一樣組合出各種不同的變化並提出有趣的成果。從事跟企畫有關的工作或是在需要提出創意的場合會更能夠盡情發揮。

♡ 2/2、2/3、6/2、6/3、7/25、7/26
☽ 5/9、5/10、8/4、8/5、12/4、12/5
♦ 1/3、1/4、3/3、3/4、7/4、7/5
✿ 4/2、4/3、5/3、5/4、9/5、9/6

內在性格 *the other side...* 10月6日

今日守護石　粉晶　磷鋁石

靠知識及直覺抓住真相

你這個人會靈活運用豐富的知識和直覺找出真正的答案。你還有很強的情蒐能力，懂很多事情，但最後不會只是把蒐集到的資訊整合在一起，而是會在經過考量之後靠直覺做出最後的決定。因為是先在知識面對概要進行評斷後再利用直覺，所以並不會有太嚴重的失敗，倒不如說會得到像是提早預知了未來一樣的結果。刻意安排時間放鬆也會讓直覺變得更敏銳。

♡ 2/3、2/4、6/3、6/4、7/26、7/27
☽ 5/10、5/11、8/5、8/6、12/5、12/6
♦ 1/4、1/5、3/4、3/5、7/5、7/6
✿ 4/3、4/4、5/4、5/5、9/6、9/7

內在性格 *the other side...* 10月7日

今日守護石　石榴石　黃水晶

在重複的過程中成長

你是會從行動中找出最基本或反覆出現的部分，在一次又一次重複的過程中提升特質或技能的人。你也很擅長利用天生的敏銳分析力及客觀性看清事物的狀態或找出規則性，並踏實地重複這些行為，讓情況朝好的方向改變。就算面臨困難的課題或規模龐大的計畫，你也能找出其中的骨架，按照骨架認真堆疊必要的工程，所以儘管要花不少時間，但總是能得到豐碩的成果。

♡ 2/4、2/5、6/5、6/6、7/27、7/28
☽ 5/11、5/12、8/6、8/7、12/6、12/7
♦ 1/5、1/6、3/5、3/6、7/6、7/7
✿ 4/4、4/5、5/5、5/6、9/7、9/8

內在性格 *the other side...* 10月8日

今日守護石　石榴石　粉晶

帶著誠意與人相處

你是個情義深厚的人，不管對誰都會用充滿誠意的態度跟對方相處。基本上，你有對人的好奇心或想知道對方在想什麼這類的求知欲，並誠懇地聽別人說話。其他人對你產生依賴的結果，是很容易被他們當成諮詢對象，但根據情況的不同，也可能被捲入對方的問題當中。不過，你常在裡面找到新的發現或滿足知識好奇心的事物，不完全都是討厭的事。

♡ 2/5、2/6、6/6、6/7、7/28、7/29
☽ 5/12、5/13、8/7、8/8、12/7、12/8
♦ 1/6、1/7、3/6、3/7、7/7、7/8
✿ 4/5、4/6、5/6、5/7、9/8、9/9

10月9日~10月13日

※ 天秤座16～20度　火星 ※

參考他人的意見前進

準備做某件事情時，你會先請教並統整周圍的意見，以整理出來的結果為中心展開行動；這也導致你在準備行動或必須做出決定的時候，因為花太多時間而錯失良機。不過由於參考的意見相當確實，因此可以放心去做。然而，建立在群眾意見上的行動，你會視為是大多數人的意見，把它當作正確的，過分主張這種正確性有可能會造成問題，所以要提醒自己多增廣見聞。粉紅碧璽會讓你對他人敞開心扉；藍紋瑪瑙會緩和跟他人的衝突；輝沸石會開拓意識並帶來解決問題的線索；紅寶黝簾石會調整待人的平衡感。

守護石

粉紅碧璽	藍紋瑪瑙	輝沸石	紅寶黝簾石
→P231	→P256	→P272	→P288

※ 愛情・人際關係 ※
直直朝對方走去

你會積極對喜歡上的人發動攻勢，讓愛情修成正果。還會經常靠「總之試試看」的態度把握戀愛良機。紅寶石會進一步提高積極性，讓你更容易把握戀愛的機會；藍孔雀石會穩定你和異性之間的關係，好讓愛情能長長久久。

※ 事業 ※
掌握周遭並行動

你會一邊正確掌握周遭的情況，一邊看準時機發動快、狠、準的行動。你總是在忙東忙西，但也會因此在不知不覺間累積疲勞和壓力。利比亞玻璃會強化對目標的注意力，減少無謂的行動；乳白晶會減輕壓力和疲勞。

※ 金錢 ※
心情不好導致破財

雖然你有相對平穩的財運，但交友廣闊會很容易造成社交費的增加。另外，你還有用花錢排解壞心情的傾向。黑水晶會透過整理情緒減少無謂的開銷；紅碧玉會在鞏固財運的同時進行強化。

提升愛情運的礦石

紅寶石	藍孔雀石
→P215	→P282

提升工作運的礦石

利比亞玻璃	乳白晶
→P229	→P277

提升金錢運的礦石

黑水晶	紅碧玉
→P211	→P216

※ 使用效果……能夠從別人那裡得到很棒的提示，並根據這個提示向前邁進。

內在性格 *the other side* 10月9日

客觀的判斷

你會退一步深入思考事情。你同時具備客觀的視角和知性，會從稍微後退一點的地方縱觀整體，進行判斷。沉著的個性以及高超的分析力也會常常讓周遭認為你很可靠。因為害怕寂寞，所以就算對方是個麻煩人物，你可能也很難下定決心保持距離。

今日守護石

 藍紋瑪瑙　　 輝沸石

♡ 2/6、2/7、6/7、6/8、7/29、7/30
☽ 5/13、5/14、8/8、8/9、12/8、12/9　● 1/7、1/8、3/7、3/8、7/8、7/9　✪ 4/6、4/7、5/7、5/8、9/9、9/10

內在性格 *the other side* 10月10日

善用稀有情報的價值

你是個懂得少數意見或限量資訊的價值為何，能夠善加利用的人。你有過人的分析力及情蒐能力，無論是多枝微末節的談話內容，你都能賦予它「稀有情報」的價值，提供給需要的人。還會被當成熟知有趣話題或珍貴題材的情報通。發掘出來的內容甚至還可能會在後來掀起風潮。

今日守護石

 藍紋瑪瑙　　 紅寶黝簾石

♡ 2/7、2/8、6/8、6/9、7/30、7/31
☽ 5/14、5/15、8/9、8/10、12/9、12/10　● 1/8、1/9、3/8、3/9、7/9、7/10　✪ 4/7、4/8、5/8、5/9、9/10、9/11

內在性格 *the other side* 10月11日

賭上一把新鮮事物的可能性

你會從社會還未賦予其價值的事物中發現有趣之處，想在它的可能性上賭一把。你有很強的情蒐能力和敏銳的感受性，會憑直覺抓住以後有機會蓬勃發展的事物並積極推廣。看中的東西之後也可能會蔚為流行，但是就結果來說，你會被當成是一個具備珍貴感受性、走在流行最前端的人。

今日守護石

 粉紅碧璽　　 輝沸石

♡ 2/8、2/9、6/9、6/10、7/31、8/1
☽ 5/15、5/16、8/10、8/11、12/10、12/11　● 1/9、1/10、3/9、3/10、7/10、7/11　✪ 4/8、4/9、5/9、5/10、9/11、9/12

內在性格 *the other side* 10月12日

追求美麗的概念

你對美麗的概念或想法深深著迷並瘋狂追求。你會把維持良好平衡的觀念等當成具有高知識成分的想法或系統放在心裡最重要的位置，在這個基礎上用心生活，而且還有把這麼做的優點告訴大家的傾向。接觸越多不一樣的思想、宗教或哲學，應該會讓你被磨練的越成熟。

今日守護石

 粉紅碧璽　　 紅寶黝簾石

♡ 2/9、2/10、6/10、6/11、8/1、8/2
☽ 5/16、5/17、8/11、8/12、12/11、12/12　● 1/10、1/11、3/10、3/11、7/11、7/12　✪ 4/9、4/10、5/10、5/11、9/12、9/13

內在性格 *the other side* 10月13日

認同他人的個性並與之來往

你這個人能用寬厚的心胸接觸各式各樣的人。你深知每個人的個性都不一樣，會記得這是「人與人」的對等關係，慢慢接受對方的存在。所以你身邊很容易聚集各種類型的人，多樣的人際關係使你的每一天都被染上繽紛的顏色。還經常會有以前幫過的人反過來幫助自己的情況。

今日守護石

 輝沸石　　 紅寶黝簾石

♡ 2/10、2/11、6/11、6/12、8/2、8/3　☽ 5/17、5/18、8/12、8/13、12/12、12/13　● 1/11、1/12、3/11、3/12、7/12、7/13　✪ 4/10、4/11、5/11、5/12、9/13、9/14

10月14日~10月18日

※ 天秤座21～25度　木星 ※

接受他人的真實樣貌

世上的人百百種，你有能自然接受他人真實樣貌的包容性，即使對方有點特立獨行，你也有辦法和這種個性相處融洽。偶爾還會有任性妄為的人向你拋出難題，而你卻能一邊把握好自己的底線一邊處理。你有想認識更多人的欲求，人際關係也有逐漸擴大的傾向，也會透過認識相互為彼此帶來益處的朋友，讓這個充實的小圈圈越來越大。摩根石會教你如何用心與他人來往；矽孔雀石會促進與夥伴之間的幸福交流；托帕石會帶來充滿光明的展望，使你走向精采豐富的未來；紫方鈉石會提升社交運。

守護石

矽孔雀石
→P254

矽孔雀石
→P254

托帕石
→P274

紫方鈉石
→P287

※ 愛情・人際關係 ※
被索求的愛

你有對對方的要求百依百順的傾向，而對方搞不好也會因此予取予求。但是也有可能會遇到對方強硬的逼迫使你無法拒絕，或是被另一半懷疑劈腿的情況。髮晶會賦予你強大的意志，跟討厭的人一刀兩斷；磷灰石會為戀情帶來平穩。

※ 事業 ※
在進行的同時確認整體情況

你會清楚掌握工作夥伴的狀態，一邊確認整體的情況一邊工作。不過也可能會太常把照顧其他人擺在第一優先，導致自己的工作進度緩慢。天使石會增進顧及他人的能力；珍珠母會讓你在照顧他人的同時也可以認真工作。

※ 金錢 ※
社交費導致財務壓縮

基本的財運不錯，但可能會因為交友廣泛而增加開銷，或是因為鬆散的金錢觀讓錢包不知不覺變得越來越輕。孔雀石會強化對錢的認知，減少無謂的開銷；花園水晶會讓財運變得更好。

提升愛情運的礦石

髮晶
→P226

磷灰石
→P253

提升工作運的礦石

天使石
→P253

珍珠母
→P277

提升金錢運的礦石

孔雀石
→P247

花園水晶
→P271

※ 使用效果……能夠和許多人一起度過愉快又充實的時光。

內在性格 *the other side...* 10月14日

 摩根石　　 矽孔雀石

同理他人的心情

你是個具備看透他人本質的眼光及強大共鳴力的療癒系男子／女子，會立刻看出對方想要什麼、為何所傷，並產生同理心。你同時還具備促使對方吐露真心的話術，所以也會在不知不覺中扮演起類似心理諮商師的角色。要小心接受太多諮詢會對身心造成負擔。

♡ 2/11、2/12、6/12、6/13、8/3、8/4　◐ 5/18、5/19、8/13、8/14、12/13、12/14　◑ 1/12、1/13、3/12、3/13、7/13、7/14　✪ 4/11、4/12、5/12、5/13、9/14、9/15

內在性格 *the other side...* 10月15日

 托帕石　　 紫方鈉石

掌握變化，占有優勢

你具有敏銳的分析力、認知力以及過人的美感，會迅速察覺周圍的動向。因此，你會基於接下來會發生的變化搶先行動，獲得比其他人更有優勢的立場。而且因為你還會立刻把這樣求來的訊息散播出去，讓其他人知道，或許會很容易被當成是領先時代、站在最前端的人。

♡ 2/12、2/13、6/13、6/14、8/4、8/5　◐ 5/19、5/20、8/14、8/15、12/14、12/15　◑ 1/13、1/14、3/13、3/14、7/14、7/15　✪ 4/12、4/13、5/13、5/14、9/15、9/16

內在性格 *the other side...* 10月16日

 摩根石　　 托帕石

用心判斷

你是會用直覺或內心的感受進行選擇，堅信自己的選擇並採取行動的人。你解讀各種資訊及情況的能力很強，可是最後卻會選擇撼動內心的事物，以此為軸心向前邁進。雖然要花很多時間才能做出決定，不過你擁有只要下定決心就會堅持到底的膽量，還會用宛如哲學家的深思熟慮仔細應對。

♡ 2/13、2/14、6/14、6/15、8/5、8/6　◐ 5/20、5/21、8/15、8/16、12/15、12/16　◑ 1/14、1/15、3/14、3/15、7/15、7/16　✪ 4/13、4/14、5/14、5/15、9/16、9/17

內在性格 *the other side...* 10月17日

 矽孔雀石　　 托帕石

在身邊找到答案

你能夠從生活周遭或平凡無奇的事物當中找出重要資訊。你有從各種不同的角度看事情的寬闊視野，會利用它從再理所當然不過的事物中發現奇特之處。進行研究時，你會保持高度的專注力，但搞不好會常常在日常生活中找到研究內容的答案。

♡ 2/14、2/15、6/15、6/16、8/6、8/7　◐ 5/21、5/22、8/17、8/18、12/16、12/17　◑ 1/15、1/16、3/15、3/16、7/17、7/18　✪ 4/14、4/15、5/15、5/16、9/17、9/18

內在性格 *the other side...* 10月18日

矽孔雀石　　紫方鈉石

在行動時調整力道

你是個可以視需求採取軟硬兼施行動的人。你會時而大膽、時而細心地執行計畫，因此大部分的事情都很容易得到好的結果。尤其你對人恩威並施的手法非常高明。而「瞬間理解直覺感受到的事物並採取行動」也是取得成功的要素之一。

♡ 2/15、2/16、6/16、6/17、8/7、8/8　◐ 5/22、5/23、8/18、8/19、12/17、12/18　◑ 1/16、1/17、3/16、3/17、7/18、7/19　✪ 4/15、4/16、5/16、5/17、9/18、9/19

10月19日～10月22日

※ 天秤座26～29度／土星 ※

透過他人認識自己

你對「何謂人類」很有興趣，會試圖在各式各樣的地方、認識許多人的過程中找到答案。對「人類」的理解或許會讓你產生也想了解自己的想法。你待人態度誠懇，卻也會用嚴苛的眼光在心底審視對方。要小心，一旦其他人認為這是冷漠的表現，就很容易覺得你是個很有距離的人並產生疏離感。假如偶爾能透過說給別人聽等方式，讓自己感覺到被他人所接受，內心應該就會變得比較穩定。霰石對內心的祥和有很好的效果；草莓晶讓你用愛與他人互動；藍玉髓會緩解孤獨感；西瓜碧璽會調整待人的平衡感。

守護石

霰石
→P202

草莓晶
→P234

藍玉髓
→P255

西瓜碧璽
→P284

※ 愛情・人際關係 ※
因為顧慮太多而傷透腦筋

你常將把自己和心儀對象的關係想得太複雜。雖然顧及對方的立場或情況是一件好事，但也可能會導致你想說的話卻說不出口。捷克隕石會讓你用心而不是用頭腦談戀愛；血石會給你勇氣說出必要的話。

※ 事業 ※
合乎邏輯地進行

你會仔細把握周遭的情況，同時準確做出必要的行動。不過也會在思考事情時過於講究道理，因而忽略工作夥伴的心情引發問題。異極礦會強化共鳴力以避免問題發生；赫基蒙鑽水晶會提高專注力，在工作上給予支持。

※ 金錢 ※
踏實的金錢管理

你會一面掌握各種資訊，一面腳踏實地地運用金錢。在交友上可能有很多開銷，但你會嚴格設下界限並認真理財。百吉石是能在用錢時維持良好平衡的護身符；木化石會鞏固基本財運。

提升愛情運的礦石

捷克隕石
→P239

血石
→P245

提升工作運的礦石

異極礦
→P256

赫基蒙鑽水晶
→P275

提升金錢運的礦石

百吉石
→P201

木化石
→P204

※ 使用效果……穩定你和他人的關係，也很適合在無法理解對方的心情時使用。

內在性格 the other side... 10月19日

今日守護石

 霰石

 西瓜碧璽

統整全體

你是個擅長從俯瞰的角度看事情並總結事情走向的人。你不會被眼前的情況或微不足道的變化蒙蔽雙眼，而是能在把握整體的同時對情況做出必要的處置。而且你還能迅速掌握特定族群的傾向，接著馬上採取有效的應對來影響他們。除此之外，你還總是把「何謂人類」這種壯闊的主題作為探究的核心，常常從這裡衍生出其他感興趣的事物。

♀ 2/16、2/17、6/17、6/18、8/8、8/9　☽ 5/23、5/24、8/19、8/20、12/18、12/19　◐ 1/17、1/18、3/17、3/18、7/19、7/20　★ 4/16、4/17、5/17、5/18、9/19、9/20

內在性格 the other side... 10月20日

今日守護石

 草莓晶

 藍玉髓

享受涵蓋所有的知識

你追求可以從各種經驗或資訊中得到的綜合型刺激。在針對興趣範疇進行各種研究的過程中，某天，這些研究結果就忽然拼在一起，使你因此大有斬獲。這種情況一生會出現好幾次，而你會為了追求它不斷累積各種經驗。儘管你的某些行動乍看沒有連貫性，甚至就連本人也毫無自覺，但是隨著時間的流逝，你會慢慢了解這些行為的目的，並且感受到無比的喜悅。

♀ 2/17、2/18、6/18、6/19、8/9、8/10　☽ 5/24、5/25、8/20、8/21、12/19、12/20　◐ 1/18、1/19、3/18、3/19、7/20、7/21　★ 4/17、4/18、5/18、5/19、9/20、9/21

內在性格 the other side... 10月21日

今日守護石

 霰石

 草莓晶

用普遍的觀點梳理事物

你擅長用在漫長的歷史中發展出來的思維或普遍的觀點來梳理事物。你對每一種不同的領域都充滿興趣，會用在根本上共通的概念把它們一一串連、銜接起來。此外，你也會讓不同的業種或主題完美結合，藉此提出某種全新的事物。你也有很高的社交性，有在不同領域拓展人脈的傾向，還會利用透過這些人脈得到的資訊或觀點讓自己的能力更上一層樓。

♀ 2/18、2/19、6/19、6/20、8/10、8/11　☽ 5/25、5/26、8/21、8/22、12/20、12/21　◐ 1/19、1/20、3/19、3/20、7/21、7/22　★ 4/18、4/19、5/19、5/20、9/21、9/22

內在性格 the other side... 10月22日

今日守護石

藍玉髓

西瓜碧璽

考慮到「心、技、體」的前提下行動

你能夠在顧及「思考、感覺、情緒」三者平衡的同時踏實執行並做出成果。你不會僅憑現有的資訊或自己的意願，還會在確實考慮到自己身心狀態的前提下進行判斷並採取必要的行動。無論是時間上的因素還是物理上的限制，所有的條件你都能輕鬆滿足，以彷彿一切都是理所當然的姿態取得很棒的成果。只不過因為整段過程過於自然，你自己或許很難察覺這是一種非常了不起的才能。

♀ 2/19、2/20、6/20、6/21、8/11、8/12　☽ 5/26、5/27、8/22、8/23、12/21、12/22　◐ 1/20、1/21、3/20、3/21、7/22、7/23　★ 4/20、4/20、5/20、5/21、9/22、9/23

10月23日～10月26日

♏

藉由共鳴感到安心

與其獨自一人，你更想和志同道合的同伴一起行動來獲得深植人心的經驗。和許多人共通體驗會強化共鳴，確立可以放心的環境，所以你或許會覺得獨處是一件很寂寞的事。此外，你還傾向把自己珍惜的人擺在首要，忍耐力也很高，但過度配合對方可能會導致忍出壓力或內心受傷。全心投入嗜好或感興趣的事物可以舒緩壓力，所以請你記得要讓自己培養某種興趣。光玉髓會增加對興趣等的熱情並提升精力；綠銅礦會療癒內心的傷痛；月光石會幫助你和周遭建立協調的關係；海洋碧玉會減輕忍耐造成的疲勞。

守護石

光玉髓
⇒P218

綠銅礦
⇒P243

月光石
⇒P278

海洋碧玉
⇒P284

＊ 愛情・人際關係 ＊
一心一意地付出

你有為心上人全心付出的傾向，也很擅長解讀對方的情緒，因此你會憑直覺發現對方的要求，並透過達成它來讓關係前進。東菱石會進一步鞏固彼此在心靈上的連結；拉利瑪會用滿滿的愛填滿內心並催化愛情。

＊ 事業 ＊
善於處理固定的程序

你在大量處理在某種程度上具有同質性的工作時會發揮所長，但卻會在面對不停改變的工作內容時陷入混亂。橙色方解石會為內心帶來活力，幫助你積極工作；血石會理清思緒、消除混亂。

＊ 金錢 ＊
深思熟慮再用錢

你會在用錢時預先設想未來的情況。如果有一個存錢的目標，你才會有貫徹到底的堅定意志。不過社交費相對較高，送禮之類的開銷也可能會導致財務吃緊。橘子水晶會增加儲蓄的意願；檸檬晶會理清思緒、提升理財能力。

提升愛情運的礦石

東菱石
⇒P240

拉利瑪
⇒P252

提升工作運的礦石

橙色方解石
⇒P219

血石
⇒P245

提升金錢運的礦石

橘子水晶
⇒P221

檸檬晶
⇒P227

＊ 使用效果……能夠和身邊的人建立暖心的關係並感到安心。

內在性格 *the other side* 10月23日

今日守護石

 光玉髓　　 海洋碧玉

與夥伴之間的心靈交流

你很看重夥伴，會尋求與他們之間的心靈交流。對於自己認定的人或重要的同件，你會真心誠意地與他們來往、對他們好。你也很會總結眾人的情緒並指示方向，或許還會經常在團體中扮演仲裁者或類似領袖的角色。而且你可以感受到大家一起行動比自己做來得更有效果，非常清楚什麼是「團結力量大」。

♥ 2/20、2/21、6/21、6/22、8/12、8/13　⏾ 5/27、5/28、8/23、8/24、12/22、12/23　☉ 1/21、1/22、3/21、3/22、7/23、7/24　✪ 4/20、4/21、5/21、5/22、9/23、9/24

內在性格 *the other side* 10月24日

今日守護石

 綠銅礦　　 月光石

進一步與他人深交

你不會讓交友停留在普通的社交，而是會稍微深入他人的內心進行交流。你很會解讀他人的情緒，具備視對象做出能打動人心的行動或發言的才能。有時你也會把自己的祕密或重要的事告訴對方，讓他覺得你們之間有某種特殊的羈絆或關係，並同時抓住對方的心。你可以説是一個具有不可思議的魅力及凝聚力的人。

♥ 2/21、2/22、6/22、6/23、8/13、8/14　⏾ 5/28、5/29、8/24、8/25、12/23、12/24　☉ 1/22、1/23、3/22、3/23、7/24、7/25　✪ 4/21、4/22、5/22、5/23、9/24、9/25

天蠍座

內在性格 *the other side* 10月25日

今日守護石

 光玉髓　　 綠銅礦

與夥伴共同成就的喜悅

你會因為和重要的人一起達成某個目標而感到喜不自勝。你很常與公司同事、私底下的朋友或自己重要的人參加活動，在過程中感受到同心協力的重要性，並將一個人無法感受到的深刻感動銘記於心。你還會為了追求這種高昂的情緒去迎合夥伴的行動或心情，但有時也必須控制自己的任性妄為。獲得值得信賴的幫手會讓人生發展得更順遂。

♥ 2/22、2/23、6/23、6/24、8/14、8/15　⏾ 5/29、5/30、8/25、8/26、12/24、12/25　☉ 1/23、1/24、3/23、3/24、7/25、7/26　✪ 4/22、4/23、5/23、5/24、9/25、9/26

內在性格 *the other side* 10月26日

今日守護石

 光玉髓　　 月光石

與產生共鳴的思想一起前進

你會想藉由點亮人心的教誨或思想與眾人進行心靈上的交流。你會對內含撼動自己內心的深層心理學的思想等等產生興趣並深入研究，不會把這種感動私藏起來，而是希望與能夠產生相同共鳴的人一起分享感動和喜悅。儘管內心充滿熾熱的能量，但你絕對不會把這一面展現給無法產生共鳴或合不來的人。

♥ 2/23、2/24、6/24、6/25、8/15、8/16　⏾ 5/30、5/31、8/26、8/27、12/25、12/26　☉ 1/24、1/25、3/24、3/25、7/26、7/27　✪ 4/23、4/24、5/24、5/25、9/26、9/27

探究事物的背後

你會深入思考，試圖在事物的背後一探究竟。與人來往時，你也不會只看表面判斷他人，而是會仔細揣測對方的心理，試著了解更深層的那一面。待在節奏很快的地方或許會讓你覺得有點害怕，但要是有機會認真鑽研或探究一件事，應該就可以度過充實的每一天。另外，你也有可能會在探究之後為研究對象帶來戲劇性的變化或變革。紅碧玉會帶來在必要時能專注投入一件事的強大力量；藍玉髓會在緩解緊張的同時調整身心；鋰雲母會放鬆埋頭苦幹後的身心狀態；蛻變石英會給你帶來變革的能力。

守護石

紅碧玉
⇒P216

藍玉髓
⇒P255

鋰雲母
⇒P266

蛻變石英
⇒P278

※ 愛情・人際關係 ※
了解心情，慢慢靠近

你會用心解讀對方的情緒，利用得到的結果拉近距離，並透過分享彼此的祕密等方式增加共鳴、加深羈絆。螢石會讓你能順利解讀對方的情緒；苔蘚瑪瑙會幫助你延續穩定的關係

※ 事業 ※
透過反覆操作變得熟練

你要花很多時間才能熟悉新的工作內容，但是在反覆操作的過程中，你會一邊分析，一邊熟悉，最後發揮出壓倒眾人的強大實力。黃鐵礦會保護你自己的節奏處理工作；水光水晶能讓你專注於目標、熟悉工作內容。

※ 金錢 ※
長期的金錢規劃

你有長遠的眼光，能夠認真做好管理，也很擅長規劃理財。只要出現想花大錢買東西的念頭，就會增加對金錢的欲望，結果導致財運也會隨之上升。銀星石會讓思緒變得清晰，在長期的用錢規劃等事情上提供協助；水晶會提升整體財運。

提升愛情運的礦石

螢石
⇒P246

苔蘚瑪瑙
⇒P247

提升工作運的礦石

黃鐵礦
⇒P223

水光水晶
⇒P250

提升金錢運的礦石

銀星石
⇒P248

水晶
⇒P269

※ 使用效果……提升對事物的洞察力，還會看清事情的真相。

內在性格 *the other side* 10月27日

今日守護石 紅碧玉 蛻變石英

在困難中成長

你會基於無法單靠熱情克服的經驗成長茁壯。無法僅憑個人的熱忱或氣勢達成目標的經歷，會讓你更嚴格地磨練自己或精進學問，並一昧地鍛鍊天賦和技能。這時，你會親身體會什麼是「眾人扛山，山會動」，而這種經驗應該會讓你的生活方式出現巨變。你會領悟出與人比肩同行的生命態度，在人生的路上大步邁進。

♡ 2/24、2/25、6/25、6/26、8/16、8/17 ♣ 5/31、6/1、8/27、8/28、12/26、12/27 ♦ 1/25、1/26、3/25、3/26、7/27、7/28 ♠ 4/24、4/25、5/25、5/26、9/27、9/28

內在性格 *the other side* 10月28日

今日守護石 紅碧玉 藍玉髓

腳踏實地做自己想做的事

你會積極去做自己想做的事。會為了追求某個完美而耀眼的目標全力以赴，即使遇到難以取得成果的情況也不輕言放棄，而是會腳踏實地地多試幾次。雖然偶爾可能會遇到需要鼓足勇氣的場面，但你還是會用過人的膽量度過難關、拿下成果。把意識一直集中在目標上應該可以讓你全身精力充沛，永不放棄地繼續前進。

♡ 2/25、2/26、6/26、6/27、8/17、8/18 ♣ 6/1、6/2、8/28、8/29、12/27、12/28 ♦ 1/26、1/27、3/26、3/27、7/28、7/29 ♠ 4/25、4/26、5/26、5/27、9/28、9/29

天蠍座

內在性格 *the other side* 10月29日

今日守護石 藍玉髓 鋰雲母

在揣測他人心情的同時攏絡人心

你能透過謹慎接觸他人的情緒、團體的動向來加深關係。你有很高的專注力，可以小心翼翼地探進對方的胸口抓住他的心；也許還會調整團體內部微妙的人際平衡，或是將所有人的心情合而為一，做出成果。此外，你也很有可能會用你的專注力埋首某個特定的研究。雖精通某個領域，或許也有狂熱的一面，但你同時也是個「恬恬呷三碗公」的強者。

♡ 2/26、2/27、6/27、6/28、8/18、8/19 ♣ 6/2、6/3、8/29、8/30、12/28、12/29 ♦ 1/27、1/28、3/27、3/28、7/29、7/30 ♠ 4/26、4/27、5/27、5/28、9/29、9/30

內在性格 *the other side* 10月30日

今日守護石 鋰雲母 蛻變石英

等待時機建立關係

你是個充滿愛的人，無論是對人還是對其他事物，你都能一邊小心衡量時機，一邊建立更好的關係。你有很好的情況判斷力，會耐心等到他人的心理狀態或自然的循環更迭變成最適合的樣子之後再取得想要的結果。而一到關鍵時刻，你也會做出精準而大膽的行動，與耐心等候時的落差或許會讓其他人大吃一驚。然而這種舉動也是出自對他人的關心，因此人們或許會覺得這是你的魅力。

♡ 2/27、2/28、6/28、6/29、8/19、8/20 ♣ 6/3、6/4、8/30、8/31、12/29、12/30 ♦ 1/28、1/29、3/28、3/29、7/30、7/31 ♠ 4/27、4/28、5/28、5/29、9/30、10/1

10月31日～11月4日

※ 天蠍座8～12度　金星 ※

♏

與重要的人心靈交流

你很重視與重要的人之間的相處，而且會追求心靈上的交流。你會與夥伴同甘共苦，同時把這些共同經歷當成心靈支柱。有時你會遇到以對方的心情或想法為優先，導致自己不得不忍耐的情況，可是只要從對方那裡收到像是感謝之類的回報，你就可以沉浸在無比的喜悅當中。而過度忍耐或得不到回報也可能會讓你覺得非常挫折。纏絲瑪瑙會幫助你穩定情緒，和周遭建立良好的關係；菱錳礦會打開心扉，促進心靈上的交流；孔雀石會消除挫折感；藍晶石會填補空虛寂寞的感受。

守護石

纏絲瑪瑙
⇒P219

菱錳礦
⇒P233

孔雀石
⇒P247

藍晶石
⇒P260

※ 愛情・人際關係 ※
不允許背叛的濃烈愛情

你的愛非常濃烈，會盡一切努力為喜歡的人付出或提供幫助。但你也絕對不會原諒背叛自己的行為，一定會澈底把對方逼入絕境。異性石會穩定關係；紫鋰輝石會用真愛的波動弱化「無法原諒」這種沉重的情感。

※ 事業 ※
對興趣更能保持專注

你會踏實地處理工作並做出成果。可是要是累了或覺得工作不有趣了，就會因為工作的準確度降低而發生失誤。火瑪瑙會補充精力，讓你能穩穩地處理工作；蒂芙尼石會恢復對工作的興趣。

※ 金錢 ※
對想要的東西的強烈渴望

財運相對高。雖然可以用比較長遠的眼光來考慮財務，但是只要一有想要的東西，強烈的渴望甚至會讓你忘了之前的財務規劃，散盡家財也要買。堇青石會讓你意識到金錢方面的長期展望；透石膏會消除欲望，預防亂花錢。

提升愛情運的礦石

異性石
⇒P212

紫鋰輝石
⇒P234

提升工作運的礦石

火瑪瑙
⇒P221

蒂芙尼石
⇒P266

提升金錢運的礦石

堇青石
⇒P258

透石膏
⇒P273

※ 使用效果……讓你和重要的人的關係變得更好。

內在性格 *the other side* 10月31日

 今日守護石 菱錳礦　　孔雀石

用能力把不可能變成可能

你可以用強大情況判斷力與技術能力完成幾乎不可能的任務。你對自己的能力充滿信心，會在這個基礎上精準把握周遭的情況，做出最好的結果。而在能力方面，越努力花時間鑽研，精準度也會隨之提高，讓你能夠朝著更高的地方邁進。

♥ 2/28、2/29、6/29、6/30、8/20、8/21　🌙 6/4、6/5、8/31、9/1、12/30、12/31　🔆 1/29、1/30、3/29、3/30、7/31、8/1　✴ 4/28、4/29、5/29、5/30、10/1、10/2

內在性格 *the other side* 11月1日

 今日守護石 　菱錳礦　　藍晶石

從信賴關係開始發展

你會全盤接受自己可以信賴的對象。面對在實力、技術等方面與自己並駕齊驅或更勝一籌的人，你會敞開心胸積極與對方來往。而且還會花時間建立信賴關係，因此會和周遭的人形成具有強大凝聚力的小圈圈。另一方面，你也會對叛徒擺出毫不留情的態度。

♥ 2/29、3/1、7/1、7/2、8/21、8/22　🌙 1/1、6/5、6/6、9/1、9/2、12/31　🔆 1/30、1/31、3/30、3/31、8/1、8/2　✴ 4/29、4/30、5/30、5/31、10/2、10/3

內在性格 *the other side* 11月2日

 今日守護石 　纏絲瑪瑙　　藍晶石

依賴與被依賴的可貴

你非常明白依賴別人、被人依賴這種關係的意義所在。儘管有時也會向同伴尋求幫助等等，表現出撒嬌的樣子，可是在關鍵時刻卻會竭盡所能地幫助對方，並在過程中建立起互相信賴的關係。你是個情義深重的人，別人對你的好你會永遠記得，但受傷時也不會忘記還以顏色。

♥ 3/1、3/2、7/2、7/3、8/22、8/23　🌙 1/1、1/2、6/6、6/7、9/2、9/3　🔆 1/31、2/1、3/31、4/1、8/2、8/3　✴ 4/30、5/1、5/31、6/1、10/3、10/4

內在性格 *the other side* 11月3日

 今日守護石 纏絲瑪瑙　　菱錳礦

用人脈提升自己

你會選擇結交水準較高的人或人脈，並為了配得上對方而努力精進自己。雖然偶爾也會遇到必須勉強自己的情況，卻也會因此獲得與之相符的實力或技能。如果可以從每個人身上發現他們的優點，人際關係就會變得更有品質，周圍對你的信賴也會越來越高。

♥ 3/2、3/3、7/3、7/4、8/23、8/24　🌙 1/2、1/3、6/7、6/8、9/3、9/4　🔆 2/1、2/2、4/1、4/2、8/3、8/4　✴ 5/1、5/2、6/1、6/2、10/4、10/5

內在性格 *the other side* 11月4日

 今日守護石 孔雀石 藍晶石

與人發生化學反應

你很會把身邊的人湊在一起，讓他們產生新的化學反應。你可以精準看出他人的才華或能力，並進一步計算出誰跟誰湊在一起會為彼此帶來更有發展性的未來。你是做生意的仲介人，也是促成合作的高手，一邊發揮仲介的能力，還能從雙方那裡得到好處。

♥ 3/3、3/4、7/4、7/5、8/24、8/25　🌙 1/3、1/4、6/8、6/9、9/4、9/5　🔆 2/2、2/3、4/2、4/3、8/4、8/5　✴ 5/2、5/3、6/2、6/3、10/5、10/6

天蠍座

靠強大的意志力達成目標

你不會改變決定好的目標或方向，內心深處有著跨越難關的強韌意志力與突破力。平常你會一邊重視情感交流，一邊與同伴比肩前進；而在危急時刻或被高牆擋住去路時，你也不會向逆境低頭，並且在最後克服難關。另外，你也有在同伴陷入困境時立刻趕到他身邊給予援助的一面。要是能注意健康並多照顧好自己的情緒的話，應該不管到哪裡都可以發揮出強大的能力。空晶石會減輕壓力、增加熱忱；紅鋅礦會幫助你克服困難；蛇紋石會調整身心平衡；珍珠會讓你擺脫重擔、療癒內心。

守護石

空晶石	紅鋅礦	蛇紋石	珍珠
⇒P202	⇒P220	⇒P228	⇒P275

＊ 愛情・人際關係 ＊
花時間慢慢建立關係

面對心儀對象，你會仔細了解對方的內心或情況，花時間一點一點地縮短距離。你也會經常等待對方的回應，但這也會對你造成壓力。祖母綠會讓你們建立良好的關係，是全方位的愛情護身符；紫水晶會舒緩壓力。

＊ 事業 ＊
帶領眾人的立場

你不怎麼擅長站在人群前面，卻經常在工作上處在這樣的立場。此外，「應該不會很順利」的想法也會很容易招致失敗。太陽石會為你補充立在人前的精力；髮晶會激發正向思考，帶領你在工作上取得成功。

＊ 金錢 ＊
擅長存錢

財運良好且穩定。你會做好長期的規劃，同時思考現在應該如何用錢並踏實地執行。可是隨著存款金額的增加，你在面對大筆開銷時也會變得容易遲疑。土耳其石會消除內心對於花錢的障礙，讓財運循環；斑彩石會提升整體財運。

提升愛情運的礦石

祖母綠	紫水晶
⇒P241	⇒P265

提升工作運的礦石

太陽石	髮晶
⇒P220	⇒P226

提升金錢運的礦石

土耳其石	斑彩石
⇒P255	⇒P283

※ 使用效果……灌注對實現目標的強大意志，即使遭遇困難也能克服難關。

內在性格 *the other side* 11月5日

今日守護石

 空晶石　　　 紅鋅礦

以最短的途徑得到結果

你是個可以簡化思考，採取最適當的作法得到結果的人。你不在乎虛榮心或尊嚴，而是會把焦點放在最重要的事物上，用最少的手段和勞力穩穩地取得成果。此外，你的人際關係也很單純，擁有少數可以信任的夥伴，並從彼此互相支持、溫暖人心的關係中得到安寧和精力。

- ♡ 3/4、3/5、7/5、7/6、8/25、8/26
- ⏱ 1/4、1/5、6/9、6/10、9/5、9/6
- ● 2/3、2/4、4/3、4/4、8/5、8/6
- ✪ 5/3、5/4、6/3、6/4、10/6、10/7

內在性格 *the other side* 11月6日

今日守護石

 蛇紋石　　　珍珠

與信賴的夥伴一起行動

你具備領導能力，會帶領值得信賴的人一起完成某件有意義的事。雖然也有只要一興奮起來就會像孩子般熱衷於某件事情單純的一面，但這會變成你吸引眾人的魅力所在。儘管取得成功的最大關鍵是珍惜夥伴，不過得到一位頭腦清楚的諮詢對象才是最重要的。

- ♡ 3/5、3/6、7/6、7/7、8/26、8/27
- ⏱ 1/5、1/6、6/10、6/11、9/7、9/8
- ● 2/4、2/5、4/4、4/5、8/6、8/7
- ✪ 5/4、5/5、6/4、6/5、10/7、10/8

內在性格 *the other side* 11月7日

今日守護石

 紅鋅礦　　　珍珠

微笑著接受他人

你是會帶著微笑接受他人並追求心靈相通的人。因為很清楚自己有多少能耐，所以會對那些擁有自己所沒有的特質的人產生興趣，抱著開放的態度與他們來往。這些人可能也會經常為你指出新的可能性和未來，與他們建立溫暖融洽的關係會比較容易獲得好運。

- ♡ 3/6、3/7、7/7、7/8、8/27、8/28
- ⏱ 1/6、1/7、6/11、6/12、9/8、9/9
- ● 2/5、2/6、4/5、4/6、8/7、8/8
- ✪ 5/5、5/6、6/5、6/6、10/8、10/9

內在性格 *the other side* 11月8日

今日守護石

 空晶石　　　珍珠

在人群中成長

你會在與人交往的過程中意識到自己的存在，並且試圖打造出更好的自己。你有豐富的感受性，是個會默默努力的人，走到哪裡都能敏感察覺其他人想在你身上追求的事物，並且不停反問自己「能做什麼」，真心誠意為他人付出。這副真摯的模樣在其他人眼中極具魅力。

- ♡ 3/7、3/8、7/8、7/9、8/28、8/29
- ⏱ 1/7、1/8、6/12、6/13、9/9、9/10
- ● 2/6、2/7、4/6、4/7、8/8、8/9
- ✪ 5/6、5/7、6/6、6/7、10/9、10/10

內在性格 *the other side* 11月9日

今日守護石

 紅鋅礦　　　 蛇紋石

善用專注力

你是在無意識中理解專注力帶來的效果的人。會常常因為全心投入某件事情而進入新的境界，從而獲得某種全新的天賦。此外，用高度集中力去做的事情會比較容易得到好的結果，也可能會刻意把自己逼得很緊。整理周遭環境讓自己可以好好專心是很重要的。

- ♡ 3/8、3/9、7/9、7/10、8/29、8/30
- ⏱ 1/8、1/9、6/13、6/14、9/10、9/11
- ● 2/7、2/8、4/7、4/8、8/9、8/10
- ✪ 5/7、5/8、6/7、6/8、10/10、10/11

11月10日～11月13日

＊ 天蠍座18 ～ 21度　火星 ＊

♏

沉默的強者

你會隱藏自己情緒，用很沉穩的態度，默默把任何事情做好。可是一旦遇到狀況，尤其是在有東西擋住去路，或是有同伴遭遇困難時，就會發揮出強大力量突破難關。雖然也有祕密主義的一面，但那或許是肇因於「真人不露相」的特質。集中力很強，因此在研究感興趣或在意的事情時，會在短時間內集中進行。你還很容易迷上某樣東西，培養能夠開心投入其中的興趣也會幫助你減輕壓力。紅碧玉支持你的突破力及行動力；黃鐵礦會強化直覺、避開危機；乳白晶會減輕壓力；天眼石會強化執行力以達成目標。

守護石

紅碧玉
⇒P216

黃鐵礦
⇒P223

乳白晶
⇒P277

天眼石
⇒P287

＊ 愛情‧人際關係 ＊
用心了解對方的心情

你會積極靠近喜歡的人，仔細觀察情況並穩穩抓住對方的心。你也很擅長把握戀愛的機會，會精準地把握良機，讓關係有所進展。綠碧璽會讓你表現出豐富的愛；舒俱徠石會調整身心、吸引桃花。

＊ 事業 ＊
敏銳的專家

強大的集中力很有可能讓你成為某方面的專家，能夠完成其他人辦不到的事情或深入研究。但搞不好也會因為太過拼命而弄壞身體。赤鐵礦會增加生命力，保佑工作順利；紅鋅礦會加快身體恢復健康的速度。

＊ 金錢 ＊
因為熱衷於某件事而破財

財運有相對良好而穩定的傾向。可是只要熱衷於興趣或蒐集，就很常會投入大量的金錢。白雲母會緩和你對興趣等事物的過度投入，讓你能在理財上保持良好平衡；硫磺會提升整體財運。

提升愛情運的礦石

綠碧璽
⇒P242

舒俱徠石
⇒P265

提升工作運的礦石

赤鐵礦
⇒P210

紅鋅礦
⇒P220

提升金錢運的礦石

白雲母
⇒P215

硫磺
⇒P228

＊ 使用效果……能夠提高集中力，克服所有困難並達成目標。

11月10日 今日守護石 紅碧玉　 黃鐵礦

活用直覺

你能夠在關鍵時刻利用直覺或潛意識。能夠確實抓住偶然閃過的想法或轉瞬即逝的願景，把這些作為指引未來方向的指針有效利用。尤其你無心的話語每每都會戳中事情的核心，或許會很容易讓周遭覺得你是個很尖銳的人。若能有意識地放鬆或製造大自然中靜靜度過的時間，直覺也會變得更加敏銳。

◐ 3/9、3/10、7/10、7/11、8/30、8/31　◑ 1/9、1/10、6/14、6/15、9/11、9/12　◒ 2/8、2/9、4/8、4/9、8/10、8/11　★ 5/8、5/9、6/8、6/9、10/11、10/12

11月11日 今日守護石 乳白晶　 天眼石

視對象調整自己的表現

你可以根據情況或接觸對象調整要展現出多少本質。就算擁有很厲害的能力，如果對方不能理解它的好壞，你就完全不會表現出來；但假如對方是個內行的人，你就會澈底發揮本性，積極展現實力。你也是一個很會判斷情況的高手，在工作、興趣等不同場合可能會表現出不一樣的一面。這種落差對你本人來說也是一種讓自己充電的要素。

◐ 3/10、3/11、7/11、7/12、8/31、9/1　◑ 1/10、1/11、6/15、6/16、9/12、9/13　◒ 2/9、2/10、4/9、4/10、8/11、8/12　★ 5/9、5/10、6/9、6/10、10/12、10/13

天蠍座

11月12日 今日守護石 紅碧玉　 天眼石

貫徹信念

你很認真面對自己相信及肯定的事物，把這種精神貫徹到底。即使這麼做可能會打破習俗或規則，你也會以自己珍惜的事物為重，繼續保持相同的態度。嚴格要求自己雖然充滿魅力，但有時似乎也會因為過於重視信念而做出太超過的行動。要是能有可以從客觀的角度看事情的朋友的話，應該就可以脫離鑽牛角尖的行徑，避免發生衝突。

◐ 3/11、3/12、7/12、7/13、9/1、9/2　◑ 1/11、1/12、6/16、6/17、9/13、9/14　◒ 2/10、2/11、4/10、4/11、8/12、8/13　★ 5/10、5/11、6/10、6/11、10/13、10/14

11月13日 今日守護石 紅碧玉　乳白晶

把不滿替換成開心的事

你這個人有很強的自制力，會把湧上心頭的衝動轉換成玩樂、遊戲等開心的事情抒發情緒。就算覺得忿忿不平或心有不滿，你也可以把它們化成別的模樣，因此就結果來說，你的精神狀況十分平穩。此外，即便在工作或生活中發生了很糟糕的事，你也能不慌不忙地從不同的角度了解情況，接著再找出解決方法，讓事情朝想要的方向發展，因此會被其他人當成遇到問題時的依靠對象。

◐ 3/12、3/13、7/13、7/14、9/2、9/3　◑ 1/12、1/13、6/17、6/18、9/14、9/15　◒ 2/11、2/12、4/11、4/12、8/13、8/14　★ 5/12、5/13、6/11、6/12、10/14、10/15

11月14日～11月17日

* 天蠍座22～25度　木星 *

♏

透過與人交流養精蓄銳

你會透過與重要的人之間的交流來補充能量。你待人和善，具備和誰都可以和平相處的天賦，對特別重要的人則會給予無微不至的照顧並傾注情感。面對前來求助的人，你也會盡可能提供最大程度的保護，悉心照料對方。寬大的心胸使你經常在各方面受到他人的仰賴，但同時也會因為忍耐而產生壓力，所以請多幫自己製造發洩的機會。煙晶會提高執行力；孔雀石會在各方面給予支持；珍珠母會減輕壓力；海洋碧玉會讓你不被人牽著鼻子走。

守護石

煙晶
⇒P203

孔雀石
⇒P247

珍珠母
⇒P277

海洋碧玉
⇒P284

＊ 愛情・人際關係 ＊
用溫暖的愛包容對方

你會接納並用溫暖的愛來包容對方真實的模樣。充滿體貼的行為會抓住對方的心，但在遭遇背叛時，怪罪與想原諒對方的心情會發生激烈的拉扯。琥珀是讓良好的關係繼續保持的護身符；魚眼石會減少跟戀愛有關的糾葛。

＊ 事業 ＊
與夥伴同心協力達成目標

你會和很多人齊心完成重大的工作。和獨立作業相比，跟別人一起做事更能湧現精力並取得豐碩的結果。尖晶石會增加對工作的熱情，帶領你走向成功；賽黃晶會讓身心取得平衡，幫助工作可以順利進行。

＊ 金錢 ＊
因緣分提升財運

財運相當不錯。會用長遠的眼光預測局勢並謹慎理財。而且可能會經常透過人緣獲得金流，雖然社交費會變多，卻可能得到更豐厚的報酬。藍銅礦會強化跟錢有關的直覺，提升理財和用錢的能力；透鋰長石會進一步提升從別人那裡流過來的財運。

提升愛情運的礦石

琥珀
⇒P225

魚眼石
⇒P270

提升工作運的礦石

尖晶石
⇒P214

賽黃晶
⇒P273

提升金錢運的礦石

藍銅礦
⇒P259

透鋰長石
⇒P276

＊ 使用效果……從重要的人那裡獲得暖心的援助。心情也會變得十分平靜。

11月14日

今日守護石

 煙晶

 珍珠母

用情感進行創造

你具有豐富的想像力及表現力，會把內心的衝動或各種情感轉換成創造力，並昇華成做某件事情的欲望或自由奔放的創意。而且你還時常參與某種特定的創作活動，藉由作品表現出自己心中堅定不移的熱忱或深深打動你的事物。除了單純提高技術之外，累積更深入的經驗也會讓表現力更上一層樓。

♥ 3/13、3/14、7/14、7/15、9/3、9/4　🕐 1/13、1/14、6/18、6/19、9/15、9/16　♦ 2/12、2/13、4/12、4/13、8/14、8/15　♠ 5/13、5/14、6/12、6/13、10/15、10/16

11月15日

今日守護石

 煙晶

 孔雀石

明確揭示目標後再向前邁進

你會在做某件事情的時候先了解全貌，明確目標之後再著手進行。你很清楚自己只要把握好目標或主題，即使這件事情要做很久才能完成，你也不會做到一半就感到挫折，而是會堅持下去，做到最後。無論任務有多困難，只要覺得對自己和夥伴是有意義的，你就會謹慎處理並做出結果。你會接連展現出明確的精神以及穩健的步伐，這樣的態度讓周遭對你信賴有加。

♥ 3/14、3/15、7/15、7/16、9/4、9/5　🕐 1/14、1/15、6/19、6/20、9/16、9/17　♦ 2/13、2/14、4/13、4/14、8/15、8/16　♠ 5/14、5/15、6/13、6/14、10/16、10/17

11月16日

今日守護石

 煙晶

 海洋碧玉

看透本質

你會透過細心觀察、深入思考來看透事物本質。你也有很強的推理能力，搞不好還經常會仔細拼湊得到的資訊預測出其他人的下一步。而且你不會拘泥於細節，而是會從更寬廣的角度看事情，因此從局部推敲出整體的能力也非常高。除了深入了解事情之外，你也很擅長讀取他人的情緒，會透過妥善經營人際關係、讓對手產生動搖之類的行為與對方拉開距離。

♥ 3/15、3/16、7/17、7/18、9/5、9/6　🕐 1/15、1/16、6/20、6/21、9/17、9/18　♦ 2/14、2/15、4/14、4/15、8/17、8/18　♠ 5/15、5/16、6/14、6/15、10/17、10/18

11月17日

今日守護石

孔雀石

海洋碧玉

在哪裡都能生存的能力

你的適應力很強，無論在哪裡都能用深入的洞察力與高超的技能生存下去。即使是一點也不熟悉的地方，你也能馬上判斷出那裡的現況以及人際關係，完美地融入其中；而且還知道該怎麼做才能獲得對自己有利的情況並掌握主導權。在各種不同場合累積越多經驗，資質越會有所提升，還會累積技術及情況判斷力，所以請你拋開堅持，勇於挑戰各種事物。

♥ 3/16、3/17、7/18、7/19、9/6、9/7　🕐 1/16、1/17、6/21、6/22、9/18、9/19　♦ 2/15、2/16、4/15、4/16、8/18、8/19　♠ 5/16、5/17、6/15、6/16、10/18、10/19

天蠍座

以踏實的手段克服困難

你會用長遠的眼光看事情，同時制定踏實的計畫，一步一步地確實執行。即使遭遇困難，你也會用天生的體能以及踏實的步伐，與時間一起克服難關。只不過，你不擅長改變已經決定好的事情，要是被迫改更一直以來延續至今的習慣，你可能會被自己的心理壓力擊潰。如果能提醒自己從更寬廣的視角來看事情，被逼到絕境般的緊張感就會消失，使你能夠穩穩前進。木化石會支撐意志力；黑碧璽會平衡身心並消除緊張感；赫基蒙鑽水晶會讓你想起內心的從容，變得積極樂觀；方鉛礦會讓你適應情況的變化。

守護石

木化石	黑碧璽	赫基蒙鑽水晶	方鉛礦
⇒P204	⇒P208	⇒P275	⇒P279

＊ 愛情・人際關係 ＊
真心誠意對他好

你只要喜歡上一個人，就會用真心誠意的付出來培養感情。可是萬一對方沒能回應你的期待的話，你也會默默產生挫折感。天青石會消除在發展戀情時所遭遇的挫折；花園水晶會帶來平穩的關係。

＊ 事業 ＊
靠強大的意志力達成目標

在工作上，即便是其他人覺得「不可能」而放棄的事，你也會靠強大的意志力腳踏實地執行，取得豐碩的成果，結果還會因此經常被分配到率領眾人的職務。紫蘇輝石會培養執行力和統御力，促進工作的進行；極光23會賦予你在工作方面的強運。

＊ 金錢 ＊
長期且實在的運用

財運良好且穩定。在管理方面也做得很好，例如穩定存錢為將來做打算。不過把錢花在自己的興趣或樂趣上時，你可能會沒來由地產生罪惡感。青金石會幫助你長期有效利用財運；鈣沸石會淨化跟金錢有關的罪惡感，招來更好的財運。

提升愛情運的礦石

天青石	花園水晶
⇒P254	⇒P271

提升工作運的礦石

紫蘇輝石	極光23
⇒P207	⇒P285

提升金錢運的礦石

青金石	鈣沸石
⇒P262	⇒P272

＊ 使用效果……即使情況非常艱困，你也能培養出忍耐力並克服難關。

內在性格 *the other side* 11月18日

今日守護石 木化石　 赫基蒙鑽水晶

分享感動

你會把透過豐富的感受性所捕捉到的情感傳達給更多的人。你的內心深處有著想把同樣的感動分享給大家的願望，會將自己認定或深受感動的事物積極表達給身邊的人，而且分享和許多人之間的共鳴也會帶給你很大的力量。讓說服他人的能力變得更豐滿正是在人生的路上大步前進的關鍵所在，所以請你從平常開始鍛鍊說話等表達能力。

♡ 3/17、3/18、7/19、7/20、9/7、9/8　🕐 1/17、1/18、6/22、6/23、9/19、9/20　⚙ 2/16、2/17、4/16、4/17、8/19、8/20　☆ 5/17、5/18、6/16、6/17、10/19、10/20

內在性格 *the other side* 11月19日

今日守護石 黑碧璽　 赫基蒙鑽水晶

在心中的國度休養身心

你會把目光放在內心深信不疑的事物或想法並珍惜它。無論在日常生活或工作中被折磨得多慘，你也能藉由沉浸在心裡那座美麗的國度休養身心。你會埋頭於興趣之中，或是努力投入可以充實精神面的活動，但有時你會在心中恣意想像，藉此獲得巨大滿足感以補充精力。確實保有獨處的時間或情境會影響到人生整體的安定。

♡ 3/18、3/19、7/20、7/21、9/8、9/9　🕐 1/18、1/19、6/23、6/24、9/20、9/21　⚙ 2/17、2/18、4/17、4/18、8/20、8/21　☆ 5/18、5/19、6/17、6/18、10/20、10/21

天蠍座

內在性格 *the other side* 11月20日

今日守護石 木化石　 方鉛礦

立於現實與救贖之間

你非常清楚現實的嚴峻，卻仍然想珍惜情感上的期待或心願。儘管有冷靜的判斷力及傑出的能力，你或許還是無法用合理性看待所有事情，經常在中間左右搖擺。你心地善良，只要看到有人身處在水深火熱之中，就會整個人豁出去幫助對方。因為你會一邊深入了解對方的情緒，一邊自然形成有共鳴的關係，所以可能也很有當心理治療師或諮商師的天分。

♡ 3/19、3/20、7/21、7/22、9/9、9/10　🕐 1/19、1/20、6/24、6/25、9/21、9/22　⚙ 2/18、2/19、4/18、4/19、8/21、8/22　☆ 5/19、5/20、6/18、6/19、10/21、10/22

內在性格 *the other side* 11月21日

今日守護石　赫基蒙鑽水晶　　方鉛礦

用笑來發洩心理壓力

你能夠在大笑或玩樂中用力發洩壓力或情感上的疙瘩。你會刻意用明亮的語氣說出自己痛苦的經歷或自卑感等來減輕心裡的壓力。此外，對於在情感方面懷抱著某種劇烈痛苦的人，你也可以將他的能量帶往好的方向，減輕他的痛苦，所以可能會有很多人來找你商量煩惱。小心過度的自虐傾向也可能會讓你心情變差。

♡ 3/20、3/21、7/22、7/23、9/10、9/11　🕐 1/20、1/21、6/25、6/26、9/22、9/23　⚙ 2/19、2/20、4/19、4/20、8/22、8/23　☆ 5/20、5/21、6/19、6/20、10/22、10/23

11月22日～11月25日

充滿熱情且自由奔放的人

你熱愛自由，隨心所欲地漫步前進。你能坦率表達自己的心情，所以也有非常單純的一面，與人交流的過程中能切身感受到自己的欲望及熱忱，並且非常開心周遭接納這樣的自己。另外，你會想藉著在電玩或具有規則的遊戲中與他人較量並提升自己，但也可能太激動而較真。開放又親民的態度、神情會吸引很多人，你一邊和身邊的人擴大快樂的圈圈，一邊自由自在地生活。橙色方解石會激發創意，在你發揮天賦時給予協助；橘子水晶會強化欲望；中性長石有助於消除煩惱；蛋白石對發掘才能、療癒內心很有效。

守護石

橙色方解石	橘子水晶	中性長石	蛋白石
⇒P219	⇒P221	⇒P270	⇒P285

＊ 愛情・人際關係 ＊
活潑明朗的戀愛

你會在明亮氣氛的包圍下發展戀情。雖然偶爾也會主動出擊，但坦率表現出自己的心情才會有比較高的勝算。光玉髓會給你積極發展戀情的力量；透石膏助你誠實表達情緒，讓戀情開花結果。

＊ 事業 ＊
因心情而異

在工作方面的成果會隨著當時的心情或身體狀況而異。有精神的時候做事又快又有效率，不太舒服的時後則是很容易分心，有時還會一直出錯。苔蘚瑪瑙會消除身心的疲勞以防犯錯；紫黃晶會撫平情緒的高低起伏。

＊ 金錢 ＊
草率的財務管理

財務管理有點鬆散，草率的態度可能會讓錢包裡的東西不知不覺越來越少。而且你還有因為情緒波動而衝動購物的傾向。煤玉會沉澱情緒，使你認真做好財務管理；珊瑚會平復情緒的動搖。

提升愛情運的礦石

光玉髓	透石膏
⇒P218	⇒P273

提升工作運的礦石

苔蘚瑪瑙	紫黃晶
⇒P247	⇒P283

提升金錢運的礦石

煤玉	珊瑚
⇒P209	⇒P213

＊ 使用效果……心情變得明亮開朗，從令人窒息的壓迫感中得到解放。

內在性格 *the other side...* **11月22日** 今日守護石 橘子水晶　蛋白石

在競爭中成長

你會在與他人切磋琢磨的過程中提升自我。你不會甘於現狀，而是會尋找能讓自己有所成長的方法，以自己的方式付諸實行。尤其你還會在裡面加入遊戲要素或利用競爭的情況，透過這些方法讓自己打起精神、提振士氣，積極地向前邁進。而且除了自己之外，你還會煽動身邊的人，讓他們也在競爭中磨練自己。根據情況或許很容易得到教練之類的職務。

♥ 3/21、3/22、7/23、7/24、9/11、9/12　🕐 1/21、1/22、6/26、6/27、9/23、9/24　⬡ 2/20、2/21、4/20、4/21、8/23、8/24　⭐ 5/21、5/22、6/20、6/21、10/23、10/24

內在性格 *the other side...* **11月23日** 今日守護石 橙色方解石　中性長石

炒熱氣氛的天才

你是個很會帶動周遭的情緒，讓氣氛熱絡起來的人。除了自己之外，你也會為身邊的人提供既有趣又令人興奮的事物，這時你會掌控好其他人的情緒，循序漸進地營造出盛大的氣氛。舉辦活動時，你很容易成為率先帶頭企畫及執行的領導者，不過要是讓可以幫忙顧到細節和周遭的人擔任智囊，應該會變得更穩定一點。

♥ 3/22、3/23、7/24、7/25、9/12、9/13　🕐 1/22、1/23、6/27、6/28、9/24、9/25　⬡ 2/21、2/22、4/21、4/22、8/24、8/25　⭐ 5/22、5/23、6/21、6/22、10/24、10/25

射手座

內在性格 *the other side...* **11月24日** 今日守護石 橙色方解石　蛋白石

爽朗的謀略家

你會冷靜用一個接著一個的策略取勝。你的笑容背後燃燒著熊熊鬥志，實際開始做某件事情時，你會用心謀劃、謹慎進行並踏實取勝。因為就算只是玩遊戲你也會認真應戰，所以其他人可能會覺得你有點幼稚。但無論勝負如何，你都能在結束以後爽快地稱讚對方的功績或表現出色的部分，因此同伴自然而會越變越多，例如和昔日的對手成為好友。

♥ 3/23、3/24、7/25、7/26、9/13、9/14　🕐 1/23、1/24、6/28、6/29、9/25、9/26　⬡ 2/22、2/23、4/22、4/23、8/25、8/26　⭐ 5/23、5/24、6/22、6/23、10/25、10/26

內在性格 *the other side...* **11月25日** 今日守護石 橘子水晶　中性長石

腳踏實地地成長

你是會小心翼翼一步一步慢慢前進的人。雖然很有上進心，卻不會企圖一步登天，而是會一點、一點腳踏實地地努力鑽研，持續不斷地磨練自己。你也非常有可能會跟《龜兔賽跑》裡的烏龜一樣的步伐在最後取得偉大的成果。而且你也擅長指導別人，會一邊教人一邊精進自己，或許會經常在鼓勵別人的過程中，找到能為自己帶來成長的線索或鼓舞內心的事物。

♥ 3/24、3/25、7/26、7/27、9/14、9/15　🕐 1/24、1/25、6/29、6/30、9/26、9/27　⬡ 2/23、2/24、4/23、4/24、8/26、8/27　⭐ 5/24、5/25、6/23、6/24、10/26、10/27

11月26日～11月29日

＊ 射手座4 ～ 7度／水星 ＊

興趣廣泛

你對所有事情都充滿興趣，會不停擴張自己的興趣範疇。研究一件事就會對其他事物產生連鎖興趣，並藉此增加知識。你會顧及相對龐大的主題或概括性的觀念，並延伸具體的想法，讓人覺得你很聰明。而且你也很有上進心，會到處蒐集讓自己變得更好的資訊或方法並付諸實行。無拘束的自由氛圍會吸引很多人，所以也是個人氣王。貴橄欖石會輕巧地療癒內心；水光水晶會提高專注力，支持你達成目標；藍銅礦會把理想具現化並強化上進心；水晶會統整你在不同地方獲得的知識或想法，在知性方面給予支持。

守護石

貴橄欖石
⇒P238

水光水晶
⇒P250

藍銅礦
⇒P259

水晶
⇒P269

＊ 愛情・人際關係 ＊
建立在積極對話上的愛情

你會一邊和喜歡的人積極溝通，一邊發展戀情。你心裡其實很想和對方拉近關係，但可能會想東想西想太多，說了多餘的話把關係鬧僵。尖晶石會提升整體愛情運；檸檬晶會清理思緒，避免說出多餘的話。

＊ 事業 ＊
因為一心多用亂成一團

你會在想著下一步的同時做好現在該做的事。雖然也有同時處理好幾件事情的能力，但有可能會隨著事情的增加而漸漸亂了套。琥珀會沉澱心情、消除混亂；天河石會提高明晰性，讓你順利完成工作。

＊ 金錢 ＊
出手大方是問題所在

在理財方面相對擅長，可是只要心情一好，就會豪爽地請人吃飯或不小心買下昂貴的物品。玫瑰勳簾石會調整情緒，阻止「不小心」造成的破財；蘇打石會強化意志力，促使你做好金錢管理。

提升愛情運的礦石

尖晶石
⇒P214

檸檬晶
⇒P227

提升工作運的礦石

琥珀
⇒P225

天河石
⇒P241

提升金錢運的礦石

玫瑰勳簾石
⇒P235

蘇打石
⇒P261

＊ 使用效果……增加你對各種事物的興趣。感覺有一股新的風吹進心裡。

內在性格 *the other side* 11月26日

今日守護石

 藍銅礦 水晶

以開闊的視野看待事情

你總是從更廣的角度看待事情。你會為了讓自己更進步而持續精進，等學到一個程度以後，再用廣博的見識深入了解這個領域。這時與其凡事親力親為，不如縱觀整體、指揮別人做事更簡單，所以你可能會在不知不覺間成為像幕後領導者般的角色。若能提醒自己貪婪吸收有關各種領域的知識，你看事情的觀點會更有深度，實力變得更加雄厚。

♥ 3/25、3/26、7/27、7/28、9/15、9/16　🕐 1/25、1/26、6/30、7/1、9/27、9/28　◐ 2/24、2/25、4/24、4/25、8/27、8/28　✪ 5/25、5/26、6/24、6/25、10/27、10/28

內在性格 *the other side* 11月27日

今日守護石

 水光水晶 水晶

懷抱著敬意而戰

你能夠在競爭中強化精神及實力。除了自己的熱情與能力之外，你還會對對方的野心、智慧等等予以認同，即使是互相敵對的對手，你也不忘在來往時懷抱敬意。因此當雙方發生衝突時，為了不侮辱對方，你會全力以赴、堂堂正正地迎戰。倘若能在人生中找到一個好對手，你的能力和精神應該就會在互相切磋琢磨的過程中出現飛躍性的成長。

♥ 3/26、3/27、7/28、7/29、9/16、9/17　🕐 1/26、1/27、7/1、7/2、9/28、9/29　◐ 2/25、2/26、4/25、4/26、8/28、8/29　✪ 5/26、5/27、6/25、6/26、10/28、10/29

內在性格 *the other side* 11月28日

今日守護石

 貴橄欖石 水光水晶

追求樂趣

你是個會在與他人進行協調的同時追求自身樂趣的人。你的魅力是大方又有點愛捉弄人，卻也有著追求自己想做的事情或樂趣的傾向，可以一邊配合別人，一邊又趁機把利益導向自己這邊。然而你與生俱來的開朗性格也許會經常帶來好的影響，使對方最後接受或理解你的作法。就好的意義上來說，爽朗的笑容與活潑的個性可謂是你的武器。

♥ 3/27、3/28、7/29、7/30、9/17、9/18　🕐 1/27、1/28、7/2、7/3、9/29、9/30　◐ 2/26、2/27、4/26、4/27、8/29、8/30　✪ 5/27、5/28、6/26、6/27、10/29、10/30

內在性格 *the other side* 11月29日

今日守護石

貴橄欖石　藍銅礦

以實現理想為目標

你這個人會在揭示理想的同時，把自己的天賦或能力列入考量以策劃該如何實現。你不會盲目地朝著未來的夢想或希望邁進，而是會回頭檢視自己的情況和能力，確認自己做得到什麼、做不到什麼，以適合自己的路往目標前進。你可能會在反思時感到煩惱或失落，但這份迷惘及真誠自省的態度會帶來謹慎的步伐與成長。

♥ 3/28、3/29、7/30、7/31、9/18、9/19　🕐 1/28、1/29、7/3、7/4、9/30、10/1　◐ 2/27、2/28、4/27、4/28、8/30、8/31　✪ 5/28、5/29、6/27、6/28、10/30、10/31

射手座

11月30日～12月3日

＊ 射手座8～11度　金星 ＊

在快樂中成長

你會竭盡所能地投入自己感興趣或開心的事，也很擅長在快樂中找出會讓自己有所成長的事物，或是從學習中發現樂趣，像玩遊戲過關一樣培養精神力。而且你會想要擁有更寬闊的視野，並為此出國增廣見聞，或透過閱讀各種書籍以獲得知識。你傾向於根據當下的興趣決定行動，若在思考時考慮到未來的發展，應該就可以成長得更順利。火瑪瑙會在各種場合保護身心；矽孔雀石會舒緩壓力；菫青石會明確未來或人生的願景；中性長石有助於解決問題。

守護石

火瑪瑙	矽孔雀石	菫青石	中性長石
⇒P221	⇒P254	⇒P258	⇒P270

＊ 愛情・人際關係 ＊
傳達熱情

你會一邊考慮對方的心情，一邊在積極傳達熱情的同時孕育愛情，從事可以一起享受其中的興趣或活動，建立既開心又爽快的關係。石榴石會活化熱情的交流；瑪瑙會在培養和諧的關係時給予支持。

＊ 事業 ＊
小心超載

你會保持協調性和身邊的人一起工作，同時意識到問題所在並尋找更好的方法。不過也可能會因為人太好而沒辦法拒絕其他人交付的工作，導致自己負荷超載。貴橄欖石會提高對工作的積極性；東菱石會在尋找問題點時帶來發現。

＊ 金錢 ＊
用於樂趣的開銷

財運相對高。但也可能會有很多用在有趣的事情或興趣活動的支出，或是因為交友廣闊而增加很多社交費。軟玉會穩定情緒，抑制無謂的開銷；精靈石會幫助提升基本財運，引領你走向富裕的人生。

提升愛情運的礦石

石榴石	瑪瑙
⇒P216	⇒P282

提升工作運的礦石

貴橄欖石	東菱石
⇒P238	⇒P240

提升金錢運的礦石

軟玉	精靈石
⇒P244	⇒P288

＊ 使用效果⋯⋯令人心跳不已的快樂正在向外擴張，也很適合用在覺得沮喪的時候。

內在性格 *the other side...* 11月30日

今日守護石 矽孔雀石　　董青石

與協助者並肩而行

你不會獨自拼命，而是會視需求尋找適合的指導者或協助者以達成目標。雖然多少也有急性子的一面，可是你會在設定目標後向最適合的人選尋求援助，試圖以最短的距離得到結果。不過，你會全盤信任求助的對象，認真配合對方的節奏，故學習的步調本身是踏實而仔細的。若能找到一位精神強大的師傅，應該就可以精采度過人生了。

♡ 3/29、3/30、7/31、8/1、9/19、9/20　　🌙 1/29、1/30、7/4、7/5、10/1、10/2　　☀ 2/28、2/29、4/28、4/29、8/31、9/1　　⭐ 5/29、5/30、6/28、6/29、10/31、11/1

內在性格 *the other side...* 12月1日

今日守護石 火瑪瑙　　中性長石

藉展現自己來帶動情緒

你很會利用透過表現自己讓情緒亢奮的心理機制。你會積極把自己的經歷告訴他人，並特別強調比較好的一面或幸運之處，藉此讓自己相信這些都是對自己有幫助的經驗。而這樣的行為說不定還會實際為你帶來好運。你可以說是個能夠用正向思考自行製造強運體質的人。

♡ 3/30、3/31、8/1、8/2、9/20、9/21　　🌙 1/30、1/31、7/5、7/6、10/2、10/3　　☀ 2/29、3/1、4/29、4/30、9/1、9/2　　⭐ 5/30、5/31、6/29、6/30、11/1、11/2

內在性格 *the other side...* 12月2日

今日守護石 火瑪瑙　　董青石

學以致用

你是個能把能讓精神有所成長的學問套用在現實行為上的人。就算只是大概的思想或概念，你也可以仔細摸索該如何把它化成實際的生活或行動表現出來並具體實行。你也很擅長將心理學或從宗教衍伸出來的想法活用在商場上或日常生活中，還會解釋給其他人聽，簡單易懂地介紹更好的生活方式。就結果來說，你很容易站上勸人往更好的路走的立場，還有很高的可能性成為講師或教師。

♡ 3/31、4/1、8/2、8/3、9/21、9/22　　🌙 1/31、2/1、7/6、7/7、10/3、10/4　　☀ 3/1、3/2、4/30、5/1、9/2、9/3　　⭐ 5/31、6/1、6/30、7/1、11/2、11/3

內在性格 *the other side...* 12月3日

今日守護石 董青石　　中性長石

專注於目標並藉此成長

你會設定某個目標，並藉由保持專注使自己大幅成長。你會心無旁騖地做一件事，或是像修行一樣嚴格鍛鍊自己。也許曾經在這種專注的過程中被激發出潛在活力，感受到超越你自身認知的強大的力量。而且你還經常會刻意使用這種方法，根據需求發揮出超越極限的能力，或在短時間內出現讓周遭大吃一驚的成長。

♡ 4/1、4/2、8/3、8/4、9/22、9/23　　🌙 2/1、2/2、7/7、7/8、10/4、10/5　　☀ 3/2、3/3、5/1、5/2、9/3、9/4　　⭐ 6/1、6/2、7/1、7/2、11/3、11/4

射手座

12月4日～12月7日

＊ 射手座 12 ～ 15度／太陽 ＊

朝理想邁進

你會以開闊的視角看待事情，一面思考「這些對自己有什麼意義」、「可以怎麼利用」，一面試圖打造更好的自己。你會想著理想的自己不斷努力，但也可能會因為看不到未來而內心受挫。可是你不會把這些情緒表現出來，而是會和周遭保持協調，朝著理想的未來邁進。你看起來既開朗又積極，有時卻也會被周遭牽著鼻子走，甚至因此弄壞身體。也許偶爾擁有自己的時間，做自己喜歡的事情會比較好。辰砂會穩定身心；太陽石會增加精力；土耳其石會強化理想或信念；超級七是簡單整合經驗及知識的助力。

守護石

辰砂
⇒P214

太陽石
⇒P220

土耳其石
⇒P255

超級七
⇒P286

＊ 愛情・人際關係 ＊
使人成長的戀情

你會對能夠和自己一起成長的人產生興趣並發展關係。雖然也可以腳踏實地地培育愛情，但是對於直覺認定的對象，你也會迅速把握機會讓戀情開花結果。黃鐵礦會提高戀愛的瞬間爆發力；黃水晶會幫忙建立穩健的關係。

＊ 事業 ＊
懷抱著目標大膽前進

你會表現出對理想及目標的極度重視並奮力完成工作。雖然會透過大膽的想法或手段取得成果，卻也會因為忘記照顧到細節而引發問題。綠碧璽會幫助你顧及他人；藍寶石會帶來就連小細節也不放過的清晰頭腦。

＊ 金錢 ＊
馬虎的態度是問題所在

如果是有目標的儲蓄倒還沒問題，但除此之外對待金錢的態度卻意外馬虎，搞不好還會發生收支對不上的情況。虎眼石會特別提升沒有目標時的儲蓄意願；白紋石會在維持良好人際關係的同時提高人緣帶來的財運。

提升愛情運的礦石

黃鐵礦
⇒P223

黃水晶
⇒P229

提升工作運的礦石

綠碧璽
⇒P242

藍寶石
⇒P261

提升金錢運的礦石

虎眼石
⇒P203

白紋石
⇒P276

＊ 使用效果……看見有關將來或未來的指南針，也可能會發現自我提升的關鍵。

內在性格 the other side 12月4日

 辰砂　　 超級七

將過去作為成長的養分

你是個將過去種種作為成長的養分加以利用的人。雖然你總是在追求自我成長，但偶爾也會回顧過去，利用從經驗中得到的想法或觀點進行分析，藉此發現至今為止的作法有哪些不夠周全或需要改善的地方，抑或是找到尋覓已久的答案與觸及事物本質的主題。對於周遭發生的事情，你也能夠在把事發經過納入考慮的同時找出最合適的方向，因此會負責提出長期方針。

❤ 4/2、4/3、8/4、8/5、9/23、9/24
🌙 2/2、2/3、7/8、7/9、10/5、10/6
◆ 3/3、3/4、5/2、5/3、9/4、9/5
✦ 6/2、6/3、7/2、7/3、11/4、11/5

內在性格 the other side 12月5日

 太陽石　　 超級七

從古代思想獲得成長

你會從不熟悉的領域或思想當中得到閃閃發光的靈感並加以活用。還不時會參考古文明或歷史上的真實事件，從中提出能讓現代人產生共鳴的思維。而且你還會把這樣求來的觀點或生存手段告訴大家，促進他們在精神層面的成長。只要不拘泥於同一個主題，而是多方涉獵吸引自己的事物的話，看事情的觀點應該就會變得更開闊，帶領自己和眾人獲得成長。

❤ 4/3、4/4、8/5、8/6、9/24、9/25
🌙 2/3、2/4、7/9、7/10、10/6、10/7
◆ 3/4、3/5、5/3、5/4、9/5、9/6
✦ 6/3、6/4、7/3、7/4、11/5、11/6

 辰砂　　 土耳其石

內在性格 the other side 12月6日

不為人知的賢者

你集優秀的觀察力、豐富的知識以及準確的執行力於一身。可是你不會大搖大擺地彰顯才能，而是會觀察時機，根據需要以最有效的方式使用它們，藉此順利取得良好的成果或抓住機會。如果不要用這些能力獨善其身，而是把「為了大家」這個想法放在心上的話，應該就可以確實增加實力及自信，用比過去更強健的步伐走在人生的道路上。

❤ 4/4、4/5、8/6、8/7、9/25、9/26
🌙 2/4、2/5、7/10、7/11、10/7、10/8
◆ 3/5、3/6、5/4、5/5、9/7、9/8
✦ 6/5、6/6、7/4、7/5、11/6、11/7

 太陽石　　 土耳其石

內在性格 the other side 12月7日

透過自我觀察克服弱點

你能認真觀察自己並仔細克服弱點。你會從客觀的角度審視自己，對強項、弱項等等都有清楚的自覺；尤其針對弱點的部分，你不會就這樣置之不理，而是會腳踏實地地累積經驗來克服。有時候，你還會在改進時一邊仰賴他人或學習別人的作法，一邊研究適合自己的解決辦法。雖然看起來步調很慢、方法很笨，但你這個人算是會穩定成長的類型。

❤ 4/5、4/6、8/7、8/8、9/26、9/27
🌙 2/5、2/6、7/11、7/12、10/8、10/9
◆ 3/6、3/7、5/5、5/6、9/8、9/9
✦ 6/6、6/7、7/5、7/6、11/7、11/8

射手座

12月8日～12月12日

※ 射手座16～20度　火星 ※

和對手一同成長

一邊積極向周遭展現自己，一邊努力讓自己提升。你是有對手才會燃起鬥志的人，所以會因競爭而出現大幅度的成長與力量。此外，你會公開自己的理想或遠大目標，朝著那個方向全力以赴，但如果看到別人用其他方法取得成果，反而會改採迂迴戰術應對。不過，要是把「真正需要」或「增進成長」放在心上，腦中的混亂應該就會歸於平靜，讓你大步走在「做自己」的路。鉻鉛礦會強化前進的力量及活力；紅鋅礦將你從困惑中拉回並補充能量；硫磺會支持上進心；孔雀石可以增進找出重要事物的洞察力。

守護石

鉻鉛礦
⇒P213

紅鋅礦
⇒P220

硫磺
⇒P228

孔雀石
⇒P247

※ 愛情・人際關係 ※
再接再厲而燃燒的愛

你不會拐彎抹角地向心儀的對象示愛。即使遭到拒絕，你也會一邊觀察情況，一邊若無其事地繼續嘗試，最終虜獲對方的心。紅寶石會提升在愛情方面的整體運勢；輝沸石會強化直覺，幫助你好好把握戀愛的機會。

※ 事業 ※
滿懷熱情地做事

你會帶著滿腔熱血，拉著身邊的人完成工作。也可能會因為太激動而做出錯誤的判斷或興奮得倉促行事。請在工作時提醒自己保持冷靜。黑水晶會安定內心；藍晶石會理清思緒、提高判斷力。

※ 金錢 ※
衝動導致破財

為了當下的一股衝動花錢的傾向會為財運帶來危機。尤其是向其他人炫耀，或是因為不想輸而買了不必要的東西。黑碧璽會讓「不想輸」的心情冷靜下來以防破財；珊瑚會提高整體運勢。

提升愛情運的礦石

紅寶石
⇒P215

輝沸石
⇒P272

提升工作運的礦石

黑水晶
⇒P211

藍晶石
⇒P260

提升金錢運的礦石

黑碧璽
⇒P208

珊瑚
⇒P213

※ 使用效果……感受到自己心中正在升溫的熱情並湧現幹勁。適合用在情緒委靡的時候。

內在性格 *the other side* 12月8日

今日守護石

 鉻鉛礦　　 紅鋅礦

因為身邊的人打起精神

你會在激勵他人的同時慢慢找回自己的衝勁。雖然是一個克己又努力的人，卻也可能會因為太認真而失去熱忱。這時，你會刻意用鼓舞周遭其他人的方式炒熱氣氛，並透過這個氣氛提振士氣。你還有壓力越大就越想舉辦有趣活動的傾向。

♥ 4/6、4/7、8/8、8/9、9/27、9/28　🌙 2/6、2/7、7/12、7/13、10/9、10/10　☀ 3/7、3/8、5/6、5/7、9/9、9/10　⭐ 6/7、6/8、7/6、7/7、11/8、11/9

內在性格 *the other side* 12月9日

今日守護石

 鉻鉛礦　　 孔雀石

安全地樂在其中

你這個人的心裡同時住著一個活潑好動的小孩以及一個溫柔體貼的監護人。雖然玩的時候會痛快地大玩特玩，但由於內心一隅還有一個懂得分寸的自己，因此會在快要失控的時候自然而然地踩下煞車。而且除了獨自享樂，你也可以從看見身邊其他人樂在其中的樣子獲得滿足。

♥ 4/7、4/8、8/9、8/10、9/28、9/29　🌙 2/7、2/8、7/13、7/14、10/10、10/11　☀ 3/8、3/9、5/7、5/8、9/10、9/11　⭐ 6/8、6/9、7/7、7/8、11/9、11/10

內在性格 *the other side* 12月10日

今日守護石

 硫磺　　 孔雀石

尋求與能力相符的環境

你這個人不會拘泥於某個特定的場所或領域，能夠配合自己的夢想和能力改變環境。讓其他人配合自己會讓你覺得難以呼吸，你會尋求與自己的可能性及天分相符的環境，使自己成長進步。另外，你也有從他人身上發掘能力的技能，還會建議對方什麼樣的地方才適合他。

♥ 4/8、4/9、8/10、8/11、9/29、9/30　🌙 2/8、2/9、7/14、7/15、10/11、10/12　☀ 3/9、3/10、5/8、5/9、9/11、9/12　⭐ 6/9、6/10、7/8、7/9、11/10、11/11

內在性格 *the other side* 12月11日

今日守護石

 紅鋅礦　　 孔雀石

做好準備再進行

你是會以萬全的準備採取行動並做出結果的人。你有細膩的感受性與先見之明，會預測接下來會發生的事情並做好準備，在必要的時間點做出重要的行動。相較於自己一個人獨立策劃，你傾向於和周遭的人一起合力進行，因此或許很容易自然獲得類似團隊領導者的職位。

♥ 4/9、4/10、8/11、8/12、9/30、10/1　🌙 2/9、2/10、7/15、7/16、10/12、10/13　☀ 3/10、3/11、5/9、5/10、9/12、9/13　⭐ 6/10、6/11、7/9、7/10、11/11、11/12

內在性格 *the other side* 12月12日

今日守護石

紅鋅礦　　硫磺

朝著遠大的目標努力

你是個會打出高於自身能力或天賦的目標，朝著那裡拼命努力的人。你會時時刻刻把理想的模樣、期望的職務等等放在腦海中，就算這些遠遠超過自己目前的實力，你也會相信著自己繼續鍛鍊以達成目標。儘管有時候要逼自己做出超過能力範圍的事，但你會慢慢把這些事情內化並藉此成長。

♥ 4/10、4/11、8/12、8/13、10/1、10/2　🌙 2/10、2/11、7/17、7/18、10/13、10/14　☀ 3/11、3/12、5/10、5/11、9/13、9/14　⭐ 6/11、6/12、7/10、7/11、11/12、11/13

射手座

12月13日～12月17日

＊射手座21～25度／木星＊

以開闊的視野探求所需

你會從開闊的角度看事情，並摸索如何讓自己和大家過上更好的生活。你感興趣的東西並沒有侷限性，會讓意識觸及各個領域並累積知識。也因此會有很多人前來尋求你的建議。而你也會擔任類似教練、教師之類的職務，用累積起來的知識教導他人。還會一邊思考「什麼對這個人最重要」、「該怎麼做才能有所成長」，為大家指出跟未來有關或通往理想的道路。藍銅礦會強化靈性及直覺，帶來開闊的意識；舒俱徠石會淨化身心並提供保護；阿賽斯特萊石會支持成長；賽黃晶會賦予你充滿獨特性的靈感解決問題。

守護石

藍銅礦
⇒P259

舒俱徠石
⇒P265

阿賽斯特萊石
⇒P268

賽黃晶
⇒P273

＊ 愛情・人際關係 ＊
想要能帶來成長的對象

你會在確實接收對方情緒的同時，小心表達自己的情感以發展戀情。雖然想要能讓彼此有所成長的關係，卻也會因此難以營造甜蜜的氣氛。髮晶會用積極的態度招來桃花；粉紅碧璽會促進甜蜜的互動。

＊ 事業 ＊
利用淵博的知識

在工作方面，你會一邊掌握事情的未來發展，一邊利用淵博的知識展開行動。雖然會憑著應用以及應變能力度過難關，但只要工作一多，你就會感到壓力而慌了手腳。坦桑石會減輕壓力；花園水晶會平復情緒、結束混亂。

＊ 金錢 ＊
財運很好，但用錢草率

財運相對高。然而因為理財做得相當草率，所以就算收入很高，你也會把所得投注在各種事情上，還會增加很多書籍或旅遊方面的開銷。玉會讓財運變得更好；蛋白石會帶來新的想法，讓你不用看書或出遊就能獲得好心情，藉此減少開銷。

提升愛情運的礦石

髮晶
⇒P226

粉紅碧璽
⇒P231

提升工作運的礦石

坦桑石
⇒P262

花園水晶
⇒P271

提升金錢運的礦石

玉
⇒P243

蛋白石
⇒P285

＊ 使用效果……你會具備開闊的觀點，還能獲得解決問題的線索。

內在性格 *the other side* 12月13日

今日守護石　　藍銅礦　　阿賽斯特萊石

腳踏實地成長

你會仔細檢視自己生來就有的天賦或能力並從事相符的活動。將無論如何都做不到的事情排除在外，再把可以做到的事情確實做好並取得成果。只要確定自己做得到，你就會付出最大的努力，腳踏實地地成長，所以通常也會讓身邊的人覺得很放心。

♥ 4/11、4/12、8/13、8/14、10/2、10/3　◐ 2/11、2/12、7/17、7/18、10/14、10/15　◒ 3/12、3/13、5/12、5/13、9/14、9/15　✪ 6/12、6/13、7/11、7/12、11/13、11/14

內在性格 *the other side* 12月14日

今日守護石　　藍銅礦　　賽黃晶

無所畏懼的挑戰者

你具備看見自身特質的能力，會藉此對各式各樣的事物進行挑戰。儘管有時也會出現乍看好像有勇無謀的舉動，但你會冷靜地發揮所有實力克服難關。你總是在尋找新的主題進行挑戰，但因為只要收到新鮮的感動就能充電，所以搞不好永遠都不會累。

♥ 4/12、4/13、8/14、8/15、10/3、10/4　◐ 2/12、2/13、7/18、7/19、10/15、10/16　◒ 3/13、3/14、5/13、5/14、9/15、9/16　✪ 6/13、6/14、7/12、7/13、11/14、11/15

內在性格 *the other side* 12月15日

今日守護石　　舒俱徠石　　阿賽斯特萊石

放開心胸獲得機會

你擁有堅定不移的意志，卻同時會打開心胸接受他人的本性及意見，從而獲得新的機會或線索。就算自己心意已決，只要發現接受其他人的意見或方針可以創造出新的可能性，你還是會接受它們。可能還會經常從與他人的對話當中抓住通往未來新的鑰匙。

♥ 4/13、4/14、8/15、8/16、10/4、10/5　◐ 2/13、2/14、7/19、7/20、10/16、10/17　◒ 3/14、3/15、5/14、5/15、9/16、9/17　✪ 6/14、6/15、7/13、7/14、11/15、11/16

內在性格 *the other side* 12月16日

今日守護石　　舒俱徠石　　賽黃晶

讓豐富的想像恣意延伸

你有無垠的想像力以及細緻而縝密的巧思。做某件事情時，你會像摹擬一樣進行小規模的實驗，或是使其多元發展以拓展其中的可能性。與其一板一眼地認真去做，你寧可像小孩子玩遊戲一樣自由發揮，所以也可能會忘了這其實是工作或作業的一環。

♥ 4/14、4/15、8/17、8/18、10/5、10/6　◐ 2/14、2/15、7/20、7/21、10/17、10/18　◒ 3/15、3/16、5/15、5/16、9/17、9/18　✪ 6/15、6/16、7/14、7/15、11/16、11/17

內在性格 *the other side* 12月17日

今日守護石　　藍銅礦　　舒俱徠石

在嚴峻的環境中測試自己

你會刻意置身在嚴峻的環境當中並測試自己的實力。你會率先把手伸向沒有人在做的事，或是踏入尚未被世人所知的未開發領域開疆拓土。你並非獨自一人，而是帶著夥伴在前方打頭陣，因此會獲得相當於領導者的立場，有時還會成為某個特定領域的先驅。

♥ 4/15、4/16、8/18、8/19、10/6、10/7　◐ 2/15、2/16、7/21、7/22、10/18、10/19　◒ 3/16、3/17、5/16、5/17、9/18、9/19　✪ 6/17、7/15、7/16、11/17、11/18

射手座

12月18日～12月21日

著眼於通識學習

你對任何事情都充滿興趣，有廣博的見解以及開闊的觀點，會思考著「這麼做最後有所幫助」，繼續在學習的路上前進。而在自我成長上，你也會腳步踏實地持續精進，利用考取證照、檢定，作為人生墊腳石，有效利用它們拓展自己的本領。此外，你不會侷限在自己所在的地區或國家，而是從各式各樣的地方蒐集資訊，尋找能將全世界涵蓋其中的總體概念，利用這些知識舉辦能讓人提升某些意識的活動。紫蘇輝石會強化率領眾人的牽引力；琥珀會安撫情緒；青金石會激發潛能；水晶會幫助你找到概括整體的概念。

守護石

紫蘇輝石	琥珀	青金石	水晶
⇒P207	⇒P225	⇒P262	⇒P269

＊ 愛情・人際關係 ＊
透過學習發展關係

你容易喜歡上能讓彼此成長或勤勉好學的人，會透過興趣、學習等等的事情發展關係。然而凡事都愛講求道理的傾向也可能會讓對方質疑你心中這份熱情的本質。霰石會為戀愛提供全方位的支援；血石會讓你坦率表達炙熱的愛。

＊ 事業 ＊
想著後續發展處理工作

你會一邊考慮事情的後續發展，一邊確實地完成工作。但萬一對方是個比較強勢的類型，你就會被牽著鼻子走，變得越來越不清楚自己想做什麼而產生壓力。百吉石會療癒壓力；量子混合水晶會堅定自我以對抗強勢的人。

＊ 金錢 ＊
恰到好處的踏實

你在金錢方面有點馬虎，尤其不擅長處理收支管理。但就算什麼都不做，你也能自然而然地累積儲蓄，算是一個財運相對穩定的人。煙晶會改善馬虎的態度；乳白晶會調整情緒，讓財運變得更高、更穩定。

提升愛情運的礦石

霰石	血石
⇒P202	⇒P245

提升工作運的礦石

百吉石	量子混合水晶
⇒P201	⇒P286

提升金錢運的礦石

煙晶	乳白晶
⇒P203	⇒P277

＊ 使用效果……活動目標會變得十分明確。也有可能會感到豁然開朗、不再迷惘。

內在性格 *the other side* 12月18日

將理想化為形體

你會把自己和大家的理想放在心上，讓它們慢慢地具體成形。更好的未來、更好的生活方式，你會在腦中想像著這些東西，同時摸索實際執行的辦法並積極行動。此外，你還總是想著「要讓更多的人理解」，努力用一些巧思讓說詞或表現方式變得更簡單。只要繼續研究語言、圖形等各式各樣的表現手法，理解你的人就會越來越多，甚至還有可能從他們那裡獲得幫助。

♥ 4/16、4/17、8/19、8/20、10/7、10/8　🌙 2/16、2/17、7/22、7/23、10/19、10/20　☀ 3/17、3/18、5/17、5/18、9/19、9/20　⭐ 6/17、6/18、7/17、7/18、11/18、11/19

內在性格 *the other side* 12月19日

從司空見慣的事物中悟得真理

你能夠從司空見慣的事物當中再次體會到它的奧妙。你會小心翼翼確認自己的立足點，把目光放在其中卓越的機能性與實踐精神，重新開始再實踐一次；搞不好還經常把這些事情告訴周遭的人，藉此點醒他們。你會指出他人背景當中的優勢，告訴他們該如何運用，透過這些方法使人們成長，因此也可能會擔任類似教練的職務。

♥ 4/17、4/18、8/20、8/21、10/8、10/9　🌙 2/17、2/18、7/23、7/24、10/20、10/21　☀ 3/18、3/19、5/18、5/19、9/20、9/21　⭐ 6/18、6/19、7/17、7/18、11/19、11/20

射手座

內在性格 *the other side* 12月20日

腳踏實地的理想

你很重視精神，但同時卻也擁有現實的感性。你會具體判斷大家需要哪些東西，時而把不需要的東西無情捨棄。然而這個行為的背後卻有充實的精神作為佐證，因為你認為這是為了往更好的方向前進所做出的決定，所以內心不會有任何遲疑。雖然乍看好像既嚴肅又公事公辦，但你會以人應有的模樣或理想等等為出發點思考事情，因此也有可能常常在最後收到他人的感謝。

♥ 4/18、4/19、8/21、8/22、10/9、10/10　🌙 2/18、2/19、7/24、7/25、10/21、10/22　☀ 3/19、3/20、5/19、5/20、9/21、9/22　⭐ 6/19、6/20、7/18、7/19、11/20、11/21

內在性格 *the other side* 12月21日

體現理想

你試圖運用各種知識或想法體現自己理想的模樣。你會把「希望自己是這個樣子」的願望或理想的模樣融入在日常生活的言行舉止當中，並實際以行動表現出來。因為是理想的實踐家，所以也可能會經常在不知不覺中站在指導眾人的立場。要是把在實踐的過程中培養或累積起來的成果好好展示給身邊的人看，就能繼續進步。

♥ 4/19、4/20、8/22、8/23、10/10、10/11　🌙 2/19、2/20、7/25、7/26、10/22、10/23　☀ 3/20、3/21、5/20、5/21、9/22、9/23　⭐ 6/20、6/21、7/19、7/20、11/21、11/22

12月22日～12月25日

※ 魔羯座0～3度 月 ※

在團體行動中尋求安全感

與團隊的夥伴針對某個目標積極行動，又或在活動中找到自己的歸屬，你會透過這些行為得到安全感。雖然有時嚴肅，但你會敏感察覺他人的情緒，盡可能了解對方的心情。然而你的孩子氣及努力隱藏情緒的模樣，會讓對方覺得有點冷淡，導致你們難以

產生共鳴。即便如此，你還是會照顧自己認定的夥伴，為了與他們合力實現某個目標而拼命努力。煤玉會幫忙打造安心的場所；蛇紋石會讓你精力十足；樹枝石會帶來寧靜，療癒身心；紫黃晶會改善與周遭的關係，使你們在保持協調的情況下完成某件事。

守護石

煤玉
P209

蛇紋石
P228

樹枝石
P274

紫黃晶
P283

※ 愛情・人際關係 ※
心裡同時住著大人和小孩

面對心儀對象，你會盡量以大人的態度接近對方，但是又在關係拉近之後變得很愛撒嬌。撒嬌時的樣子和平常之間的反差也可能會讓對方感到不知所措。東菱石會吸引到好對象；月光石會帶出率真的情感表現，為戀情加分。

※ 事業 ※
夥伴帶來動力

你對工作的態度非常用心，不管做什麼都有水準之上的表現，而結識好夥伴會讓工作意願變得更高、迅速而俐落地完成工作。不過，你會冷淡對待能力不足的人，甚至因此造成衝突。檸檬晶會療癒工作上的疲勞；薔薇輝石會強化與工作夥伴的連結。

※ 金錢 ※
認真做好管理

在金錢方面，你會認真把包含收支平衡在內的事情都做好管理，例如有計畫的少額儲蓄。但只要工作或人際關係上的壓力一大，還是有可能會衝動購物。水光水晶會緩解壓力，防止衝動購物；藍紋瑪瑙會對想踏實存錢的心情給予支持。

提升愛情運的礦石

東菱石
P240

月光石
P278

提升工作運的礦石

檸檬晶
P227

薔薇輝石
P236

提升金錢運的礦石

水光水晶
P250

藍紋瑪瑙
P256

※ 使用效果……找到能讓自己冷靜下來的地方並獲得安全感。

12月22日

  蛇紋石　　紫黃晶

勇敢的領導者

你會整合大家的想法並率先採取必要行動。在整合周遭意見的過程中，你會自然被推上領導者的位置並擔下職務。這一路上並非總是一帆風順，偶爾也有需要鼓起勇氣面對的局面，但你會藉此確認自己的想法，而率領他人的覺悟也會變得更堅定。雖然也有膽小的一面，但正因如此，你的行動會更謹慎，作為領導者的資質也會隨著經驗的累積往上提升。

♥ 4/20、4/21、8/23、8/24、10/11、10/12　♣ 2/20、2/21、7/26、7/27、10/23、10/24　♦ 3/21、3/22、5/21、5/22、9/23、9/24　♠ 6/21、6/22、7/20、7/21、11/22、11/23

12月23日

  煤玉　　 蛇紋石

果敢的挑戰者

你即使處在險惡的情況之下也會果敢挑戰。你具備現實的觀點與執行力，會為了要守護的事物以及讓同伴活下去傾盡全力。根據情況，有時也會不得不認真投入一個從來沒接觸過的全新領域，但要是能將其視為活下去的途徑，你便會感覺有一股龐大的力量自體內湧出，鼓起勇氣進行挑戰。風平浪靜時，你傾向於站在別人後面，可說是要在走投無路時才會變得更積極並發揮實力的類型。

♥ 4/21、4/22、8/24、8/25、10/12、10/13　♣ 2/21、2/22、7/27、7/28、10/24、10/25　♦ 3/22、3/23、5/22、5/23、9/24、9/25　♠ 6/22、6/23、7/21、7/22、11/23、11/24

12月24日

樹枝石　　紫黃晶

追求具體的成果

你想做出某種具體的東西作為自己內心成長的證明。不會光用嘴巴針對夢想或理念侃侃而談，而是會實際嘗試或以明確的形式表現出來。你還覺得唯有反映在現實中的理想才有價值，比方說，你會在社會上推廣自己視為理想的工作或活動，或是考取相關的證照實際實踐等等。如果把對將來的期望寫在行事曆之類的地方，似乎也會產生一股吸引力讓它們像行程一樣一一實現。

♥ 4/22、4/23、8/25、8/26、10/13、10/14　♣ 2/22、2/23、7/28、7/29、10/25、10/26　♦ 3/23、3/24、5/23、5/24、9/25、9/26　♠ 6/23、6/24、7/22、7/23、11/24、11/25

12月25日

  煤玉　　 紫黃晶

齊心協力達成目標

你會和許多人通力合作，共同取得無法自己一個人達成的成果。你深知自己的能力極限，會把不同人的能力或技術結合起來做出具體的結果。搞不好還會經常用優秀的觀察能力精準看出他人的才能，邀請他們加入同伴的行列。你很重視團隊合作，但同時也會小心不讓團隊裡出現過度依賴的情況，因此也很擅長集結有實力的人組成一支非常能幹的團隊。

♥ 4/23、4/24、8/26、8/27、10/14、10/15　♣ 2/23、2/24、7/29、7/30、10/26、10/27　♦ 3/24、3/25、5/24、5/25、9/26、9/27　♠ 6/24、6/25、7/23、7/24、11/25、11/26

12月26日～12月29日

♑

對系統的理解力

你有強大的判斷力以及迅速做出決斷的能力，無論在哪裡都會適當地把事情做好。因為看清事物系統或結構的能力很強，就算是第一次去到某個地方，你也會仔細蒐集資訊，了解當下正在發生的事情並融入周遭。而且你還會馬上找到那裡的中心人物，積極與對方拉近關係。你也有嚴以待己的一面，會盡量克制自己說喪氣的話或像孩子一樣耍任性。不過要小心壓抑過頭會累積很多壓力，對身心靈造成負擔。霰石會緩解壓力；黑曜石會補充精力；天河石會減輕身心的負擔；蘇打石會明確目標，增強執行力。

守護石

霰石
P202

黑曜石
P209

天河石
P241

蘇打石
P261

※ 愛情‧人際關係 ※
一邊確認一邊穩定發展

面對喜歡的人，你會一邊確認彼此的愛，一邊發展戀情。但因為也能把握好機會迅速出擊，所以就結果來說，成功率也很高。苔蘚瑪瑙會吸引戀情來敲門；藍玉髓會進一步加深你與對方的心靈連結。

※ 事業 ※
發掘利益

你會很快看出事物的利益或優先順序，做出確實的選擇及決斷，讓工作順利進行。只不過以利益為優先也可能會導致工作上的人際問題。粉紅菱鋅礦會協助你和工作對象形成融洽的關係；銀星石會幫助工作順利進行。

※ 金錢 ※
從容才是關鍵

你不但認真管理金錢，關於緊急開銷的對策也做得萬無一失。但是這種一絲不苟的感覺也可能會堵住意外收入等豐沛的錢流。火瑪瑙會增加從外界流進來的財運流量；海藍寶石會讓你的內心產生餘裕，打開財運的大門。

提升愛情運的礦石

苔蘚瑪瑙
P247

藍玉髓
P255

提升工作運的礦石

粉紅菱鋅礦
P235

銀星石
P248

提升金錢運的礦石

火瑪瑙
P221

海藍寶石
P251

※ 使用效果……可以看清問題或情況的構造等等，還能找出造成問題的原因。

内在性格
the other side

12月26日

今日守護石

 黑曜石　　 天河石

認清自己在團體當中的位置

你可以在人群之中認清自己的天賦及能力，確實做好自己該做的事。你有俯瞰整體的視角，能夠針對在一個巨大的團體當中，自己的能力、位置或人際關係的關聯性等等進行思考，同時察覺其他人希望自己怎麼做並確實執行。有時被分配到幕後人員，有時則反過來擔任炒熱氣氛的角色；因為你能體察整個團隊的意圖，所以會認真扮演好自己的角色，為同伴做出巨大的貢獻。

♡ 4/24、4/25、8/27、8/28、10/15、10/16　⏳ 2/24、2/25、7/30、7/31、10/27、10/28　♦ 3/25、3/26、5/25、5/26、9/27、9/28　✦ 6/25、6/26、7/24、7/25、11/26、11/27

内在性格
the other side

12月27日

今日守護石

 霰石　　 天河石

適應群體

你很重視團隊合作，有時可以壓抑住自己的想法或熱忱而與夥伴一起行動。你深知一個人的任性或獨斷不但會破壞夥伴之間的和諧，還會降低團隊的生產力，所以如果有需要，你會抹煞個人意志來配合其他人。另外，你也很常擔任幕後的領導者，還能作為一個團隊做出與情況相符的行動，因此也有很高的可能性會腳踏實地取得豐碩的成果。

♡ 4/25、4/26、8/28、8/29、10/16、10/17　⏳ 2/25、2/26、7/31、8/1、10/28、10/29　♦ 3/26、3/27、5/26、5/27、9/28、9/29　✦ 6/26、6/27、7/25、7/26、11/27、11/28

内在性格
the other side

12月28日

今日守護石

黑曜石　　蘇打石

察覺危險

你會注意到出乎預料或在檯面下進行的事物，並且把情況告訴其他的人。穩健的執行力和行動力自然不在話下，你還會用與生俱來、像直覺般的認知力，從不完善的小地方或緊張的氣氛中察覺危險，在事前防範於未然。在大部分的情況下，當危險跟自己的工作或社會活動關係越密切，你掌握得就越精確，也許是因為你認為這就相當於自己的立足點崩壞倒塌。

♡ 4/26、4/27、8/29、8/30、10/17、10/18　⏳ 2/26、2/27、8/1、8/2、10/29、10/30　♦ 3/27、3/28、5/27、5/28、9/29、9/30　✦ 6/27、6/28、7/26、7/27、11/28、11/29

魔羯座

内在性格
the other side

12月29日

今日守護石

 霰石　　 蘇打石

用心打造基礎

你會好好整頓自己立足的環境，了解用心生活的喜悅。你非常清楚什麼是存在於理所當然之中的幸福，因此會確實打好食、衣、住等生活方面的基礎，一邊好好工作，一邊樂觀開朗地過生活。而且這種充滿朝氣的氛圍會讓周遭的夥伴放鬆心情，為現場製造安心感，或是為增加動機盡一份力。如果培養造福大眾的習慣的話，幸運度應該會繼續往上提升。

♡ 4/27、4/28、8/30、8/31、10/18、10/19　⏳ 2/27、2/28、8/2、8/3、10/30、10/31　♦ 3/28、3/29、5/28、5/29、9/30、10/1　✦ 6/28、6/29、7/27、7/28、11/29、11/30

12月30日～1月3日

魔羯座8～12度　金星

確立地位後再展開行動

你會先確立自己身為成熟大人的立場再與許多人交流互動，刻意提高自己的社會性，或是在培養常識的同時與他人應對，因此周遭會對你信賴有加。另外，你可能從年輕時就跟社會地位很高的人或各界名流有所來往，因此會壓抑任性的想法，努力不讓自己太情緒化，但這些行為長久變成壓力積在心裡，可能會讓你感到疲憊不堪。擁有能讓你自在相處的夥伴可以避免壓力產生。菱錳礦會吸引能讓你卸下心防、自然相處的朋友；貴橄欖石會減輕各種身心壓力；軟玉會為內心帶來平靜；骨幹水晶會加強社交能力。

菱錳礦	貴橄欖石	軟玉	骨幹水晶
P233	P238	P244	P271

※ 愛情・人際關係 ※
善用規則加深關係

你和喜歡的人會在雙方之間制定某種程度的規則，慢慢加深彼此的關係。如果規則有發揮好的效果的話倒還好，但也可能會因為限制太多，反而覺得很痛苦。異性石會提升愛情的整體運勢；纏絲瑪瑙會提高變通能力，消除愛情的苦痛。

※ 事業 ※
發揮品味的工作

你可以確實做好被指派的工作，並同時把自己的品味發揮在裡面。不過，要是周圍不認同這種作法，則會對你造成壓力。草莓晶會提高美感、強化工作運；透石膏會緩解工作壓力。

※ 金錢 ※
選擇高品質的東西

你會有計畫地認真理財，但是因為傾向購買可以用很久或名牌貨等品質優良的商品，所以支出也會隨之增加。綠玉髓會穩定整體財運；賽黃晶會把眼光變得更高，讓你選擇真正需要的好東西，減少金錢的浪費。

異性石	纏絲瑪瑙	草莓晶	透石膏	綠玉髓	賽黃晶
P212	P219	P234	P273	P242	P273

※ 使用效果……能夠視情況做出相符的行為或發揮品味。

12月30日

今日守護石　 菱錳礦　 軟玉

配合大自然的週期變化活動

你會讓身心靈跟氣候、季節等自然的週期變化或是周圍的環境因素進行同步，並同時展開目標活動。因為你憑直覺了解到「與環境交惡終將無法獲得好的成果」這個道理，所以會配合周遭的情況做好自己的本分，或許還會把握住運勢的走向得到機會。

♥ 4/28、4/29、8/31、9/1、10/19、10/20　🕐 2/28、2/29、8/3、8/4、10/31、11/1　⚙ 3/29、3/30、5/29、5/30、10/1、10/2　✡ 6/29、6/30、7/28、7/29、11/30、12/1

12月31日

今日守護石　 菱錳礦　 貴橄欖石

接觸性質不同的人

你會積極接觸性質迥異的人或拓展其他行業的人脈來拓展自己的可能性。你不會滿足於自己目前所在的領域，而是會積極吸收除此以外的其他主題，把它們變成自己手上的牌。即使這麼做會讓自己暴露在危險之中，你也無所畏懼，並以過人的實力為自己帶來利益。

♥ 4/29、4/30、9/1、9/2、10/20、10/21　🕐 2/29、3/1、8/4、8/5、11/1、11/2　⚙ 3/30、3/31、5/30、5/31、10/2、10/3　✡ 7/1、7/2、7/29、7/30、12/1、12/2

1月1日

今日守護石　 軟玉　 骨幹水晶

追求更高的目標

你有正向的進取心，是個能夠朝著更高的目標努力的人。如果有自己的過人之處，例如擅長的領域等等，應該就能更有自信地向前邁進。你和上流社會的紳士名媛很有緣，傾向於從他身上學習生活態度或看事情的觀點，會透過積極涉足良好的人脈讓自己變成一個更好的人。

♥ 4/30、5/1、9/2、9/3、10/21、10/22　🕐 3/1、3/2、8/5、8/6、11/2、11/3　⚙ 3/31、4/1、5/31、6/1、10/3、10/4　✡ 7/2、7/3、7/30、7/31、12/2、12/3

魔羯座

1月2日

今日守護石　 貴橄欖石　 骨幹水晶

看穿事物的組成

你是個能夠把事物看成一種系統，從而判斷出好壞以及組成的人。你有認真誠實的人格特質，經常為身邊的人付出，藉此找到自己的歸宿或要走的路。比起積極把自己的願望強壓在他人身上，你更傾向有效利用外在的事物來達成目的。

♥ 5/1、5/2、9/3、9/4、10/22、10/23　🕐 3/2、3/3、8/6、8/7、11/3、11/4　⚙ 4/1、4/2、6/1、6/2、10/4、10/5　✡ 7/3、7/4、7/31、8/1、12/3、12/4

1月3日

今日守護石　 菱錳礦　 骨幹水晶

關注本質

你有很高的集中力，具備為了看見事物的本質而謹慎行動的心態。雖然乍看之下是個氣質穩重的人，但內心卻有堅定不移的熱忱，一旦下定決心就會馬上行動，最後做出具有高完成度的結果。無論對誰都會傾盡全力來影響對方，而這份熱情會吸引周遭的人。

♥ 5/2、5/3、9/4、9/5、10/23、10/24　🕐 3/3、3/4、8/7、8/8、11/4、11/5　⚙ 4/2、4/3、6/2、6/3、10/5、10/6　✡ 7/4、7/5、8/1、8/2、12/4、12/5

1月4日～1月8日

為整體做出貢獻

除了自己之外，對大家都有好處的事情，你會率先帶頭去做，與其他人合力取得成果。你很清楚目標為何，會筆直朝著那裡全力衝刺，因此能快速有效率地做出結果。然而拼命走直線的傾向會使你忽略自己身心承受的壓力，導致在重要關頭弄壞身體。要是能夠一邊呵護著身與心一邊前進的話，最後或許還能爬上其他人所不可企及的高處。虎眼石會補充朝目標大步前進的能量；縞瑪瑙會提高判斷力，幫助你選出最佳途徑；藍寶石會強化對身心靈的觀察力；極光23會提示下一步，讓你在有利的情況下前進。

守護石

虎眼石
P203

縞瑪瑙
P206

藍寶石
P261

極光23
P285

※ 愛情・人際關係 ※
冷靜地拉近距離

你會慢慢與對方交換心意，藉此拉近彼此的距離並孕育愛情。可是一旦溝通變少，你就會感到不滿或因為不知道對方在想什麼而陷入苦惱。祖母綠會促進有愛的溝通；珍珠會消除不滿、煩惱並療癒內心。

※ 事業 ※
謹慎的工作態度

你認為工作就應該好好做，會謹慎地做出成果。但是也有很容易因為沒有得到好的成果而喪失自信和動力的傾向。粉晶會增加自我肯定並恢復自信；斑彩石會激發潛在的可能性，在工作上推你一把。

※ 金錢 ※
因未來的規劃而不同

你會放眼未來並有計畫地用錢。因為財運的流量會隨著對未來的規劃而改變，也許比起保守踏實，倒還不如盡情作夢。索拉利斯會讓你對未來的正向意念增幅並提升財運；拉長石會強化跟錢有關的直覺。

提升愛情運的礦石

祖母綠
P241

珍珠
P275

提升工作運的礦石

粉晶
P232

斑彩石
P283

提升金錢運的礦石

索拉利斯
P224

拉長石
P281

※ 使用效果……提高你為大家做事的意願，並發現實現目標的具體步驟。

另有蹊徑
the other side **1月4日**

今日守護石

 虎眼石　　 縞瑪瑙

用自己的步調享受其中

你沉著穩重，可以用自己的步調投入好玩有趣或感興趣的事物。即使是對因興趣而從事的活動也會認真以待，所以也可能會把技術練到專家等級。此外，有趣的活動還會影響每天的動力，不管再怎麼忙，最好還是留點時間給興趣會比較好。

❤ 5/3、5/4、9/5、9/6、10/24、10/25　🌙 3/4、3/5、8/8、8/9、11/5、11/6　⭐ 4/3、4/4、6/3、6/4、10/6、10/7　✦ 7/5、7/6、8/2、8/3、12/5、12/6

另有蹊徑
the other side **1月5日**

今日守護石

 縞瑪瑙　　 極光23

守護人們的心

你能夠把自己像孩子一樣柔軟的感受性仔細表現出來。你會努力為他人帶來令人滿足的平靜生活，尤其會溫柔對有困難的人伸出援手，試圖與他們分享喜悅。你還有設計出具體的系統幫助他人的才華，要是能把這種系統用在大場面，你應該會感到非常滿足。

❤ 5/4、5/5、9/7、9/8、10/25、10/26　🌙 3/5、3/6、8/9、8/10、11/6、11/7　⭐ 4/4、4/5、6/5、6/6、10/7、10/8　✦ 7/6、7/7、8/3、8/4、12/6、12/7

另有蹊徑
the other side **1月6日**

今日守護石

 藍寶石　　 極光23

朝氣蓬勃的感受性

你有誠實穩重的氣質，能夠從小事情中發現有趣或美麗之處，並真誠地為此開心。雖然平常表現得像個大人一樣，但內心卻有青春活潑的感受性，會發掘隱藏在周遭的美麗事物作為精神糧食，還會發揮有如青少年般的感性進行活動。

❤ 5/5、5/6、9/8、9/9、10/26、10/27　🌙 3/6、3/7、8/10、8/11、11/7、11/8　⭐ 4/5、4/6、6/6、6/7、10/8、10/9　✦ 7/7、7/8、8/4、8/5、12/7、12/8

另有蹊徑
the other side **1月7日**

今日守護石

 虎眼石　　 藍寶石

有效利用休息時間

你這個人做事認真，會一邊趁空檔穿插休息時間，一邊把事情做完。你很清楚能夠讓自己放鬆或喘口氣的方法，會算準壓力或疲勞累積的時間點安排中場休息，所以就算是長時間的企畫也可以用心完成。你對其他人的疲勞也很敏感，會率先對方提供療癒。

❤ 5/6、5/7、9/9、9/10、10/27、10/28　🌙 3/7、3/8、8/11、8/12、11/8、11/9　⭐ 4/6、4/7、6/7、6/8、10/9、10/10　✦ 7/8、7/9、8/5、8/6、12/8、12/9

另有蹊徑
the other side **1月8日**

今日守護石

 虎眼石　　 極光23

花時間慢慢磨練自己

你是個會花時間慢慢提升自己的魅力、能力並確實做出成果的人。你努力不懈只為了想得到社會或眾人的認同，並以證照、獎項及成績這些肉眼可見的形式表現這點，還會利用這些堂堂正正地主張自己的地位或權力以取得有利的情況。

❤ 5/7、5/8、9/10、9/11、10/28、10/29　🌙 3/8、3/9、8/12、8/13、11/9、11/10　⭐ 4/7、4/8、6/8、6/9、10/10、10/11　✦ 7/9、7/10、8/6、8/7、12/9、12/10

1月9日～1月12日

魔羯座18～21度　火星

踏實地將勝券握在手中

你會迅速掌握現場的情況，為現在該做什麼做出適當的判斷，同時大力且踏實地付諸執行。並經常利用這種特性實現某種目標或取得比其他人更優秀的成果。你也有不服輸的一面，有人當對手會讓你更熱血沸騰，但並不會因此變得太激動，而是腳踏實地地燃燒鬥志。在團體中，你也會一邊觀察對手的動向，一邊提升自己，不會讓你們的競爭影響團體，並在最後帶領所有成員邁向成果。黑碧璽會平衡身心靈，讓行動變得更流暢；藍晶石會療癒身心；蘇打石會提高獲勝的運氣；赫基蒙鑽水晶會讓思路變得無比清晰。

守護石

黑碧璽
P208

藍晶石
P260

蘇打石
P261

赫基蒙鑽水晶
P275

✴ 愛情・人際關係 ✴
常識才是關鍵

你會用心建立關係，使戀情開花結果。但是對於這段關係應有的模樣，你有過度用常識來思考該怎麼做、該怎麼說的傾向，一旦無法如願就會覺得一肚子氣。綠碧璽會喚醒愛的本質；乳白晶會促進與情況相符的靈活對應。

✴ 事業 ✴
克服困難的力量

你會用高度的專注力以及穩健的執行力腳踏實地地處理工作。就連其他人覺得很困難的事情也難不倒你，但你也會因此感到疲憊不堪。白雲母會帶來平常心，讓你能有效率地處理工作；粉紅碧璽會消除集中精神後的疲勞，使身心靈恢復健康。

✴ 金錢 ✴
壓力導致破財

平常有偏高且穩定的財運，可是只要因為各種事情忙得不可開交，你就會花錢用美食和購物排解壓力。辰砂會讓與生俱來的財運變得更穩定；藍孔雀石會緩解忙碌造成的壓力以防亂花錢。

提升愛情運的礦石

綠碧璽
P242

乳白晶
P277

提升工作運的礦石

白雲母
P215

粉紅碧璽
P231

提升金錢運的礦石

辰砂
P214

藍孔雀石
P282

✴ 使用效果……提高做事情的意願，甚至進一步轉換成執行力，也很推薦在提不起勁的時候使用。

1月9日
the other side

今日守護石 黑碧璽　　 蘇打石

對難題感到熱血沸騰

對於問題的難度越高就越有鬥志。特別當這件事情不是為了自己，而是能為許多人帶來好處時，你會更有幹勁，拼命做出結果。而如果記得慢慢賦予自己一些困難的課題，應該就能自然而然地往上提升。此外，因為你傾向待在旁邊有人可以誇獎自己的環境裡追求進步，所以要是和老師或指導者處不來的話，或許也需要把離開那個地方納入考量。

○ 5/8、5/9、9/11、9/12、10/29、10/30　◐ 3/9、3/10、8/13、8/14、11/10、11/11　● 4/8、4/9、6/9、6/10、10/11、10/12　✪ 7/10、7/11、8/7、8/8、12/11、12/11

1月10日
the other side

今日守護石 黑碧璽　　 赫基蒙鑽水晶

縱觀全局採取行動

你和周遭的協調性很高，總是能縱觀全局並從中採取最好的行動。你不喜歡只有自己一個人受到矚目，但對於在大家的共同努力之下獲得好評的企畫等等，卻能夠發自內心感到開心。而藉由累積整個團隊合力完成某個目標的經驗，你的技術和能力自然不用說，就連品格也會得到鍛鍊。在重視團隊合作的職場工作或參與集團、社團等的活動，應該會讓你神采奕奕地度過每一天。

○ 5/9、5/10、9/12、9/13、10/30、10/31　◐ 3/10、3/11、8/14、8/15、11/11、11/12　● 4/9、4/10、6/10、6/11、10/12、10/13　✪ 7/11、7/12、8/8、8/9、12/11、12/12

1月11日
the other side

今日守護石 藍晶石　　 蘇打石

看出他人身上的能力

你有看見他人的心情以及能力的才能，會一邊考慮每個人所具備的能力和個性，一邊整合自己所屬的團隊或其他夥伴，激發他們的能力來推動企畫。對於同伴之間的情緒衝突，你也能防範於未然，因此還會在各方面受到為首之人的重用。此外，搞不好還經常發生「一開始以協調者的立場行動，卻在不知不覺間被推上領導者的位置」這種情況。

○ 5/10、5/11、9/13、9/14、10/31、11/1　◐ 3/11、3/12、8/15、8/16、11/12、11/13　● 4/10、4/11、6/11、6/12、10/13、10/14　✪ 7/12、7/13、8/9、8/10、12/12、12/13

1月12日
the other side

今日守護石 蘇打石　　 赫基蒙鑽水晶

從長遠的眼光來判斷

你有很優秀的判斷力，能夠在情況惡化時迅速改變方針，最終取得很好的成果。就算之前已經累積了一些東西或做出了一點成果，只要從長遠的眼光來看覺得是不必要的，你就會毫不猶豫地將其捨棄。因為有遇到問題或處理麻煩事等等的經驗會讓人格與精神有更進一步的提升，所以你應該可以隨著時間的流逝成長成一個很有內涵的人。

○ 5/12、5/13、9/14、9/15、11/1、11/2　◐ 3/12、3/13、8/16、8/17、11/13、11/14　● 4/11、4/12、6/12、6/13、10/14、10/15　✪ 7/13、7/14、8/10、8/11、12/13、12/14

魔羯座

1月13日～1月16日

扮演好當下的角色

你對自己參與的團體、社會等等的現狀抱持認同，會以自己的方式扮演好其中的角色。令人意外的是，你經常處在需要承擔責任的立場，但因為會從中找到屬於自己的位置，所以也比較容易得到榮華富貴。你會和許多人朝著目標一起行動，可是想盡量接納他人心情的想法會導致你沒辦法保持嚴肅，甚至還可能因此造成問題。不過，只要認真向他們說明自己的態度，應該還是能獲得理解，挽救失敗。煤玉會緩解緊張；玉會帶你致富；藍寶石會協助你明確意識到現在該做的事；坦桑石會安撫神經，幫你挽救失敗。

守護石

煤玉
P209

玉
P243

藍寶石
P261

坦桑石
P262

※ 愛情・人際關係 ※
照顧對方的戀愛

你兼具穩重的氣質與溫柔體貼，會以穩健的步伐推進戀情。你也有過度照顧對方的傾向，可能會因此導致關係失衡。琥珀會協助戀情的發展；珍珠母會讓你發現對方真正需要什麼樣的幫助，讓你們恢復良好的關係。

※ 事業 ※
急緩交替進行

你會用心完成工作，但不會過度受限於規定或規則，而是會有靈活地應對處理。你對速度快慢的切換也很拿手，因此也深受周遭的信賴。矽孔雀石會為工作整體提供支援，讓你可以靜下心來做事；透鋰長石會預測之後的發展，帶領你獲得豐碩的成果。

※ 金錢 ※
因地位而異的財運

財運高而穩定。可是隨著社會地位的提升，就需要參加工作上的應酬或招待後進吃飯，諸如此類的因素可能會導致開銷增加。橙色方解石會以另一種方式招來與社交支出相當的財富；磷灰石會讓整體財運變得更好。

提升愛情運的礦石

琥珀
P225

珍珠母
P277

提升工作運的礦石

矽孔雀石
P254

透鋰長石
P276

提升金錢運的礦石

橙色方解石
P219

磷灰石
P253

※ 使用效果……能夠以正面的態度接受自己所處的情況。

1月13日

今日守護石

 藍寶石　 坦桑石

從客觀性獲得機會

你能夠秉持客觀的觀點，在接受不同人的想法和價值觀的同時，為周遭帶來協調。就算失敗了，你也很擅長發現其中的成果或有幫助的一面，或許鮮少會感到灰心喪志。而且你還會仔細分析失敗的原因，將結果應用在下一次，所以應該可以在之後把握住機會。你會針對失敗原因進行結構性拆解，做出調整防止它再度發生，因此問題本身應該也會逐漸減少。

♥ 5/13、5/14、9/15、9/16、11/2、11/3　⏳ 3/13、3/14、8/17、8/18、11/14、11/15　♦ 4/12、4/13、6/13、6/14、10/15、10/16　⭐ 7/14、7/15、8/11、8/12、12/14、12/15

1月14日

今日守護石

 煤玉　 藍寶石

退一步以看清本質

你總會退後一步來看什麼才是最重要的，並且試圖把它找出來。即使是在齒輪當中扮演某種角色的情況，你也能以開闊的視角確認目標，因此不但很少混亂，而且還能夠保持動機。此外，儘管在社會上活動，你還是很在意何謂「本質的成長」，會腳踏實地鍛鍊自己的心志。這樣的態度也許會讓你經常受到周遭的仰賴。

♥ 5/14、5/15、9/16、9/17、11/3、11/4　⏳ 3/14、3/15、8/18、8/19、11/15、11/16　♦ 4/13、4/14、6/14、6/15、10/16、10/17　⭐ 7/15、7/16、8/12、8/13、12/15、12/16

1月15日

今日守護石

 玉　 坦桑石

加入創新想法

你這個人具備穩定的實力，卻能夠享受創新的點子或奇怪的想法，把它們混入其他事物當中。你雖然會把別人要求的工作做好，但是卻非常渴望擺脫一成不變或固定模式，傾向做出更有趣的選擇。你也有一股很強烈的衝動想衝破外殼，還會對像平常一樣做完就結束了的事情施加調整，使它進一步發生變化。此外，你偶爾也會有切中本質的發言，讓周遭大吃一驚。

♥ 5/15、5/16、9/17、9/18、11/4、11/5　⏳ 3/15、3/16、8/19、8/20、11/16、11/17　♦ 4/14、4/15、6/15、6/16、10/17、10/18　⭐ 7/17、7/18、8/13、8/14、12/16、12/17

1月16日

今日守護石

玉　藍寶石

柔和的表現力

你這個人有過人的想像力和品味，能夠為周遭的人注入生機勃勃的感性。你可以瞬間察覺他人情緒中的深義，以柔和的表現方式代替對方表達，所以就算是直接說出來會讓現場瞬間凍結的事情，你也能溫和表達，使其和緩的陸以求得周遭的理解。另外，你還會把對社會的警告這種比較嚴肅的事情化成作品揭露出來。而你溫柔和善的特質會虜獲身邊的人，使他們深深為你著迷。

♥ 5/16、5/17、9/18、9/19、11/5、11/6　⏳ 3/16、3/17、8/20、8/21、11/17、11/18　♦ 4/15、4/16、6/16、6/17、10/18、10/19　⭐ 7/18、7/19、8/14、8/15、12/17、12/18

1月17日～1月20日

提出更好的方針

你會詳細確認所在地正在發生的事情以及社會情況，同時採取當下所需的行動以平息紛爭。你很重視規則及前例，會積極汲取其中的成就和穩定性，為眾人提出更好的方針。雖然有過度自我要求的傾向，但偶爾善用直覺或接觸有點奇怪的東西也可以排解壓力，甚至是培養靈活性。此外，結交跟自己的社會地位毫無關聯的朋友，應該能讓你在紓壓的同時擁有寬闊的視野。煙晶會提升整體運氣；軟玉會為內心帶來餘裕；螢石會讓你接受直覺；量子混合水晶會帶來內心的平靜及寬闊的視野。

守護石

煙晶
P203

軟玉
P244

螢石
P246

量子混合水晶
P286

※ 愛情・人際關係 ※
直率的戀情

直率的愛情表現會招來好感，展開一段新的戀情。但是僵硬的態度也經常害你錯過戀情，所以面對喜歡的人時，請你刻意讓自己放鬆吧！花園水晶會讓心情放鬆得恰到好處並維繫戀情；赫基蒙鑽水晶會為你的戀愛提供全方位的協助。

※ 事業 ※
踏實把工作做好

認真仔細的工作態度會讓你獲得周遭的信賴。雖然擅長把決定好的事情確實做好，但似乎不太會與人交涉或說服他人。鈣沸石會療癒工作上的疲勞，補充新的精力；西瓜碧璽會促使你和工作對象建立融洽的關係。

※ 金錢 ※
有計畫地用錢

你會妥善理財，在儲蓄等方面也會有計畫地執行。錢只要被存起來你就捨不得花，可能會因為在關鍵時刻沒辦法用錢，和好運擦身而過。太陽石會提升整體財運；捷克隕石會強化直覺，在你為把握好運所做的金錢運用上提供助力。

提升愛情運的礦石

花園水晶
P271

赫基蒙鑽水晶
P275

提升工作運的礦石

鈣沸石
P272

西瓜碧璽
P284

提升金錢運的礦石

太陽石
P220

捷克隕石
P239

※ 使用效果……獲得認真把事情處理好的穩定性，還會意識到該做的事。

1月17日

今日守護石　 煙晶　　 軟玉

朝著目標不斷努力

你是個能夠在決定好目標後，朝著那個方向默默耕耘的人。就算走得慢，你也仍會以紮實的腳步取得結果，使周遭對你信賴有加。而且你還會在每一天的累積當中鍛鍊身心，從而獲得更加充實且經過淬鍊的精神力。要是養成能夠讓身心同時獲得鍛鍊的習慣，或是把自漫長的歷史中孕育而成、具有高度精神性的思想融入於日常生活的話，應該就可以在不斷重複的每一天當中用更快的速度成長。

♥ 5/17、5/18、9/19、9/20、11/6、11/7　🌙 3/17、3/18、8/21、8/22、11/18、11/19　☀ 4/16、4/17、6/17、6/18、10/19、10/20
★ 7/19、7/20、8/15、8/16、12/18、12/19

1月18日

今日守護石　 軟玉　　🪨 量子混合水晶

將散亂的事物合而為一

你能夠看穿乍看之下各不相同的事物特性，像拼拼圖一樣將它們完美結合並統整起來。你會把目光放在結構及本質，觀察共通點或相反之處，同時有效利用這些特性，組合出一個巨大的事物。你可能也善於考慮每個人的特性，建立一支效率極佳的隊伍。除此之外，你還會在整合完一件事情之後繼續探索更多的可能性，使周遭的人覺得你很有先見之明。

♥ 5/18、5/19、9/20、9/21、11/7、11/8　🌙 3/18、3/19、8/22、8/23、11/19、11/20　☀ 4/17、4/18、6/18、6/19、10/20、10/21
★ 7/20、7/21、8/16、8/17、12/19、12/20

1月19日

今日守護石　 煙晶　　 螢石

直覺與執行力

你能夠運用能力與直覺於現實面並完美結合，取得成果。你會先用直覺掌握機會或最佳時機再審慎執行，因此取得成果的方式就像是平常的延伸。而這種成功的累積或許也經常讓你自然而然地被推到事件的中心。但因為你本人並沒有太大的野心，所以就算身處中心位置，你可能也只會覺得很麻煩而毫無自覺。

♥ 5/19、5/20、9/21、9/22、11/8、11/9　🌙 3/19、3/20、8/23、8/24、11/20、11/21　☀ 4/18、4/19、6/19、6/20、10/21、10/22
★ 7/21、7/22、8/17、8/18、12/20、12/21

魔羯座

1月20日

今日守護石　 煙晶　　 量子混合水晶

靜下心來處理事情

你具備優秀的實力及達觀的視角。即使遇到不得不克服的問題或麻煩，你也不會只看眼前的情況，可以靜下心來冷靜處理事情，因此經常被其他人另眼相看。你有開闊的視野，還會以長遠的角度進行思考，所以就算出現一些小失誤，你也不會慌了手腳，繼續做好該做的事，最終展現豐碩的成果。此外，結交更多活躍於不同行業或領域的朋友，就會有更寬的視野以及更高的資質。

♥ 5/20、5/21、9/22、9/23、11/9、11/10　🌙 3/20、3/21、8/24、8/25、11/21、11/22　☀ 4/19、4/20、6/20、6/21、10/22、10/23
★ 7/22、7/23、8/18、8/19、12/21、12/22

1月21日～1月24日

※ 水瓶座0～3度 月 ※

尊重他人的個性

你很重視在任何情況下都要保持跟平常一樣的狀態，盡可能不讓情緒產生波瀾，導致周遭覺得你是個很酷、很穩重的人。但你並非冷酷無情，而是會在與人來往時尊重每個人的個性及人格。你會一邊衡量與他人的距離感，一邊以長遠的眼光與所有人和諧共處，但或許你不擅長應對會擅闖自己地盤的人。而且當你感到疲憊時，調整距離會變成一種負擔，所以也有可能會刻意遠離所有的人。玻隕石會強化靈感；薔薇輝石會平衡人際關係；藍紋瑪瑙會為身心靈提供全方位的支持；中性長石會緩解左右為難的情況。

守護石

玻隕石
P210

薔薇輝石
P236

藍紋瑪瑙
P256

中性長石
P270

※ 愛情・人際關係 ※
從友情發展成愛情

你們會從朋友般的關係慢慢加深愛情的互動。因為需要花很多時間才能確定對方是否值得信任，所以對方可能會非常著急，導致關係陷入僵局。橙色方解石會讓溝通變得更順利以避免發生問題；透石膏會促使你用自己的步調孕育愛情。

※ 事業 ※
傑出的情況掌握能力

你會正確地掌握情況並同時做好必要的工作。雖然很擅長重複做一件十分熟悉的事情，但如果工作內容是要應付瞬息萬變的局面，就很容易感受到壓力。珊瑚會幫助你能夠冷靜地處理工作；綠銅礦會療癒被壓力消磨的心。

※ 金錢 ※
為了彌補不安而破財

在金錢方面相對穩定。雖然會預測未來的發展規劃理財，但也很容易在內心感到不安時，為了彌補這種感覺而購買用不到的東西。綠簾花崗石會在治癒內心的同時安撫不安的感覺，讓財運本身穩定下來；拉利瑪會消除不安防止浪費。

提升愛情運的礦石

橙色方解石
P219

透石膏
P273

提升工作運的礦石

珊瑚
P213

綠銅礦
P243

提升金錢運的礦石

綠簾花崗石
P248

拉利瑪
P252

※ 使用效果……能夠認同他人真實的模樣，還會讓人際關係的問題迎刃而解。

內在性格 *the other side...* 1月21日

 今日守護石　玻隕石　中性長石

體現理想

你是個會把理想公諸於世，並且朝著實現理想邁進的人。你不會只出一張嘴或癡人說夢，而是會自己率先採取行動，因此會有很多人被你的模樣吸引，聚集到你的身邊。你希望與志同道合的人並肩同行，但基本上尊重個人意志，所以既不會限制對方的行動，也不會干涉自己或對方的步調。你或許正期盼著要與自由奔放的夥伴一起恣意地開拓未來。

♡ 5/21、5/22、9/23、9/24、11/10、11/11　♧ 3/21、3/22、8/25、8/26、11/22、11/23　◐ 4/20、4/21、6/21、6/22、10/23、10/24　✿ 7/23、7/24、8/19、8/20、12/22、12/23

內在性格 *the other side...* 1月22日

今日守護石　 玻隕石　 藍紋瑪瑙

打破框架

你會藉由破壞既定框架前進。只要看到隨處可見或一成不變的事物，就會湧現想要改進的想法，主動打破這些框架。然而你在行動時並沒有考慮折衷妥協的地方，所以最後可能會出現意想不到的情況，讓自己大吃一驚。你還經常要在破壞之後，才會重新確認自己的想法、發現自己追求的事物，不可避免地受到吸引並邁向未來。

♡ 5/22、5/23、9/24、9/25、11/11、11/12　♧ 3/22、3/23、8/26、8/27、11/23、11/24　◐ 4/21、4/22、6/22、6/23、10/24、10/25　✿ 7/24、7/25、8/20、8/21、12/23、12/24

內在性格 *the other side...* 1月23日

今日守護石　薔薇輝石　中性長石

邁向自由和理想

你不會害怕形同虛設的規則或常識，能夠打著自由和理想的口號，憑自己的力量行動。你有自己的目標，會時時將它放在心上，筆直朝著那裡行動。追求自由的傾向使你覺得不必配合他人的步調；若是出現同志，你們會以彼此的自主性為前提，朝著同樣的方向前進。而且待在緊緊束縛內心的團體或關係當中反而會讓你出現反彈，把自己的真實樣貌毫不保留地表現出來。

♡ 5/23、5/24、9/25、9/26、11/12、11/13　♧ 3/23、3/24、8/27、8/28、11/24、11/25　◐ 4/22、4/23、6/23、6/24、10/25、10/26　✿ 7/25、7/26、8/21、8/22、12/24、12/25

水瓶座

內在性格 *the other side...* 1月24日

今日守護石　 玻隕石　 薔薇輝石

相信自己，邁開步伐

你會試著相信內心的力量，以自己的速度邁開步伐。你多半擁有不可思議的才能或能力，能夠感知到肉眼看不見的事物，並利用這種感受性累積經驗。接觸不同性質的事物會為人生帶來很大的成長，因此請你記得多認識各式各樣的人或到處走走。此外，你還有被異文化吸引的傾向，在這樣的基礎上過生活應該能經常幫助你調整身心、轉換想法。

♡ 5/24、5/25、9/26、9/27、11/13、11/14　♧ 3/24、3/25、8/28、8/29、11/25、11/26　◐ 4/23、4/24、6/24、6/25、10/26、10/27　✿ 7/26、7/27、8/22、8/23、12/25、12/26

1月25日～1月28日

水瓶座 4 ～ 7度 ・ 水星

意識到未來及全球化

你精通各種事情並四處蒐集資訊。你認為只靠在地資訊並不足以應付所有情況，而尋求像國外等更大範圍的資訊。你總是思考著未來，可能會讓人覺得你有很厲害的預測能力而被認同；另一方面，也會有人覺得你「過度追求理想而缺乏現實感」。面對不理解你的人，別因為覺得講不通就分道揚鑣，而是選擇讓對方也能聽懂的說法，慢慢地說明，應該就能獲得與自己截然不同的人的信賴。髮晶會增強推動理想的力道；粉紅菱鋅礦帶來互相理解的話語；海藍寶石會為內心帶來冷靜；鎳鐵隕石會調整身心靈的平衡。

守護石

髮晶
→P226

粉紅菱鋅礦
→P235

海藍寶石
→P251

鎳鐵隕石
→P279

※ 愛情・人際關係 ※

用一次次的對話孕育愛情

你會一邊積極和喜歡的人對話，一邊縮短和對方的距離。不過，你自己主動想做的時候倒沒關係，但是當對方產生這種想法時，你可能會因為覺得麻煩而改變方向。檸檬晶會帶動對話，使戀情順利發展；水光水晶會提高自己的熱情並帶來平衡的關係。

※ 事業 ※

事先做好調查再開始作業

你會事先查好最適合的方法，有效率地完成工作，即使發生問題也會冷靜應對，使得周遭對你信賴有加。玫瑰勳簾石會進一步加深周遭對你的信賴，幫助工作順進行；蛻變石英會提升面對突發狀況的應變能力。

※ 金錢 ※

把錢花在資訊器材

你的物欲相對較低，可是在電腦或通訊設備上，卻有盡可能追求好東西的傾向，甚至還能看見你大花特花。沙漠玫瑰會安撫在機器上追求更好的焦慮感以防大破財；螢石會理清跟錢有關的想法，讓財運穩定下來。

提升愛情運的礦石

檸檬晶
→P227

水光水晶
P250

提升工作運的礦石

玫瑰勳簾石
→P235

蛻變石英
→P278

提升金錢運的礦石

沙漠玫瑰
→P204

螢石
→P246

※ 使用效果……想以開闊的視角判斷事情，還會看國際新聞取得線索。

內在性格 *the other side* 1月25日

今日守護石

 粉紅菱鋅礦　　 海藍寶石

好人緣使你獲得機會

你的人生是由緣分所構成。與自發性的行動相比，你可以從別人拜託或邀請你做的事情當中，找到令人心動的主題或充實感的來源。而且你還經常在重要關頭得到他人的幫助，例如就連自己也覺得不得不放棄的情況下，有人出手相救，反轉了局面。除了對幫助自己的人表達感謝之外，若能提醒自己善待身邊的人，運氣應該就會有所提升。

♥ 5/25、5/26、9/27、9/28、11/14、11/15　　🕑 3/25、3/26、8/29、8/30、11/26、11/27　　◐ 4/24、4/25、6/25、6/26、10/27、10/28
✹ 7/27、7/28、8/23、8/24、12/26、12/27

內在性格 *the other side* 1月26日

今日守護石

 髮晶　　 粉紅菱鋅礦

扮演他人要求的角色

你這個人有很強的適應力，能夠輕鬆扮演他人想要的角色。對周遭觀察敏銳，對自己則有客觀的視角，因此可以馬上發現合宜的舉止並表現出來。你對自我的堅持也很低，覺得認識其他人的不同本質比強迫別人接受自己來得更有趣。偶爾或許還會靠假裝成別人或大玩角色扮演來轉換心情。

♥ 5/26、5/27、9/28、9/29、11/15、11/16　　🕑 3/26、3/27、8/30、8/31、11/27、11/28　　◐ 4/25、4/26、6/26、6/27、10/28、10/29
✹ 7/28、7/29、8/24、8/25、12/27、12/28

內在性格 *the other side* 1月27日

今日守護石

 海藍寶石　　 鎳鐵隕石

自由自在地行動

你是個不會被立場或身上背負的包袱所困，能夠自由自在地想像、行動的人。雖然也可以視需求和同伴一起行動，但因為基本上尊重個人自由，所以比較喜歡獨來獨往。此外，你還會用像嬰兒般的純粹心智以及宛如哲學家的視角來判斷事情，因此提出的意見搞不好還會常常對身邊的人造成強烈衝擊。偶爾你會對無所事事的情況感到不安，最好自己先想好因應的療癒方式。

♥ 5/27、5/28、9/29、9/30、11/16、11/17　　🕑 3/27、3/28、8/31、9/1、11/28、11/29　　◐ 4/26、4/27、6/27、6/28、10/29、10/30
✹ 7/29、7/30、8/25、8/26、12/28、12/29

內在性格 *the other side* 1月28日

今日守護石

 髮晶　　 鎳鐵隕石

無所堅持，盡情挑戰

你不會堅持「做像自己的事」，只要是有趣的事，不管是什麼你都會勇於挑戰，讓身邊的人大吃一驚。但因為可以從客觀的角度檢視自己，所以也具備能夠確認真思考哪些行為會對其他人帶來衝擊的冷靜沉著。或許是想透過這樣的經驗累積，了解人們的內心是否會因為這些事情而受到撼動。你擁有像萬花筒一樣五彩繽紛的特質，許多人會感覺到你的這份魅力並深受吸引。

♥ 5/28、5/29、9/30、10/1、11/17、11/18　　🕑 3/28、3/29、9/1、9/2、11/29、11/30　　◐ 4/27、4/28、6/28、6/29、10/30、10/31
✹ 7/30、7/31、8/26、8/27、12/29、12/30

1月29日～2月1日

※ 水瓶座8～11度　金星 ※

享受形形色色的邂逅

你對他人的個性及人格充滿興趣，習於接觸立場、性質都截然不同的人。你不太在乎社會地位，而是會在摸清一個人的本質之後再與對方來往，因此身邊會聚集很多有趣的人。你的人脈也很廣，想做什麼時可以請其他人一起幫助你實現目標。不過，對於會忽然拉近距離的人，你會感到地盤受到侵犯，對方往前一步，你就退後一步，甚至可能會因此引發問題。草莓晶會緩和人際關係的問題；綠玉髓會強化特質；磷灰石對穩定身心靈有很好的效果；阿賽斯特萊石會拓展意識，促進你與各式各樣的人進行交流。

守護石

草莓晶
→P234

綠玉髓
→P242

磷灰石
→P253

阿賽斯特萊石
→P268

※ 愛情・人際關係 ※
充滿新鮮感的朋友

你會像對朋友一樣對待喜歡的人，在不失新鮮感的情況下孕育愛情。但也可能會發生明明你已經付出了愛，對方卻覺得你很冷漠的情況。火瑪瑙會為愛情表現添加熱情以吸引對方的心；瑪瑙會穩穩地孕育愛情並穩定關係。

※ 事業 ※
善用資訊和品味

你會與周遭保持平衡並善用資訊，腳踏實地地完成工作。你有獨特的品味，如果能發揮在工作上的話，應該就會有更好的發展。菱錳礦會提升美感並加強工作運；精靈石會療癒工作的疲勞和壓力。

※ 金錢 ※
直覺型的財運

你的財運似乎跟直覺密不可分。可能會出現乍看像是衝動購物，但意外買到好東西，反而因此獲利的情況。紫鋰輝石會進一步強化在金錢方面的直覺與靈性防護；紫黃晶會培養跟金錢有關的平衡感並穩定財運。

提升愛情運的礦石

火瑪瑙
→P221

瑪瑙
→P282

提升工作運的礦石

菱錳礦
→P233

精靈石
→P288

提升金錢運的礦石

紫鋰輝石
→P234

紫黃晶
→P283

※ 使用效果……能透過和朋友一起玩之類的交流互動感受到內心變得更加寬闊。

1月29日

今日守護石

 綠玉髓　　　阿賽斯特萊石

制定計畫並迅速做出結果

你有很強的分析力和判斷力,是個凡事都要先做好計畫再進行的人。你會思考未來的發展,能夠總是想著什麼才是最好的並選擇最適當的方法,因此可以順利取得很好的成果。而且因為你的判斷、計畫和行動都很迅速,所以會比其他人更早抵達終點,必定會獲得領先其他人的位置,還經常在各方面受到他人的仰賴。只不過,你也可能會因此失去親密的關係而備感寂寞。

♥ 5/29、5/30、10/1、10/2、11/18、11/19　🌙 3/29、3/30、9/2、9/3、11/30、12/1　⚫ 4/28、4/29、6/29、6/30、10/31、11/1　✨ 7/31、8/1、8/27、8/28、12/30、12/31

1月30日

今日守護石

 草莓晶　　　阿賽斯特萊石

跟著自己的興趣走

你這個人比起周遭的情況或他人的反應,更能夠基於自己的興趣大步前進。只要是勾起自己興趣的事情,你就會直接付諸實行,就算其他人看了會嚇一大跳,你也會毫不在乎地隨心所欲。另一方面,你會用長遠的眼光來看事情,因此不會被一些小細節蒙蔽雙眼,經常讓其他人覺得你很冷靜,而特立獨行與冷靜之間的落差也在某種意義上充滿魅力。確保一個人獨處的時間有助於維護身心健康。

♥ 5/30、5/31、10/2、10/3、11/19、11/20　🌙 3/30、3/31、9/3、9/4、12/1、12/2　⚫ 4/29、4/30、7/1、7/2、11/1、11/2　✨ 1/1、8/1、8/2、8/28、8/29、12/31

1月31日

今日守護石

 磷灰石　　　阿賽斯特萊石

用獨到的想法一決勝負

你這個人有獨到而卓越的構思力,會根據這些點子來做事。即使它們很難獲得他人的理解或協助你也不在乎,依然會把它們表現出來,無拘無束地進行活動。有時你還會說出一些奇怪的話嚇到身邊的人,但是到了最後,這些往往都是正確答案,結果變成只是在賣弄自己出類拔萃的才能。你的腦中會不停湧出新的點子,所以最好帶著筆記本之類的東西,讓你可以隨時記錄。

♥ 5/31、6/1、10/3、10/4、11/20、11/21　🌙 3/31、4/1、9/4、9/5、12/2、12/3　⚫ 4/30、5/1、7/2、7/3、11/2、11/3　✨ 1/1、1/2、8/2、8/3、8/29、8/30

2月1日

今日守護石

 草莓晶　　　 磷灰石

和有趣的人之間的交流互動

你有獨特的價值觀以及判斷標準,因此身邊經常會聚集一些才華出眾又幽默風趣的人。「即使和其他人不一樣也無所謂」的想法會讓你在前進時著重在自己的獨特性,而這樣的態度會吸引很多跟你一樣的人。而且與這些人之間的交流會讓你認識不同的觀點或其他行業的原貌,使人生變得更加開闊。因為你的價值標準異於常人,所以在符合常識的地方或許會很容易顯得格格不入。

♥ 6/1、6/2、10/4、10/5、11/21、11/22　🌙 4/1、4/2、9/5、9/6、12/3、12/4　⚫ 5/1、5/2、7/3、7/4、11/3、11/4　✨ 1/2、1/3、8/3、8/4、8/30、8/31

2月2日～2月5日

※ 水瓶座 12 ～ 15度　太陽 ※

活出理想

你會一邊放眼未來，一邊追求「人應該如何而活」，並根據這個準則生活。你會公開自己的理想並實際實踐，身邊的人對你這種嚴格律己的模樣相當敬佩。你還會與志同道合的人合作，為了實現這樣的未來積極行動。因為評估他人資質的能力很高，你會將所有人適得其所地分配以取得成果。不過你會尊重對方的自由，不會無緣無故地加以限制，開放的特質會讓你受到歡迎。粉晶會讓你和大家的關係變得更好；董青石會培養預測未來的能力；水矽釩鈣石會帶來內心的餘裕和快樂；拉長石會指示該走的路。

守護石

粉晶
→P232

董青石
→P258

水矽釩鈣石
→P260

拉長石
→P281

※ 愛情・人際關係 ※
共赴未來

你想和喜歡的人長相廝守，會在下定決心發展關係時，仔細斟酌他是不是一個可以共赴未來的對象。也可能會因此讓人覺得你對愛情的想法不夠成熟。太陽石會幫助有溫度的關係能長長久久；黃水晶會提高對戀愛對象的判斷力，讓戀情迅速升溫。

※ 事業 ※
活用資訊及人才

你會清楚掌握工作目標，用心把事情做到最後。因為會視需要活用資訊和人才踏實做事，所以會以最適當的途徑做出成果。蛇紋石會讓你靜下心來認真做事；白紋石會幫助工作整體順利進行。

※ 金錢 ※
先查過再買

準備購買時，你會先多方考慮，審慎評估之後再買，因此財運還算穩定。不過也有壓力一大就很容易不自覺地花錢的一面。紫水晶會緩解壓力以防浪費；量子混合水晶會提高對金錢的冷靜判斷力，帶領財運向上提升。

提升愛情運的礦石

太陽石
→P220

黃水晶
→P229

提升工作運的礦石

蛇紋石
→P228

白紋石
→P276

提升金錢運的礦石

紫水晶
→P265

量子混合水晶
→P286

※ 使用效果 …… 看見未來的願景，並消除對前途茫茫的擔憂。

內在性格 the other side... 2月2日

 水矽釩鈣石　　 拉長石

今日守護石

拋開成見進行觀察

你不會受限於偏見及成見，能夠冷靜地觀察事物並預測未來。就算是以前曾經經歷過或從別人那裡聽過的事，你也會關掉「已知」的濾鏡，親自確認目前的情況。此外，你還有精準掌握與過去之間的些許差異再預測後續發展的才能。這使你經常搶先其他人迅速行動，因此比較容易獲得比其他人略勝一籌的立場或優勢。

♡ 6/2、6/3、10/5、10/6、11/22、11/23　🕐 4/2、4/3、9/6、9/7、12/4、12/5　🔵 5/2、5/3、7/4、7/5、11/4、11/5　✦ 1/3、1/4、8/4、8/5、8/31、9/1

內在性格 the other side... 2月3日

 堇青石　　 拉長石

今日守護石

靠觀察力前進

你會善用敏銳的觀察力，採取有效率的作法。對自己身處的情況鉅細靡遺地觀察及分析，同時判斷該怎麼做才能讓事情有效率地進行。而且因為會毫不猶豫地付諸實行，所以能夠順利獲得結果或成果。這對你來說是非常自然的過程，所以你很難意識到這件事，但就結果來說，你的工作量可能經常是其他人的二、三倍以上。

♡ 6/3、6/4、10/6、10/7、11/23、11/24　🕐 4/3、4/4、9/7、9/8、12/5、12/6　🔵 5/3、5/4、7/5、7/6、11/5、11/6　✦ 1/4、1/5、8/5、8/6、9/1、9/2

內在性格 the other side... 2月4日

 粉晶　　 堇青石

今日守護石

看見資質的製作人

你是個會迅速掌握情況並指揮他人的人。透過敏銳的觀察力了解他人的資質或周遭的情況，由此掌握事物的全貌，迅速判斷該把哪個人安排在哪個地方。而且你還可以搶先發掘他人身上的才能，如果能更進一步成為會提出「該怎麼做才會有所成長」、「該和誰合作才會讓才能更加綻放」等建議的教練或製作人，說不定會更容易功成名就。

♡ 6/5、6/6、10/7、10/8、11/24、11/25　🕐 4/4、4/5、9/8、9/9、12/6、12/7　🔵 5/4、5/5、7/6、7/7、11/6、11/7　✦ 1/5、1/6、8/6、8/7、9/2、9/3

內在性格 the other side... 2月5日

 粉晶　　 水矽釩鈣石

今日守護石

用廣闊的人脈實現心願

你會與立場互不相同的人進行交流，善用他們的特性來實現願望。不論對誰，你都會表現出人人平等的態度，不會被頭銜蒙蔽雙眼，誠心誠意地對待對方。你會因為這樣認識各種不同領域的人。你會利用廣闊的人脈去實現自己的心願。此外，就算本人實際上毫不起眼，還是會經常在不知不覺中成為漩渦中心，扮演從這裡創造出巨大洪流的角色。

♡ 6/6、6/7、10/8、10/9、11/25、11/26　🕐 4/5、4/6、9/9、9/10、12/7、12/8　🔵 5/5、5/6、7/7、7/8、11/7、11/8　✦ 1/6、1/7、8/7、8/8、9/3、9/4

水瓶座

2月6日～2月10日

※ 水瓶座 16 ～ 20度　火星 ※

奔向理想

你會直直朝著大家都能幸福快樂的理想未來全速狂奔。因此盡可能壓抑個人需求和任性的想法，認真投入活動當中，或許會被身邊的人視為利他又克己的人。你在人前很少情緒失控，總是展現出友好的氛圍，因此會跟許多人交流，擁有寬廣的人脈。一直全力衝刺可能會讓你感到身心俱疲，陷入什麼都不想做的心境。事先確認身心靈的疲勞度很重要。黑水晶會促進從疲勞狀態的恢復；粉紅碧璽會在缺乏動力時，為心靈帶來滋潤以恢復動力；磷灰石有穩定情緒的效果；藍孔雀石會幫助你和許多人進行和諧的活動。

守護石

黑水晶
－ P211

粉紅碧璽
－ P231

磷灰石
－ P253

藍孔雀石
P282

※ 愛情・人際關係 ※
建立信賴的愛

你很重視對方的品性，會和人格值得信賴的對象發展關係。可是一旦對方做出與理想不符的行動，你就會立刻感到幻滅。紅鋅礦會稍微解開對理想的堅持，修復拉開距離的關係；輝沸石會強化直覺，吸引好對象。

※ 事業 ※
掌握資訊，搶先行動

在工作方面，你會在精準把握周遭情況的同時，善用手上的所有資訊集中處理事情。因此你會成為一個卓爾不群的人，例如有比其他人更快的進展。珊瑚會緩解集中精神後的緊繃並治癒疲勞；紅碧玉會為專注力和執行力給予支持並提升工作運。

※ 金錢 ※
沉迷興趣就亂花錢

你的用錢方式基本上很穩定，可是一旦有了嗜好或感興趣的事，就會一鼓作氣購買相關產品，因此也會出現花錢如流水的情況。鷹眼石會沉迷激動的情緒，讓你不會因為花錢而影響財運；舒俱徠石會守護穩定的財運。

提升愛情運的礦石

紅鋅礦
－ P220

輝沸石
－ P272

提升工作運的礦石

珊瑚
－ P213

紅碧玉
－ P216

提升金錢運的礦石

鷹眼石
－ P211

舒俱徠石
－ P265

※ 使用效果……能夠善用各種要素達成目標，還會有好消息從天而降。

2月6日

今日守護石

 磷灰石

 藍孔雀石

公正地使用能力

你具備做人的公正性，會把這點放在心上保護大家。你會透過敏銳的觀察力和平衡感察覺到正默默靠近的危險，在事情發生之前做出適當的處置。與其用這種能力來圖利自己，似乎能透過用它來造福大眾以建立良好的人際關係。

♥ 6/7、6/8、10/9、10/10、11/26、11/27　🕐 4/6、4/7、9/10、9/11、12/8、12/9　⬤ 5/6、5/7、7/8、7/9、11/8、11/9　✡ 1/7、1/8、8/8、8/9、9/4、9/5

2月7日

今日守護石

 粉紅碧璽

 磷灰石

開放的愛情

你與其他人之間完全沒有心理隔閡。就算有想要隱瞞的事，你可能也覺得隱瞞到底才會讓自己更有壓力，多半會大方地把事情説出來。雖然開誠布公，但你並不隨便，而是會表現出開朗的模樣，總是對他人抱有廣義的愛情。

♥ 6/8、6/9、10/10、10/11、11/27、11/28　🕐 4/7、4/8、9/11、9/12、12/9、12/10　⬤ 5/7、5/8、7/9、7/10、11/9、11/10　✡ 1/8、1/9、8/9、8/10、9/5、9/6

2月8日

今日守護石

 黑水晶

 藍孔雀石

在危急時刻發揮本領

對眼前發生的事情你能採取適當的行動應對。平時你坦率的個性充滿魅力，通常過著開開心心和許多人進行交流的生活；可是一到關鍵時刻，你卻會發揮出令人瞠目結舌的能力。尤其在幫助同伴時，你會迅速做出應對，讓問題像從來沒發生過一樣完美落幕。

♥ 6/9、6/10、10/11、10/12、11/28、11/29　🕐 4/8、4/9、9/12、9/13、12/10、12/11　⬤ 5/8、5/9、7/10、7/11、11/10、11/11　✡ 1/9、1/10、8/10、8/11、9/6、9/7

2月9日

今日守護石

 粉紅碧璽

 藍孔雀石

凝聚一群人

你這個人想成為人與人之間的心靈橋梁。你對未來抱持著樂觀的態度，對身邊的人也會説些正面的話，而這些話則會把他們的心凝聚在一起。而且你還有優秀的觀察力，能夠從生活周遭找出對自己很重要的線索，選擇最好的未來。

♥ 6/10、6/11、10/12、10/13、11/29、11/30　🕐 4/9、4/10、9/13、9/14、12/11、12/12　⬤ 5/9、5/10、7/11、7/12、11/11、11/12　✡ 1/10、1/11、8/11、8/12、9/7、9/8

2月10日

今日守護石

 黑水晶

 粉紅碧璽

分享喜悅

你對物質和關係並沒有特別的執著，與其獨自擁有自己非常喜愛的某樣東西，與周遭的人分享才能讓你感到無比喜悅。你或許會用自己的能力為別人做事，或是把自己的東西送給他人，不過因為對方之後也會給予回報，所以就結果來説是有好處的。

♥ 6/11、6/12、10/13、10/14、11/30、12/1　🕐 4/10、4/11、9/14、9/15、12/12、12/13　⬤ 5/10、5/11、7/12、7/13、11/12、11/13　✡ 1/11、1/12、8/12、8/13、9/8、9/9

2月11日～2月15日

與志同道合的人攜手合作

你會和很多人進行溝通，與有相同志向的人攜手合作，共赴未來。雖然懷抱理想，但你也很清楚現實的難處，因此會從可能實現的地方開始著手，穩健踏實地進行。而且你不會一個人獨自努力，而是會求助於具備特定活動所需之能力的夥伴，在他們的幫助之下用心營造未來。你對網路之類的通訊方式有很高的適應力，也經常利用世界共通的事物來表達想法、獲取資訊或尋找幫手。白鐵礦會與智慧連接，促進理想的具體化；髮晶會支持你與他人的創造活動；磷灰石會安定情緒；矽孔雀石會舒緩壓力和疲勞。

守護石

白鐵礦
P224

髮晶
P226

磷灰石
P253

矽孔雀石
P254

※ 愛情・人際關係 ※
恰似友情的戀愛

因為你對誰都表現得非常溫柔，所以會很自然地形成戀愛關係。但也可能難以從朋友有更進一步的發展，或是因為看不到你的熱情，害對方一顆心七上八下。賽黃晶會促使你明確表現出愛情，加深兩人之間的羈絆；托帕石會吸引很棒的異性。

※ 事業 ※
客觀應對

你會一面專注於眼前的工作，一面顧及周遭的情況，並在以客觀的視角進行判斷的同時處理事情。但也可能因為一直注意著周遭，維持緊張的狀態，讓你不知不覺累積很多疲勞。孔雀石會理清思緒，推進工作；蛋白石會適度緩解緊張感。

※ 金錢 ※
順其自然以提升財運

財運相對高。與其有目的地找錢或賺錢，露出一副貪婪的模樣，不如順其自然、憑直覺行動才會提升財運。貴橄欖石會讓你對金錢有樂觀的預期並提升財運；魚眼石會提升靈性，同時引導你的走向以財運提升。

提升愛情運的礦石

賽黃晶
P273

托帕石
P274

提升工作運的礦石

孔雀石
P247

蛋白石
P285

提升金錢運的礦石

貴橄欖石
P238

魚眼石
P270

※ 使用效果……對未來充滿希望和夢想，也很適合在擔心將來的時候使用。

內在性格 *the other side...* # 2月11日

今日守護石

 磷灰石

 矽孔雀石

珍惜無憂無慮、優游自在的感性

你這個人像孩子一樣無憂無慮，還能珍惜身邊的人那優游自在的感性。而且因為可以很自然地發揮能力，療癒每個人心中的「內在小孩」（inner child），這種溫暖的氛圍會讓人們在不經意間聚集到你的身邊。偶爾盡情活動身體大玩特玩，應該可以消除壓力和疲勞。

❤ 6/12、6/13、10/14、10/15、12/1、12/2　🌙 4/11、4/12、9/15、9/16、12/13、12/14　⬤ 5/12、5/13、7/13、7/14、11/13、11/14　✨ 1/12、1/13、8/13、8/14、9/9、9/10

內在性格 *the other side...* # 2月12日

今日守護石

 髮晶

 磷灰石

卓越的控制能力

你是個控制力相當卓越的人。周遭的情況自然不在話下，就連自己的身體和心靈，你也會及早發現細微的偏移或失衡，使出各種手段來改善情況。而且因為你還可以把這種能力用在別人身上，所以經常從事訓練師、治療師之類的工作。

❤ 6/13、6/14、10/15、10/16、12/2、12/3　🌙 4/12、4/13、9/16、9/17、12/14、12/15　⬤ 5/13、5/14、7/14、7/15、11/14、11/15　✨ 1/13、1/14、8/14、8/15、9/10、9/11

內在性格 *the other side...* # 2月13日

今日守護石

 髮晶

 矽孔雀石

實現理想

你這個人不會光靠著理想或夢想就向前邁進，而是會在考慮到現實、經驗等等的情況下實現目標。因為也有對過去發生在人生當中的種種仔細思考、深入考察的傾向，所以就算失敗了，也能把這次的經驗變成下次的養分。而豐富的經驗說不定還會讓人們時常來徵求你的建議。

❤ 6/14、6/15、10/16、10/17、12/3、12/4　🌙 4/13、4/14、9/17、9/18、12/15、12/16　⬤ 5/14、5/15、7/15、7/16、11/15、11/16　✨ 1/14、1/15、8/15、8/16、9/11、9/12

內在性格 *the other side...* # 2月14日

今日守護石

 白鐵礦

 磷灰石

從不協調的感覺看見本質

你是個非常理性的人，就算看自己也一直都是用客觀的角度。你傾向用邏輯來思考事情，即便只是一點點不協調或有點令人在意的地方，你也會深究其中，從這裡發現問題的核心。也許偶爾還會找到很多人共通、位於核心的真相。

❤ 6/15、6/16、10/17、10/18、12/4、12/5　🌙 4/14、4/15、9/18、9/19、12/16、12/17　⬤ 5/15、5/16、7/17、7/18、11/16、11/17　✨ 1/15、1/16、8/17、8/18、9/12、9/13

內在性格 *the other side...* # 2月15日

今日守護石

 白鐵礦

 矽孔雀石

觀察並解決問題

你這個人有一雙觀察入微的眼睛，會仔細分析並正確把握眼前發生的事情或到手的資訊。此外，好比像他人的情緒中的細微變化，你也同樣能進行解讀，因此當人際關係或其他方面發生問題時，你會利用這些發現，以最好的辦法解決問題。

❤ 6/16、6/17、10/18、10/19、12/5、12/6　🌙 4/15、4/16、9/19、9/20、12/17、12/18　⬤ 5/16、5/17、7/18、7/19、11/17、11/18　✨ 1/16、1/17、8/18、8/19、9/13、9/14

水瓶座

2月16日~ 2月19日

水瓶座 26 ~ 29度 土星

追求理想的強大意志

你總是在心裡想著理想的未來，一步一步朝著實現邁進。縱使路途遙遠，你也會以強大的意志抵達終點。而且你還時常透過網路等等的媒介，和許多人分享理想或實際感受到心靈連結。而在另一方面，你在現實世界的交友卻非常謹慎，會衡量與他人之間的距離，注意不要太過深入。「想要與人來往，卻又不想別人踏進自己的內心深處」，這種心情恐怕還會讓你產生矛盾或湧現孤獨感。捷克隕石會強化直覺，加快走向未來的腳步；綠玉髓會讓你展現天賦；蛻變石英支撐上進心；西瓜碧璽會敞開心胸，緩解孤獨感。

守護石

捷克隕石
P239

綠玉髓
P242

蛻變石英
P278

西瓜碧璽
P284

✳ 愛情・人際關係 ✳
互相尊重的愛

你會在重視彼此的個人生活、對對方表現出敬意的同時發展關係。不過也可能因為以交往時的規則或堅持為優先，反而讓關係變僵。霰石會守護穩定的關係；紫蘇輝石會讓你意識到比規則更重要的事物並鞏固羈絆。

✳ 事業 ✳
考慮周全在進行工作

你會一邊考慮各種事情，一邊踏實地處理工作。即使情況相當艱困，你也會用與生俱來的情蒐及分析能力突破困境。木化石會強化意志，協助你達成目標；乳白晶會療癒用盡全力勞動後的疲憊的你。

✳ 金錢 ✳
因堅持而花錢

你的財務管理做得相當確實，但是對東西卻有自己的堅持，根據情況，有時結果還是花了很多錢。葡萄石會讓你不再那麼堅持，把錢花在真正需要的東西上；天青石會強化對錢的直覺，提升整體財運。

提升愛情運的礦石

霰石
P202

紫蘇輝石
P207

提升工作運的礦石

木化石
P204

乳白晶
P277

提升金錢運的礦石

葡萄石
P246

天青石
P254

✳ 使用效果……對希望或理想的意志會變得更堅定，也很適合用在內心有所迷惘的時候。

2月16日

今日守護石　 捷克隕石　 西瓜碧璽

善用良好的平衡感

你擁有經過淬煉的表現力以及洞悉真實的雙眼，因此會精準地在複雜的問題、課題等事物中看見重點或本質，接著再將所有的一切納入考慮，同時用平衡的判斷力，以最適當的方式進行處理。優秀的平衡感除了用在解決問題的能力之外，還會被你發揮在所有地方，因此你微不足道的一句話或行為舉止的每個細節都很美麗，而這份魅力會深深吸引許多的人。

♥ 6/17、6/18、10/19、10/20、12/6、12/7　♣ 4/16、4/17、9/20、9/21、12/18、12/19　♦ 5/17、5/18、7/19、7/20、11/18、11/19　♠ 1/17、1/18、8/19、8/20、9/14、9/15

2月17日

今日守護石　 捷克隕石　 綠玉髓

深知孤獨的好處

你非常清楚孤獨的好處，知道有時間獨處的重要性，會利用這段時間仔細檢視自我，用心打造內心的軸心。不過你並不是討厭與人相處，雖然會在與他人共處的情況下配合周遭，但卻不會發生本質性的改變，而是會在行動時保持協調。就算身在團體當中，你的個性也堅定不移，因此能夠不受到同儕壓力的影響，優雅地貫徹自己的風格。

♥ 6/18、6/19、10/20、10/21、12/7、12/8　♣ 4/17、4/18、9/21、9/22、12/19、12/20　♦ 5/18、5/19、7/20、7/21、11/19、11/20　♠ 1/18、1/19、8/20、8/21、9/15、9/16

2月18日

今日守護石　 綠玉髓　　蛻變石英

確認自己的心

你是個很重視自己的時間的人。就算正在忙，你也會找到可以靜下心來的時間，確認自己的情緒和感受，接著一邊考慮這些事情，一邊找出對自己最好的答案，然後再根據這些答案採取行動，因此動作既明快又堅定。因為這個原因，你或許很容易被周遭想成是一個很有執行力的人。獲得各式各樣的知識會讓你能用更快的速度確認感受，故請隨時保持虛心求教的態度。

♥ 6/19、6/20、10/21、10/22、12/8、12/9　♣ 4/18、4/19、9/22、9/23、12/20、12/21　♦ 5/19、5/20、7/21、7/22、11/20、11/21　♠ 1/19、1/20、8/21、8/22、9/16、9/17

2月19日

今日守護石　 捷克隕石　　蛻變石英

從更寬廣的角度看事情

你雖然有樂觀開朗的人格特質，卻充滿了脫離世俗的達觀氣質。因為總是會用更寬廣的角度來看事情，所以就算發生了什麼事，你也能提出讓大家冷靜下來的好點子。另外，你還經常會用「大家都一樣」的觀點，對許多人注入相同的愛並珍視對方。你跟花草植物很有緣，用它們裝飾生活周遭或栽培植物，會讓內心獲得療癒。

♥ 6/20、6/21、10/22、10/23、12/9、12/10　♣ 4/19、4/20、9/23、9/24、12/21、12/22　♦ 5/20、5/21、7/22、7/23、11/21、11/22　♠ 1/20、1/21、8/22、8/23、9/17、9/18

水瓶座

2月20日～2月23日

＊ 雙魚座0 ～ 3度　月 ＊

♓

豐富的共鳴力

你的感受性相當豐富，無論是對誰或對什麼，你都能用同理心來珍惜對方。看見痛苦難耐的人，你也常常會設身處地感到心痛，拼命思考能夠為對方做什麼。不過，也可能會不知道實際上到底該怎麼做而杵在原地。在思考具體該怎麼做、該怎麼走的同時，把自己現在可以做的事情用心做好，這樣應該就會讓事情往好的方向前進了。綠銅礦會療癒在接觸很多人之後千瘡百孔的心；鉻雲母會告訴你具體該怎麼做幫助他人；拉利瑪會讓豐富的感受性更上一層樓；阿賽斯特萊石會促進靈魂的成長。

守護石

綠銅礦
⇒P243

鉻雲母
⇒P245

拉利瑪
⇒P252

阿賽斯特萊石
⇒P268

＊ 愛情・人際關係 ＊
體貼的愛

你的戀情似乎會從共鳴開始。尤其是當對方處境艱困時，你會為他分擔難受的心情，而想幫助對方的欲望也會同時讓愛情升溫。月光石會促進心靈的交流並孕育愛情；紫黃晶會培養平衡感，讓你不要一直單方面地給予協助。

＊ 事業 ＊
察覺他人的想法

你通常不太擅長用到數字的工作，但是面對人的工作卻做得相當順手，輕輕鬆鬆就能察覺他人的想法並提供對方想要的東西。橘子水晶會療癒工作疲勞，恢復精力和體力；水光水晶會讓你展現天賦。

＊ 金錢 ＊
草率的理財

你的財務管理略顯草率，說不定是因為你只要一想理財就會覺得渾身無力。另外還要小心詐騙，例如被對方騙取同情。光玉髓會補充精力，提高爭體財運；紫龍晶是排除詐欺等危險的護身符。

提升愛情運的礦石

月光石
⇒P278

紫黃晶
⇒P283

提升工作運的礦石

橘子水晶
⇒P221

水光水晶
⇒P250

提升金錢運的礦石

光玉髓
⇒P218

紫龍晶
⇒P264

＊ 使用效果……強化對許多人的共鳴力，還會透過對他人的理解改善關係。

2月20日

今日守護石 鉻雲母　　拉利瑪

享受多樣性

你對任何事情都充滿興趣，會純粹享受其中度過精采豐富的人生。你會細細感受自己接觸到的每一件事物所帶來的印象，實際體會箇中差異，從而了解世上萬物各不相同。而且你還會遇到形形色色的人，接受度高使你可以自然接納他們的真實樣貌，或許能夠因此觸及未知的可能性。你的身邊應該會很容易聚集人群，並且過著多采多姿的每一天。

♥ 6/21、6/22、10/23、10/24、12/10、12/11　◐ 4/20、4/21、9/24、9/25、12/22、12/23
◑ 5/21、5/22、7/23、7/24、11/22、11/23　✪ 1/21、1/22、8/23、8/24、9/18、9/19

2月21日

今日守護石 綠銅礦　　 拉利瑪

細膩的感受性

你具有纖細而豐富的感受性。因為對周遭的情況、他人的情緒等等都有非常入微的感受，所以和其他人來往多了就會感到很疲憊，有時或許還比較喜歡一個人獨處。擁有自己的興趣或創作活動，以及能夠盡情投入其中的場合，應該可以讓身心都保持在健康的狀態。此外，接觸奇幻作品或在想像中恣意翱翔應該也有助於消除疲勞。

♥ 6/22、6/23、10/24、10/25、12/11、12/12　◐ 4/21、4/22、9/25、9/26、12/23、12/24
◑ 5/22、5/23、7/24、7/25、11/23、11/24　✪ 1/22、1/23、8/24、8/25、9/19、9/20

2月22日

今日守護石 綠銅礦　　 阿賽斯特萊石

接受事物的本質

你可以透過豐富的感受性掌握到位於事物深處的本質。因為會察覺氣氛的些許差異，所以不會被事物的表面蒙蔽雙眼，而是對裡面的部分進行推測。而你對人也一樣，會在解讀情緒的同時，憑感覺了解對方的意圖。你傾向關注眾人心中的美德，還會著重在這個部分，對他人傾注愛情。純粹的內在也會影響其他人，使周遭圍繞著一股溫暖的氛圍。

♥ 6/23、6/24、10/25、10/26、12/12、12/13　◐ 4/22、4/23、9/26、9/27、12/24、12/25
◑ 5/23、5/24、7/25、7/26、11/24、11/25　✪ 1/23、1/24、8/25、8/26、9/20、9/21

2月23日

今日守護石 拉利瑪　　 阿賽斯特萊石

像個自由自在的孩子

你是個會把自己像孩子般活潑的心表現出來的人。你會基於一點點的興趣採取行動，把其中的樂趣和豐富性告訴周遭的人，最終使他們也一起參與其中，甚至還可能會帶著他們掀起一股巨大的潮流。你不會刻意擬定方針，也沒有什麼特別的目的，所以雖然不知道要朝哪個方向前進，但周遭的人以及環境本身都會因為你而發生巨大的改變。

♥ 6/24、6/25、10/26、10/27、12/13、12/14　◐ 4/23、4/24、9/27、9/28、12/25、12/26
◑ 5/24、5/25、7/26、7/27、11/25、11/26　✪ 1/24、1/25、8/26、8/27、9/21、9/22

2月24日～2月27日

※ 雙魚座4～7度／水星 ※

♓

掌握氣氛

你會透過五感清楚掌握整體的氣氛、氛圍這種其他人只能憑感覺覺得知的事物。因此在把自己感受到的好壞告訴其他人時，他們說不定不太容易感同身受。但只要相信自己的感覺，把它們化成言語傳達給其他人，應該就會漸漸得到共鳴。你訴說的內容或許還會打動眾人的心，因此可以多提升自己的用字遣詞及溝通能力。阿祖瑪會療癒身心的疲勞；螢石會淨空意識，讓你深入了解自己的感受；透鋰長石會敞開認知，促使你理解他人的感受；蛻變石英會讓你在自我提升時給予支持。

守護石

阿祖瑪	螢石	透鋰長石	蛻變石英
⇒P240	⇒P246	⇒P276	⇒P278

※ 愛情・人際關係 ※
讀懂心情以發展關係

你會自然讀懂心儀對象的心情，並藉由貼近這些心情來發展關係。但你也可能會搞錯對方真正想要什麼，所以請你也要認真溝通。天河石會激發對話能力；藍玉髓會幫助戀情有所進展。

※ 事業 ※
表現印象的能力

從事用言語把印象或氣氛表現出來的工作應該可以從中得到回饋。但也有可能會忽略了自己正在做的事情的意義或意涵而陷入混亂。火瑪瑙會刺激創造力，強化表現力；水晶會建立在工作上縱觀全局的視角。

※ 金錢 ※
因為預料外的支出亂了套

你的金錢管理做得還不錯，可是多餘的支出會破壞計畫，讓你更懶得認真思考，害收支越來越對不上來。尖晶石會支持你做好金錢管理；粉紅碧璽會恢復內心的平衡，幫助你在出現預料外的支出時也能應付得過來。

提升愛情運的礦石

天河石	藍玉髓
⇒P241	⇒P255

提升工作運的礦石

火瑪瑙	水晶
⇒P221	⇒P269

提升金錢運的礦石

尖晶石	粉紅碧璽
⇒P214	⇒P231

※ 使用效果……提升你對模糊不清、沒有形體的事物的理解力。察覺他人的心情，關係也會變好。

內在性格 *the other side...* 2月24日

 阿祖瑪　　 螢石

今日守護石

體現理解他人的心

你擁有撼動人心的表現力。會敏銳察覺周遭其他人的情緒波動，真心誠意地理解對方，接著再根據情況用語言或其他手法表現出來，因此對方有時會大吃一驚，有時則是內心受到強烈衝擊。而你似乎還會因此被周遭另眼相看。人們期待你能理解他們的心情，還會經常有很多人跑來找你商量事情。

♡ 6/25、6/26、10/27、10/28、12/14、12/15　◎ 4/24、4/25、9/28、9/29、12/26、12/27
♤ 5/25、5/26、7/27、7/28、11/26、11/27　✪ 1/25、1/26、8/27、8/28、9/22、9/23

內在性格 *the other side...* 2月25日

 阿祖瑪　　 蛻變石英

今日守護石

為信念奉獻自我

你不在乎社會名譽或名聲，而是把自己相信的事物擺在中間，一心一意為其奉獻。你或許總是想著「不為自己，只為眾生」，經常自發性地做出這種造福他人的行為。與其說是出於利他精神，倒不如說你對他人的痛苦非常敏感，想要以自己的方式做些什麼的心情才是你的原動力。也許會從事跟助人有關的工作，或是全心投入志工活動。

♡ 6/26、6/27、10/28、10/29、12/15、12/16　◎ 4/25、4/26、9/29、9/30、12/27、12/28
♤ 5/26、5/27、7/28、7/29、11/27、11/28　✪ 1/26、1/27、8/28、8/29、9/23、9/24

內在性格 *the other side...* 2月26日

 螢石　　 蛻變石英

今日守護石

憑直覺縱身一躍

你是會在最後把一切交給直覺的類型。你會自己思考、做好準備再採取行動，但卻能把最後的判斷交給天生的直覺和感性，朝著目標縱身一躍。儘管這種作法乍看有點亂來，但就結果來說，你應該常常選到最恰當的路。此外，你可能會視情況做出與至今為止的努力不同的決定，不過也經常因此開拓新的世界，邁向更繁榮的未來。

♡ 6/27、6/28、10/29、10/30、12/16、12/17　◎ 4/26、4/27、9/30、10/1、12/28、12/29
♤ 5/27、5/28、7/29、7/30、11/28、11/29　✪ 1/27、1/28、8/29、8/30、9/24、9/25

內在性格 *the other side...* 2月27日

 阿祖瑪　　 透鋰長石

今日守護石

拾起內心深處的感受

你這個人會無意識感受到並撿拾身邊其他人心中比較深層的部分。你會做出似乎在象徵這些感受的言行舉止，但自己通常沒有自覺，也不知道為什麼要這麼做。然而就結果來說，他們會因為你的行動看清自己的內心並受到衝擊。如果有像部落格這種，可以把稍微統整過的意見發表出來的地方，自己的心情應該也會得到梳理。

♡ 6/28、6/29、10/30、10/31、12/17、12/18　◎ 4/27、4/28、10/1、10/2、12/29、12/30
♤ 5/28、5/29、7/30、7/31、11/29、11/30　✪ 1/28、1/29、8/30、8/31、9/25、9/26

雙魚座

2月28日～3月3日

※ 雙魚座8～12度　金星 ※

♓

感動人心的表現力

你有細膩的感受性以及卓越的美感，能夠將感動人心的事物表現出來。共鳴力很高，會察覺存在於眾人心中的共通點，以良好的品味進行表現，因此人們會被你傾注在作品中的情感深深打動。而且你待人和善，希望能公平地和所有人建立良好關係，不太介意對方的立場或來歷，而是會敞開心胸認識大家。就算對方有點奇怪，甚至是和你互相為敵，你依然會深入了解對方的心情，在共鳴的基礎上與他們來往。菱錳礦會讓你有活著的感覺；紫鋰輝石會促進有愛的表現；矽孔雀石會療癒社交疲勞；珍珠會安定情緒。

守護石

菱錳礦
⇒P233

紫鋰輝石
⇒P234

矽孔雀石
⇒P254

珍珠
⇒P275

※ 愛情・人際關係 ※
治癒系的魅力

異性會被你輕飄飄的治癒系魅力吸引過來。可是交往以後，你會讓對方予取予求，把他寵成一個任性的人。纏絲瑪瑙會激發更多天生的魅力；貴橄欖石會讓你意識到與對方之間的平衡，培養互相體諒的心。

※ 事業 ※
善用品味

你會在工作中善用良好的品味和靈感。但遇到大型企畫卻會手忙腳亂，搞不清楚自己的立場或接下來該做什麼。董青石會讓你注意到下一步以消除混亂；賽黃晶會強化你的直覺，在工作上給予支持。

※ 金錢 ※
把錢浪費在美好的事物

你在金錢方面稍嫌浪費，例如看到美好的東西就會忍不住買回家。尤其在感到寂寞或精神能量低下時，最有可能發生這種情況。石榴石會提升精神能量避免浪費；紫龍晶會讓你靜下心來穩定用錢。

提升愛情運的礦石

纏絲瑪瑙
⇒P219

貴橄欖石
⇒P238

提升工作運的礦石

董青石
⇒P258

賽黃晶
⇒P273

提升金錢運的礦石

石榴石
⇒P216

紫龍晶
⇒P264

※ 使用效果……提升美感，並擁有治癒系的魅力。

內在性格 *the other side...* 2月28日

今日守護石 紫鋰輝石　　 矽孔雀石

為他人突破極限

比起為了自己，你更會為了其他人採取行動。不過只要進入這種狀態，你就會以猛烈的推動力實現目標，這副模樣可能就連自己看了也會嚇一大跳。就算在只有你一個人的時候，這些是令人害怕的事物或難以跨越的高牆，但只要是為了別人，你就會渾身湧出能量和勇氣，能夠突破這些障礙。

♥ 6/29、6/30、10/31、11/1、12/18、12/19　🌙 4/28、4/29、10/2、10/3、12/30、12/31　● 5/29、5/30、7/31、8/1、11/30、12/1　☀ 1/29、1/30、8/31、9/1、9/26、9/27

內在性格 *the other side...* 2月29日

今日守護石 菱錳礦　　 紫鋰輝石

善用虛無飄渺的事物

你對肉眼看不見的東西以及神祕怪誕的事物充滿興趣。但因為可以從虛無飄渺的事物當中找出能夠套用在現實生活的內容，不會只把它們當作「奇怪的事」。你會以不受個人及社會框架所侷限的開闊視角，關注其中最具真實感也最重要的內容，而這種心態正是你的魅力所在。

♥ 7/1、7/2、11/1、11/2、12/19、12/20　🌙 1/1、4/29、4/30、10/3、10/4、12/31　● 5/30、5/31、8/1、8/2、12/1、12/2　☀ 1/30、1/31、9/1、9/2、9/27、9/28

內在性格 *the other side...* 3月1日

今日守護石 紫鋰輝石　　珍珠

藉多重視角成長茁壯

你會追求能幫助自己成長的事物，試圖從各種要素當中發掘出這樣的內容。不管在精神層面還是實際層面，你都感受到自己有所不足，並且想要做出突破，因此會學習各式各樣的思想、思維或技巧。在獲得多重視角的同時，或許也要小心不要變得過於散漫。

♥ 7/2、7/3、11/2、11/3、12/20、12/21　🌙 1/1、1/2、4/30、5/1、10/4、10/5　● 5/31、6/1、8/2、8/3、12/2、12/3　☀ 1/31、2/1、9/2、9/3、9/28、9/29

內在性格 *the other side...* 3月2日

今日守護石 菱錳礦　　 矽孔雀石

在穩定及自由之間反覆來回

你會一直在穩定及自由的狀態之間反反覆覆。穩定時覺得綁手綁腳，無拘無束時又覺得不夠踏實，最終或許只能在兩者之間左右搖擺。只要清楚分辨哪些活動是穩定的，哪些活動是自由的，再將它們融入於生活當中，你悠然自得的精神就會變得更加發達。

♥ 7/3、7/4、11/3、11/4、12/21、12/22　🌙 1/2、1/3、5/1、5/2、10/5、10/6　● 6/1、6/2、8/3、8/4、12/3、12/4　☀ 2/1、2/2、9/3、9/4、9/29、9/30

內在性格 *the other side...* 3月3日

今日守護石 矽孔雀石　　珍珠

舉止得宜

你可以輕鬆適應類似偶像這種象徵團體的立場。對於自己參與的團體或組織，你或許會在無意識當中理解它們的本質，自然而然地表現出相應的態度。為了不被身邊其他人無意識提出的要求牽著鼻子走，記得也要重視自己的想法和心情。

♥ 7/4、7/5、11/4、11/5、12/22、12/23　🌙 1/3、1/4、5/2、5/3、10/6、10/7　● 6/2、6/3、8/4、8/5、12/4、12/5　☀ 2/2、2/3、9/4、9/5、9/30、10/1

雙魚座

3月4日～3月8日

※ 雙魚座13～17度／太陽 ※

♓

因被動而認識自己

你說不定對「不了解自己」這件事情有很深刻的感受。而且你傾向被動，可能會不知不覺被別人牽著走或遭到利用。不過在累積這種經驗的過程中，你會了解到人心的各種面向，還會對許多人產生共鳴。雖然也有想幫助他人的想法，但只有想法特別強烈，不曉得實際該怎麼做。只要把自己能力所及的事情認真做好，應該就會獲得好運或出乎預料的回報。蛇紋石會幫助你謹慎前進；綠龍晶會消除不安；東菱石告訴你身體該做什麼；紫水晶會療癒與人來往所產生的疲勞。

守護石

蛇紋石
⇒P228

綠龍晶
⇒P237

東菱石
⇒P240

紫水晶
⇒P265

※ 愛情・人際關係 ※
平穩的愛

你會和喜歡的人交換心意，用心慢慢孕育愛情。雖然追求平穩的關係，但要是對方遇到危機，你就會發揮驚人的力量支持並全力守護對方。藍寶石會讓你可以在危急時刻及時發揮出能力；珍珠會促進愛情的養成。

※ 事業 ※
因目標意識而異

如果你能理解工作的意義和目標，你就可以用比別人多一倍的熱情努力工作，但反之則會不知道要做什麼或意志消沉。索拉利斯會療癒無事可做所造成的情緒低落或內心的傷；土耳其石會明確目標意識，支持你做出成果。

※ 金錢 ※
用願望招財

你平時在金錢方面比較隨便，管理也做得有點鬆散。說不定有很多無謂的開銷。不過只要有明確的夢想或願望，就會招來實現它們所需的財富。黃鐵礦會提升所有金錢有關的運勢；磷鋁石會讓實現願望的招財力變得更強。

提升愛情運的礦石

藍寶石
⇒P261

珍珠
⇒P275

提升工作運的礦石

索拉利斯
⇒P224

土耳其石
⇒P255

提升金錢運的礦石

黃鐵礦
⇒P223

磷鋁石
⇒P244

※ 使用效果……提升美感，並擁有治癒系的魅力。

内在性格 *the other side...* 3月4日 今日守護石

 綠龍晶　 東菱石

巧妙地解決問題

你是個頭腦靈活、充滿魅力的人。發生問題時，能夠憑藉天生的聰明才智以及行動力，巧妙地逃過一劫。雖然也有提出對自己有利的妥協方案的小心機，但結果多半會為其他人帶來好處。

♡ 7/5、7/6、11/5、11/6、12/23、12/24　🕐 1/4、1/5、5/3、5/4、10/7、10/8　◐ 6/3、6/4、8/5、8/6、12/5、12/6　✡ 2/3、2/4、9/5、9/6、10/1、10/2

内在性格 *the other side...* 3月5日 今日守護石

 東菱石　 紫水晶

對共鳴的執著

你對表達心情、製造共鳴有很深的執著。除了自己的實際感受外，你還會下很多功夫讓其他人能夠對無形的事物或複雜的情況有澈底的理解，用這種經驗的累積以及豐富的感受性和表現力開拓人生。

♡ 7/6、7/7、11/6、11/7、12/24、12/25　🕐 1/5、1/6、5/4、5/5、10/8、10/9　◐ 6/5、6/6、8/6、8/7、12/6、12/7　✡ 2/4、2/5、9/7、9/8、10/2、10/3

内在性格 *the other side...* 3月6日 今日守護石

 蛇紋石　 綠龍晶

用直覺及獨特的步調前進

你善用獨特的感性和直覺前進。但因為步調可能和周遭的人不太一樣，搞不好還常被當成是一個不可思議的人。相信從自己心中湧現的豐富靈感，在這個基礎上恣意前行，如以一來，應該就會有一段成果豐碩的人生。

♡ 7/7、7/8、11/7、11/8、12/25、12/26　🕐 1/6、1/7、5/5、5/6、10/9、10/10　◐ 6/6、6/7、8/7、8/8、12/7、12/8　✡ 2/5、2/6、9/8、9/9、10/3、10/4

内在性格 *the other side...* 3月7日 今日守護石

 綠龍晶　 紫水晶

在快樂中釋放

你這個人可以在令人雀躍不已的活動中釋放內心的各種事物。你具備在一些小型活動或遊戲的過程中，能夠透過不勉強的方式激發出自己和他人心中的不滿或潛力，並以比較正面的形態表現出來的能力。精通各種遊戲或玩樂等等應該會讓這種能力隨之提升。

♡ 7/8、7/9、11/8、11/9、12/26、12/27　🕐 1/7、1/8、5/6、5/7、10/10、10/11　◐ 6/7、6/8、8/8、8/9、12/8、12/9　✡ 2/6、2/7、9/9、9/10、10/4、10/5

内在性格 *the other side...* 3月8日 今日守護石

蛇紋石　紫水晶

善用限制，盡情享樂

你這個人能夠善用規則打造出充滿歡笑的場所。你會把一些限制當成像遊戲規則一樣，一邊玩一邊加以利用，還能讓無聊的工作、形同虛設的步驟等等變得樂趣無窮，使周遭充滿活力與朝氣。你也經常在活動或遊戲中擔任組織大家的人。

♡ 7/9、7/10、11/9、11/10、12/27、12/28　🕐 1/8、1/9、5/7、5/8、10/11、10/12　◐ 6/8、6/9、8/9、8/10、12/9、12/10　✡ 2/7、2/8、9/10、9/11、10/5、10/6

雙魚座

3月9日~3月12日

※ 雙魚座18~21度　火星 ※

♓

心想事成

當你心裡出現想做什麼、想要什麼的願望時，也許經常會以出乎意料的方式如願以償。尤其是在除了自己之外，還會為更多人帶來好處的事情上，你的運氣如日中天，甚至還可能獲得一些就連自己也很訝異的好機會。而另一方面，過於個人的願望則得不到

太好的回饋。從「為了更多人」的觀點來使用自己的能力，或許才稱得上是順應天命的祕訣。紅碧玉會補充能量，讓你能順利完成該做的事；孔雀石會提升強運體質；異極礦會強化原有的特質並提供多方面的協助；舒俱徠石會治癒疲勞。

※ 愛情・人際關係 ※
對愛情的強大直覺

你只要喜歡上一個人，就會透過給予各種協助來抓住對方的心。在愛情方面有很強的直覺，會很快察覺對方出軌或有所隱瞞，及時摘除問題的嫩芽。藍晶石會進一步強化直覺；乳白晶會鞏固穩定的關係，幫助戀情的發展。

※ 事業 ※
因預判而招致混亂

你會一邊工作一邊綜合判斷各種事情。還有敏銳的直覺，會在顧及他人的同時，根據預判採取行動，但其他人很容易因為跟不上你的這種作法而陷入混亂。辰砂會提高表現力，幫助你能夠在工作中與周遭保持步調一致；硫磺會讓縱觀整體的能力變得更強。

※ 金錢 ※
受精神影響的財運

你的精神狀態對財運有很大的影響，比方說，當你精力充沛、元氣飽滿時，會比較容易有錢滾進口袋；而當你意志消沉、缺乏幹勁時，錢則會在不知不覺被浪費掉。紅寶石會補充精力並支持整體財運；矽孔雀石會療癒內心並恢復財運。

※ 使用效果⋯⋯ 可以抓住好運，或許還能心想事成。

內在性格 *the other side...* 3月9日

今日守護石

 孔雀石　 異極礦

用共鳴來表達

你可以透過共鳴分享自己的經歷。不論對方有什麼樣的背景，你都能靠強大的感受力瞬間掌握，並透過建立在共通點上的表達促進對方的理解。因為具備讓人們能夠互相理解的能力，說不定經常扮演介紹他人彼此認識的中間人或整合眾人的角色。此外，你也能夠理解對方基於人格特質、經歷甚至是個性的行動，因此對任何人都能產生共鳴、溫柔以待。

♥ 7/10、7/11、11/10、11/11、12/28、12/29　🕐 1/9、1/10、5/8、5/9、10/12、10/13　◑ 6/9、6/10、8/10、8/11、12/10、12/11　✦ 2/8、2/9、9/11、9/12、10/6、10/7

內在性格 *the other side...* 3月10日

今日守護石

 異極礦　 舒俱徠石

給予包容的愛

你無論對誰都能給予滿滿的愛。但同時也有寬闊的心胸，即便對方想離開你的身邊，你也可以體貼對方的心情，讓他做自己想做的事。這種寬容大度的特質是你天生的魅力，說不定會有很多人被這點深深吸引。雖然在關懷他人的部分做得非常周到，卻時常不小心忘了關心自己導致壓力的累積，所以請你要非常注意身心健康。

♥ 7/11、7/12、11/11、11/12、12/29、12/30　🕐 1/10、1/11、5/9、5/10、10/13、10/14　◑ 6/10、6/11、8/11、8/12、12/11、12/12　✦ /9、2/10、9/12、9/13、10/7、10/8

內在性格 *the other side...* 3月11日

今日守護石

 紅碧玉　 異極礦

看不見的守護神

你是個純真的人，會在某種肉眼看不見的事物的關愛及守護下前進，或許很常在緊要關頭及時收到救援或避開危險。此外，你也有很多不經意的行動其實是正確答案，因此最好對這件事情有更深的認知並加以利用。舉例來說，對路人的一個親切的舉動，會在兜兜轉轉後變成好事回到自己身上。因為你有這樣的運勢，所以就算是不認識的人也可以溫柔對待。

♥ 7/12、7/13、11/12、11/13、12/30、12/31　🕐 1/11、1/12、5/10、5/11、10/14、10/15　◑ 6/11、6/12、8/12、8/13、12/12、12/13　✦ 2/10、2/11、9/13、9/14、10/8、10/9

雙魚座

內在性格 *the other side...* 3月12日

今日守護石

紅碧玉　舒俱徠石

源自想像力的獨特性

你擁有豐富的靈感，能夠從中編織出一套自己的理論或法則。掌握本質及分析的能力很高，會再搭配直覺，創造出專屬於你的獨特方法，最後說不定還會變成類似領導者的角色。因為你總是衝在最前面，所以理解你的人也許不多，但只要注意用淺顯易懂的方式努力表達，應該有機會獲得許多的支持者，甚至形成一股巨大的潮流。

♥ 1/1、7/13、7/14、11/13、11/14、12/31　🕐 1/12、1/13、5/12、5/13、10/15、10/16　◑ 6/12、6/13、8/13、8/14、12/13、12/14　✦ 2/11、2/12、9/14、9/15、10/9、10/10

3月13日~3月16日

＊ 雙魚座22～25度　木星 ＊

廣泛的共鳴性

你對各種橫跨國境、時間的事物充滿興趣，曾經和動物、植物乃至於肉眼看不見的事物心靈相通，說不定還經常被當成奇怪的人。你希望世上萬物都能獲得各自的幸福，會為此盡全力將自己能力所及的事情一一實踐。如此也會讓有相同想法的人們產生共鳴，進而變成一股巨大的潮流。此外，由於利他的行為或不為人知的善舉比較容易招來好運，因此當運氣停滯時，請率先做出造福他人的行動。孔雀石有辟邪的效果；天使石會為身心帶來安寧；魚眼石會強化靈性連結；花園水晶會促使你腳踏實地地行動。

守護石

孔雀石	天使石	魚眼石	花園水晶
⇒P247	⇒P253	⇒P270	⇒P271

＊ 愛情・人際關係 ＊
太溫柔而造成誤解

你對每個人的態度都很溫柔，說不定會經常發生像是跟合得來的對象自然而然就走在一起的情況。不過也有異性會對這種溫柔產生誤解，讓人際關係變得有點複雜。坦桑石會協助你適當地處理問題；珍珠母會靜靜培養有愛的關係。

＊ 事業 ＊
善用直覺

你會善用直覺並抓準時機採取行動。另外，雖然穩重的氣質會讓身邊的人經常向你伸出援手，但自我貶低則會弱化這種能力。橙色方解石會帶來開朗，讓其他人想幫助你；藍銅礦會讓直覺變得更強，並在工作上給予支持。

＊ 金錢 ＊
用積極樂觀招財

財運相當好。積極樂觀的態度會招來財富。但也可能因此陷入負面情緒的泥沼，或產生「錢不夠」的感覺，害你離財富越來越遠。髮晶會強化正向思考並提高財運；紫方鈉石會讓你想著榮華富貴，穩定你和財富的連結。

提升愛情運的礦石

坦桑石	珍珠母
⇒P262	⇒P277

提升工作運的礦石

橙色方解石	藍銅礦
⇒P219	⇒P259

提升金錢運的礦石

髮晶	紫方鈉石
⇒P226	⇒P287

＊ 使用效果⋯⋯ 覺得一切都會很順利，現實中的事情會實際往好的方向發展。

內在性格 *the other side...* 3月13日

今日守護石　 孔雀石　天使石

靜靜培養內在

你具有沉著的心靈與豐富的感受性。這種特質會使你的精神性或有時被稱為「靈性」的部分獲得提升，但比起在他人面前展現，你更偏好在生活中認真實踐。而且還會從腳踏實地的日常生活中獲得一些小小的發現或啟示，使精神層面有所成長。與其漫無目的地等待很棒的發現或啟示降臨，不如自己設定主題，每天針對它認真思考，這樣應該會更容易找到答案。

♥ 1/1、1/2、7/14、7/15、11/14、11/15　☽ 1/13、1/14、5/13、5/14、10/16、10/17　♋ 6/13、6/14、8/14、8/15、12/14、12/15　✪ 2/12、2/13、9/15、9/16、10/10、10/11

內在性格 *the other side...* 3月14日

今日守護石　 魚眼石　 花園水晶

活在自然的變化更迭之中

你認為自己是大自然的其中一部分，希望能活在自然的變化更迭之中。包含自然循環在內，你會迅速掌握情況並順勢而為，因此時機總是抓得剛剛好，機會也會頻繁地從天而降。另外，你還可能和礦物及動植物有某種無形的連結，能夠藉由在日常生活中與它們交流互動，培養出充實的內在以及健全的精神。

♥ 1/2、1/3、7/15、7/16、11/15、11/16　☽ 1/14、1/15、5/14、5/15、10/17、10/18　♋ 6/14、6/15、8/15、8/16、12/15、12/16　✪ 2/13、2/14、9/16、9/17、10/11、10/12

內在性格 *the other side...* 3月15日

今日守護石　 天使石　 花園水晶

從日常生活中找出線索

你可以從每天的生活中找到人生的線索或成長的鑰匙。不把生活中的一切視為理所當然，而是從實際感受找出蘊含其中的深刻啟示，甚至還可能因為一道菜、一件家務而有所領悟。如果把發現到的事情用寫日記之類方式整理成文章，或是透過部落格等形式和很多人分享，應該就能從擁有相同經驗的人那邊收到充滿共鳴的反應，讓你更確定自己的想法。

♥ 1/3、1/4、7/17、7/18、11/16、11/17　☽ 1/15、1/16、5/15、5/16、10/18、10/19　♋ 6/15、6/16、8/17、8/18、12/16、12/17　✪ 2/14、2/15、9/17、9/18、10/12、10/13

雙魚座

內在性格 *the other side...* 3月16日

今日守護石　 孔雀石　 魚眼石

用心凝視

不管周遭發生了什麼事，你都能繼續用心凝視內心。而且你還會檢視自己對這些事情產生的心境變化或情緒波動，默默觀察究竟發生了什麼事。於是你可以推測出有相同體驗的人的心境，理解他們的心情，因此傾向以寬容大度且溫和友善的態度對待他們。因為能察覺並給予對方想要的東西，所以身邊的人也會很依賴你。

♥ 1/4、1/5、7/18、7/19、11/17、11/18　☽ 1/16、1/17、5/16、5/17、10/19、10/20　♋ 6/16、6/17、8/18、8/19、12/17、12/18　✪ 2/15、2/16、9/18、9/19、10/13、10/14

3月17日~3月20日

＊ 雙魚座26 ~ 29度／土星 ＊

為了眾人而行動

你的感受性高，連對於看不到的事物都很敏感。而且還有很強的通靈傾向，有時還無法視而不見而受到祂們的影響。與其害怕不如接納，只要把這件事當成自己的一部分，應該會有令你大開眼界的體驗。你或許沒有「絕對要做什麼」的強烈欲望，人生的走向也像蛇行般彎繞曲折。然而，只要不計較個人得失，為了更多人採取行動，應該就能感受活著的意義，或是對「活著」這件事情產生確信。木化石會幫你支持他人的行動；利比亞玻璃會告訴你靈魂的目標；玉會招來天大的好運；天青石會讓你感受到更廣義的愛。

守護石

木化石
⇒P204

利比亞玻璃
⇒P229

玉
⇒P243

天青石
⇒P254

＊ 愛情・人際關係 ＊
深深為他人著想的心

你會一面用言行表現出珍惜對方的心，一面致力於打造心靈相通的關係。但也有拼命獻殷勤，導致關係容易失衡的一面。赫基蒙鑽水晶會調整心態，幫助你們建立有愛的關係；量子混合水晶會促使你建立彼此互相的關係。

＊ 事業 ＊
手段靈活地處理問題

你有能夠以靈活的手段將問題處理得當的天分。特別是在面對人的工作上可以在恰到好處的時機點抓住對方的心，使企畫成功。太陽石會幫心靈充電，並賦予你從容的態度，幫助你解決問題；青金石會進一步強化潛力。

＊ 金錢 ＊
籠統的財務管理

財運偏強。但如果把財務管理做得太仔細，可能反而會變得不知所措，因而增加無謂的開銷。草莓晶會訓練對錢的平衡感，進一步強化財運；血石會讓思緒保持清晰以遏止浪費。

提升愛情運的礦石

赫基蒙鑽水晶
⇒P275

量子混合水晶
⇒P286

提升工作運的礦石

太陽石
⇒P220

青金石
⇒P262

提升金錢運的礦石

草莓晶
⇒P234

血石
⇒P245

＊ 使用效果……感覺意識範圍變得更廣，產生「自己並不孤單」的安全感。

內在性格 *the other side...* 3月17日

 木化石　　 玉

今日守護石

坦然接受現況

你很少有堅持，能夠坦然地接受現況。所以不太會心生不滿，可以安安穩穩地平靜度日。再加上你還有正面解釋所有事情的傾向，覺得自己身邊總是充滿了美好的事物。不過這種想法常常實際吸引幸福找上門來，可說是你自己帶領著自己邁向幸福充實的人生。把正向思考傳授給其他人，也能讓身邊的人也一起變得幸福。

- ♥ 1/5、1/6、7/19、7/20、11/18、11/19
- 🕐 1/17、1/18、5/17、5/18、10/20、10/21
- ◑ 6/17、6/18、8/19、8/20、12/18、12/19
- ✪ 2/16、2/17、9/19、9/20、10/14、10/15

內在性格 *the other side...* 3月18日

 利比亞玻璃　　 玉

今日守護石

在關鍵時刻賭一把

你心胸寬闊，會在關鍵時刻大膽地賭一把。你有豐富的才能，平常可以靈活地運用它們來做事。不過，在遇到超出能力範圍或不同於以往的情況時，縱使注定沒有勝算，你還是會使出全力，奮力一搏。這樣的行為可能會導致你過去累積的種種付諸流水，但一方面也可能會有意想不到的巨大收穫。你是個放眼於付出全力後的新世界的人。

- ♥ 1/6、1/7、7/20、7/21、11/19、11/20
- 🕐 1/18、1/19、5/18、5/19、10/21、10/22
- ◑ 6/18、6/19、8/20、8/21、12/19、12/20
- ✪ 2/17、2/18、9/20、9/21、10/15、10/16

內在性格 *the other side...* 3月19日

 今日守護石　 木化石　　 利比亞玻璃

從結構進行分析

你能夠看著事物的結構或最基礎的部分掌握整體，接著制定計畫並付諸實行。說不定還經常透過這種分析能力打破停滯的情況、改變事情的走向。而且你的根本是一些自古傳承至今的思想或宇宙觀，會把它們作為日常生活的參考依據及漫長人生中的方向指標。因為你會做出讓其他人難以理解的行動，所以很容易被當成奇怪的人，但貫徹到底或許會找到贊同你的人。

- ♥ 1/7、1/8、7/21、7/22、11/20、11/21
- 🕐 1/19、1/20、5/19、5/20、10/22、10/23
- ◑ 6/19、6/20、8/21、8/22、12/20、12/21
- ✪ 2/18、2/19、9/21、9/22、10/16、10/17

內在性格 *the other side...* 3月20日

 利比亞玻璃　　 天青石

今日守護石

實現偉大的願景

你是個有能力把願景化成現實的人。除了自己描繪的夢想或理想之外，你還會吸收周遭其他人的願望，一步步讓它們化為實體。你的想像力很強，會具體把想像的內容套入實境，就連每個細節都做得清楚分明。有時候你會表現得好像煞有其事，藉此讓這些想像真正化成現實。作為作家或創作者的造詣應該也很高。

- ♥ 1/8、1/9、7/22、7/23、11/21、11/22
- 🕐 1/20、1/21、5/20、5/21、10/23、10/24
- ◑ 6/20、6/21、8/22、8/23、12/21、12/22
- ✪ 2/19、2/20、9/22、9/23、10/17、10/18

雙魚座

Chapter 2 使用說明

本章將介紹用於愛情、金錢、工作等不同用途的礦石。
也可以在搭配守護石的時候作為參考。

愛情運
Love

金錢運
Finance

工作運
Career

健康運
Healthcare

人際關係
Relationships

才能＆成長
Talent & Growth

護身符
Amulet

◪ 本章介紹的礦石用法

Chapter 1為每個星區介紹了包含主題石在內的十種守護石。可是，能帶來好的能量的守護石當然不只這些。有些人或許會在購買或自己製作水晶飾品時，覺得只有守護石好像不太夠用。這種時候，你可以搭配守護石以外，其他自己喜歡或具備所需能量的礦石。倒不如說，佩戴自己喜歡的飾品，反而才更能深刻感受到自己與礦石的緊密連結。

在Chapter 2，我們挑選了有望在不同用途發揮效果的礦石進行介紹，還請心中有具體願望的讀者務必參考看看。

礦石的詳細介紹
請見Chapter 3。

土耳其石
⇒ P255

Chapter 2

各種用途的
能量石

我們仔細為每一種用途挑選了最適合的能量石。
將守護石與其他礦石進行搭配時，
可以選擇能為現在的你帶來加分效果的礦石。

愛情運
Love

無論是已經有對象還是單身的人，在愛情上總是少不了會
遇到各種煩惱。這裡介紹的是吸引良緣、帶來好運的能量石。

❋ 讓單戀修成正果 ❋

粉晶
⇒P232

像親密摯友一樣的療癒
波動會在愛情上悄悄推
你一把。

菱錳礦
⇒P233

激發出持有者身上的魅
力，帶領你迎接一段浪
漫的戀情。

草莓晶
⇒P234

想要和電影女主角一樣
談一場甜美戀愛時的最
佳選擇。

祖母綠
⇒P241

賦予你能溫柔接納心上
人的無條件的愛。

❋ 和情人天長地久 ❋

摩根石
⇒P236

強化溫柔甜美的女性魅
力，讓你成為療癒對方
的存在。

薔薇輝石
⇒P236

吸收嫉妒和擔憂，幫助
你慢慢地孕育愛情。

祖母綠
⇒P241

幫助持有者穩定情緒，
推薦給經常打翻醋罈子
的人。

磷灰石
⇒P253

加深與另一半之間的羈
絆的療癒石。

❋ 過平穩的婚姻生活 ❋

珊瑚
⇒P213

自古被視為女性的守護
石，也會為了守護夫妻
圓滿而發揮力量。

鉻雲母
⇒P245

建立夫妻之間能用愛擁
抱真實彼此的關係。

海藍寶石
⇒P251

用純淨的療癒能量調和
夫妻之間的關係。

珍珠母
⇒P277

強化慈愛的能量，讓婚
姻生活一帆風順。

✳ 改善無性關係 ✳

石榴石
⇒P216

讓你重新燃起一度冷卻的熱情。

光玉髓
⇒P218

激發性魅力，讓你們發現彼此的優點。

火瑪瑙
⇒P221

刺激性慾，打破千篇一律的過程。

西瓜碧璽
⇒P284

讓你重新想起愛一個人的美好。

✳ 遇到好對象 ✳

橙色方解石
⇒P219

提升行動力和領袖魅力，藉此吸引異性。

菱錳礦
⇒P233

吸引你的靈魂伴侶，幫助你展開一段熱情如火的戀愛。

月光石
⇒P278

用滿滿的愛填滿持有者，吸引最美好的戀情來敲門。

蛋白石
⇒P285

希望和幸福的能量會為你帶來美好的邂逅。

✳ 治療情傷 ✳

粉紅碧璽
⇒P231

淨化失望、嫉妒等負能量，將它們一掃而空。

粉晶
⇒P232

輕柔舒緩暴躁的情緒，也讓你重新擁有愛人的能力。

薔薇輝石
⇒P236

抑制情緒起伏，讓你找回原本的自己。

東菱石
⇒P240

平復紛亂的情感，治癒傷痛，帶來平靜。

✳ 和舊情人復合 ✳

黑曜石
⇒P209

擺脫過去的桎梏，讓你們再次牽起彼此的手邁步向前。

石榴石
⇒P216

提升女性魅力，讓對方再次對你墜入愛河。

藍玉髓
⇒P255

產生一體感，重新串起斷掉的緣分。

瑪瑙
⇒P282

治療精神上的傷害，消除兩人之間的芥蒂。

金錢運
Finance

提升財運或許是每個人都迫切想實現的心願。
這裡介紹的是建立好的金流，讓財富集中並留在手中的能量石。

✳ 想存錢 ✳

辰砂
⇒P214

招來榮華富貴，推薦給希望生意興隆的人。

琥珀
⇒P225

讓你能像經歷漫長歲月才形成的這顆礦石一樣穩固儲蓄。

髮晶
⇒P226

像天線一樣捕捉好運，為你帶來最強的財運。

黃水晶
⇒P229

幫助你即使與他人分享也能維持自己的財富。

✳ 讓賭運變好 ✳

鷹眼石
⇒P211

提升賭局中的決斷力。

黃鐵礦
⇒P223

讓你能夠在需要討價還價的場合發揮專注力。

磷鋁石
⇒P244

充實內心，建立吸引財富和好運上門的根基。

青金石
⇒P262

強化洞察力和直覺，用冷靜的判斷獲得勝利。

✳ 買東西不出錯 ✳

虎眼石
⇒P203

用寬闊的視野和決斷力成為購物大師，能夠確實選擇所需。

縞瑪瑙
⇒P206

賦予你冷靜判斷的能力，抑制總是浪費的壞習慣。

赤鐵礦
⇒P210

穩定情緒，讓你冷靜地看清楚什麼是必要的。

花園水晶
⇒P271

吸引自己所需要的，讓它們無法逃離。

工作運
Career

取得工作上的成就是讓人生變得更加充實的一大重點。
這裡介紹的是有助於發揮或提升自身實力的能量石。

✳ 想出人頭地 ✳

光玉髓
→P218

利用強大的生命力和執行力，成為比同事更出色的存在。

玉
→P243

提高德行，讓你在職場上成為每個人都要敬你三分的重要人物。

土耳其石
→P255

增加積極性與行動力，促使你實現野心。

水晶
→P269

發揮潛能，讓它成為你往上爬的力量。

✳ 事業有成 ✳

黃水晶
→P229

保佑生意興隆、財源滾滾的幸運石。

軟玉
→P244

賦予你在商場上打滾的聰明才智，幫助你登峰造極。

藍寶石
→P261

穩定經營，成為你貫徹目標的力量。

花園水晶
→P271

被視為成功與繁榮的保證，特別推薦給是經營者的你。

✳ 確定應走的路 ✳

玻隕石
→P210

讓你回想起靈魂的目標、出生在這個世界上的真義。

鷹眼石
→P211

賜予你甚至能洞悉未來的透徹眼力。

天河石
→P241

希望之光會打散你心中的烏雲，助你釐清思緒。

堇青石
→P258

賦予你先見之明，是幫助你確立「願景」的人生羅盤。

✻ 實現夢想 ✻

鉻鉛礦
⇒P213

賦予你保持熱情朝目標前進的力量。

尖晶石
⇒P214

賦予持有者意外才能，保證一定能獲得勝利。

綠玉髓
⇒P242

讓隱藏的才能顯現出來，以意想不到的方式實現心願。

水光水晶
⇒P250

強化直覺，督促你達成願望。

✻ 換工作 ✻

赤鐵礦
⇒P210

克服對改變的恐懼，讓你面對任何情況都能處變不驚。

辰砂
⇒P214

穩定心緒，讓你能在緊張萬分的重要時刻發揮實力。

鋰雲母
⇒P266

幫助你打破現狀，順利搭上改變的潮流。

蛋白石
⇒P285

幫助你即使在容易令人灰心喪志的轉職過程中保持一顆明亮的心。

✻ 各行各業的守護石 ✻

～研究員～

軟玉
⇒P244

賜予你聰明才智，提升洞察力及思考力。

藍晶石
⇒P260

強化探究真相的好奇心，帶領你建立獨一無二的世界觀。

～教師～

紫蘇輝石
⇒P207

提升指導和率領他人的能力，讓你能發揮出領導才能。

紅碧玉
⇒P216

賦予你明確的判斷與執行力，成為一位有能力又有凝聚力的指導者。

～神職人員～

紫鋰輝石
⇒P234

讓你能夠體現超凡出世、更高層次的愛。

月光石
⇒P278

蘊藏著不屬於這個世界的神聖與神祕。

～業務～

虎眼石
⇒P203

提高洞察力，賦予你能說服他人的堅定態度。

堇青石
⇒P258

緩和緊張情緒，讓你能在保持冷靜的同時積極行動。

✳ 各行各業的守護石 ✳

~服務業~

橙色方解石
P219

提升溝通能力，告訴你
與他人交流的樂趣。

紫方鈉石
P287

讓你能正向思考，應付
各種類型的人。

~內勤人員~

煙晶
P203

集中精神，提高工作的
精確程度，並預防粗心
犯錯。

螢石
P246

提高理性思考能力，用
清晰的思維完成工作。

~藝術家＆創作者~

水矽釩鈣石
P260

從宇宙獲得靈感，培育
創造力。

賽黃晶
P273

讓你了解自己的個性，
盡情發揮所能。

~占卜師~

辰砂
P214

培養心眼，讓你能獲得
天啟。

阿祖瑪
P240

能夠與問事的人產生共
鳴，告訴對方目前最需
要意識到的事情。

~療癒師~

捷克隕石
P219

幫助你治療從客戶身上
接收到的負能量。

阿賽斯特萊石
P268

打開「第三隻眼」，促
進靈性的進化。

~美體師~

百吉石
P201

找回身體上的平衡，幫
助能量活化。

索拉利斯
P224

治癒所有脈輪，提高生
命力。

~特種行業~

橙色方解石
P219

讓你能營造出活潑開朗
的氛圍吸引他人。

藍孔雀石
P282

創造與他人之間的協調
氛圍，讓客人和同事都
喜歡上你。

~藝人~

紅寶石
P215

激發領袖魅力，讓你能
夠表現出吸引人目光
的亮麗氛圍。

玉
P243

成為眾所矚目的焦點人
物，招來成功與繁榮。

健康運
Healthcare

人若不健康，不論做任何事情都無法樂在其中。
這裡介紹的是改善目前的不適、幫助我們保持健康的能量石。

※ 並非所有能量石的效果都有科學根據，關於疾病請洽詢專業醫師。

✳ 維持&促進健康 ✳

黑碧璽
⇒P208

產生負離子，並減少電
磁波。

纏絲瑪瑙
⇒P219

遠離各種邪惡的氣息，
保護家人健康不生病。

血石
⇒P245

淨化血液，讓你用正面
的情緒看待「活下去」
這件事。

鈣沸石
⇒P272

促進淨化與再生，進行
深度治療。

✳ 消除疲勞 ✳

赤鐵礦
⇒P210

賦予血液能量，讓你有
一副不知疲勞為何物的
強壯身體。

橘子水晶
⇒P221

透過強大的能量活性作
用讓你恢復精力。

綠碧璽
⇒P242

強化體能，並讓你活力
充沛。

孔雀石
⇒P247

用強大的淨化作用與療
癒效果放鬆身心。

✳ 安眠&放鬆 ✳

檸檬晶
⇒P227

沉澱高漲的情緒，趕走
惡夢。

紫水晶
⇒P265

藉著強大的療癒效果，
讓混亂精神歸於平靜。

托帕石
⇒P274

舒緩壓力，一掃憂鬱的
心情。

白紋石
⇒P276

淨化負面情緒，帶領你
用平靜的心過生活。

✳ 女性特有的不適 ✳

珊瑚
P213

促進血液循環，平衡荷爾蒙。

矽孔雀石
P254

讓身心達成平衡，緩解累積的負面情緒。

珍珠
P275

治癒心靈、帶來平安的女性守護石。

月光石
P278

將女性的生理週期調整到與月亮的週期同步。

✳ 舒緩壓力 ✳

綠龍晶
P237

透過天使般的能量提供療癒及保護的效果。

東菱石
P240

直接影響內心，幫助你解決情緒問題。

拉利瑪
P252

擁有彷彿像漂浮在加勒比海般的療癒能量。

瑪瑙
P282

消除不安和緊張，幫助身心取回平衡。

✳ 改善憂鬱 ✳

黑水晶
P211

用強大的接地力找回活下去的能量。

白雲母
P215

解開所有束縛，在想要用樂觀開朗的心活下去時派上用場。

紅鋅礦
P220

讓你從什麼都不想做的狀態打起精神，賦予你不死鳥般的熱情。

綠銅礦
P243

消除內心的傷痛，彌補不足的愛。

✳ 改善生活習慣 ✳

沙漠玫瑰
P204

戒掉多年的壞習慣，保護你不受誘惑。

藍晶石
P260

帶你脫離「戒不掉」的刻板印象，讓壞習慣歸零重來。

坦桑石
P262

讓你能穩定精神狀態，克服從以前到現在的不良作息。

樹枝石
P274

強化與大自然的連結，讓你的行為更接近生命的原貌。

人際關係
Relationships

只要是人，就一定會立身於形形色色的群體之中。
這裡介紹的是讓我們遠離壞緣分、建立無可取代的重要關係的能量石。

✴ 不起爭執、好好相處 ✴

祖母綠
⇒P241

讓你能抱持友愛的精神
與他人交流。

海藍寶石
⇒P251

為你帶來宛若大海般的
療癒能量，讓你能溫柔
對待身邊的人。

藍紋瑪瑙
⇒P256

使你擁有開闊的心胸，
心平氣和地展現自己。

中性長石
⇒P270

讓你變得更成熟，協調
你和周遭的人。

✴ 締結良緣 ✴

粉紅碧璽
⇒P231

可以幫助消除無法結婚
的焦慮與煩躁感。

菱錳礦
⇒P233

不論和異性或同性都能
建立幸福的關係。

摩根石
⇒P236

培養慈悲心，提升女性
魅力。

藍玉髓
⇒P255

帶來穩固的羈絆，抑制
嫉妒等負面情感。

✴ 融入團體活動 ✴

阿祖瑪
⇒P240

強化與他人產生共鳴或
溝通的能力，形成自然
的關係。

綠玉髓
⇒P242

協助你改掉自我中心的
思考模式，讓你能夠跟
其他人攜手合作。

磷灰石
⇒P253

讓內向的人可以在團體
裡面表達自己的意見。

紫方鈉石
⇒P287

強化「喜悅」的情緒，
並賦予你融入團體的適
應力。

✻ 加深家人的羈絆 ✻

纏絲瑪瑙
⇒P219

穩固家庭根基，用堅韌的羈絆讓一家人緊緊連在一起。

琥珀
⇒P225

保證家族的興盛與家庭成員的安全。

東菱石
⇒P240

為家庭帶來和平與永續繁榮。

珍珠母
⇒P277

籠罩在像母親一樣充滿慈愛的能量之中，能對家人溫柔以待。

✻ 好人緣 ✻

霰石
⇒P202

被視為「人脈石」，激發你的個人魅力。

紫蘇輝石
⇒P207

讓你能作為一個優秀的領導者，並贏得周圍的信賴。

橙色方解石
⇒P219

靠能量飽滿的領袖魅力讓其他人刮目相看。

紅鋅礦
⇒P220

幫助你強化個性，釋放出獨一無二的存在感。

✻ 斬斷孽緣 ✻

縞瑪瑙
⇒P206

穩固自己的核心，賦予你不為他人動搖的堅定意志。

黑水晶
⇒P211

用能量界最強大的驅邪效果閃避孽緣。

黃鐵礦
⇒P223

與不擅長應付的對象來往時使用的守護石，讓他人的惡意無法靠近。

天眼石
⇒P287

增強保護自己不受負能量影響的能力。

✻ 解決人際關係的問題 ✻

黑曜石
⇒P209

讓你冷靜下來，帶領你建立平穩的人際關係。

鉻雲母
⇒P245

溫柔治癒受傷的心，讓你成為一個寬容的人。

天使石
⇒P253

賦予你一顆無欲無求的心，讓你能接納他人。

西瓜碧璽
⇒P284

治癒心輪的療癒石。

才能 & 成長
Talent & Growth

不管再怎麼努力，有時還是會覺得陷入瓶頸。
這裡介紹的是會激發與生俱來的才能、帶領我們更上一層樓的能量石。

＊ 促進心靈成長 ＊

利比亞玻璃
⇒P229

讓你進入無意識的領域
淨化靈魂。

阿賽斯特萊石
⇒P268

連結你與高層次的光，
讓靈性得以進化成長。

蛻變石英
⇒P278

接納人生的變化，給你
前進的勇氣。

超級七
⇒P286

讓你在連結宇宙意識的
同時站穩腳步，與地球
接地。

＊ 發展才能 ＊

太陽石
⇒P220

讓你發揮出充滿創意與
個性的生活方式。

蒂芙尼石
⇒P266

強化感受性，讓你能夠
把來自高次元世界的訊
息活用在現實社會。

斑彩石
⇒P283

代表隱藏在你身上、光
彩奪目的可能性。

蛋白石
⇒P285

提升創造力，帶領你從
自己身上發現全新的可
能性。

＊ 培養獨立性 ＊

木化石
⇒P204

賦予你堅定的意志與決
斷力，讓你勇往直前。

天青石
⇒P254

用愛的能量填滿你的
心，讓你能用自己的雙
腳立足。

藍晶石
⇒P260

消除依附和依賴，強化
獨立自主的心。

量子混合水晶
⇒P286

為你帶來行動力和勇
氣，幫助你改變自己。

護身符
Amulet

這裡介紹的是力量強大、保護我們免於危險或實現願望，
在各種情況下給予幫助的能量石。

❋ 考試 ❋

煙晶
⇒ P203

提高專注力，並引領你
用不屈不撓的耐力達成
目標。

沙漠玫瑰
⇒ P204

能夠安神和提高知性，
是考生強力的夥伴。

螢石
⇒ P246

消除大腦的疲勞，獲得
靈感。

藍銅礦
⇒ P259

培養洞察力，在需要清
晰腦迴路的情況下發揮
實力。

❋ 旅行 ❋

髮晶
⇒ P226

保佑你在旅途中遇到好
人、好運並遠離災厄。

蛇紋石
⇒ P228

賦予持有者強韌的生命
力，幫助你平安度過艱
難的長途旅程。

土耳其石
⇒ P255

賜予你勇氣和冒險家精
神，保護你不遇到任何
危險。

堇青石
⇒ P258

具有類似指南針的功
能，尤其推薦給要從事
海上旅遊的人。

❋ 家庭安全 ❋

琥珀
⇒ P225

掌管家庭和諧，帶來成
功與繁榮。

玉
⇒ P243

讓人之間建立能夠互
相尊重的和諧關係。

鉻雲母
⇒ P245

讓你能包容家人，接受
他們真實的模樣。

瑪瑙
⇒ P282

強化家中的凝聚力，是
帶領家族走向繁榮的幸
運石。

＊除靈＊

煙晶
⇒P203

蘊含大地之力，具有很好的除靈能量。

黑碧璽
⇒P208

用強大的淨化能力反彈惡靈或生靈的負能量。

葡萄石
⇒P246

淨化骯髒淤積的能量，帶來純淨的氣。

水晶
⇒P269

除了持有者本人，還可以淨化物品和場所中的能量。

＊消災解厄＊

縞瑪瑙
⇒P206

強化接地，保護你不被災難或不幸纏身。

黑水晶
⇒P211

讓所有不幸無法靠近，具有強大的驅邪效果。

檸檬晶
⇒P227

可作為辟邪的護身符，安撫混亂的精神和恐懼的心。

天眼石
⇒P287

透過浮出表面的天眼擊退邪氣。

＊授子＊

石榴石
⇒P216

讓夫婦間的感情升溫，喚來送子鳥。

光玉髓
⇒P218

提升創造新生命的活力與性慾。

珍珠
⇒P275

帶來滿滿的愛情能量以孕育新生命。

瑪瑙
⇒P282

保佑兒孫滿堂，家族欣欣向榮。

＊安產＊

珊瑚
⇒P213

幫助胎兒健康成長，平安出生。

玫瑰黝簾石
⇒P235

解決女性的生理問題，消除對生產的擔憂。

血石
⇒P245

減輕貧血，增強生產所需的體力。

珍珠
⇒P275

守護女性健康，保佑生產順利。

✻ 產後&育兒 ✻

紫鋰輝石
⇒P234

孕育慈愛之心，讓你能
以無價的愛擁抱孩子。

珍珠母
⇒P277

充滿母性，能夠自在地
享受育兒的樂趣。

乳白晶
⇒P277

為容易情緒不穩的產後
生活帶來安心與療癒。

月光石
⇒P278

調整產後失衡荷爾蒙。

✻ 人生轉機 ✻

坦桑石
⇒P262

在重要局面射下一道
光，將人生導向好方向。

鋰雲母
⇒P266

強化面對變革與轉機的
適應力，讓你帶著樂觀
的心情前進。

透鋰長石
⇒P276

將人生導向正面，讓你
能輕盈地翱翔天際。

蛻變石英
⇒P278

培養一顆積極正向的
心，讓你能搭上人生轉
折的浪潮。

✻ 提升女性魅力 ✻

異性石
⇒P212

用深沉的愛填滿你的
心，讓你能為身為女性
的自己感到自豪。

草莓晶
⇒P234

常保青春，為人生帶來
愛與美。

粉紅菱鋅礦
⇒P235

成為幸福洋溢又溫柔的
女性。

矽孔雀石
⇒P254

活化女性面，培養憐愛
他人的心。

✻ 提升男性魅力 ✻

虎眼石
⇒P203

讓你用超群的執行力和
工作運躋身成功人士。

紫蘇輝石
⇒P207

使你能發揮領導能力獲
得周遭的信賴。

黑曜石
⇒P209

賦予你自信以及不屈不
撓的精神，帶領你解決
問題。

鷹眼石
⇒P211

用敏銳的判斷力看透事
物的本質，實現野心。

Chapter 3 使用說明

本章把在 Chapter 1、2 出現過的礦石依照脈輪分門別類，
介紹它們的能量特性、基本資料、特徵以及淨化方法等等。

脈輪與能量石

針對脈輪（chakra）的
說明將在 P291 詳細解說。
九個脈輪分別對應不同顏
色，和這些顏色一樣的能量
石則被視為能開啟（活化）
脈輪。

●大地之星脈輪（腳底）…棕色／●海底
輪（尾骨、脊椎根部）…黑色、紅色／●
生殖輪（肚臍下方一～二公分處）…橘色
／●太陽神經叢輪（胸部下方）…金色、
黃色／●心輪（胸部中間）…粉紅色、綠
色／●喉輪（喉嚨下方）…天藍色／●眉
心輪（頭蓋骨底部、延腦、眉間）…靛藍
色／●頂輪（整個頭頂）…紫色／●靈魂
之星脈輪（頭頂上方）…白色、銀色

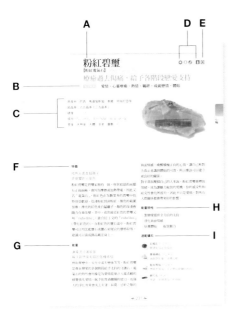

A 礦物名／別名／英文名

部分礦物名並非正式名稱，而是以常用的別名
標示。

B KEYWORD

簡單說明礦石能量特性的關鍵字。

C 基本資料

礦石的原產地、結晶系、硬度、成分、對應星
座、掌管天體（對應 Chapter 1）以及靈數
（參考 P6）的統整資料。

D 淨化方式的圖示

建議淨化方式。
❀日光浴／☾月光浴／♒流水／鼠尾草（煙
燻）／晶簇／♪音樂／鹽

E 使用方式的圖示

建議使用方式。
擺設／飾品

F 特徵

詳述能量石的歷史、顏色、形狀等礦物特徵。

G 能量

礦石能量特性的詳細介紹。

H 能量特性

礦石能量特性的精簡摘要。

I 速配礦石

介紹適合搭在一起使用的礦石以及會因此增強
的能量。

Chapter 3

能量石基本介紹

本章將介紹在本書中作為守護石登場的能量石，
它們的礦物特徵和能量特性，
依所對應之脈輪（顏色）進行分類。

大地之星脈輪

（棕色）

✤

百吉石

霰石

空晶石

煙晶

虎眼石

沙漠玫瑰

木化石

百吉石

【堪薩斯石】 *Boji Stone*

調和陰陽，平衡能量

KEYWORD 陰陽調和、統合、冥想、療癒、能量再生

原產地 + 美國（堪薩斯州）	
結晶系 + 不明	
硬度 + 6〜6.5	
成分 + 不明	
星座 + 金牛座　天體 + 月亮　靈數 + 4	

特徵

將公、母石並用的療癒石

百吉石只在美國印地安人的聖地堪薩斯州出產，只有因為侵蝕作用自然出現在地表的百吉石才能帶走，所以相當稀有。

表面凹凸不平的是公石，平整滑順的是母石，療癒時須兩者並用。雙手各持一顆慢慢靠近，應該會感受到像磁鐵一樣的互斥力。當中也有兼具男性能量和女性能量的百吉石，稱為「彩虹百吉石」（rainbow boji stone），這種即使只有一顆也有很強的能量。該石有很多仿冒品在市面上流竄，而真正的百吉石會附上美國療癒師凱倫‧吉萊斯比（Karen Gillespie）的商標證明書。

能量

具有兩極性，平衡事物，加強接地力

百吉石會讓陰陽兩極能量保持良好的平衡；除了陰陽之外，它還會平衡所有具有兩極性的事物，例如男性和女性、現實和靈性、精神和身體、自己與社會等等。在身心不適的時候使用

可以打通氣血、湧現活力。因為會讓人意識到自己與大地的連結，所以接地力也會有所提升。進行療癒或冥想時，用左手拿公石，右手拿母石會有明顯的效果。

在健康方面則據說有改善身體各種失衡的效果。因為會讓細胞活化，夾在疼痛的部位似乎有助於減輕症狀。

能量特性

§ 兼具陰陽兩極的能量
§ 保持能量的平衡
§ 為身心帶來活力

速配礦石

赤鐵礦（P210）
讓身心取得平衡，使你活力充沛。

孔雀石（P247）
舒緩壓力和緊張。

乳白晶（P277）
調整平衡，讓你擁有平穩的日常。

拉長石（P281）
提高專注力和幹勁。

霰石

【文石】 *Aragonite*

賦予你帶著自信前進的力量，提高存在感

KEYWORD 社交運、接地、吸引良緣、潛能、放鬆

原產地 ÷ 西班牙、澳洲、摩洛哥、英國等	
結晶系 ÷ 斜方晶系	
硬度 ÷ 3.5〜4	
成分 ÷ $CaCO_3$	
星座 ÷ 雙子座　天體 ÷ 土星　靈數 ÷ 4	

特徵

自古被作為印章使用

霰石根據包裹體的不同，除了黃色之外，還有透明、白色、藍色等其他顏色，但性質和涵義大致相同。西元前四千年的美索不達米亞文明會把圖案刻在霰石上，當成印章使用。

能量

增加魅力，吸引良緣

穩定的能量會強化接地，讓你擁有一顆樂觀的心。霰石會幫助持有者激發潛能，增加魅力。推薦給心有所屬或想締結良緣的人。

空晶石

【十字石】 *Chiastolite*

強化向新世界挑戰的力量

KEYWORD 積極性、紓壓、安定情緒、消除不安和恐懼

原產地 ÷ 巴西、中國、澳洲、西班牙等	
結晶系 ÷ 斜方晶系	
硬度 ÷ 6.5〜7.5	
成分 ÷ Al_2SiO_5	
星座 ÷ 天蠍座　天體 ÷ 月亮　靈數 ÷ 8	

特徵

被當成退燒藥，上面有黑十字的礦石

空晶石在日本也有少量出產，是紅柱石（andalusite）的同類。黑色的十字形花紋使它獲得「十字石」的別名。在古代也會被當成退燒藥。

能量

平復情緒，提升積極性

空晶石可以強化精神力，帶來突破逆境的力量，幫助你控制情緒，消除不安和恐懼，使你可以積極行動。它也有助於預防及緩解精神壓力所造成身體不適。

煙晶

【茶晶】 *Smoky Quartz*

連結身體與大地，堅定自己的想法

KEYWORD 專注力、驅魔、發揮潛能、達成目標

原產地	巴西、美國、英國、西班牙、澳洲、蘇格蘭等
結晶系	六方晶系（三方晶系）
硬度	7
成分	SiO_2
星座	魔羯座　天體 土星、冥王星　靈數 8

特徵

越透明越珍貴的驅邪石

煙晶是帶有茶色或深黑色的水晶。與大地的連結強而有力，自古被作為辟邪的守護石。未經照射處理的天然原石透明度很高，優雅的光輝是它的魅力所在。

能量

激發潛能的助力

煙晶是提升耐力和專注力的礦石，不但會強化身心靈的能量，還會幫助你激發潛能。而且它還有很強的療癒力，可以撫平不安、焦慮並帶來安寧，放在枕邊等處會有安眠的效果。

虎眼石

【虎睛石】 *Tiger's eye*

腳踏實地，穩穩地取得成功

KEYWORD 儲蓄、決斷力、預防浪費、計畫性、踏實、達成目標

原產地	南非、澳洲、印度等
結晶系	單斜晶系
硬度	6.5～7
成分	$NaFe(SiO_3)_2$＋混合物
星座	魔羯座　天體 太陽　靈數 1

特徵

擁有美麗的斑紋，好似老虎的眼睛

虎眼石是把青石綿（crocidolite）浸泡在石英裡硬化、氧化後所形成的礦石。研磨後會因為光線的反射浮線斑紋，看起來像老虎的眼睛，因而得名。虎眼石也是貓眼石的替代品。

能量

賦予堅定的意志，招來財運

虎眼石以「財富石」著稱，會幫助你養成控制金錢的能力和累積儲蓄。另外，為了達成目標，它還會賦予你踏實的態度和堅定的意志。因為洞察力也會有所提升，所以它應該會帶你找到接近理想的機會。

沙漠玫瑰

Desert Rose

擺脫各種依賴，幫助你獲得脫胎換骨的力量

KEYWORD 擺脫依賴、鎮定、提升學習力、斬斷緣分

原產地	墨西哥、澳洲、突尼西亞、摩洛哥等
結晶系	單斜晶系
硬度	2～3.5
成分	$BaSO_4$ 或 $CaSO_4$
星座	處女座　天體 月亮　靈數 6

特徵

大自然的力量將它塑造成玫瑰的形狀

沙漠玫瑰和從沙漠中出產的透石膏以及黃鐵礦是同類，是從地底滲出的水溶解周圍的礦物質後所形成的礦石。由於硬度很低、質地柔軟，因此一般認為不可能對這種礦石進行加工。

能量

戒除長年的習慣，帶來變化的石頭

沙漠玫瑰會斬斷壞習慣或惡緣，使你遠離誘惑和阻礙，為持有者帶來好的變化，賦予你踏出新的一步的力量。因為有提升知性的功能，所以也建議擺在桌上當作讀書的護身符。

木化石

【矽化木、石化木】 *Petrified Wood*

賜予大自然的恩惠，確立堅不可摧的信念

KEYWORD 堅定的意志、決斷力、執行力、信念、勇氣

原產地	世界各地（巴西、馬達加斯加、辛巴威、美國等）
結晶系	不一定
硬度	6～7
成分	SiO_2＋銅、碳、錳等
星座	天蠍座　天體 土星、冥王星　靈數 8

特徵

使你體會到自然的偉大的木頭化石

木化石是遠古時代的樹木被二氧化矽滲透之後，歷經幾億年的化石化才形成的「樹木化石」。內含的離子會影響成色，使它呈現茶色、奶油色或黑色等等，外表有大自然塑造的各種花紋。

能量

培養實現夢想的強大精神

木化石蘊含自然的強壯，會帶來勇氣和決斷力，幫助你即使撞上高牆，也能帶著堅定的信念，毫不猶豫地繼續前進。因為有助於強化耐力、帶來發現，所以也會加速夢想的實現。

海底輪
（黑色、紅色）

❖

縞瑪瑙

紫蘇輝石

黑碧璽

黑曜石

煤玉

玻隕石

赤鐵礦

鷹眼石

黑水晶

異性石

鉻鉛礦

珊瑚

辰砂

尖晶石

白雲母

紅寶石

石榴石

紅碧玉

縞瑪瑙

【黑瑪瑙】 *Onyx*

賜予力量跨越難關，帶領你走向成功

KEYWORD 靈性保護、耐力、判斷力、接地

原產地✦世界各地（印度、巴西、斯里蘭卡、德國、中國、捷克等）	
結晶系✦六方晶系（三方晶系）	
硬度✦7	
成分✦SiO_2	
星座✦魔羯座　天體✦土星、冥王星　靈數✦8	

特徵

**自古也用於驅魔
有條紋的黑瑪瑙**

縞瑪瑙的名稱來自希臘文的「Onyxis」（利爪），是在為數眾多的能量石當中，最熱門的礦石之一。縞瑪瑙在礦物學上是石英的同類，產地遍布世界各地，本來泛指所有的條紋瑪瑙（agate），但現在只有黑色的瑪瑙才叫「Onyx」。

基督教認為縞瑪瑙有驅魔的效果，自古便會用它來念《玫瑰經》；但與此同時，坊間卻流傳著縞瑪瑙會帶來惡夢或恐懼的迷信。然而，與這種印象大相逕庭的是，縞瑪瑙的能量相當溫和，每個人戴都相對有效，因此人氣在近幾年持續攀升。

能量

**保護你不受外界干涉，確立自我
幫助你堅持下去及達成目標**

縞瑪瑙是使你堅定自己的想法，讓負能量無法靠近的「守護石」。它會吸收負面的波動，讓你恢復冷靜，提升對各種事物的自制力和判斷力。你會開始對自己的想法產生信心，並且能夠不被他人的意見影響，踏著穩健的腳步朝目標前進。

另外，具有厚重感的純黑會幫助持有者接地，培養堅持到底的耐力與強大的意志，就算遇到任何阻礙也不會放棄。推薦給容易隨波逐流或很難堅持做一件事情的人。

能量特性

§ 保護你不被負能量攻擊
§ 冷靜、自制力、判斷力
§ 自信　§ 接地

速配礦石

琥珀（P225）
想要調整身心平衡、保有堅定意志的時候。

草莓晶（P234）
強化女性面，帶你遇見新的邂逅。

紫水晶（P265）
擁有強韌的意志，穩定情緒。

天眼石（P287）
賦予你度過難關的力量。

紫蘇輝石
【銀線石】 *Hypersthene*

導正自身紀律，強化領袖特質

KEYWORD 指導力、領導力、統御力、自制力、冥想、放鬆

原產地✤巴西、加拿大、美國等

結晶系✤斜方晶系

硬度✤5～6

成分✤(Fe,Mg) SiO_3

星座✤獅子座　天體✤土星、冥王星　靈數✤8

特徵

光芒會隨著觀賞的角度改變
男性化且強而有力的礦石

紫蘇輝石具有男性化且威猛的能量，人們甚至用希臘文的「huper」（超越）和「sthenos」（強大）為其命名。表面會發出因為閃光效應、貓眼效應和星彩效應產生的光澤，照光後會在一片漆黑中浮出銀色或紫色。

它被分類為頑火輝石（enstatite），主要成分是鎂、鐵和二氧化矽，化學成分和古銅輝石（bronzite）幾乎一致，含鐵超過三十％以上的才是紫蘇輝石。由於硬度較低且不耐碰撞，拿取時須小心謹慎。另外也請避免陽光直射。

能量

用「嚴以律己，寬以待人」的態度
建立團隊的信賴關係

紫蘇輝石以「領袖石」聞名，會提升決斷力、誠實和思慮周全這些領導者所需的特質。首先，請你戒除壞習慣，導正自身的紀律，這樣應該就可以得到周遭的信賴。而且它還會帶來行動力，讓你不再跟著別人走，而是率先在前面開闢道路。擺出想要進步的態度才是吸引好

運上門的關鍵。

紫蘇輝石也是著名的驅魔石，會讓人遠離邪念和誘惑，幫助你在快要誤入歧途的時候修正軌道。因為它也有撫平情緒起伏的作用，所以能讓你放鬆，引導你做出冷靜的判斷。也可以在冥想時使用。

在健康方面則據說有緩解腳部不適、解決毛髮問題的功效。

能量特性

§領導力　§戒掉壞習慣
§建立信賴關係　§行動力
§驅魔　§撫平情緒起伏

速配礦石

紅碧玉（P216）
增強意志力。

捷克隕石（P239）
確定願望，不再三心二意。

阿賽斯特萊石（P268）
帶你前往更高的次元。

月光石（P278）
幫助你獲得周遭的信賴。

黑碧璽
【黑電氣石】 *Black Tourmaline*

反彈負能量，保護精神面

KEYWORD 阻絕有害能量、淨化、身心的平衡、護身符

原產地 ✦ 巴西、美國等	
結晶系 ✦ 六方晶系（三方晶系）	
硬度 ✦ 7～7.5	
成分 ✦ $NaFe_3Al_6(BO_3)_3Si_6O_{18}(OH)_4$	
星座 ✦ 魔羯座　天體 ✦ 火星　靈數 ✦ 8	

特徵

**會因為摩擦或加熱攜帶靜電
據說也有促進健康的效果**

黑碧璽的名稱來自僧伽羅語的「turmali」（寶石沙粒或碎石）。兩端為異極，會因為摩擦或加熱攜帶靜電，故又名「電氣石」。黑碧璽內含大量會讓金屬離子化的鈉、鎂、鋁，會產生負離子的特性也廣為人知。

碧璽除了黑色以外，還有粉紅色、藍色、綠色等其他顏色，是所有礦物群中色彩最豐富的。每種顏色的能量不盡相同，但據說共通點是都有療癒和促進健康的功能。吸收邪氣的效果也很強大，記得請頻繁淨化。

能量

**保護你不被有害的能量影響
緩解身心的壓力**

黑碧璽隔絕負能量的效果，即使在碧璽家族當中也是數一數二的。從邪念、靈性攻擊（psychic attack）等來自他人的負面情緒，到手機或家電所發出的電磁波，所有有害的能量都會被它一一攔截。而且黑碧璽還會產生負離子，除了淨化水和空氣之外，也有緩解身心壓力的功用。它會緩和負面情緒、促進能量循環，所以也能幫助你建立融洽的人際關係。建議當成護身符隨身攜帶，或是放在經常有人出入的地方。

在健康方面據說可以平衡內分泌，帶來活力，因此有改善喉嚨不適、預防肥胖等效果。

能量特性

§ 保護你不受邪念或靈性攻擊干擾
§ 擋住有害的電磁波
§ 建立融洽的人際關係

速配礦石

赤鐵礦（P210）
反彈負能量。

髮晶（P226）
淨化效果強大。適合容易隨周遭起舞的人。

東菱石（P240）
喚醒心靈，消除疲勞。

藍紋瑪瑙（P256）
讓溝通得以順利進行。

黑曜石
Obsidian

😊 〇 ♧ ♪　🔔 ◉

斬斷惡緣的護身符，在前往目標的路上用力推你一把

KEYWORD　領導力、統御力、保護、自信

原產地 ✤ 墨西哥、美國、冰島等	
結晶系 ✤ 非晶質	
硬度 ✤ 5	
成分 ✤ SiO₂＋CaO、Na、K及其他	
星座 ✤ 魔羯座　天體 ✤ 太陽　靈數 ✤ 8	

特徵

會因為光的強度出現不一樣的表情

黑曜石是火山熔岩急速冷卻後所形成的天然玻璃。古代也會用黑曜石製作箭頭。一種叫作「微晶」（microlite）的細小結晶或微粒會產生各式各樣的光學效應。

能量

使能量大幅提升

黑曜石有很強的保護效果，會讓惡緣無法靠近，賦予你堅強的內心與準確的判斷力，大幅縮短通往目標的道路。它會讓你意識到存在於潛意識中的問題，幫助你了解真正的自己。

煤玉
【煤精】 *Jet*

🌙 ♧　◉

淨化帶有否定性質的能量，驅魔石

KEYWORD　驅魔、遺忘、追悼、鎮定、淨化、心靈創傷

原產地 ✤ 英國、西班牙、俄羅斯、中國等	
結晶系 ✤ 非晶質	
硬度 ✤ 2.5～4	
成分 ✤ C＋不純物	
星座 ✤ 魔羯座　天體 ✤ 月亮　靈數 ✤ 4	

特徵

綻放美麗光澤的木頭化石

沉入海底的木頭經過長時間的碳化，形成所謂的「木頭化石」。研磨後會產生光澤。煤玉的歷史悠久，在西元前就已經存在，也以維多利亞女王的愛用礦石廣為人知。

能量

將情感歸零，賦予你前進的堅強意志

煤玉是吸收、淨化否定能量的驅魔石，具有撫平內心的混亂、消除悲傷或心靈創傷的作用。它還會賦予你跨越難關的堅強意志，因此也可以提升決斷力，讓你積極採取行動。

玻隕石

【黑隕石】 *Tektite*

連接宇宙和潛意識，解決核心問題

KEYWORD 淨化業障、連接宇宙意識、意識的進化、找到人生的方向

原產地 ✣ 泰國、菲律賓、柬埔寨等

結晶系 ✣ 非晶質

硬度 ✣ 5～6

成分 ✣ SiO_2 為主要成分

星座 ✣ 水瓶座　天體 ✣ 天王星　靈數 ✣ 11

特徵

含有隕石成分的天然玻璃

玻隕石是以希臘文「tektos」（熔化）命名的天然玻璃。據說是隕石撞擊到地表時，受到高溫與衝擊的影響而熔化，接著急速冷卻所形成的產物。

能量

淨化負能量，療癒心靈

玻隕石會強化你和宇宙的連結，刺激靈感，撫平孤獨、悲傷、不安等負面情緒。除此之外，它也以「排毒石」著稱。因為有淨化業障的效果，對自我療癒也很有幫助。

赤鐵礦

【黑膽石】 *Hematite*

度過難關、帶來勝利的戰爭守護神

KEYWORD 活化生命力、達成目標、在關鍵時刻致勝、轉職

原產地 ✣ 英國、義大利、美國、巴西等

結晶系 ✣ 六方晶系

硬度 ✣ 5～6.5

成分 ✣ Fe_2O_3

星座 ✣ 牡羊座　天體 ✣ 火星　靈數 ✣ 1

特徵

和血液有密切關聯的礦石

赤鐵礦研磨後會出現光澤。主要成分為鐵，摩擦後會變紅。相傳人們相信赤鐵礦有止血、改善貧血等跟血液有關的良效，甚至還曾經將它用於治療。

能量

賦予你面對改變的勇氣

赤鐵礦是勝利的守護石，帶給你自信和勇氣，幫助你可以抬頭挺胸地繼續前進。它會消除對改變的不安，建立自立心和自尊心，使你充滿挑戰精神。也很推薦給正準備換工作的人。

鷹眼石

【藍虎眼石】 *Hawk's Eye*

用心眼洞見未來，帶來成功與富饒

KEYWORD 財富、冷靜、判斷力、工作運、前進的力量

原產地 ❖ 南非、澳洲、納米比亞等	
結晶系 ❖ 單斜晶系	
硬度 ❖ 6.5～7	
成分 ❖ $Na_2Fe^{2+}{}_3Fe^{3+}{}_2[OH|Si_4O_{11}]_2$	
星座 ❖ 處女座　天體 ❖ 太陽　靈數 ❖ 8	

特徵

如鷹眼般熠熠生輝的強大守護石

鷹眼石是帶有條紋圖案的黑色礦石，研磨之後看起來很像老鷹的眼睛。和虎眼石一樣，有一部分的青石綿被二氧化矽取代，自古被當成護身符使用。

能量

確立目標導向，帶領你走向成功

鷹眼石會賦予你排除萬難、勇往直前的力量，拓寬視野，提升洞察力，讓你能用冷靜的判斷開闢道路。此外，目標意識的萌芽會消除你的迷惘，讓你更容易在生意上大有所成。

黑水晶

Morion

有最強驅邪 & 淨化效果的礦石界賢者

KEYWORD 驅邪、驅魔、淨化業障、強效防護、改善憂鬱

原產地 ❖ 巴西、中國、美國、哈薩克等	
結晶系 ❖ 六方晶系（三方晶系）	
硬度 ❖ 7	
成分 ❖ SiO_2	
星座 ❖ 金牛座　天體 ❖ 土星　靈數 ❖ 4	

特徵

光線無法通過的黑色水晶

黑水晶原本是蘇格蘭的凱恩戈姆山出產的水晶，受到放射線的影響變成不透明的黑色，天然原礦相當稀少，經過放射線處理的礦石占了絕大多數。

能量

用強大的淨化效果改善壞習慣

黑水晶具有防止外來能量干涉的保護力，常常被當成驅邪的護身符。而強大的淨化效果也能帶你改善壞習慣或解決延續了好幾代的問題。它會沉澱你的內心，幫助你歸於平靜。

異性石
Eudialyte

增加身為女性的驕傲和喜悅，女性面的象徵

KEYWORD 女性面、愛情、與自然或宇宙的調和

原產地✤俄羅斯、加拿大、巴西、挪威、澳洲等	
結晶系✤六方晶系（三方晶系）	
硬度✤5.5	
成分✤ $Na_4 (Ca,Ce)_2 (Fe,Mn,Y) ZrSi_8 O_{22} (OH,Cl)_2$	
星座✤金牛座　天體✤金星　靈數✤2	

※深粉紅色的部分為異性石

特徵

富有深度的色彩美麗動人
品質好的異性石，透明度跟紅寶石一樣高

異性石是一種含有鋯及其他元素的矽酸鹽礦物，一八一九年發現於格陵蘭，性質易溶於酸，故名稱取自希臘文的「eu dialytos」（容易色分解的）。產量少，是極為稀有的礦物，酒紅或深粉紅的色澤相當美麗，有些透明度甚至跟紅寶石一樣高。一般開採出來的不是單獨的異性石，而是與黑色的霓石（aegirine）、白色的霞石（nepheline）等礦物一起排成馬賽克花紋。

位於俄羅斯西北部的科拉半島是異性石的產地之一，當地傳說這種礦石的成因，是祖先們為了保護民族不受外敵入侵，在奮戰時所流下的鮮血。

能量

活化女性能量，
培養一顆充滿愛的善良的心

異性石和女性面密切相關，會讓你重新認識兼具愛情與神祕性的女性的美好。女性讀者可以在感受到女性特有的糾葛、壓力或某種不滿的時候使用異性石，它會讓妳擺脫壓抑的思維，

告訴妳生為女性的意義。

此外，異性石溫和的療癒力並非女性的專利，而是適合推薦給每一個人，它會讓你和自然、宇宙的韻律相互調和，抑制混亂的情緒，使你能從正面的角度看事情。而且還會賦予你坦率接受他人的想法的寬大心胸，幫助你獲得好人緣。由於良好的人際關係也會促成身體能量的活化，因此你應該可以過上充實的生活吧！

能量特性

§ 對女性面造成影響
§ 與自然或宇宙調和
§ 療癒　§ 獲得良緣

速配礦石

菱錳礦（P233）
想要擁有充滿愛的關係的時候。

苔蘚瑪瑙（P247）
與自然的韻律連結。

矽孔雀石（P254）
想進一步提高女性面的時候。

月光石（P278）
排解女性特有的不滿或壓力。

鉻鉛礦

【紅鉛礦】 *Crocoite*

提高生命能量，豐富你的人生

KEYWORD 前進的力量、熱情、活力、打破現狀

原產地 ✦ 澳洲（塔斯馬尼亞）、俄羅斯	
結晶系 ✦ 單斜晶體	
硬度 ✦ 2.5～3	
成分 ✦ $PbCrO_4$	
星座 ✦ 射手座　天體 ✦ 太陽　靈數 ✦ 1	

特徵

由鮮豔的色彩與個性獨特的結晶所構成的礦石

鉻鉛礦含有金屬元素「鉻」，會形成紅色、橘色或黃色的角栓狀結晶，形狀非常特殊。因為容易跟油混合，磨成粉末的鉻鉛礦會被用來製作油畫顏料的材料。

能量

激發你的熱情，幫助你打破現狀

鉻鉛礦的波動很強，會讓你全身盈滿來自大地的生命能量。它會調整身心的平衡，使你活力充沛，做任何事情都充滿熱情。建議在想打破現狀的時候使用。

珊瑚

Coral

照顧女性健康，賜你子孫滿堂

KEYWORD 女性面、授子、女性的幸福、幸福婚姻、安產

原產地 ✦ 義大利、夏威夷、日本	
結晶系 ✦ 非晶質	
硬度 ✦ 3.5	
成分 ✦ $CaCO_3 + MgCO_3$	
星座 ✦ 巨蟹座　天體 ✦ 月亮　靈數 ✦ 2	

特徵

以珊瑚蟲的骨骼加工而成

珊瑚是和與水母、海葵同類 —— 腔腸動物的「珊瑚蟲」的骨骼，嚴格說起來並不是礦物。顏色有白色、粉紅色、紅色等等，價格會因為好不好看產生很大的落差。

能量

招來身為女性的幸福

珊瑚會在結婚、生產、家庭繁榮等方面提供協助，提升女性的運勢，尤其以求子護身符著稱，自古便備受重視。祈禱安產時，建議使用接近紅色的珊瑚，據說有讓身體保暖、促進血液循環的效果。

辰砂

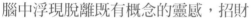

【硃砂】 *Cinnabar*

腦中浮現脫離既有概念的靈感，招財

KEYWORD 天啟、內在之眼、財富、榮耀、直覺、安定

原產地 ❖ 中國、西班牙、日本	
結晶系 ❖ 六方晶系（三方晶系）	
硬度 ❖ 2～2.5	
成分 ❖ HgS	
星座 ❖ 獅子座　天體 ❖ 木星　靈數 ❖ 3	

特徵

在煉金術界受到重用的賢者之石

辰砂是水銀的硫化礦物，鮮豔的紅色令人聯想到血液，名稱源自希臘文的「kinnabaris」（紅色的東西）。辰砂在西方則被作為煉金術的靈藥，又名「賢者之石」。

能量

提升創造力，帶領你在商場取得成功

辰砂會讓思考變得靈活、賦予你新的靈感和願景。隨著創造力與直覺的提升，你會更容易在商場取得成功。辰砂也有平衡脈輪的作用，它會平息恐懼、憤怒等情緒，使內心泰然自若。

尖晶石

Spinel

喚醒強大和熱情，實現夢想

KEYWORD 實現自我、達成目標、化為現實、活化能量

原產地 ❖ 緬甸、斯里蘭卡等	
結晶系 ❖ 等軸晶系	
硬度 ❖ 7.5～8	
成分 ❖ $MgAl_2O_4$	
星座 ❖ 牡羊座　天體 ❖ 火星　靈數 ❖ 3	

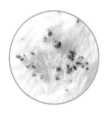

特徵

原石跟鑽石一樣都是八面體

尖晶石的原石是八面體，名稱來自拉丁文的「spinella」（尖刺）。色彩種類相當多元，有很長一段時間與紅寶石等剛玉家族混為一談。

能量

指出達成目標的正確道路

尖晶石會大力刺激生命能量，確立在工作、愛情等各方面的目標，促使你將它們化為現實。它還會讓你發現自己的魅力，讓你有能力表現出來，很推薦給不擅長展現自己的人。

白雲母
Muscovite

連接高次元的靈魂，為精神帶來安定

KEYWORD 緩解疲勞、鎮定、擺脫束縛、平常心

原產地 ✦ 俄羅斯、巴西、中國等	
結晶系 ✦ 單斜晶系	
硬度 ✦ 2.5	
成分 ✦ $KAl_2(AlSi_3O_{10})(F,OH)_2$	
星座 ✦ 雙子座　天體 ✦ 月亮　靈數 ✦ 6	

特徵

作為能讓人長生不老的中藥材備受重視

白雲母的英文名稱之所以叫「Muscovite」，是因為它經由莫斯科（Moscow）傳入歐洲，在古代是一種非常珍貴的中藥材。市面上流通的白雲母多半含錳，顏色帶紅，但也有透明、白色、粉紅色等其他顏色。

能量

穩定情緒，賦予你冷靜的判斷力

白雲母會治療心傷，幫你找回失去的信心，有抵擋靈性攻擊的能力，就算是很情緒化的人也可以冷靜地判斷事情。也有助於強化與高次元的靈魂或自然的連結。

紅寶石
【紅剛玉】 *Ruby*

賦予你女王般的氣魄和力量，勝利之石

KEYWORD 生命力、勝利、熱情、勇氣、領袖魅力

原產地 ✦ 緬甸、斯里蘭卡、阿富汗、馬達加斯加等	
結晶系 ✦ 六方晶系（三方晶系）	
硬度 ✦ 9	
成分 ✦ Al_2O_3	
星座 ✦ 牡羊座　天體 ✦ 太陽　靈數 ✦ 1	

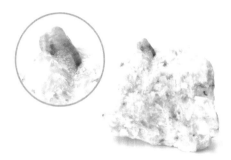

特徵

明豔的紅色美麗動人，寶石女王

紅寶石的名字來自拉丁文的「Ruber」（紅色），華麗的外表讓它又被稱為「寶石女王」。主要的成色元素為鉻，屬於硬度僅次於鑽石的「剛玉」礦物群。

能量

以熱情如火的能量呼喚勝利

紅寶石的能量非常強大，效果就好比是身心的強壯劑。它會帶來熱情和專注力，讓你可以積極行動。因為也有帶來勝利及繁榮的能力，建議可以在想要在賭局中獲勝的時候使用。

石榴石

【柘榴石】 *Red Garnet*

激發魅力及爽朗的特質，愛與熱情之石

KEYWORD 願望成真、愛情、熱情、重燃愛火

原產地❖印度、巴西、馬達加斯加、斯里蘭卡

結晶系❖等軸晶系

硬度❖7.5

成分❖$Fe^{2+}_3Al_2(SiO_4)_3$

星座❖牡羊座　天體❖金星　靈數❖1

特徵

也會從遺跡出土，歷史悠久的礦石

石榴石的名稱來自拉丁文的「granatus」（種子），自古以來就是受人崇敬的「神聖石」，經常被製成護符及其他物品。在古埃及的遺跡中挖出了被雕刻過的石榴石。

能量

為枯燥乏味的關係帶來刺激，加深愛情

石榴石以「愛與熱情之石」著稱，會為你與所愛之人注入活力。它會增加持有者的魅力或對對方的關懷，因此對消除一成不變也有很好的效果。石榴石會讓你的努力得到成果，引導你走向成功，在愛情以外的地方也會發揮功效。

紅碧玉

【碧玉】 *Red Jasper*

強化信念，大地的象徵

KEYWORD 接地、判斷力、行動力

原產地❖印度、委內瑞拉、美國、俄羅斯等

結晶系❖六方晶系（潛晶質）

硬度❖7

成分❖SiO_2＋不純物

星座❖天蠍座　天體❖火星　靈數❖1

特徵

雖為石英質礦石，但不透明才是魅力所在

紅褐色的碧玉經常被用來做成珠寶或觀賞用的雕刻，它是含有大量不純物的石英集合體，沒有透明感，但是這點卻反而讓它變成深受大眾喜愛的「自然的藝術」。

能量

帶來堅強，讓你靠自己的意志前進

紅碧玉擁有與自然緊密相連的穩定能量，會讓你有能力做出忠於自己的行動，因此能不被他人的想法左右，抱著信念前行。它也有放寬視野，提升洞察力與致勝能力的作用。

生殖輪

（橘色）

❖

光玉髓

橙色方解石

纏絲瑪瑙

太陽石

紅鋅礦

橘子水晶

火瑪瑙

光玉髓

【紅玉髓】 *Carnelian*

促使你積極行動，拓展自己的可能性

KEYWORD 成功、勝利、勇氣、執行力、積極性、生命力、官能

生殖輪

原產地	印度、巴西、烏拉圭、印尼、馬達加斯加、美國等
結晶系	六方晶系（潛晶質）
硬度	6.5～7
成分	SiO_2
星座	牡羊座　天體　火星　靈數　1

特徵

常用於裝飾品
自古歷史留名

光玉髓指的是在玉髓（chalcedony）家族當中，介於充滿熱情的紅色～橘色之間的成員，這樣的顏色使它得到以拉丁文的「carnis」（肉）來命名的名稱。儘管擁有光滑高雅的美麗外表，品質優良的光玉髓卻能用相對便宜的價格買到，因此人氣高居不下。

光玉髓自古被視為蘊含強大能量的礦石，支持者主要是一些神職人員或當權者，人們在埃及文明和美索不達米亞文明的國王陵寢內發現了大量的光玉髓裝飾品；光玉髓也與歷史偉人有很深的淵源，如法國皇帝拿破崙將光玉髓製的八角形印章珍藏了一輩子，而伊斯蘭教的教祖穆罕默德則把它當成「頓悟之石」隨身攜帶。

能量

理解自己身處的情況
提升為達成目標的活力

光玉髓擅長活化能量，會帶來積極性、勇氣和生命力，可以拓展工作、愛情、夢想的可能性。它會確定達成目標所需的事物，給你付諸

實行的力量，因此推薦給覺得走投無路或即將展開新事物的人。找不到想做的事情而無法湧現欲望時，光玉髓會幫助你打開視野、製造契機，讓你從自己身上發現過去一直忽略的優點。

雖然光玉髓基本上是活化的礦石，但是也有抑制怒氣、不滿和穩定情緒的能力。在戀愛方面，它會激發能帶給他人感官刺激的魅力，增加你對心儀對象的吸引力。

能量特性

§ 拓展可能性
§ 提高執行力
§ 提升感官上的魅力

速配礦石

虎眼石（P203）
想強化在工作上的決斷力的時候。

紅寶石（P215）
想要提升能量的時候。

粉晶（P232）
幫助你談一場熱情如火的戀愛。

螢石（P246）
提高學習能力。

橙色方解石

【方解石】 *Orange Calcite*

讓溝通更順利，建立穩固的人際關係

KEYWORD 溝通能力、領袖魅力、創造力、朝氣、行動力

原產地⁖墨西哥、巴西、中國等

結晶系⁖六方晶系（三方晶系）

硬度⁖3

成分⁖$CaCO_3$

星座⁖獅子座　天體⁖木星　靈數⁖3

特徵

五顏六色方解石的其中一種

方解石在古羅馬和某些時代被用來當成建材以及雕刻的材料。純粹的方解石是透明無色的，但其中蘊含的物質會讓它變成各種顏色。流通量高，價格相對低廉。

能量

激發持有者最大限度的能力

方解石會協助你與他人溝通，將人際關係引導至圓滿融洽的狀態；而充滿活力的橘色則會提高生命力，激發藏於內在的潛能。推薦給需要品味的創意工作者。

生殖輪

纏絲瑪瑙

【紅縞瑪瑙】 *Sardonyx*

守護家庭和平，帶來富足豐碩

KEYWORD 安定情緒、家庭繁榮、增進健康、夥伴關係

原產地⁖巴西、烏拉圭、印度、中國、德國、土耳其等

結晶系⁖六方晶系（潛晶質）

硬度⁖7

成分⁖SiO_2

星座⁖巨蟹座　天體⁖金星　靈數⁖2

特徵

在眾多史書中登場的條紋礦石

在纏絲瑪瑙上可以看見層狀的條紋，紅色～橘色的部分和光玉髓的成分一樣，如果有白色條紋則是纏絲瑪瑙，曾經出現在《舊約聖經》以及諸多史書當中。

能量

以強大的羈絆連結家庭，帶來繁榮

纏絲瑪瑙會加深自己與親密之人的羈絆，自古亦作為象徵夫妻幸福的礦石為人所知。強大的保護力除了能讓你遠離負能量之外，還跟食、衣、住與健康密切相關，為家庭帶來繁榮。

太陽石

【日長石】 *Sun Stone*

帶來光明與自尊心的太陽之石

KEYWORD 展現自我、創造力、自尊心、內心的從容

原產地	印度、坦尚尼亞、加拿大、美國、挪威等
結晶系	三斜晶系
硬度	6～6.5
成分	(Na,Ca) Al(Al,S) Si$_2$O$_8$
星座	獅子座　天體 ⟡ 太陽　靈數 ⟡ 3

特徵

內含其他礦物，閃閃發光的礦石

太陽石是一種長石，會因為叫作「砂金效應」的光學效應閃閃發光，和同為長石的月光石所發出的沉靜光芒形成對比，因而得名。

能量

養成享受人生的自信

太陽石是會為內心帶來光明的礦石，有提升自尊心與自我表現能力的效果，讓你可以時時懷抱著樂觀的心情開拓人生。太陽石還會磨練跟創意有關的才能，因此推薦給想要宣揚新想法的人。

紅鋅礦

【紅亞鉛礦】 *Zincite*

讓靈魂燃起熊熊烈火，復活的象徵

KEYWORD 復活、個性、人際關係、從懶洋洋恢復活力

原產地	納米比亞、德國、美國等
結晶系	六方晶系
硬度	4～4.5
成分	ZnO
星座	獅子座　天體 ⟡ 火星　靈數 ⟡ 1

特徵

擁有媲美鑽石的光彩

紅鋅礦的名稱來自主要成分鋅的英文「Zinc」。目前的主要產地為納米比亞的楚梅布礦山。折射率很高，具有又稱「金剛光澤」（adamantine luster）的光彩。

能量

帶來活力，使人生充滿希望

紅鋅礦會強化個性和直覺，培養豐富的創造力，讓你對希望和喜悅變得很敏感，湧現充沛的活力。當你陷入渾身無力、毫無幹勁的狀態時，它會點燃潛藏在內心的熱情，對建立良好的人際關係也很有效。

橘子水晶

【蜜柑水晶】 *Tangerine Quartz*

促進能量循環，喚醒活力

KEYWORD 療癒、淨化、消除疲勞、活化能量、促進病後的康復

原產地 ✢ 巴西、印度等	
結晶系 ✢ 六方晶系（三方晶系）	
硬度 ✢ 7	
成分 ✢ SiO_2	
星座 ✢ 射手座　天體 ✢ 水星　靈數 ✢ 5	

特徵

橘色的色澤相當美麗，生鏽的水晶

橘子水晶是附著在表面的赤鐵礦氧化後變成橘色的水晶，名稱來自巴西葡萄牙語的「tange」（橘子）。用酸溶解表面生鏽的部分會變回原本晶瑩剔透的水晶。

能量

活化效果很強，有助於消除疲勞

水晶的淨化效果會使頭腦清晰，提升知性與想像力。而且還有促進體內能量循環的效果，更有為內心帶來光明、消除疲勞的功效。可以在養病期間把橘子水晶放在床邊。

火瑪瑙

【瑪瑙】 *Fire Agate*

淨化負能量，保持健康

KEYWORD 性能力、生命力、強大的保護、安心感

原產地 ✢ 墨西哥、美國、印度、巴西等	
結晶系 ✢ 六方晶質（潛晶質）	
硬度 ✢ 6.5～7	
成分 ✢ SiO_2 ＋不純物	
星座 ✢ 獅子座　天體 ✢ 月亮　靈數 ✢ 3	

特徵

展現特殊變彩效應的瑪瑙

火瑪瑙擁有宛如火焰般的褐色或紅色條紋，是一種極為稀有、價值不菲的瑪瑙，內含褐鐵礦（limonite）等其他礦物，其魅力在於會產生叫作「暈彩」（iridescence）的彩虹色變彩效應。

能量

以強大的保護效果緩解身心的壓力

火瑪瑙對身心能量有很強的保護力，是著名的健康、長壽護身符，有反彈邪惡能量、減輕精神衝擊的功用。當你對將來充滿不安時，火瑪瑙會帶給你踏出一步的勇氣。

太陽神經叢輪

（金色、黃色）

✦

黃鐵礦

索拉利斯

白鐵礦

琥珀

髮晶

檸檬晶

蛇紋石

硫礦

黃水晶

利比亞玻璃

黃鐵礦

【愚人金】 *Pyrite*

抵擋邪氣，帶來自信，指引你走向勝利

KEYWORD 驅邪、獲勝、閃避危機、防衛領域、防護罩

原產地	西班牙、義大利、祕魯等
結晶系	等軸晶系
硬度	6～6.5
成分	FeS_2
星座	牡羊座　天體	火星　靈數	22

特徵

擁有金屬般的光澤
以特殊的形狀出產

黃鐵礦是一種含有硫磺和鐵的硫化礦物，被開採出來時呈現像是被人為切割過的立方體或多面體。用鐵鎚等物品敲擊會迸出火花，故名稱取自希臘文的「pyr」（火）。顏色帶金，也經常被誤以為是黃金，因此又名「Fool's gold」（愚人金）。

由於黃鐵礦的取得相對容易，在十八世紀左右作為鑽石的替代品「白鐵礦」（marcasite）大受歡迎。雖然相當稀少，但現在仍然以骨董珠寶的形式在市面上流通。

能量

上升的能量會強化意志
引導你達成目標

黃鐵礦有很好的保護力，是著名的驅邪石。它會讓你遠離邪念和災難等負能量，可以在想提高專注力、和難以應付的對象相處之類的情況派上用場。而對於過度為他人付出、不斷犧牲自己的人，我們推薦上面有許多小洞的形狀，它會有意識地教你取得人際關係的平衡。因為

經由火山活動生成，所以黃鐵礦也象徵「上升」，它會鞏固意志，讓你可以自信地朝目標前進；即使是在需要進行攻防的場合，它也能幫助你發揮在關鍵時刻致勝的能力。享受大地恩惠的平穩能量對接地也很有效。在健康方面則據說對支氣管或肺部的不適有很好的效果。

能量特性

§ 避開邪念或災厄
§ 追求進步　§ 接地
§ 在關鍵時刻致勝

速配礦石

縞瑪瑙（P206）
增強保護力。

髮晶（P226）
提升勝利的運氣。

祖母綠（P241）
適合在想要拿下勝利時使用。

藍寶石（P261）
釐清思緒，保持冷靜。

索拉利斯
【黃金療癒者水晶】 *Solaris (Golden Healer)*

用療癒能量為身心注入一道光

KEYWORD 療癒、金色療癒者、冥想、治療舊傷

原產地 ✛ 巴西、美國等	
結晶系 ✛ 六方晶系（三方晶系）	
硬度 ✛ 7	
成分 ✛ SiO_2 ＋氧化鐵	
星座 ✛ 獅子座　天體 ✛ 太陽　靈數 ✛ 33	

特徵

綻放彩虹光芒，是金色療癒者的一種

土壤中的鐵、鎂等元素附著在表面上，發出金黃色光芒的水晶稱為「黃金療癒者」（golden healer）；其中有彩虹薄膜的則會被區分成索拉利斯。

能量

幫你找回失去的自信

黃金療癒者強大的療癒能量會幫助你減輕身體上與精神上的壓力，治療過去受的傷，讓你重拾自信。可用於冥想，協助找到適合自己的療癒方法。

白鐵礦
Marcasite

維持內心的平靜，培養看透本質的能力

KEYWORD 冷靜、知性、平靜、睿智

原產地 ✛ 西班牙、義大利、祕魯等	
結晶系 ✛ 斜方晶系	
硬度 ✛ 6～6.5	
成分 ✛ FeS_2	
星座 ✛ 水瓶座　天體 ✛ 太陽　靈數 ✛ 33	

特徵

與黃鐵礦是同質異像的關係

白鐵礦有金屬般的光澤，與黃鐵礦是化學成分相同但結構不同的「同質異像」關係。碰到水很容易劣化，因此使用時要注意汗水及濕度。

能量

放寬視野，賜予你前進的勇氣

白鐵礦是會培養睿智與知性的礦石。它會為內心帶來平靜，讓你能用客觀的角度思考。白鐵礦會平息不安、焦躁等負面情緒，引導你做出精準的判斷，因此最適合在希望有勇氣朝夢想或目標邁進的時候使用。

琥珀
Amber

為人生帶來永無止盡的富足

KEYWORD 財富、安定、家庭安全、家庭繁榮、消除不安和寂寞

原產地 ÷	俄羅斯、拉脫維亞、立陶宛、波蘭、墨西哥等
結晶系 ÷	無
硬度 ÷	2～2.5
成分 ÷	$C,H,O+H_2S$
星座 ÷ 金牛座　天體 ÷ 木星　靈數 ÷ 4	

特徵

歷經漫長歲月形成的樹脂化石
價值可能會因為內含不純物而提高

琥珀被發現於地表，因此被視為礦物的一種，不過它實際上是松柏類的樹脂經年累月地凝結、化石化所形成的產物。在陸地上採集到的琥珀被歸類為「礦珀」（pit amber），在海中採集到的琥珀被歸類為「海珀」（sea amber）。由於點燃後會散發類似龍涎香（取自鯨魚的香料）的香氣，因此人們用阿拉伯文的「amber」（龍涎香）為其命名。

琥珀的歷史悠久，從舊石器時代開始就被作為裝飾品等物品使用。大部分的礦物會因為內含不純物而跌價，但就琥珀來說，如果是「蟲珀」的話，價值會大大提升。

能量

將負能量排出體外
保護家庭安全與財富

琥珀會照亮內心，帶領我們踏上更精采的人生。它會活化能量，促使我們把堆積在體內的負能量排出體外，調整身心的平衡。因為它會幫助我們在任何時候都能保持一顆積極正向的

心，所以應該會更容易遇到成長的機會。另外，它還有緩解緊張的功能，讓我們平心靜氣地面對事物，因此也很推薦把琥珀當成生產、考試等的護身符。

耗費漫長歲月才形成的琥珀也是著名的財富永續的象徵。平穩的波動會培養準確的判斷力、提高金錢的控制能力，幫助我們順利儲蓄。在健康方面，據說讓小孩子帶著會比較不容易生病，讓大人帶著則有健康、長壽的效果。

能量特性

§ 吸引各種形式的富足
§ 使內心變得正向樂觀
§ 緩解緊張　§ 長生不老

速配礦石

虎眼石（P203）
想要有計畫地儲蓄的時候。

黃水晶（P229）
帶來富裕和繁榮。

矽孔雀石（P254）
積極進取，帶領人生走向成功。

托帕石（P274）
想要實現願望的時候。

髮晶
【鈦晶】 *Rutilated Quartz*

用針狀的天線接收各種好運

KEYWORD 財力、幸運、淨化、驅邪、正向思考、創造力

原產地	巴西、澳洲、哈薩克、巴基斯坦、美國、馬達加斯加等
結晶系	六方晶系（三方晶系）
硬度	7
成分	SiO_2＋金紅石 TiO_2

星座◈牡羊座　天體◈木星　靈數◈22

特徵

被當作招財的象徵
深受全球富豪喜愛的礦石

髮晶含有金光閃閃的二氧化鈦針狀結晶，給人一種奢華的印象。由於金色的針看起來就像是天使的頭髮，因此又被稱為「天使之髮」或「維納斯之髮」。針的顏色好看、水晶的透明度高，這種髮晶在能量上表現會比較好。顏色另外還有銀色、紅色和綠色等等，種類繁多，每一種的能量特性都不一樣。

髮晶以「招財石」之名享譽國際，主要受到富豪的歡迎。它在古代深受中國歷代皇帝、古埃及法老以及羅馬帝國貴族等的喜愛；現在也被世界的經濟中心中國以及華僑間當作繁榮的護身符代代相傳。

能量

增強熱情的能量
提升金錢運、愛情運等整體運勢

髮晶中的金紅石（rutile）會像天線一樣，吸引包含財運在內的各種好運。髮晶的活化效果很強，是喚醒內心熱情的契機，因此它會強化排除障礙的能力，讓我們踏上自己應走的道路。它不僅會賦予我們創造事物、使之發展的能力，還會像是要填補這個部分的不足一樣，提升危機管理能力以及對負能量的防禦力。因此髮晶可謂是最推薦給希望事業有成的經營者的礦石。

此外，金紅石也象徵邱比特的愛之箭，會在愛情方面成為可靠的夥伴；活化效果也會影響性能量，使持有者的魅力越來越強。一般認為，含有大量金紅石或只有一根粗針的髮晶，作為愛情護身符的效果比較好。

能量特性

§ 強大的活化效果　§ 防禦力
§ 創造與發展　§ 排除障礙
§ 增加性魅力

速配礦石

黃水晶（P229）
提升財運的最佳組合。

紫鋰輝石（P234）
想要讓愛繼續延續的時候。

紫水晶（P265）
消除難題或負能量。

魚眼石（P270）
屏除老舊過時的模式，增加自信。

檸檬晶
Lemon Quartz

消弭精神上的混亂，帶來光明和自信

KEYWORD 驅魔、安眠護身符、療癒身心、釐清思緒

原產地 ÷ 巴西、西班牙、澳洲	
結晶系 ÷ 六方晶系（三方晶系）	
硬度 ÷ 7	
成分 ÷ SiO₂＋S	
星座 ÷ 雙子座　天體 ÷ 月亮　靈數 ÷ 5	

特徵

具有硫磺的獨特氣味及混濁感的
檸檬色水晶

和黃水晶很像的黃色是因為含有硫磺，摩擦或撞傷表面會出現硫磺（嚴格來說是硫化氫）的氣味，刺激性很強，接觸後務必要洗手。如果洗不掉硫磺味，使用檸檬汁或小蘇打粉會比較容易去除味道。

可以在內部看到硫磺特有的混濁感是這種礦石的特徵，不過市場上也有透明度高的檸檬晶在流通。這種檸檬晶是經過放射線及加熱處理的水晶或煙晶，成色元素是水晶內含的鐵分，裡面並沒有硫磺。雖然是加工品，但若要當成飾品使用，一般會用沒有味道的後者。

能量

找回冷靜，提升構思力
也有幫助驅魔和安眠的效果

檸檬晶會幫你找回肉體與精神的平衡，讓激昂或混亂的精神歸於平靜，具有鎮定的特性。而在另一方面，檸檬晶對應到位於胸口下方的太陽神經叢輪，因此也有讓舒爽的能量在體內循環，帶來光明與自信的效果。思緒會隨著不安的消失變得清晰，更容易想到新的點子。行動力的提高則會讓你能夠自然而然地開闢道路。除此之外，檸檬晶據說也有幫助驅魔和安眠的效果，建議把它放在房間或玄關，但容易因為精神不穩定而害怕夜晚或常常作惡夢的人，則可以把它放在枕頭旁邊。

能量特性

§ 取回肉體與精神的平衡
§ 釐清思緒　§ 驅魔
§ 助眠

速配礦石

赤鐵礦（P210）
驅魔護身符。

紫水晶（P265）
遏止激動的情緒，使人放鬆。

阿賽斯特萊石（P268）
釐清思緒，提升療癒力。

白紋石（P276）
想要睡得安穩的時候。

蛇紋石

Serpentine

打破現狀，開拓新的人生

KEYWORD　啟程、旅行的平安符、靈魂與身體的統一、放鬆

原產地✦中國、韓國、日本、紐西蘭、美國、
南非、巴基斯坦等

結晶系✦單斜晶系

硬度✦3～4

成分✦$(Mg,Fe,Ni,Al,Zn,Mn)_{2-3}(Si,Al,Fe)_2O_5(OH)_4$

星座✦天蠍座　天體✦木星　靈數✦6

特徵

形成令人聯想到蛇的花紋

蛇紋石內含葉蛇紋石（antigorite）、纖蛇紋石
（chrysotile）及蜥蛇紋石（lizardite），是一種
低透明度的黃色或綠色的礦石。顏色和紋路和
蛇很像，因此名稱來自「serpent」（大蛇）。

能量

強化生命力，旅行的平安符

蛇紋石會賦予你像蛇脫皮一樣脫離現狀的力
量，幫助你重新再生。又因為蛇擁有能夠長時
間不吃不喝的強大生命力，所以蛇紋石也最適
合當作長途旅行的平安符。蛇紋石也有統一靈
魂和身體的效果，會幫助沉澱高漲的情緒。

硫磺

Sulphur

淨化靈魂，引導內心回歸平靜

KEYWORD　鎮定、吸收負能量、變形、淨化內在

原產地✦義大利、玻利維亞、加拿大等

結晶系✦斜方晶系

硬度✦1.5～2.5

成分✦S

星座✦射手座　天體✦月亮　靈數✦3

特徵

需謹慎使用和保存

也是火藥原料的硫磺產自溫泉的出水口附近，
可能會引發過敏反應，或導致其他礦物（尤其
是金屬材質）變色或劣化，因此在使用時要特
別小心。

能量

消除情緒混亂的驅魔石

硫磺會淨化負面情緒，撫慰精神疲勞。對負能
量的吸收力很強，所以也是廣為人知的驅魔
石。它會幫助你釐清混亂的思緒，使你能夠做
出冷靜的判斷。

黃水晶
Citrine

○ ○ ♪ 🔔 ⬛

促進自信與好奇心的增長，充實人生

KEYWORD 願望成真、財運、生意興隆、事業成功、豐饒

原產地 ✤ 巴西、俄羅斯、印度、美國、智利、辛巴威等	
結晶系 ✤ 六方晶系（三方晶系）	
硬度 ✤ 7	
成分 ✤ SiO_2	
星座 ✤ 雙子座　天體 ✤ 太陽　靈數 ✤ 3	

特徵

被商人看重的財運護身符

黃水晶自古被當成「生意興隆的守護石」，在商人之間很受歡迎。現在能夠拿到的黃水晶多半是熱處理過的紫水晶，天然的黃水晶相當稀有。要小心它很容易因為日光而掉色。

能量

帶來精神上及物質上的富足

黃水晶是培養強大的精神，使你積極向前的幫手。它會增長好奇心，產生自我肯定。因為也有成就事業、提升財力等為家庭帶來繁榮的效果，所以應該會讓你度過更精采的人生吧！

利比亞玻璃
【利比亞隕石】 *Libyan Glass*

○ ♪ 🔔 ⬛

將宇宙能量濃縮其中的療癒石

KEYWORD 淨化業障、靈魂的目標、解放、精神的提升

原產地 ✤ 利比亞、埃及等	
結晶系 ✤ 非晶質	
硬度 ✤ 5～6	
成分 ✤ SiO_2（二氧化矽約95%+Al,Ca,Fe,K,Mg,Mn,Na,Ti）	
星座 ✤ 雙魚座　天體 ✤ 海王星　靈數 ✤ 33	

特徵

尚未找出起源的神祕礦石

利比亞玻璃是在埃及西部的利比亞沙漠出產的稀有天然玻璃。目前還沒找到確切的起源，但一說它是隕石撞擊地球產生的熱融化了地表的岩盤所形成的礦石。

能量

淨化不要的資訊，提升精神

濃縮的宇宙能量會帶來強大的淨化作用，使你擺脫無意識累積的糾葛、堅持和執著，促進在精神層面的自我成長。另外，利比亞玻璃擁有療癒波動，會發揮很好的療癒效果。

4th chakra

心輪
（粉紅色、綠色）

粉紅碧璽	綠龍晶
粉晶	貴橄欖石
菱錳礦	捷克隕石
紫鋰輝石	阿祖瑪
草莓晶	東菱石
玫瑰黝簾石	天河石
粉紅菱鋅礦	祖母綠
摩根石	綠碧璽
薔薇輝石	綠玉髓
	玉
	綠銅礦
	軟玉
	磷鋁石
	鉻雲母
	血石
	葡萄石
	螢石
	孔雀石
	苔蘚瑪瑙
	綠簾花崗石
	銀星石

粉紅碧璽

【粉紅電氣石】 *Pink Tourmaline*

療癒過去傷痛，給予各階段戀愛支持

KEYWORD 愛情、心靈療癒、熱情、羈絆、成就戀情、體貼

原產地 ◇ 巴西、馬達加斯加、美國、坦尚尼亞等	
結晶系 ◇ 六方晶系（三方晶系）	
硬度 ◇ 7～7.5	
成分 ◇ (Na, Ca) (Mg, Li, Al, Fe^{2+})$_3$Al$_6$(BO$_3$)$_3$Si$_6$O$_{18}$(OH)$_4$	
星座 ◇ 天秤座　天體 ◇ 金星　靈數 ◇ 6	

心輪

特徵

成色元素是錳離子
是碧璽的人氣色

粉紅碧璽是碧璽家族的一員，柱狀結晶的兩端有正負兩極，會因為摩擦或加熱帶電，因此又名「電氣石」。粉紅色在為數眾多的碧璽中也特別受歡迎，從淺粉紅到深粉紅，顏色的範圍很廣。漂亮的紅色來自錳離子，顏色的深淺會隨含有量改變。其中，成色接近紅色的碧璽又叫「rubellite」，源自拉丁文的「rubellus」（帶有紅色的）。在粉紅色的寶石當中，粉紅碧璽可以用比藍寶石或鑽石更便宜的價格取得，建議可以當成飾品戴在身上。

能量

讓電流流進能量
解決跟戀愛有關的各種煩惱

例如單戀中、交往中或失戀後等等，粉紅碧璽是會在戀愛的各個階段給予支持的守護石。電氣石的特性會用像是為愛情能量注入電流般的感覺強化愛情，賦予你度過難關的能力。而強大的淨化效果會洗去失望、糾葛、忌妒之類的負面情感，喚醒積極正向的心情，讓自己和對方真正意識到體貼的可貴，所以應該可以建立更良好的關係。

對平常很壓抑自己的人來說，粉紅碧璽會釋放情緒，成為讓魅力綻放的契機。你的感受性和社交性會有所提升，因此不只是愛情，對所有人際關係都會帶來好的影響。

能量特性

§ 對戀愛提供全方位的支持
§ 淨化負面情感
§ 培養體貼　§ 綻放魅力

速配礦石

石榴石（P216）
帶領愛情走向成功。

薔薇輝石（P236）
消除負能量，治療心傷。

藍紋瑪瑙（P256）
想提升與另一半之間的信賴的時候。

蘇打石（P261）
想進一步展現自己的時候。

粉晶

【玫瑰晶、薔薇石英】 *Rose Quartz*

用和緩的波動培養女性特質的愛之石

KEYWORD 美、調和、女性面、愛情、成就戀情、療癒、自我肯定

心輪

原產地 ※ 世界各地（巴西、馬達加斯加、印度等）	
結晶系 ※ 六方晶系（三方晶系）	
硬度 ※ 7	
成分 ※ SiO_2	
星座 ※ 天秤座　天體 ※ 金星　靈數 ※ 6	

特徵

名稱由來是獻給女神的玫瑰
作為戀愛的象徵享有高人氣

作為象徵愛情的礦石，粉晶可說是最主流的一種。它也經常被拿來和在希臘神話登場的愛與美的女神——阿芙蘿黛蒂（Aphrodite）一起討論，據說名稱的由來是因為人們用來讚美祂所獻上的花是玫瑰。

粉晶帶淡粉紅色～紫紅色，以不透明或半透明的較為常見。它是石英的同類，但透明度越高就越接近水晶，因此在日本被稱為「紅石英」或「紅水晶」。也有很多粉晶被開採出來的時候比較大塊，自古也常用於雕刻的材料、浮雕或凹雕等裝飾品還有印章。

能量

提高作為女性、作為人的魅力
建立充滿愛的人際關係

粉晶有和緩的波動，會孕育女性特質及慈愛心，讓你對每個人都能敞開心胸，帶來共鳴力與細膩的關懷心。不論是男女老幼，你都可以和對方建立充滿愛情的溫暖關係。另外，粉晶

具有治療失戀、自卑等造成的心傷的效果，因此它會軟化帶刺的情緒，讓你重拾信心。持有者的魅力會表現在表情、動作或行動上，對他人的吸引力會向上提升。除了愛情方面，粉晶也有助於磨練美感，推薦給創意工作者這類職業的人。粉晶毛病少，使用相對容易，但選擇成色較佳的粉晶應該會對礦石能量有更強烈的感受。

能量特性

§ 孕育女性特質和慈愛心
§ 使你能夠與他人共鳴並關懷他人
§ 療癒心傷　§ 磨練美感

速配礦石

煙晶（P203）
與另一伴相處和睦，孕育愛情。

螢石（P246）
引導你解決難題。

海藍寶石（P251）
強化夫婦之間或與另一半的愛。

紫水晶（P265）
提升愛情運的最佳組合。

菱錳礦

【紅紋石】 *Rhodochrosite*

吸引命中注定的他，助發展戀情一臂之力

KEYWORD 成就戀情、熱情、美感、吸引命中注定的對象

原產地	阿根廷（安地斯山脈）、美國（科羅拉多州）、智利、祕魯、日本（北海道、青森縣）、南非、墨西哥等
結晶系	六方晶系（三方晶系）
硬度	3.5～4
成分	$Mn^{2+}CO_3$
星座	天蠍座　天體 金星　靈數 8

心輪

特徵

象徵玫瑰色的人生
它的美貌使眾人為之傾倒

菱錳礦從前大多產自印加帝國繁榮一世的安地斯山脈，被當成「象徵玫瑰色人生的礦石」受到喜愛，因此又被稱為「印加玫瑰」；在日本，這個別名搞不好反而更廣為人知。它是錳礦石的一種，含有的鐵越多，粉紅色裡面的紅就會越濃。

不同產地的顏色互不相同，一般以粉底白紋的較為常見，可以感受到這種礦石的獨特風味。其中有一種深粉紅底、沒有白紋、透明感高的菱錳礦，這種的稀有價值很高，擁有珠寶等級的美貌，因此在市場上被當成高檔貨。

能量

增加女性魅力
授予幸福的夥伴關係

菱錳礦有華美的能量，會告訴我們活著的喜悅，尤其會對成就戀情帶來好的影響，激發美感與隱藏的魅力，吸引命中注定的那個對象。此外，你愛著自己或他人的心情會逐漸高漲，促進充滿愛的能量循環。倘若抱有跟戀愛有關

的心靈創傷，它會治療心傷，給你踏出下一步的勇氣。因為也有讓女性顯得魅力動人的效果，所以也推薦給正在單戀、想增進表達愛意的能力的人。

在健康方面，菱錳礦據說能促進荷爾蒙的分泌，預防老化。這個功能會提高身心靈的能量，因此也可望有改善憂鬱症的效果。

能量特性

§ 實現戀情　　§ 增加女性魅力
§ 促進愛情能量的循環
§ 消除心靈創傷

速配礦石

 紅寶石（P215）
想要吸引心儀對象的時候。

 粉紅碧璽（P231）
獲得充滿愛的人生。

綠玉髓（P242）
想獲得前進的勇氣的時候。

 藍紋瑪瑙（P256）
想要讓友情發展成愛情的時候。

紫鋰輝石
Kunzite

養成懂得體貼的溫柔的心，愛之石

KEYWORD　慈悲、高層次的愛、共鳴、無償的愛、母性

原產地	巴西、阿富汗、馬達加斯加、美國等
結晶系	單斜晶系
硬度	6.5～7
成分	$LiAlSi_2O_6$
星座	雙魚座　天體　金星　靈數　33

特徵

色澤淺而柔和，很受女性歡迎

紫鋰輝石是一九○二年在美國加利福尼亞州發現的一種比較新的礦石。另外還有綠色、黃色、紫色等其他顏色，纖細柔美的粉紅色讓它又被稱作「愛之石」，是最受歡迎的礦石。

能量

教導愛情，提升人品

柔和的能量會培養慈愛的精神，為持有者的心帶來溫柔。紫鋰輝石會告訴你對他人傾注愛情的重要性，想消除煩躁、憎恨的情緒時，或是想建立能夠信賴彼此的人際關係時，它都可以派上用場。

草莓晶
Strawberry Quartz

以絢麗的能量指引愛情和好運

KEYWORD　女性魅力、愛、女性美、勝利女神、寬容、青春活力

原產地	哈薩克、俄羅斯、巴西、墨西哥等
結晶系	六方晶系（三方晶系）
硬度	7
成分	SiO_2＋針鐵礦 FeO(OH)、纖鐵礦 FeO(OH)
星座	天秤座　天體　金星　靈數　2

特徵

裡面含有各種礦物，像草莓的礦石

草莓晶是內含針鐵礦（goethite）、纖鐵礦（lepidocrocite）、微晶（金紅石）這些包裹體的一種髮晶。只有在標高很高的山區才會出產，數量非常稀少。

能量

提高女性魅力，美之石

草莓晶是召喚愛和幸運的礦石，會把熱情和絢麗帶進持有者的能量，讓事情朝好的方向發展。草莓晶也是象徵美的礦石，會提高女性魅力，激發內在及外在的美，使之保持年輕。

玫瑰黝簾石

【錳綠簾石】　*Thulite*

強化女性能量，成為被所有人喜愛的存在

KEYWORD 懷孕、助產、女性面、轉機、社交性、改善母子關係

原產地	挪威、澳洲、巴西、坦尚尼亞、美國、丹麥等
結晶系	斜方晶系
硬度	6～6.5
成分	$Ca_2Al_3(SiO_4)_3(OH)$
星座	巨蟹座　天體　金星　靈數　2

心輪

特徵

成色元素為錳，黝簾石的同伴

玫瑰黝簾石以神祕的小島「圖勒」（Thule）命名，這種島據說位於現在的挪威附近。它是黝簾石（zoisite）的同類，看起來為粉紅色成因是因帶紅的錳。

能量

為身心帶來重生及療癒

玫瑰黝簾石象徵女性面，可以在孕期、產後等煩惱母子關係的時候派上用場。而且它還有重生及療癒的能量，會為身心健康帶來好的影響，消除對於人生轉機的不安，成為強而有力的同伴。

粉紅菱鋅礦

【菱亞鉛礦】　*Pink Smithsonite*

想成為溫柔賢淑的女性時

KEYWORD 平靜、調和、溫柔、安寧、信賴

原產地	墨西哥等
結晶系	六方晶系（三方晶系）
硬度	4～4.5
成分	$ZnCO_3$
星座	天秤座　天體　月亮　靈數　4

特徵

成因為鈷的粉紅色

粉紅菱鋅礦是菱鋅礦（smithsonite）的一種，因為鈷而呈現粉紅色。在結晶體裡面可以看到菱形結晶，但幾乎都是以葡萄狀或皮膜狀產出，很少露出結晶。

能量

保持調和，強化與他人的連結

粉紅菱鋅礦有平靜柔和的能量，會為內心帶來安寧。它會把否定或批判性的思考變成體貼，培育一顆祈願和平的心。粉紅菱鋅礦也會對身邊的人帶來好的影響，所以有助於保持調和、加深信賴。

摩根石
Morganite

萌生高層次的愛，培養優雅的內在

KEYWORD 高層次的愛、真正的溫柔、療癒、精神安定、自由、幸福婚姻

原產地	巴西、巴基斯坦、美國等
結晶系	六方晶系
硬度	7.5～8
成分	$Be_3Al_2Si_6O_{18}$
星座	雙魚座　天體 金心、海王星　靈數 9

特徵

和海藍寶石同為綠柱石的一種

摩根石隸屬於綠柱石（beryl）家族，指淡粉紅色的綠柱石。開採出來的摩根石大多會在經過加熱處理之後，當成海藍寶石流通。

能量

提升女性面，學會溫柔與彈性

摩根石會孕育慈愛心，增加女性魅力，使持有者萌生高層次的愛，帶來精神上的安定，因此能讓人學會真正的溫柔、體貼及彈性。在健康方面則據說有強化呼吸系統、肺、心臟，以及舒緩壓力性症狀的效果。

薔薇輝石
Rhodonite

吸收不必要的情感，孕育深邃的愛

KEYWORD 情緒安定、真實的愛、心靈療癒、平靜、友愛、寬容、包容力

原產地	巴西、西班牙、澳洲、美國等
結晶系	三斜晶系
硬度	5.5～6.5
成分	$(Mn^{2+},Fe^{2+},Mg,Ca)SiO_3$
星座	天秤座　天體 金星　靈數 6

特徵

如薔薇般高雅的粉紅色礦石

黑色和白色的花紋交織於粉紅色之間，美麗的外表宛如薔薇。雖然中文名稱是「薔薇輝石」，但後來才發現它是矽化錳礦物。能加工成珠寶的優質礦石非常稀有。

能量

釋放情緒，穩定愛情

薔薇輝石會吸收不安、恐懼和嫉妒等負面情緒，幫助你找回冷靜。因為它會讓你平穩地釋放情緒，所以能舒緩壓力，維持穩定的愛情。推薦在想治療在戀愛中受到的傷害時使用。

綠龍晶

【斜綠泥石】 *Seraphinite*

靜靜發揮作用，賦予靈魂休息

KEYWORD 安心感、平穩、放鬆、靈魂療癒、高次元的波動

原產地	俄羅斯、義大利、美國、墨西哥、馬達加斯加等
結晶系	單斜晶系
硬度	2～2.5
成分	$(Mg,Fe^{2+})Al_3(OH)_2|AlSi_3O_{10}\cdot(Mg,Fe^{2+})Al_3(OH)_6$

星座 ◇ 雙魚座　　天體 ◇ 海王星　　靈數 ◇ 11

心輪

特徵

擁有像天使翅膀般的美麗紋路
與柔和的能量

綠龍晶是由十九世紀的俄羅斯礦物學家尼古拉·科克夏洛夫（Nikolai Koksharov）所發現的礦石，研磨後，沉穩的綠色當中會浮現帶有絲綢光澤的大理石花紋。

它的名稱來自跟愛和想像力有關的熾天使「Seraphim」，不過這是通俗的叫法，在礦物學上則是屬於綠泥石（chlorite）家族的「斜綠泥石」（clinochlore）。雖然外表很難看出來，但花園水晶等的包裹物，絕大多數都是綠泥石。綠龍晶有纖細的能量，很容易被外界干擾，因此請經常幫它淨化。

能量

為內心帶來平靜
提升協調性及溝通能力

綠龍晶帶有溫柔和療癒力，會強化愛的能量。因為會鎮定神經、帶來餘裕，所以即使是不經意的小事也會讓你感到很開心，培養內心的富足。綠龍晶會抑制你對他人的干預，因此也有

促進和周圍的協調、讓溝通順利進行的效果。當你無法抹去過去的創傷或對特定事物的執著心時，它會帶給你滿滿的安心感，幫助你擺脫負面情緒。

此外，綠龍晶也會告訴你，人是自然的一部分，有時放任自己在巨大的洪流中隨波逐流是很重要的。推薦給平常太努力缺乏休息，或是對人際關係感到疲憊的人。

能量特性

§ 強化愛的能量
§ 提升協調性和溝通能力
§ 帶來安心感　　§ 提醒你休息

速配礦石

東菱石（P240）
消除不安，賦予你溫暖的愛情能量。

苔蘚瑪瑙（P247）
放鬆精神，把自己交給大自然。

紫水晶（P265）
使你注意到身體的變化並帶來療癒。

月光石（P278）
幫助你睡得安穩香甜。

貴橄欖石

【橄欖石】 *Peridot*

為人生帶來希望的太陽石

KEYWORD 希望、夫婦的愛情、光、樂觀、減輕壓力

原產地	美國、墨西哥、埃及、巴基斯坦、中國、緬甸等
結晶系	斜方晶系
硬度	6.5～7
成分	$(Mg, Fe)_2 SiO_4$
星座 處女座　天體 木星　靈數 5	

心輪

特徵

在古埃及時代也被視為珍寶
最古老的能量石

貴橄欖石因為是橄欖色，在英國被叫作「olivine」。正式的礦物名稱也是「olivine」，其中特別漂亮的才叫「peridot」。綠色的成色元素是鐵，含有的鐵越多，綠色就越濃；反之，含有的鎂越多，則越接近黃色。

這種礦石是包覆在地球核心外面的地函的主要成分，具有寶石性質的貴橄欖石，是被火山活動推上地表的橄欖石，經過緩慢的冷卻、凝固、生長的結果。因為這個原因，人們認為它和火密不可分，在古埃及被當成「太陽之石」受世人崇敬，還在《舊約聖經》〈出埃及記〉裡登場。

能量

使你擺脫壓力
激發與生俱來的魅力或能力

貴橄欖石會帶來一顆像太陽一樣明亮的心，帶你揮別負面思考，讓你即使身處在困難的情況當中，依然會對人生抱有希望。貴橄欖石會減輕壓力，讓持有者可以將魅力或能力發揮到極

限，因此對他人的吸引力會隨之提高。貴橄欖石是自我否定感很強的人，以及把壓力看得太重的人的可靠後援；而且還會培養聰明的頭腦，賦予你智慧與分辨是非的能力，能夠幫助你建立更良好的人際關係。貴橄欖石也以「夫婦愛情的象徵」著稱，尤其推薦給想加深與重要夥伴之間的信賴關係的人。

在健康方面，據說減輕壓力也有調整腸胃功能的效果。

能量特性

§ 切換成正向思考　§ 緩解壓力
§ 賦予智慧與分辨是非的能力
§ 加深與夥伴的信賴關係

速配礦石

粉晶（P232）
激發你的內在美，想要發光發熱的時候。

天河石（P241）
帶來積極正向的情緒和希望。

螢石（P246）
消除負面思考，帶來光明的未來。

藍玉髓（P255）
穿過黑暗，找回自信。

捷克隕石

【摩達維石】 *Moldavite*

用宇宙的力量帶領事情獲得解決

KEYWORD　和宇宙的調和、同步性、療癒、冥想、意識的進化

原產地	捷克
結晶系	非晶質
硬度	5～6
成分	SiO$_2$（二氧化矽 75％ + Al, Ca, Fe, K, Mg, Mn, Na, Ti）
星座　水瓶座　天體　天王星　靈數　11	

心輪

特徵

因撞擊而生的一種玻隕石

由於被發現的地點是在捷克最長的河川，南北向流經布拉格的摩達河（Moldau river），因此被命名為「moldavite」。它的起源至今尚未解開，一說是隕石撞擊到地球時，龐大的熱量與衝擊讓來自宇宙的物質和地球的物質熔解形成的產物。

嚴格說起來，捷克隕石並不是礦物，而是天然玻璃「玻隕石」的一種。只不過，相較於其他玻隕石是融化的玻璃急速冷卻的結果，捷克隕石一般被認為是由汽化的物質凝結而成。

捷克隕石自古被當成「聖石」受世人崇拜，會被用來製成裝飾品或儀式用具。

能量

用很高的波動和宇宙同步
協助解決問題

捷克隕石是擁有傑出療癒力的療癒石之一，會影響跟療癒非常有關的腦波「Delta 波」，減輕身心靈的負擔。此外，它的高波動會幫助你和宇宙調和，使同步力提高，將事物自然引導到好的方向。對於心中懷抱著某種問題的人來說，捷克隕石能成為找到解決辦法的契機。

過去在歐洲有一種習慣，會把捷克隕石當成愛的證明送給情人或未婚夫／未婚妻，人們相信它對建立圓滿的夫妻關係也很有效。

正是因為能量強大，捷克隕石會挑選自己的主人，對能量石初學者來說或許會有點難以駕馭。不過，要是合得來的話，它就會發揮非常值得信賴的力量。

能量特性

§ 傑出的療癒效果
§ 提升和宇宙同步的能力
§ 引導你解決問題　§ 夫妻圓滿

速配礦石

利比亞玻璃（P229）
帶來強大的療癒效果。

粉紅菱鋅礦（P235）
療癒「內在小孩」。

阿賽斯特萊石（P268）
冥想的時候。

拉長石（P281）
強化潛意識。

阿祖瑪
Azumar

看清真相，內觀與溝通之石

KEYWORD 喜悅、療癒、內觀、共鳴、察覺、慈悲、溝通能力

原產地 ✦ 美國	
結晶系 ✦ 不明	
硬度 ✦ 7	
成分 ✦ 主要成分為高嶺石、石英及微量礦物質	
星座 ✦ 雙魚座　天體 ✦ 水星　靈數 ✦ 6	

心輪

特徵

擁有宛如大海般的鮮明色彩

阿祖瑪是「Heaven & Earth」的創辦人羅伯特・西蒙斯（Robert Simmons）在二〇一三年發現的新礦石，混合了高嶺石（kaolinite）、石英以及其他的微量元素，具有使人聯想到大海的美麗色澤。

能量

抑止負面情緒，使之化為喜悅

阿祖瑪會賦予你看清隱藏在事物背後的真相，並將其表現出來的能力。它也是慈悲之石，會使你對他人產生共鳴或予以體諒。因為有療癒力很強的平穩波動，阿祖瑪會幫你擺脫負面情緒，讓心中充滿無比喜悅。

東菱石（綠東菱）
【東陵玉、砂金石英】　*Aventurine (Green Aventurine)*

招來幸福，家庭的守護石

KEYWORD 家庭美滿、繁榮、財力、信賴感、消除疲勞、放鬆

原產地 ✦ 印度、巴西、辛巴威、西伯利亞、美國、加拿大	
結晶系 ✦ 六方晶系（粒狀集合體）	
硬度 ✦ 7	
成分 ✦ SiO_2	
星座 ✦ 金牛座　天體 ✦ 木星　靈數 ✦ 5	

特徵

在印度作為玉的替代品為人所知

東菱石的名稱來自一種叫「砂金效應」（aventurescence）的光學效應。在原產國印度被用來作為玉的替代品，所以別名是「印度玉」，但本身並不是玉。

能量

建立明朗和平的家庭關係

東菱石會淨化能量髒汙，帶給心靈療癒。尤其是有促使家庭和樂圓融的能力，因此也能消除家人間的壓力，帶來物質上的繁榮。在健康方面則據說有助於消除疲勞、調節自律神經。

天河石
Amazonite

照亮你應走的人生道路，希望之石

KEYWORD 靈性保護、希望、明晰性、展現才能

原產地	美國（科羅拉多州、維吉尼亞州）、巴西、俄羅斯、加拿大等
結晶系	三斜晶系
硬度	6～6.5
成分	K[AlSi₃O₈]
星座 處女座 天體 水星 靈數 6	

特徵

如玉一般美麗，產自南美的礦石

天河石在南美產量很高，名稱據說源自於「亞馬遜河（Amazon river）」。品質優良的天河石像玉一樣有優美的色澤，有時又被叫作「亞馬遜玉」。

能量

除去迷惘，開啟通往未來的大門

天河石也被稱為「希望之石」（hope stone），會保護你不受負能量影響，使內心變得光明正向。而且天河石還會吸收、隔絕電器用品產生的電磁波，減輕電磁波引起的身體不適。

心輪

祖母綠
【翠玉、綠寶石】 *Emerald*

加深愛情，守護與情人、家人之間的羈絆

KEYWORD 友情、豐饒、夥伴關係、成就戀情

原產地	哥倫比亞、阿富汗、俄羅斯等
結晶系	六方晶系
硬度	7.5～8
成分	Be₃Al₂Si₆O₁₈
星座 金牛座 天體 金星 靈數 5	

特徵

女王也愛不釋手的世界四大寶石之一

祖母綠是綠色格外顯眼的綠柱石的同類，就連古埃及女王克麗奧佩脫拉（Cleopatra）也愛不釋手。原石可以用低價取得，但研磨過的祖母綠，價格昂貴到被稱為世界四大寶石之一。

能量

帶你走向洋溢著愛情的充實人生

祖母綠會孕育不求回報的愛，構築幸福的人際關係。它會成為幫自己與重要的人鞏固羈絆的助力，引導你實現戀情或帶來家庭繁榮。而且還有堅定心智的作用，會消除一時的鬼迷心竅或壞念頭，讓你湧出帶著自信前進的力量。

綠碧璽

【綠電氣石】 *Green Tourmaline*

吸收負面情感，將其轉化成體貼的心

KEYWORD　根本的愛、消除疲勞、活化心輪、體力

原產地	巴西、美國、馬達加斯加、阿富汗等
結晶系	六方晶系（三方晶系）
硬度	7～7.5
成分	(Na,Ca)(Mg,Li,Al,Fe^{2+})$_3$Al$_6$(BO$_3$)$_3$ Si$_6$O$_{18}$(OH)$_4$
星座	金牛座　天體	金星　靈數	5

特徵

會影響心輪的礦石

綠碧璽又名「verdelite」，因為有在蒂芙尼販售，所以一舉成為大受歡迎的寶石。和粉紅碧璽一樣都會對心輪產生強大的作用。

能量

提高對周遭的關注，打造愛情的基礎

綠碧璽會活化心輪，強化根本的愛情，吸收隨人際關係產生的負面情緒，將其轉化成體貼的心。因為也有消除疲勞的效果，所以推薦給從事勞力工作的人以及運動選手。

綠玉髓

【綠翠、翠綠玉】 *Chrysoprase*

給予精神上的療癒，讓人際關係變好

KEYWORD　展現才能、體貼、信賴感、團隊合作

原產地	澳洲、德國、波蘭、俄羅斯（烏拉爾山脈）、美國等
結晶系	六方晶系（潛晶質）
硬度	7
成分	SiO$_2$＋Ni＋氧化物
星座	水瓶座　天體	木星　靈數	5

特徵

如玉一般帶有光澤的綠令人印象深刻

綠玉髓成分中含有的鎳使它呈現綠色，是玉髓的一種。其鮮豔的色彩與光澤使它又被稱為「澳洲玉」，曾經是很受歡迎的裝飾品。

能量

為建立和諧融洽的團體提供貢獻

綠玉髓會改掉自我中心的思考模式，賦予你為他人著想的心。因為能建立信賴關係並增加協調性，應該能在商業界大顯身手。產生負面情緒時，配戴綠玉髓可以獲得療癒。

玉

【翡翠、硬玉、輝玉】 *Jade*

❀◖◯◇◗ ▲◉

帶來各種成功和繁榮的神之石

KEYWORD 提升五德、忍耐、調和、飛躍、成功與繁榮

原產地	緬甸、日本等
結晶系	單斜晶系
硬度	6.5～7
成分	$NaAlSi_2O_6$
星座	魔羯座　天體：木星　靈數：4

心輪

特徵

在東方受重視的程度更勝於黃金

玉可分為硬玉（jadeite）和軟玉（nephrite），自古以來便被當成平安符或護身符，在東方備受重視，在繩文時代的遺跡裡也有發現玉做的勾玉。

能量

培養道德心，吸引其他人

玉以培養五德（仁、義、禮、智、勇）的礦石著稱。它會提高向心力，使你獲得尊敬與德性，故推薦給站在指導者立場的人。而在親情和友情上，它也會為了建立融洽的關係帶來好的影響。

綠銅礦

【透視石】 *Dioptase*

◖◇◗▲

促進心靈的新陳代謝，幫助你活得輕鬆自在

KEYWORD 療癒、健全、排毒、精神安定、身心的平衡

原產地	哈薩克、智利、俄羅斯等
結晶系	六方晶系（三方晶系）
硬度	5
成分	$Cu^{2+}SiO_2(OH)_2$
星座	天蠍座　天體：金星　靈數：6

特徵

很像祖母綠的稀有礦石

綠銅礦於一七八五年首次被發現時，曾經因為既有深度又鮮豔的綠色被誤認成祖母綠。結晶很小，所以大多以原石的型態流通，有很強的療癒效果。

能量

促進能量循環，填滿內心

這種礦石的療癒效果除了「療癒」本身以外，將內心導向積極正面才是它的專長。它會用溫和的波動緩和內心的傷痛、強化正能量。當你因為失戀等因素而感到孤獨時，它會彌補不足的愛，填滿你的心。

軟玉

【閃玉】 *Nephrite*

與自然同步，帶領人生的成功與繁榮

KEYWORD 事業成功、安寧、與自然的連結、智慧、實現夢想

原產地 ✧ 美國、加拿大等	
結晶系 ✧ 單斜晶系	
硬度 ✧ 6〜6.5	
成分 ✧ $Ca_2(Mg,Fe^{2+})_5[OH|Si_4O_{11}]_2$	
星座 ✧ 魔羯座　天體 ✧ 木星　靈數 ✧ 4	

特徵

又名「肝臟石」，是玉的一種

玉有分硬玉和軟玉（nephrite），在中國「玉」一般是指軟玉。名稱來自希臘文的「nephros」（肝臟），中南美洲會把軟玉磨粉當成肝藥。

能量

思緒清晰，提高判斷力

軟玉會加深你和自然的連結並帶來安寧。另外，也有人說軟玉是成功與繁榮的象徵，建議用來強化工作運。它會讓你對來自宇宙的訊息變得很敏感，有敏銳的洞察力和直覺，更容易做出正確的判斷。

磷鋁石

Variscite

培養豐富的感性，幫助你實現夢想

KEYWORD 財富、幸運、實現夢想、培養感性

原產地 ✧ 美國、奧地利、澳洲、印度等	
結晶系 ✧ 斜方晶系	
硬度 ✧ 3.5〜4.5	
成分 ✧ $Al[PO_4]\cdot 2H_2O$	
星座 ✧ 天秤座　天體 ✧ 水星　靈數 ✧ 3	

特徵

擁有類似土耳其石的漂亮紋路

在成色元素為鋁的綠色當中可以看到獨特的花紋。顏色和質地很像土耳其石，在美國猶他州出產的磷鋁石又被稱作「猶他土耳其石」。

能量

增加來自他人的信賴，建立合作關係

磷鋁石會培養感受性和表現力，為你和周遭的家人、朋友建立良好的關係。當信賴增加，得到各式各樣的協助以後，你便得以實現夢想。由於磷鋁石會帶來心靈的富足，因此也有舒壓的效果。

鉻雲母

Fuchsite

使內心產生餘裕，喚起對他人的體貼

KEYWORD 療癒、家庭美滿、改善人際關係、寬容

原產地	巴西、加拿大、美國等
結晶系	單斜晶系
硬度	2～2.5
成分	$KAl(AlSi_3O_{10})(OH,F)_2 + Cr$
星座	雙魚座　天體 木星　靈數 9

特徵

會產生砂金效應的礦石

鉻雲母是一種以鉻為成色元素的白雲母。綠東菱有一種名為「砂金效應」的光學效應，是變成細小微粒被包覆在裡面的鉻雲母所造成的。

能量

用彷彿能包容一切的溫柔療癒內心

鉻雲母能量平穩，有很好的療癒效果。它會輕輕乘載負面情緒，治療內心所受的傷。因為會帶來坦率的態度及靈活的思考，所以想讓溝通順利進行的時候也會派上用場。

心輪

血石

Bloodstone

淨化血液，為身心補充能量

KEYWORD 促進健康、生命力、活力、思緒清晰、幫助懷孕

原產地	巴西、印度、俄羅斯、澳洲、蘇格蘭等
結晶系	六方晶系（非晶質）
硬度	7
成分	SiO_2 ＋包裹體
星座	牡羊座　天體 火星　靈數 1

特徵

支援士兵、保護血液的礦石

深綠色的底上面有像血一樣的紅色斑點，因此人們認為血石跟血液淵源深厚。在古代，血石除了被正在打仗的士兵當成護身符攜帶，還會被當作止血劑使用。

能量

從血液強化能量，提升健康運

血石有助於提升健康運，例如消除身心疲勞或增強體力；對於跟血液有關的不適據說也很有效，像是減緩低血壓、貧血、出血或紅腫等問題。它會培養強韌的精神，湧現生存的欲望。

葡萄石
Prehnite

◎ ◐ ◑ ♪ ♠

淨化能量，消除身心疲勞

KEYWORD 去除不必要的能量、淨化、放鬆

原產地 ❖ 澳洲、印度、英國等	
結晶系 ❖ 斜方晶系	
硬度 ❖ 6～6.5	
成分 ❖ Ca$_2$Al$_2$Si$_3$O$_{10}$(OH)$_2$	
星座 ❖ 處女座　天體 ❖ 月亮　靈數 ❖ 2	

特徵

原石的形狀讓它被稱為葡萄石

「Prehnite」這個名字的由來是荷蘭的陸軍上校普雷恩（Hendrik von Prehn）男爵，有白色、綠色和淺黃色。因為有形狀酷似葡萄的原石，所以中文名稱是「葡萄石」。

能量

藉放鬆效果解決情緒問題

葡萄石會用平穩的波動舒緩身心靈的緊張，讓你變得輕鬆自在。因為它會淨化憤怒、不安等負面情緒，思考會變清晰，使自己需要的事物變得明確。在健康方面據說能緩解排泄問題。

螢石
Fluorite

◎ ◐ ◑ ♪ ♠ ▣

賦予獨特靈感，提升藝術才能

KEYWORD 專注力、明晰性、純真的想法、解決問題

原產地 ❖ 美國、英國、加拿大、西班牙、中國、墨西哥等	
結晶系 ❖ 等軸晶系	
硬度 ❖ 4	
成分 ❖ CaF$_2$	
星座 ❖ 雙魚座　天體 ❖ 水星　靈數 ❖ 9	

特徵

能量因顏色而不同

螢石的色彩非常豐富，當中也有彩虹色的螢石，是很受歡迎的礦物標本。它的能量會因為顏色而有所不同，挑選適合自己的顏色也是樂趣之一。

能量

磨練感性，引導你展現才能

透明代表靈感；紫色代表精神；藍色代表溝通；綠色代表保護情緒；黃色則有提升協調性的效果。它們的共通點是能磨練感性，讓人得以展現才華，因此推薦給從事創意工作的人。

孔雀石
Malachite

遠離災厄、淨化身心的驅魔石

驅邪、淨化、洞察力、緩解緊張

原產地	剛果、薩伊、納米比亞、尚比亞、俄羅斯、美國等
結晶系	單斜晶系
硬度	3.5～4.5
成分	$Cu_2CO_3(OH)_2$
星座 天蠍座　天體 木星　靈數 5	

心輪

特徵

自古以來使用途多多

孔雀石內含大量的銅，擁有像細針一樣的獨特結晶，自古被作為裝飾品、顏料和驅魔護身符等各種用品，相傳克麗奧佩脫拉也很喜歡把孔雀石當成眼影來用。

能量

淨化思考，提升直覺和洞察力

孔雀石是保護我們免於災禍的驅魔石，有很強的淨化效果，會消除雜念、提升直覺和洞察力，也可以當成孩子的學業護身符。此外，它還能緩解不安或緊張的情緒，因此也有助於讓精神放鬆。

苔蘚瑪瑙
Moss Agate

享受大地的恩惠，找回自然的狀態

恩惠、身心復原、療癒、接地

原產地	美國、印度、德國等
結晶系	六方晶系
硬度	7
成分	SiO_2＋包裹體的成分
星座 金牛座　天體 月亮　靈數 4	

特徵

作為財富之石被農耕民族視為珍寶

從苔蘚瑪瑙上可以看到由綠泥石（chlorite）、鐵、錳等多種礦物混合出好似苔蘚般的獨特花紋。過去在農耕民族之間被當成會帶來豐收及繁榮的礦石，備受重視。

能量

療癒身心，改善健康狀態

苔蘚瑪瑙具有使持有者的身體節奏回歸正常的效果，鬆弛緊繃的神經並提供療癒，讓你消除身心的疲勞，回到健康的狀態。苔蘚瑪瑙會和地球的波動同步，戴在身上會更容易接收到大地的恩惠。

綠簾花崗石
Unakite

告訴你「做自己」的重要性

KEYWORD 療癒、修復心傷、對未來的希望、安心感、走出創傷

原產地	美國、俄羅斯、加拿大、辛巴威、愛爾蘭等等
結晶系	不一定
硬度	6.5～7
成分	綠泥石、綠簾石、正長石、石英等的混合體
星座	處女座　天體 木星　靈數 3

特徵

外表樸素卻非常可靠的混合石

綠簾花崗石是由綠簾石（epidote）、綠泥石等好幾種礦物組成的混合礦石，之所以取名「unakite」是因為產自尤納卡山脈（Unaka Range）。外表看起來樸實無華，不過可以用比較便宜的價格取得。

能量

排除障礙，找回自己最自然的狀態

綠簾花崗石會幫助你重新出發，治療過去受到的傷害，解決進途中的障礙，讓你能夠對其他人敞開心胸，用自己最自然的狀態和對方交流。也很適合用來擺在床邊。

銀星石
Wavellite

培養發覺事物本質的冷靜

KEYWORD 察覺、寬闊的視野、判斷力、冷靜、直覺

原產地	英國、美國、捷克、玻利維亞等
結晶系	斜方晶系
硬度	3.5～4
成分	$Al_3(PO_4)_2(OH)_3·5(H_2O)$
星座	雙子座　天體 木星　靈數 7

特徵

斷面如煙火般絢麗奪目的次生礦物

銀星石主要是從磷灰石（apatite）變化而成的次生礦物，鮮少以柱狀結晶的形態被發現，大部分都是呈現一種叫作「星爆」（starburst）的放射狀纖維集合體，有很漂亮的斷面。

能量

放寬視野，引導你做出正確的判斷

銀星石會提升直覺與洞察力，帶來能夠掌握事物全貌的寬闊視野，使你壓抑欲望，有能力做出冷靜的判斷。銀星石也可以用於團體心理治療，據說在新月的時候特別有效。

心輪

喉輪

（天藍色）

水光水晶

海藍寶石

拉利瑪

磷灰石

天使石

矽孔雀石

天青石

土耳其石

藍玉髓

藍紋瑪瑙

異極礦

水光水晶

【蒸鍍水晶】 *Aqua Aura*

接受宇宙的意識，看清事物的真相

KEYWORD 實現夢想、達成目標、淨化氣場、發揮潛能

原產地（加工前）	世界各地（巴西、印度、馬達加斯加、美國、中國等）
結晶系	六方晶系（三方晶系）
硬度	7
成分	SiO₂
星座	獅子座　天體 水星　靈數 3

喉輪

特徵

用恰似煉金術的手法進行加工
會反射出彩虹光的蒸鍍水晶

水光水晶是一種名為「真空蒸鍍」（vapor deposition，亦稱氣相沉積）的特殊技術加工過的蒸鍍水晶，蒸鍍時使用的是純金。在真空中用攝氏八七一度的高溫將透明水晶加熱以後，讓蒸發成離子的純金慢慢附著在表面上，藉此呈現像泡泡一樣的彩虹反射光。雖然感覺像是融合了自然與科學的新型礦石，然而據說在古代的亞特蘭提斯大陸，也會透過煉金術的方法製作這種水晶。

儘管也有開發出其他像金光水晶（golden aura）、宇宙光水晶（cosmo aura）等各式各樣的蒸鍍水晶，但水光水晶由於流通量大、取得方便，因此很受歡迎。

能量

淨化氣場的汙穢
在邁向光明未來的過程中給予支持

水光水晶會強化作為基本素材的水晶所擁有的淨化力以及使潛能開花的效果。相較於療癒過去，水光水晶使你邁向光明未來的能量更強，會在實現夢想或達成目標上提供可靠的援助，

而洗淨氣場的汙穢也會提高招來良緣或好運的能力。

此外，水光水晶有強化你和宇宙的連結的效果，也有助於培養發覺事物真相的洞察力以及作為創造源頭的靈感，還會減輕思考時對身體造成的負擔，讓感覺變得更敏銳。推薦給藝術表演者以及會在工作上使用靈性能力的人。

能量特性

§ 淨化氣場，招來好運
§ 幫助你讓未來變得充滿光明
§ 強化和宇宙的連結

速配礦石

捷克隕石（P239）
想要強化和宇宙的連結時。

堇青石（P258）
想要看清自己應走的道路時。

藍銅礦（P259）
想提升洞察力的時候。

透石膏（P273）
想淨化氣場時。

海藍寶石
【海水藍寶、綠柱石】 *Aquamarine*

為內心帶來冷靜，發揮知性

KEYWORD 冷靜、專注力、和好、幸福婚姻、溝通能力

原產地	巴西、巴基斯坦、阿富汗、馬達加斯加、印度、納米比亞等
結晶系	六方晶系
硬度	7.5～8
成分	$Be_3Al_2Si_6O_{18}$
星座	水瓶座 　天體　水星　靈數　7

喉輪

特徵

蘊含跟水有關的能量
漁夫也很看重的「海洋守護石」

「Aquamarine」是把拉丁文的「aqua」（水）和「marinus」（海）組合起來的新詞，一如這個名稱，令人聯想到澄澈大海、介於透明～半透明之間的美麗湛藍是它的特徵。海藍寶石和祖母綠等礦石同屬於綠柱石家族，成色元素為鐵，透明度越高的越好看，會被當成高級珠寶，不過原石的顏色很淡，所以在加工成珠寶時會進行加熱或染色處理。由於硬度高、耐久性佳，很容易作為首飾配戴。

相傳在古羅馬時代，海藍寶石在祈禱不要遭遇海難、漁獲豐收的漁夫之間，是深受重視的「海洋守護石」。

能量

消除不安和緊張
獲得對答如流的溝通能力

海藍寶石有平穩的療癒能量，會消除不安和緊張，為內心帶來餘裕，幫助你在考試或簡報之類的重要場合也能保持冷靜，發揮出真正的知性；就算失敗了，它也會讓你調整好心情面對下一個機會。海藍寶石會培養彈性，因此溝通能力也會有所提升，使你可以敏銳感知他人的情緒。當魅力上升，自然會更容易吸引良緣，因此近年來也被當成「象徵幸福婚姻的礦石」，人氣居高不下。

在健康方面則據說有治療眼睛、喉嚨和淋巴問題的效果。

能量特性

§ 消除不安和緊張，讓人冷靜下來
§ 調整心情　§ 提升溝通能力

速配礦石

黃鐵礦（P223）
想提高勝利的運氣時。

葡萄石（P246）
克服障礙，重拾勇氣。

藍紋瑪瑙（P256）
想要讓溝通變得更順利的時候。

紫水晶（P265）
消除壓力，發揮與生俱來的才能。

拉利瑪

【針鈉鈣石】 *Larimar*

也被稱作「和平象徵」的療癒石

KEYWORD 治癒、療癒、愛、和平、自由、紓壓

原產地	多明尼加、英國、美國、加拿大等
結晶系	三斜晶系
硬度	4.5〜5
成分	$NaCa_2(Si_3O_8)(OH)$
星座	雙魚座　天體：木星　靈數：6

喉輪

特徵

**有如大海般的鮮明藍色美不勝收
是針鈉鈣石的一種**

拉利瑪是針鈉鈣石的一種，以鈉和鐵為主要成分，是一九七四年才被發現的新礦物。正式的學名是「藍針鈉鈣石」，一般俗稱「拉利瑪」（Larimar），取自發現這種礦石的地理學家的女兒「Larissa」以及西班牙文的「mar」（海）。針鈉鈣石有白色、粉紅色、綠色、黃色等各種顏色，藍色主要產自多明尼加共和國的巴奧魯可礦山（Bahoruco）。

白色斑紋浮在水藍色的底上是它的特徵，因此多半會做成蛋形切割來展現斑紋之美。可是這種礦石帶有獨特的黏性，不容易切割，研磨則需要很高的技術。

能量

用驚人的療癒能量帶來愛與和平

拉利瑪是世界三大療癒石之一，還被稱為是「和平的象徵」，平靜的能量會孕育愛與和平的精神，協助你建立能夠相互體諒的人際關係。

它會提升深入了解對方的共鳴能力，並使你湧出主張自身觀點的勇氣，讓順利流暢的溝通得以實現。它還會解放只考慮利弊的心，在擴大交友圈上也能派上用場。

另外，拉利瑪會排除憤怒、悲傷、痛苦等負面情緒，讓情緒起伏緩和下來。推薦給不擅長把自己的情緒直接表現出來的人。

能量特性

§ 有傑出的療癒力
§ 孕育體諒他人的心
§ 提升溝通能力
§ 排除負面情緒

速配礦石

紫鋰輝石（P234）
想提升共鳴力的時候。

東菱石（P240）
消除憤怒或悲傷，讓情緒歸於平靜。

舒俱徠石（P265）
帶來強大的療癒力。

水晶（P269）
賦予你充滿愛與和平的人生。

磷灰石

Apatite

賦予社交性，讓溝通變得更多元

KEYWORD 社交性、羈絆、安定情緒、展現自我

原產地 ❖	巴西、墨西哥、馬達加斯加、加拿大、納米比亞等
結晶系 ❖	六方晶系
硬度 ❖	5
成分 ❖	$Ca_5(PO_4)_3F$
星座 ❖ 水瓶座	天體 ❖ 木星　靈數 ❖ 6

特徵

成分跟牙齒、骨骼相同，在日常生活中大顯身手

磷灰石因為很容易和海藍寶石及紫水晶搞混，故名稱取自「欺騙」（apate）。顏色除了藍色之外，還有綠色、黃色、紫色等多種顏色，是骨骼和牙齒的成分之一，也會被當成牙膏使用。

能量

在保持協調的情況下提升自我表達能力

磷灰石有加深與他人之間的連結的能量，會帶來正確傳達己見的能力，以及和周圍保持協調的客觀性，所以很適合對溝通能力沒有自信的人。在健康方面則據說有助於鉀的吸收。

喉輪

天使石

【硬石膏】 *Angelite*

為內心帶來安寧與體諒，天使之石

KEYWORD 人際關係、安寧、原諒、天使的愛、體諒

原產地 ❖	祕魯、墨西哥、澳洲等
結晶系 ❖	斜方晶系
硬度 ❖	3.5
成分 ❖	$SrCaSO_4$
星座 ❖ 雙魚座	天體 ❖ 金星　靈數 ❖ 9

特徵

像天使般溫柔地帶來收穫

「天使之石」柔和的藍色非常美麗，讓人聯想到大片藍天。雖然硬度低、不耐撞擊，但是有許多加工品在市面上流通。自古被當成豐收和好天氣的守護石，被人們視為珍寶。

能量

穩定情緒，愛與原諒的礦石

天使石會用溫柔的能量包住持有者，緩解出現在日常生活中的煩躁或緊張。它會帶來愛與原諒，讓人擺脫自我中心的思維，對修復鬧僵的人際關係也有很好的效果。

矽孔雀石

【珪孔雀石】 *Chrysocolla*

活化女性面、豐富感受性的女神之石

KEYWORD 愛與美、女性魅力、幸福的家庭生活、改善失眠和壓力

原產地 ⊹ 祕魯、美國、墨西哥、俄羅斯等	
結晶系 ⊹ 單斜晶系	
硬度 ⊹ 2～4	
成分 ⊹ $(Cu,Al)_2 H_2 Si_2 O_5 (OH)_4 \cdot nH_2O$	
星座 ⊹ 天秤座　天體 ⊹ 木星、海王星　靈數 ⊹ 3	

喉輪

特徵

混合物多，硬度很低

矽孔雀石常和藍銅礦或孔雀石一起產出，絕大多數都含有混合物。雖然硬度很低，但是跟水晶一起固化的矽孔雀石，硬度可以達到七，被稱為「gemsilica」。

能量

增加魅力，招來成功及財富

矽孔雀石會磨練品味並提升表現力和傳達力，因此以「繁榮之石」聞名。因為會激發豐富的感受性還有女性魅力，故又被稱為「女神之石」。在健康方面，調節身心平衡的功能有助於緩解壓力。

天青石

Celestite

連接高次元，帶來新的靈感

KEYWORD 愛、和平、療癒、高次元的意識、靈感

原產地 ⊹ 義大利、馬達加斯加、美國、墨西哥等	
結晶系 ⊹ 斜方晶系	
硬度 ⊹ 3～3.5	
成分 ⊹ $SrSO_4$	
星座 ⊹ 雙魚座　天體 ⊹ 木星、海王星　靈數 ⊹ 33	

特徵

據說也有安眠的效果，天國之石

天青石的名字由來是拉丁文的「coelestis」（像天堂一樣的），除了帶有透明感的淡藍色以外，還有無色、白色等其他顏色。據說有安眠的效果，是很受歡迎的床邊石。

能量

淨化負面情感，療癒身心

天青石的療癒力很強，會淨化靈魂、帶來安定，有助於排解壓力及消除身心靈的疲勞。它會讓你更容易與高次元的意識產生連結，所以也是強化靈感和創造力的幫手。

土耳其石

【綠松石】 *Turquoise*

反彈邪惡能量，守護之石

KEYWORD　自由、守護、行動力、積極性、達成願望、友情、信念

原產地	伊朗、美國（亞利桑那州、內華達州）、埃及、中國、墨西哥等
結晶系	三斜晶系
硬度	5.5〜6
成分	$Cu^{2+}[Al_6(OH)_2|PO_4]_4 \cdot 4H_2O$
星座	射手座　天體 太陽　靈數 5

特徵

色彩獨特、歷史悠久的礦石

土耳其石在古印加帝國也被當成裝飾品，特殊的藍色會因為銅和鐵的含量出現濃淡差異。近年來，品質優良的土耳其石產量減少，市面上充斥著大量的加工品。

能量

提升構思力，帶領你達成願望

土耳其石會讓你解放內心，帶來朝目標前進的勇氣，使你能夠想出自由奔放並充滿創意的點子，讓周遭的人大吃一驚。它有保護持有者不受邪惡事物或危險攻擊的效果，是廣為人知的「旅行平安符」。

喉輪

藍玉髓

【玉髓】 *Blue Chalcedony*

孕育體貼的心，強化團體的凝聚力

KEYWORD　人際關係、良緣、安定精神、緩和緊張、共鳴力

原產地	巴西、美國、烏拉圭、印度等
結晶系	六方晶系（潛晶質）
硬度	7
成分	SiO_2
星座	巨蟹座　天體 金星　靈數 6

特徵

擁有平靜的波動，是玉髓的一種

玉髓除藍色以外，還有粉紅色和白色等等，每一種顏色的能量都不太一樣。色彩分明的玉髓稱為「瑪瑙」。它很穩定，少有奇怪的特性，很好搭配其他的能量石。

能量

幫助人際關係達成團結一致

藍玉髓除了會藉由放鬆效果讓內心感到安心，還會建立懂得互相體諒的人際關係，提升協調性與凝聚力。它會為達成共同的目標提供援助，很適合想要讓團體活動順利進行的人。

藍紋瑪瑙

【空色縞瑪瑙】 *Blue Lace Agate*

解放情感，培養穩定的友情

KEYWORD　平穩、友情、溝通能力、中和負面情緒

原產地 ◈ 巴西、南非等	
結晶系 ◈ 六方晶系（潛晶質）	
硬度 ◈ 7	
成分 ◈ SiO₂	
星座 ◈ 水瓶座　天體 ◈ 金星　靈數 ◈ 6	

特徵

因為漂亮的紋路大受歡迎，友愛之石

藍紋瑪瑙有淡藍色的底加上蕾絲狀的白色條紋，是瑪瑙的同類，波動安定，又以「友愛之石」著稱。近幾年流通量逐漸減少，但人氣依然居高不下。

能量

療癒心靈，溝通流暢

藍紋瑪瑙會慢慢解放情感，提升自我表現以及溝通的能力。它也是友愛的象徵，會幫助你解決與朋友之間的紛爭，加深彼此的情誼。在健康方面據說對喉嚨和肩頸附近的不適很有效。

異極礦

Hemimorphite

不同性質共存一物，「一體」的象徵

KEYWORD　驅魔、慈悲、一體、同情心

原產地 ◈ 墨西哥、中國、巴西、美國、納米比亞等	
結晶系 ◈ 斜方晶系	
硬度 ◈ 5	
成分 ◈ Zn₄Si₂O₇(OH)₂·(H₂O)	
星座 ◈ 雙魚座　天體 ◈ 太陽　靈數 ◈ 33	

特徵

具有異極晶體結構的礦石

異極礦多結成葡萄狀，結晶尖端一邊是尖的，一邊是平的。顏色除了鮮豔的藍色之外，還有無色透明～白色。

能量

從驅魔到同情，兼具兩種極端的能力

由於兩極相異卻又共享中間相連的部分，因此異極礦是一體「Oneness」的象徵。它一方面有保護持有者不受邪惡事物干擾的驅魔能力，另一方面則會壓抑自我中心的情感，孕育對世上所有生命的慈悲心與同情心。

眉心輪

（靛藍色）

❖

董青石

藍銅礦

藍晶石

水矽釩鈣石

藍寶石

蘇打石

坦桑石

青金石

董青石

Iolite

使你不會在人生路上迷失方向的羅盤

KEYWORD 願景、人生羅盤、開發靈性能力、先見性

原產地 ÷	印度、斯里蘭卡、緬甸、巴西、馬達加斯加、坦尚尼亞、納米比亞、美國等
結晶系 ÷	斜方晶系
硬度 ÷	7～7.5
成分 ÷	(Mg, Fe) $_2$ Al $_4$ Si $_5$ O $_{18}$
星座 ÷ 射手座　天體 ÷ 太陽　靈數 ÷ 7

特徵

透過「多色性」展現各種表情的「水藍寶石」

「Iolite」是從希臘文的「ios」(紫羅蘭)和「lithis」(石頭)組合而成的新詞,在礦物學上則是根據法國地質學家科迪爾(Pierre Louis Antoine Cordier)的名字,而命名為「Cordierite」。因為呈現帶有透明感的藍紫色,所以別名是「水藍寶石」。

董青石具有一種叫作「多色性」的特性,會隨著光線照射的角度變成黃色或褐色。一說,從前在大西洋上航行的海盜,會讓陽光照射在這種石頭上,藉此決定應該前進的方向。做成珠寶首飾時,會採取能展現其美麗色彩與多色性的切割方式。

能量

提升直覺和靈性能力,使你能夠發現事物的本質

董青石擔任的角色就好比是一副顯示人生指標的羅盤。它會理清思考迴路,帶來明晰性和冷靜,幫你確定自己應該前進的方向。面臨必須做出重要決定或懷抱著煩惱時,它會幫助你靜下心,使你有能力做出正確的選擇。在愛情方面,它會吸引持有者的最佳對象,帶領兩人走向幸福美滿的婚姻,建立彼此信任、互助合作、洋溢愛情的關係。也推薦給除了戀愛以外,還想加深與家人、工作夥伴等的信賴關係的人。

另外,董青石據說還能開啟位於眉間上方的脈輪「第三隻眼」(third eye)。它會培養直覺及靈性能力,使你可以不被表面的事物迷惑,看透事物的本質。

能量特性

§能夠做出冷靜的判斷
§建立有愛的關係
§打開第三隻眼

速配礦石

粉晶(P232)
在你喪失理性的時候成為戀愛的助力。

摩根石(P236)
想遇到自己需要的那個人的時候。

天河石(P241)
指引你應前進的方向。

紫水晶(P265)
看清情況,保持冷靜。

藍銅礦
Azurite

擔任連接宇宙意識的橋梁並帶來察覺的神祕礦石

KEYWORD 靈性、冥想、提升學習能力、直覺

原產地 ✧ 美國（亞利桑那州）、納米比亞、摩洛哥、墨西哥、法國等	
結晶系 ✧ 單斜晶系	
硬度 ✧ 3.5〜4	
成分 ✧ $Cu_3(CO_3)_2(OH)_2$	
星座 ✧ 射手座　天體 ✧ 水星、天王星　靈數 ✧ 7	

眉心輪

特徵

濃厚的藍色美麗無比
也被當成礦物顏料

藍銅礦是一種從銅礦床產出的次生礦物，名字來自波斯文的「azure」（藍色的），是一種鮮藍色的礦石。濃郁的美麗色澤使它自古被當成礦物原料，廣泛使用於日本畫等的繪畫作品。

藍銅礦經常和同一種礦物群的孔雀石（malachite）一起產出，同時含有兩者的礦物稱為「藍孔雀石」（azurite malachite）。藍銅礦會吸收空氣中的水分變成孔雀石，因此保留原始色彩的藍銅礦有很高的稀有價值。而且藍銅礦的硬度很低，相當脆弱，作為首飾流通的藍銅礦會經過加壓或混入樹脂的加工。

能量

啟動第三隻眼，
幫助你在重要場合發揮實力

藍銅礦和菫青石一樣具備開啟「第三隻眼」（third eye）的能力，會活化靈性能量，提高明晰性及直覺。它會培養看見未來的能力，成為讓人生往更好的方向前進的路標。也推薦給想要在考試、交易等重要場合發揮原本實力的人。也有人說，冥想時把藍銅礦靠在額頭上，相當於直接接觸第三隻眼。

另外，藍銅礦還有用強大的療癒力治癒精神疲勞的功能，會淨化負能量，找回內心的光明。因為思考會變得很清晰，所以也會更容易出現靈感或好點子。

能量特性

§ 活化靈性能量
§ 將人生引導至更好的方向
§ 強大的療癒力

速配礦石

孔雀石（P247）
提升洞察力的組合。

藍寶石（P261）
賦予你能夠循序漸進判斷事物的能力。

蒂芙尼石（P266）
開發靈性能力。

水晶（P269）
強化感受性與直覺。

藍晶石

【二硬石】 *Kyanite*

養成自發性，創造明確的願景

KEYWORD 獨立心、清晰思維、靈感、提升靈性、探究的心

原產地 ✦ 巴西、肯亞、坦尚尼亞、印度、日本等
結晶系 ✦ 三斜晶系
硬度 ✦ 4.5～7
成分 ✦ Al_2OSiO_4
星座 ✦ 處女座　　天體 ✦ 火星、天王星　　靈數 ✦ 7

眉心輪

特徵

害怕來自特定方向的撞擊

藍晶石的結晶像是由許多薄片結成一束，硬度會隨角度而有所不同，因此別名「二硬石」（disthene）。一般認為透明度越高的品質越好。

能量

刺激靈性和靈感

藍晶石會促使你擺脫依賴和依存，強化獨立及探究的心，讓你更在乎目標，更容易確立未來願景。它會影響靈性和靈感，帶來不受限於刻板印象的構思力。

水矽釩鈣石

Cavansite

用神祕能量引發同步現象的礦石

KEYWORD 宇宙意識、創造力、構思力、享受、同步性

原產地 ✦ 印度、美國等
結晶系 ✦ 斜方晶系
硬度 ✦ 3～4
成分 ✦ $Ca(V^{4+}O)Si_4O_{10}\cdot4H_2O$
星座 ✦ 水瓶座　　天體 ✦ 金星　　靈數 ✦ 11

特徵

因為可愛的外型大受歡迎

水矽釩鈣石是一種恰似金平糖的礦石，名稱結合了鈣、釩和矽酸鹽這些主要成分。它非常纖細，一碰就碎，因此以原石或活用原石外型的加工品流通。

能量

培養創造力，讓人生更豐富

水矽釩鈣石的能量既神祕又不可思議，據說會強化持有者和宇宙的連結，吸引命運的邂逅等共時性現象。它會培養靈感和創造力，因此會消除一成不變，教導你人生的樂趣。

藍寶石

【藍剛玉】 *Sapphire*

強化精神，激發潛能

> **KEYWORD** 清晰思維、穩定經營、發揮才能、潛能

原產地	緬甸、泰國、印度、斯里蘭卡等
結晶系	六方晶系（三方晶系）
硬度	9
成分	Al_2O_3
星座	處女座　天體 土星　靈數 7

特徵

除了藍色之外還有許多種顏色

藍寶石的硬度很高，是硬度僅次於鑽石的礦石。雖然深藍色最具代表性，但其實在剛玉家族裡，只有紅色的剛玉叫紅寶石，其他的所有顏色都稱為藍寶石。

能量

打造能夠一展長才的環境

藍寶石會強化精神，讓你能把握機會發揮所長；並提高思考的清晰度，讓你能冷靜面對各種事物。它會激發潛能，使你更容易在擅長的領域做出成果，所以你會自然而然地展開積極的行動。

眉心輪

蘇打石

【方鈉石】 *Sodalite*

鍛鍊耐力，在通往夢想的道路上給予支持

> **KEYWORD** 耐力、達成願望、意志力、決斷力

原產地	加拿大、巴西、納米比亞、義大利、挪威等
結晶系	等軸晶系
硬度	5.5～6
成分	$Na_8Al_6Si_6O_{24}Cl_2$
星座	魔羯座　天體 太陽　靈數 1

特徵

藍色在粉碎後就不見了

蘇打石含有大量的鈉（Na），在古代被當成青金石的替代品。因為藍色在打碎之後就會消失，因此沒有像其他深藍色的礦石一樣被當成用來驅魔的顏料。

能量

提高決斷力，引導你實現願望

蘇打石會消除邪念和恐懼，強化意志及耐力，使你湧現做出重大決定的勇氣，能夠朝著實現願望的方向前進。整理情感的效果會讓知識更容易留在腦袋裡，因此也非常適合當成考試的護身符。

坦桑石

【丹泉石、黝簾石】 *Tanzanite*

解開糾纏在一起的人生難題

KEYWORD 人生轉機、舒緩壓力、安定精神、柔軟

原產地 ✥ 坦尚尼亞、肯亞	
結晶系 ✥ 斜方晶系	
硬度 ✥ 6.5	
成分 ✥ $Ca_2Al_3Si_3O_{12}(OH)$	
星座 ✥ 處女座　天體 ✥ 太陽　靈數 ✥ 6	

特徵

顏色會隨角度改變

「坦桑石」是珠寶專賣店蒂芙尼公司（Tiffany & Co.）根據原產地取的名字，正式名稱為「黝簾石」（zoisite）。這種具備多色性的礦石會在經過550～700℃的加熱處理後呈現出美麗的色澤。

能量

用清晰的思維提高判斷力

坦桑石有很高的頻率，會為精神帶來穩定。擺脫緊張或壓力會讓思考變得更清晰，培養冷靜與深思熟慮。在需要做出決斷或迎來人生轉機的時候，坦桑石會成為可靠的夥伴，帶領你走向成功。

眉心輪

青金石

Lapis Lazuli

培養看透本質的能力、激發潛能

KEYWORD 直覺、守護、創造力、潛能、達成願望

原產地 ✥ 阿富汗、俄羅斯、智利、加拿大、美國（科羅拉多州）等	
結晶系 ✥ 等軸晶系	
硬度 ✥ 5～5.5	
成分 ✥ $(Na,Ca)_{7-8}(Al,Si)_{12}(O,S)_{24}[O,S_4Cl_4(OH)_2]$	
星座 ✥ 射手座　天體 ✥ 水星　靈數 ✥ 7	

特徵

在古代也被當成藍色的顏料

青金石在藍色的底中混入了有如星辰般的點點金光。自古以來除了被磨成粉做成眼影或靈藥，也因為是以維梅爾（Vermeer）為首的畫家無比憧憬的顏料而名聲響亮。

能量

發現真相，確定道路

青金石會帶來直覺和洞察力，引導你發揮潛能，增進看透事物本質的能力，讓自己往後該走的路變得更加明確。而且它還會提供自我反省的契機，所以也有望變成一個更成熟的人。

頂輪

（紫色）

✦

紫龍晶

紫水晶

舒俱徠石

蒂芙尼石

鋰雲母

紫龍晶
Charoite

靠自己的力量克服不安，蛻變之石

KEYWORD 療癒、閃避危機、靈性、精神性、能量解毒、克服不安

原產地 ✦ 俄羅斯、薩哈	
結晶系 ✦ 單斜晶系	
硬度 ✦ 5～6	
成分 ✦ K(Ca, Na) $_2$ Si$_4$ O$_{10}$ (OH, F)·H$_2$O	
星座 ✦ 天秤座　天體 ✦ 木星　靈數 ✦ 9	

頂輪

特徵

形成優美的大理石花紋
世界三大療癒石之一

紫龍晶是與拉利瑪、舒俱徠石齊名的世界三大療癒石之一。關於名稱由來，一說是因為它是在西伯利亞的恰拉河（Chara river）流域發現的礦石；另一說則認為是取自俄羅斯文的「charo」（誘惑）。

紫龍晶不具透明感，但是有玻璃光澤，紫色、白色、黑色的大理石花紋是由霓石、矽鈦鈣鉀石（tinaksite）以及微斜長石（microcline）混合而成。紫龍晶自從在一九四九年左右被發現以後，有一段時間被用於雕刻；透過俄羅斯礦物學家薇拉·洛科娃（Vera Rogova）多年的研究，才在一九七八年被認證為「紫龍晶」。

能量

除了心靈的療癒之外，
還會帶來貫徹自我風格的強大意志

一如它被賦予「世界三大療癒石」這個美名，紫龍晶的放鬆效果和淨化作用非常值得期待。它會用穩定的能量療癒因為人際關係等因素變得疲憊不堪的心，對於跟靈性有關的負能量也有很強的保護作用，因此在躲避危機時也能派上用場。

除此之外，它還具有與其他礦石性質迥異的療癒效果，不是擺脫不安，而是給你力量接受自己的情況並克服不安。它會幫助你無論何時都能貫徹自己的風格，減輕壓力及擔憂。因為會帶來勇氣和行動力，督促持有者繼續前進，故又被稱為「蛻變之石」。

在健康方面則據說會幫助肝臟運作，有排出體內毒素的解毒功能。

能量特性

§ 強大的療癒效果
§ 阻擋跟靈性有關的負能量
§ 帶來勇氣和行動力，使人蛻變

速配礦石

 鋰雲母（P266）
不被恐懼蒙蔽，獲得所需的變化。

 骨幹水晶（P271）
消除不安，賦予你前進的勇氣。

透石膏（P273）
釋放被壓抑的情感。

蛻變石英（P278）
對變化、改變有最好的效果。

紫水晶

Amethyst

緩解緊張，安定情緒

> KEYWORD　療癒、舒緩壓力、穩定情緒、安眠、直覺

原產地❖巴西、馬達加斯加、烏拉圭、
　　　　印度、南非等

結晶系❖六方晶系（三方晶系）

硬度❖7

成分❖SiO_2

星座❖雙魚座　天體❖月亮　靈數❖9

特徵

具備多樣性，深受世人喜愛的礦石

為數眾多的傳說，以及顏色和原石形狀會因產地而異的多樣性，都讓紫水晶大受歡迎。因為會掉色，請注意不要長時間照射陽光。

能量

用療癒效果消除身心靈的疲勞

紫水晶的療癒力很強，會緩解不安和緊張，讓你可以不被混亂的情緒影響，冷靜地對事情做出判斷，因此直覺會隨之提升。紫水晶能幫助放鬆神經、消除疲勞，所以也可以期待助眠的效果。

頂輪

舒俱徠石

【杉石】*Sugilite*

去除負面情感的療癒石

> KEYWORD　療癒、守護、淨化身心、保護、進化成宇宙意識

原產地❖南非、澳洲、日本等

結晶系❖六方晶系（粒狀集合體）

硬度❖5.5～6.5

成分❖$KNa_2(Fe^{2+},Mn^{2+},Al)_2Li_3Si_{12}O_{30}$

星座❖雙魚座　天體❖木星　靈數❖33

特徵

擁有強大的療癒能量

舒俱徠石是世界三大療癒石之一，為日本岩石學家杉健一所發現，大約在過了三十年後才被認證為新的礦物。顏色除了紫色以外，還有淡粉紅色等多種色彩。

能量

療癒內心，用愛填滿人際關係

舒俱徠石的能量特性會因為顏色出現些微的不同，但共通點是療癒效果都很好。它會治療心傷，排解壓力或孤獨感。因為有保護持有者不被負能量影響的作用，在建立充滿愛的人際關係上也能派上用場。

蒂芙尼石

Tiffany Stone

強化靈感，創造自由奔放的點子

KEYWORD 開發靈性能力、感受性、藝術、靈感

原產地❖美國（猶他州）

結晶系❖不一定

硬度❖4～6.5

成分❖螢石、斜方矽鈹石、玉髓、蛋白石、薔薇輝石等的混合體

星座❖牡羊座　天體❖金星、海王星　靈數❖11

特徵

只在特定地區出產的混合石

蒂芙尼石只產於美國猶他州的湯瑪士山脈（Thomas range），是一種極為稀有的礦石。它是一種含有多種礦物的混合石，例如白色的玉髓和蛋白石、紫色的螢石以及粉紅色的薔薇輝石等等。

能量

磨練獨特的感性，提升自我表現能力

據說蒂芙尼石會激發靈性能力，為持有者帶來高次元的心境。它會強化靈感，磨練富有藝術性及獨特性的感性，讓你能夠不被周圍牽著鼻子走，而是以自由奔放的想法展現自己的風格。

鋰雲母

【鱗雲母】　*Lepidolite*

幫助你打破現狀，變革之石

KEYWORD 適應改變、變革、樂天、新的階段

原產地❖巴西、美國、阿富汗、南非、瑞典、俄羅斯、捷克、莫三比克等

結晶系❖單斜晶系

硬度❖2.5～3

成分❖$K(Li,Al)_3(Si,Al)_4O_{10}(F,OH)_2$

星座❖天蠍座　天體❖火星、天王星　靈數❖11

特徵

無數薄結晶層層相疊

鋰雲母是雲母（mica）的一種，裡面含有大量的鋰，呈現帶有光澤的灰紫色。鱗片狀的結晶像法式千層酥一樣層層相疊後結成一塊。

能量

破除一成不變，為人生帶來變化

鋰雲母象徵變革，最適合在想要打破現狀的時候使用。它會清除不必要的堅持和固執，可以破除一成不變。另外，當你迎來人生的轉捩點時，它會協助你適應新環境。

8th chakra

靈魂之星脈輪

（白色、銀色）

阿賽斯特萊石

水晶

魚眼石

中性長石

骨幹水晶

花園水晶

鈣沸石

輝沸石

透石膏

賽黃晶

樹枝石

托帕石

赫基蒙鑽水晶

珍珠

白紋石

透鋰長石

珍珠母

乳白晶

月光石

蛻變石英

方鉛礦

鎳鐵隕石

阿賽斯特萊石
Azeztulite

用宇宙級的能量使靈魂成長茁壯

KEYWORD 靈魂的成長、淨化、多次元、冥想、第三隻眼

原產地÷美國（北卡羅萊納州、佛蒙特州）、
　　　　印度等

結晶系÷六方晶系（三方晶系）

硬度÷7

成分÷SiO_2

星座÷射手座　　天體÷木星、海王星　　靈數÷9

靈魂之星脈輪

特徵

只在特定地區出產，
能量強大的水晶

阿賽斯特萊石是近幾年才發現的礦石，成分和水晶一樣，因為「Heaven & Earth」公司的羅伯特‧西蒙斯變得廣為人知，透過正當管道販售的阿賽斯特萊石會有該公司發行的證書。當初進行開採的礦山位於美國的北卡羅萊納州，因為該礦山已經封閉，所以目前在流通的皆來自其他產地。

阿賽斯特萊石在礦物學上和水晶被視為同一種礦物，由於只在特定的地區出產，因此稀有價值很高，被認為有更強的能量。有的人一開始可能會覺得不太舒服，請按照自己的感覺慢慢習慣吧！據說當成飾品配戴可以更快與它產生同步。

能量

提升能量等級，
開啟第三隻眼

正如同它的名稱來自應該被視為宇宙核心的「阿賽斯」（Azez），阿賽斯特萊石會吸收高次元的能量，促使靈魂成長。它會幫你和超越次

元的光體進行接觸，讓你感受到自己與靈界的連結。

此外，阿賽斯特萊石蘊含比水晶更強大的淨化效果，會去除負面情緒，提升直覺和洞察力。它還有望帶來開啟第三隻眼的效果，因此會放寬視野，賦予你看見未來的能力。當你必須做關於人生的重要抉擇時，它一定會成為非常可靠的夥伴。在冥想中使用時，放在額頭或頭頂會更容易感覺到它的效果。

能量特性

§ 吸收高次元的能量
§ 加深與靈界的連結
§ 強大的淨化效果　　§ 打開第三隻眼

速配礦石

水晶（P269）
連接較高的波動。

賽黃晶（P273）
幫助冥想。

透鋰長石（P276）
提升洞察力。

拉長石（P281）
知曉生於此世的目的。

水晶
【石英】 *Quartz*

淨化能量、製造調和的萬能石

KEYWORD 淨化、調和、統合、強化、發揮潛能

原產地	世界各地（巴西、印度、馬達加斯加、美國、中國等）
結晶系	六方晶系（三方晶系）
硬度	7
成分	SiO_2
星座	射手座　天體 太陽　靈數 9

特徵

又被喻為「有精靈附身的石頭」
能量石的代表

二氧化矽結晶後形成的礦物叫作「石英」，而其中透明度特別高的則叫「水晶」。英文通常稱之為「crystal」，這個字的由來是古希臘時代的「krystalos」（冰）。水晶產自地殼，內含的不純物使它擁有七彩繽紛的變體。

它是自古以來被視為神聖存在的能量石的代表，直到江戶時代為止，日本都稱之為「水精」，被當成「有精靈附身的石頭」，用途包含驅魔的守護石及儀式等等。此外，從彌生～古墳時代開始，就已經有把水晶製作成勾玉或水晶球的加工技術，以及將水晶當作御神體供奉的神社。

能量

用驚人的淨化效果來活化能量

在數量龐大的能量石當中，水晶的能量無所不能，它有非常高的柔軟度，會讓整體運勢往上提升。尤其它的淨化力特別出眾，會洗去負能量、促進身心靈的活化。水晶會幫助你實現夢想，例如培養直覺和洞察力、發揮潛能或確立目標。

而且水晶還會產生各種調和並進行統一，使它們能夠發揮更大的力量。一般認為加工過的水晶比較適合用來輸入意念或增強能量；當不同礦石之間的能量需要淨化或調和時，則可以使用水晶晶簇。

能量特性

§ 出色的淨化效果　§ 身心靈的活化
§ 發揮潛能以及使目標明確化
§ 透過調和增強能量

速配礦石

煙晶（P203）
用力去除負能量。

黑碧璽（P208）
消除疲勞或壓力，促進身心的排毒。

菱錳礦（P233）
對命中注定的對象產生強烈的吸引力。

玉（P243）
帶領你在商場上取得成功。

魚眼石
Apophyllite

提升靈力，突破侷限

KEYWORD　增強靈力、和宇宙的連結、淨化、冥想

原產地 ✢ 印度、英國、瑞典等	
結晶系 ✢ 正方晶系	
硬度 ✢ 4.5～5	
成分 ✢ $KCa_4Si_8O_{20}(F,OH)\cdot8(H_2O)$	
星座 ✢ 雙魚座　天體 ✢ 海王星　靈數 ✢ 9	

特徵

能量強大卻有著沉穩的氣質

魚眼石有無色、粉紅色、藍綠色等各種顏色，因為很容易裂開，所以建議用來觀賞就好。尤其金字塔型的魚眼石被認為擁有很強的能量。

能量

支持你舉步向前，引導你實現目標

魚眼石有很強的淨化效果，會清除累贅並帶來前進的勇氣與實現目標的執行力。它對應跟靈性有關的頂輪，會加深與神聖能量或高次元的連結。也很適合用於冥想。

中性長石
Andesine

配合情況帶來變化與調和的礦石

KEYWORD　變化、調和、擺脫自我矛盾、解決問題

原產地 ✢ 西藏、蒙古、澳洲等	
結晶系 ✢ 三斜晶系	
硬度 ✢ 6～6.5	
成分 ✢ $(Na,Ca)Al(Al,Si)Si_2O_8$	
星座 ✢ 射手座　天體 ✢ 金星、木星　靈數 ✢ 11	

特徵

近年才剛被發現的一種長石

中性長石和太陽石、月光石等礦石一樣都是長石的一種，白中性長石在最近幾年才在坦尚尼亞被發現。呈現半透明乳白色的美麗姿態充滿魅力。

能量

引導你找出沒有自我矛盾的解決方法

中性長石會讓你對他人的想法及環境等等產生調和，協助你打造更好的人際關係。而在另一方面，對自己目前所處的狀況感到不滿時，它會促使情況朝你真正希望的方向改變，讓你擺脫自我矛盾。

骨幹水晶

Elestial Quartz

✿ ○ ○ ○ ▲

能量據說甚至能治癒地球，天使的禮物

KEYWORD 不安、化解困境、調和、變化

原產地 ✤	巴西、印度、俄羅斯、中國、馬達加斯加、墨西哥、納米比亞、瑞士等
結晶系 ✤	六方晶系（三方晶系）
硬度 ✤	7
成分 ✤	SiO_2
星座 ✤ 魔羯座　天體 ✤ 土星　靈數 ✤ 33	

特徵

擁有天使能量的水晶

人們說這是經歷漫長歲月才形成的特殊水晶，但實際上卻是泡在含有大量二氧化矽的溶液裡面短時間生成的。骨幹水晶又被稱為「來自天使的禮物」，一般內部會有空洞。

能量

調整身心平衡，開闢道路

骨幹水晶會在形成的過程中將許多包裹體含入體內，因此具有豐富多樣的能量。它會調整身心的平衡，引領你在達成目標的前提下做出正確的取捨。骨幹水晶充滿地球的睿智，在淨化和療癒方面也能派上用場。

花園水晶

【庭園水晶】　*Garden Quartz*

✿ ○ ♪ ○ ▲ ◎

腳踏實地，幫助你累積財力

KEYWORD 財運、療癒、健康、接地、事業成功

原產地 ✤	巴西
結晶系 ✤	六方晶系（三方晶系）
硬度 ✤	7
成分 ✤	SiO_2 +（綠泥石等包裹體）
星座 ✤ 金牛座　天體 ✤ 木星　靈數 ✤ 4	

特徵

將各式各樣的景致包裹在內

有其他礦物跑進水晶裡面，呈現出宛如花園般的景致。有很多含有綠泥石（chlorite）的花園水晶在市面上流通，不過也有內含碧璽等其他礦物的。

能量

提升正財運，帶領你在事業上取得成功

花園水晶會強化接地力，教導你要腳踏實地。而且它還有助於累積財力，是象徵正財運的礦石，因此把它當成提升工作運而非賭運的護身符，效果會更值得期待。

鈣沸石
Scolecite

以卓越的淨化力促進身心靈的排毒

KEYWORD 療癒、淨化、回復、再生

原產地❖印度、墨西哥、美國、巴西等

結晶系❖單斜晶系、三斜晶系等

硬度❖5～5.5

成分❖$Ca[Al_2Si_3O_{10}]\cdot 3H_2O$

星座❖雙子座　天體❖月亮　靈數❖9

特徵

形成針狀結晶，沸石的一種

鈣沸石是沸石（zeolite）的一種，會形成以鈣、鋁為主要成分的針狀結晶。用火烤會熔化，變得像小蟲一樣圓潤，故名稱取自希臘文的「skolex」（蠕蟲）。

能量

促進身心靈的回復及再生

鈣沸石有淨化負能量、讓身心靈回復到正常狀態及再生的作用。而且它還會強化直覺，引導你將過去的經驗運用在現在或未來。它有很強的療癒效果，也很適合冥想等活動。

輝沸石
【束沸石】　*Stilbite*

讓你察覺到危險或錯誤，促使你改變方向

KEYWORD 閃避危險、解毒、強而有力的察覺、直覺

原產地❖世界各地（美國、日本等）

結晶系❖單斜晶系

硬度❖3.5～4

成分❖$NaCa_2Al_5Si_{13}O_{36}\cdot 14H_2O$

星座❖雙子座　天體❖水星、天王星　靈數❖8

特徵

結晶脆弱，需小心拿取

輝沸石會跟同為沸石夥伴的魚眼石、葡萄石等一起產出，是針狀的結晶結成束狀，硬度很低，當成擺設時需小心輕放。

能量

避開危險，解決問題

輝沸石會強化直覺並帶來強而有力的察覺。思考會變得更敏銳，使你早先一步發現危險，及早預防問題的發生。就算犯了錯，它也會讓你能夠隨機應變，快速地改變方向。

靈魂之星脈輪

透石膏

【石膏】 *Selenite (Gypsum)*

讓能量正常循環

KEYWORD 療癒、疏通堵塞的能量、保護、淨化、無意識

原產地 ✦ 澳洲、墨西哥、巴西、英國等	
結晶系 ✦ 單斜晶系	
硬度 ✦ 2	
成分 ✦ $CaSO_4 \cdot 2H_2O$	
星座 ✦ 雙子座　天體 ✦ 月亮　靈數 ✦ 9	

特徵

用途廣泛的石膏的一種

在石膏（gypsum）當中，透明且帶有光澤感的稱為「透石膏」。因為產量很高，自古以來便被廣泛運用，例如水泥、雕刻、玻璃窗和醫藥品等等。

能量

在無意識下解決問題

透石膏會以出類拔萃的淨化力疏通堵塞的能量。因為效果非常平穩，會在不知不覺間將問題引導至解決的方向。透石膏對於外來的影響也有很強的保護效果，可以把球型的透石膏放在房間的四個角落。

賽黃晶

Danburite

連接高次元，鍛鍊讓自己發光發熱的能力

KEYWORD 獨特創意、發揮個性、冥想、肉體與精神的平衡

原產地 ✦ 美國、墨西哥、緬甸、馬達加斯加等	
結晶系 ✦ 斜方晶系	
硬度 ✦ 7～7.5	
成分 ✦ $CaB_2Si_2O_8$	
星座 ✦ 獅子座　天體 ✦ 水星、天王星　靈數 ✦ 22	

特徵

綻放如鑽石般的燦爛光輝

賽黃晶的結晶前端像一字型的螺絲起子一樣呈現扁平，顏色除了無色還有粉紅色和黃色。透明度越高，對光線的反射就越強，因此被用來當成鑽石的替代品。

能量

淨化心中的疙瘩，強化精神力

賽黃晶有很強的淨化效果，會輕輕撫慰因為負面思考變得脆弱不堪的心，也很推薦用於冥想。它有很高的波動，會讓意識連接到高次元，因此可以在想要加強靈感或獨特性時帶來幫助。

樹枝石（樹枝水晶）

【苔紋水晶】 *Dendrite (Dendritic Quartz)*

深化與自然的連結，為身心帶來安寧

KEYWORD 與自然的連結、安寧、沉穩、改善生活習慣

原產地	巴西、印度、美國、馬達加斯加、哈薩克等
結晶系	六方晶系（三方晶系）
硬度	7
成分	SiO_2＋二氧化錳等
星座	魔羯座　天體	木星　靈數	4

特徵

彷彿把真正的植物封入體內

像植物一樣的包裹體是含有金屬離子的水分滲入水晶或瑪瑙等礦石的裂縫，在壁面上沉澱、凝固的結果。品質好到足以做成首飾的樹枝石非常少見。

能量

幫你找回最自然的自己

樹枝石的能量傾向會因基底礦物而異，但共通點是都能感受到與自然的連結。從改善生活習慣開始，它會協助你找回最自然的自己。推薦給為忙碌的每一天感到精疲力竭的人。

托帕石

【黃玉】 *Topaz*

確定日後展望，開拓明亮未來

KEYWORD 內心的和平、解決失眠、思緒清晰、吸引、光明展望

原產地	巴西、斯里蘭卡、俄羅斯、泰國、柬埔寨、越南、非洲、日本等
結晶系	斜方晶系
硬度	8
成分	$Al_2SiO_4(F,OH)_2$
星座	雙子座　天體	太陽　靈數	7

特徵

顏色多樣，深受喜愛

托帕石硬度很高、顏色多樣，因此自古便被做成首飾使用。體態呈現透明～半透明，並且帶有玻璃光澤，裡面含有氟跟鋁，會因為光和熱變成各種顏色。

能量

理清思緒，強化直覺

托帕石擁有活潑明亮的能量，會吸引好運上門，帶來喜悅及豐饒。此外，它還有理清思緒、強化直覺和洞察力的效果。它會幫助你認識自己的能力，開拓對未來的展望。

赫基蒙鑽水晶

【閃靈鑽】 *Herkimer Diamond*

能夠接收來自夢境的啟示

KEYWORD 夢的啟示、淨化身心、展現才能、專注力

原產地 ✦ 美國（紐約州）	
結晶系 ✦ 六方晶系（三方晶系）	
硬度 ✦ 7	
成分 ✦ SiO₂	
星座 ✦ 巨蟹座　天體 ✦ 太陽　靈數 ✦ 9	

特徵

像鑽石一樣燦爛奪目的水晶

這是一種只會在美國紐約州的赫基蒙郡（Herkimer Country）出產的水晶。一如其名，它的透明度很高，甚至會被誤認成鑽石，即使未經加工也充滿光澤感，綻放出燦爛光芒。

能量

使你獲得優質的睡眠，讓身體和精神重新開機

赫基蒙鑽水晶會淨化身心，帶來安眠。據說它能接收來自夢境的啟示，也稱為「夢水晶」（dream crystal）。它會消除雜念，讓思緒變清晰，有助於提升專注力及與他人心意相通。

珍珠

Pearl

帶來無比幸福的療癒，女性的守護石

KEYWORD 優美、女性面、授子、內心的安定、幸福婚姻、生產

原產地 ✦ 澳洲、中國、日本等	
結晶系 ✦ 斜方晶系	
硬度 ✦ 2.5～4.5	
成分 ✦ CaCO₃＋有機成分	
星座 ✦ 巨蟹座　天體 ✦ 月亮　靈數 ✦ 2	

特徵

鈣含量很高的生物性礦物

以入侵貝殼體內的異物為核心，鈣結晶與蛋白質層交互堆疊，形成珍珠。自古以來，磨成粉的珍珠就被用在中藥和化妝品上。

能量

招來作為女性或母親的好運

珍珠會激發內在的美麗、溫柔等女性魅力，指引你締結良緣。除了培養母性以外，珍珠也能作為保佑懷孕或生產的護身符發揮功效。而且它還有讓你脫離疼痛及苦楚的效果，使內心保持安定。

靈魂之星脈輪

白紋石
【矽硼鈣石、軟硼鈣石】 *Howlite*

保有一顆潔白無瑕、純真無邪的心

KEYWORD 純真、率直、脫離憤怒、潔淨

原產地 ✦ 美國、中國、巴西等

結晶系 ✦ 單斜晶系

硬度 ✦ 3.5

成分 ✦ $Ca_2B_5SiO_9(OH)_5$

星座 ✦ 巨蟹座　天體 ✦ 月亮　靈數 ✦ 2

特徵

獨特的紋路相當美麗

白紋石是一種白底加上黑色或褐色紋路的礦石，琢磨後會出現玻璃光澤，和與之非常相似的菱鎂礦（magnesite）混在一起於市面上流通，但不論哪種都能以相對便宜的價格買到。

能量

淨化力極高，洗淨負面情感

白紋石象徵純粹與潔淨，有很強的淨化效果，會讓自我中心的不滿或焦躁沉澱下來，讓內心保持純淨清澈。它會促使你擺脫負面情感、恢復冷靜，所以也可以改善失眠或用於冥想。

透鋰長石
【葉長石】 *Petalite*

乘著人生的上升氣流，迎接振翅高飛的時刻

KEYWORD 飛翔、擴大意識、人生的重大轉變、第三隻眼

原產地 ✦ 巴西、美國、阿富汗等

結晶系 ✦ 單斜晶系

硬度 ✦ 6～6.5

成分 ✦ $LiAlSi_4O_{10}$

星座 ✦ 雙子座　天體 ✦ 海王星　靈數 ✦ 11

特徵

砂鍋裡也會用到的礦石

透鋰長石主要呈現帶有玻璃光澤的透明～白色，碎片的形狀和葉子很像，名字的由來也是希臘文的「petalon」（葉子），還會被用來提升砂鍋的耐熱性。

能量

成為跨越人生過渡期的力量

透鋰長石又被叫作「天使之石」，一如這個別稱，它是擁有高次元能量的新時代礦石。透鋰長石會讓你連接到靈性領域，在人生的重大轉變給予支持，促使你脫離煩惱和苦痛，賜予你拍動翅膀、飛向未來的能力。

靈魂之星脈輪

珍珠母
Mother of Pearl

培養柔軟度和慈愛心，增加女性魅力

KEYWORD 母性、育兒護身符、慈愛、繁榮、授子、家人之間的羈絆

原產地❖澳洲、印尼、緬甸、菲律賓等	
結晶系❖斜方晶系	
硬度❖3～4.5	
成分❖$Ca_2B_5SiO_9(OH)_5$	
星座❖巨蟹座　天體❖月亮　靈數❖2	

特徵

孕育出珍珠的母貝加工品

珍珠母就是用珍珠的貝殼加工而成，為奶油色或淡褐色的基底搭配花紋，擁有和普通的珍珠不一樣的美麗。珍珠母並不是礦物，但頻繁地為它淨化是很重要的。

能量

以溫柔包覆的母愛的象徵

珍珠母有讓柔軟度、慈愛心這些女性面往上提升的效果，會抑制情緒的起伏，用溫柔將其包覆。此外，它被視為母愛與授子的象徵，會消除育兒的壓力並加深愛情。當你覺得精神疲勞時，請把它放在枕頭邊睡覺吧！

乳白晶
Milky Quartz

帶來慈愛心及安寧的療癒石

KEYWORD 母愛、安寧、慈愛、控制情緒、愛自己

原產地❖巴西、馬達加斯加、俄羅斯、美國等	
結晶系❖六方晶系（三方晶系）	
硬度❖7	
成分❖SiO_2＋其他微量元素	
星座❖巨蟹座　天體❖月亮　靈數❖4	

特徵

帶有溫度的乳白色充滿魅力

光滑柔順的乳白色的成色元素為鋁，有些會散發宛如晨星的光芒（星彩效應），有些則會因為光線的強弱呈現藍色。在女性之間特別受歡迎，可以用比較便宜的價格取得。

能量

加深對他人以及對自己的愛

乳白晶象徵母性，會孕育慈愛之心；除了對他人的愛以外，也會讓你意識到愛自己的重要性。覺得身心俱疲時，可以把乳白晶放進浴缸裡一起泡澡。也很推薦用乳白晶當小孩子的護身符。

月光石
【月長石】 *Moonstone*

與月亮週期同步的礦石

KEYWORD　母性、感受性、療癒、穩定情緒、發揮才能、愛情

原產地 ✣ 斯里蘭卡、印度、緬甸、馬達加斯加等	
結晶系 ✣ 單斜晶系	
硬度 ✣ 6～6.5	
成分 ✣ $KAlSi_3O_8$	
星座 ✣ 巨蟹座　　天體 ✣ 月亮　　靈數 ✣ 2	

特徵

和月亮淵源匪淺的礦石

月光石和太陽石等礦物一樣都是長石家族的一員，內含豐富的鉀。閃光效應所帶來的寧靜光輝令人印象深刻，就如同它的名字一樣，是一種很容易受到月亮影響的礦石。

能量

改善女性特有的情緒問題

月光石會影響感受性和直覺，激發持有者的才能。它與母性和女性面密切相關，會跟月亮週期同步，讓女性的情緒保持平衡，舒緩情緒起伏和不安、焦躁等等的感受。

蛻變石英
【變形石英】 *Metamorphosis*

為人生帶來變化，增加上進心

KEYWORD　正向的改變、向上、順應、變革

原產地 ✣ 巴西	
結晶系 ✣ 六方晶系（三方晶系）	
硬度 ✣ 7	
成分 ✣ SiO_2 ＋其他微量元素	
星座 ✣ 天蠍座　　天體 ✣ 天王星　　靈數 ✣ 11	

特徵

只在特定的礦山出產，水晶的一種

蛻變石英是水晶的一種，呈現乳白色～乳桃色，由水晶療癒師梅樂蒂（Melody）為其命名，產地僅限於巴西米納斯吉拉斯州的迪亞曼蒂納（Diamantina, Minas Gerais）。

能量

在變革時期給予支持

蛻變石英會支持你順利度過人生的變革時期。它會帶給你從容的心，讓你好好適應環境的變化，正面看待所有的事情。你會開始描繪充滿光明的未來，上進心也會進一步提升。

方鉛礦
Galena

與地球緊密連相連，提高靈性

KEYWORD 靈性、精神性、與地球的連結、改變自己、啟程、冥想

原產地 ✦ 美國、澳洲等

結晶系 ✦ 等軸晶系

硬度 ✦ 2.5～3

成分 ✦ PbS

星座 ✦ 天蠍座　天體 ✦ 土星　靈數 ✦ 7

特徵

主要成分是鉛，發出金屬光澤的礦石

方鉛礦是一種在熱液礦脈（hydrothermal vein，熱水上升至地球表面時所形成的礦脈）中生成的礦物。一如「galena」（鉛）這個名稱，方鉛礦的主要成分為鉛，具有方形的結晶與金屬般的光澤。

能量

將扎根於靈魂的交流化為可能

方鉛礦會加深持有者與地球的連結，不只侷限在物質世界，而會強化連通靈性領域的能量，使精神向上提升，將靈魂的交流化為可能。建議搭配適合目標方向的能量石一起使用。

靈魂之星脈輪

鎳鐵隕石
【天鐵】 *Gibeon Meteorite*

於大地深深扎根，朝宇宙伸出枝葉

KEYWORD 和宇宙的連結、身心的平衡、穩定經營、提升靈魂的層次

原產地 ✦ 納米比亞

結晶系 ✦ 不一定

硬度 ✦ 不一定

成分 ✦ 不一定

星座 ✦ 水瓶座　天體 ✦ 太陽、天王星　靈數 ✦ 11

特徵

會因為加工方式露出獨特的紋路

鎳鐵隕石的主要成分是鐵和鎳，發現的時間是一八三六年。它有一種名為「魏德曼花紋」（Widmanstätten patterns）的金屬結構，對表面進行研磨和酸處理之後，會出現特殊的網狀花紋。

能量

強化與天、地雙方的連結

鎳鐵隕石會用強大能量將持有者能力激發到最大值。它會協助你持續做某件事或解決問題，並帶領你取得成功，也會強化持有者和宇宙的連結，用能量牢牢抓住大地的接地石。

其他礦石

（多色混合）

拉長石

瑪瑙

藍孔雀石

紫黃晶

斑彩石

西瓜碧璽

海洋碧玉

極光23

蛋白石

量子混合水晶

超級七

天眼石

紫方鈉石

精靈石

紅寶黝簾石

拉長石

【鈣長石、鈣鈉長石】 *Labradorite*

強化和宇宙的連結，太陽及月亮的象徵

KEYWORD 舒緩壓力、開發潛能、靈感、宇宙的智慧

原產地 ✧ 加拿大、芬蘭、馬達加斯加、美國等	
結晶系 ✧ 三斜晶系	
硬度 ✧ 6～6.5	
成分 ✧ (Na,Ca) Si$_4$Al$_4$O$_8$	
星座 ✧ 水瓶座　天體 ✧ 太陽　靈數 ✧ 7	

特徵

以名為「拉長石暈彩」的光學效應
綻放出彩虹色的美麗光暈

拉長石是一七七〇年在加拿大拉不拉多（Labrador）沿岸的聖保羅島（Saint Paul）上發現的礦石，和月光石等礦物一樣同為長石的一種。薄薄的結晶重疊在一起，形成多層結構，造成複雜的反射、繞射及干涉，因此礦石會隨著光線照射的方向與觀賞的角度，綻放出粉紅色、藍色、黃色等五顏六色的彩色光輝。而且裡面含有的磁鐵礦、赤鐵礦等礦物還會對光的干涉現象造成影響，產生彩虹色的美麗光暈。這種特殊的光學效應叫作「拉長石暈彩」（labradorescence）；而拉長石也以收藏家眾多著稱。

拉長石具有解理，也就是會延特定方向裂開的性質，因此使用時需要特別小心，不要用力撞到它。

能量

接觸高次元的意識並接收靈感

拉長石對應所有的脈輪，會調整氣場平衡，也以太陽和月亮的象徵為人所知。其神祕的光暈使它被視為蘊藏宇宙智慧的礦石，會幫助你接觸高次元的意識，激發隱藏的潛能，帶來宏偉的靈感與創造力。

此外，它還有讓人擺脫負能量的效果，會用超凡的療癒力舒緩壓力和負面情緒，讓你更容易發揮實力。它會吸引跟工作有關的好人脈，因此也能獲得藉他人之力飛黃騰達的機會。推薦給希望現狀發生改變的人。

能量特性

§ 帶來靈感與創造力
§ 擺脫負能量
§ 吸引好的人脈

速配礦石

粉晶（P232）
指引你邂逅好對象或與命中注定的人重逢。

藍寶石（P261）
讓與生俱來的才能發光發熱。

青金石（P262）
發揮潛能。

紫水晶（P265）
釐清思緒，賦予靈感。

其他礦石

瑪瑙

Agate

❁◐◑♪◌ ▲◎

帶來健康長壽及榮華富貴的開運石

KEYWORD 財富、長壽、健康、實現願望、授子、一體感、羈絆

原產地❖捷克、美國、巴西、烏拉圭、希臘、
　　　　印度、德國等

結晶系❖六方晶系（潛晶質）

硬度❖6.5～7

成分❖SiO₂

星座❖雙子座　天體❖木星　靈數❖8

特徵

染色後被用作為勾玉材料等各種用途

瑪瑙是一種有條紋的玉髓，自古便被當成製作
勾玉的材料。它是成分和水晶一樣的小結晶集
合體，因此特徵是有無數的細微孔洞，所以很
容易染色。

能量

強化與他人的連結，提升運勢

瑪瑙以象徵富貴、長壽及健康的開運石為人所
知。它會透過加深與周遭的羈絆來增強能量，
帶來提升團隊整體運勢的效果。把瑪瑙放在家
裡，也能當成保佑家庭安全或辟邪的平安符。

藍孔雀石

【藍銅礦孔雀石】　*Azurite-malachite*

◐◑ ▲

兩極化的能量相互調和，提高創造力

KEYWORD 調和、協調、點子、展現創造力、溝通能力、積極性

原產地❖剛果、南非、美國（亞利桑那州）、
　　　　澳洲等

結晶系❖單斜晶系

硬度❖3.5～4

成分❖藍銅礦 Cu₃(CO₃)₂(OH)₂＋
　　　孔雀石 Cu₂CO₃(OH)₂

星座❖水瓶座　天體❖水星　靈數❖6

特徵

色彩鮮豔，也用於顏料

就和它的名稱一樣，藍孔雀石是藍銅礦和孔雀
石結合在一起的礦石，特徵是顏色非常豔麗，
以至於在古代被當成顏料來用。藍銅礦會在含
水後慢慢變成孔雀石。

能量

使兩極化的能量相互調和

藍銅礦會活化靈性能量，孔雀石會使精神放
鬆；藍孔雀石調和了這兩種「動與靜」的能
量，強化直覺與觀察力。它也有培養協調性的
功能，所以會讓人建立良好的人際關。

其他礦石

紫黃晶

【紫黃水晶】　*Ametrine*

將循環及調和的能量整合在一起的礦石

KEYWORD　向上、放鬆、調和、平靜

原產地	玻利維亞、巴西
結晶系	六方晶系（三方晶系）
硬度	7
成分	SiO_2
星座	處女座　天體 木星　靈數 6

特徵

兩種礦石共存於同一顆結晶

紫黃晶是由紫水晶和黃水晶混合而成，顏色十分美麗。紫水晶加熱之後會變成黃水晶，但自然生成的紫黃晶目前只在玻利維亞出產。

能量

賦予你度過難關的強大力量

紫黃晶融合了紫水晶的調和能量以及黃水晶循環能量，會將與生俱來的能力激發到最大值。它會為內心帶來平靜，讓你能度過各種難關。

斑彩石

【菊石】　*Ammolite*

使才能嶄露頭角，為人生帶來希望之光

KEYWORD　可能性、幸運、展現才能、靈活性

原產地	美國
結晶系	無
硬度	4.5～5.5
成分	主要成分為霰石 $CaCO_3$
星座	雙子座　天體 木星　靈數 3

特徵

耗時七千萬年形成的化石寶石

斑彩石是有霰石附著在表面上的菊石化石，暈彩效應會使它散發出彩虹光輝。品質優良的斑彩石只有在加拿大亞伯達省（Alberta）距今七千萬年前形成的地層才開採得到。

能量

開拓視野，培養靈活性

斑彩石會活化能量，引導你將潛藏的才能展現出來，讓視野變得更寬廣，能夠靈活應付各種事情。它還有抹去憂鬱的心情及招來好運的效果，讓即使身處逆境也能帶著希望前進的能量越發高漲。

西瓜碧璽

【西瓜電氣石】 *Watermelon Tourmaline*

串聯位於兩個極端的世界，構築愛與調和

KEYWORD 愛與和平、統合、調和、陰陽平衡

原產地	巴西、斯里蘭卡、阿富汗、馬達加斯加等
結晶系	六方晶系（三方晶系）
硬度	7～7.5
成分	$(Na, Ca)(Mg, Li, Al, Fe^{2+})_3 Al_6(BO_3)_3 Si_6 O_{18}(OH)_4$
星座	天秤座　天體	金星　靈數	6

特徵

集兩種顏色的性質於一身的療癒石

配色恰似一顆西瓜的西瓜碧璽是碧璽家族的一員。兩種不同性質的顏色相互調和，即使單獨使用也有強的療癒效果，而搭配其他礦石則會發揮出更強大的力量。

能量

幫助協調人際關係

西瓜碧璽是保持事物的平衡，為身心靈帶來療癒和活力的礦石。它會消弭對立，舒緩緊張和壓力，讓人際關係變得更好。並且扮演著連接陰陽、善惡、男女這些位於兩個極端的世界的角色。

海洋碧玉

【碧玉】 *Ocean Jasper*

讓自己的個性大放異彩，海洋的藝術

KEYWORD 安眠、獨特性、展現自我、療癒

原產地	馬達加斯加等
結晶系	六方晶系（潛晶質）
硬度	6～6.5
成分	SiO_2＋不純物
星座	天蠍座　天體	月亮　靈數	3

特徵

花紋是大自然創造的藝術

每一顆海洋碧玉都有充滿個性的美麗花紋，正如其名，這是要在海中採集的礦石。除了全程以手工作業以外，還只能在短暫的退潮期間進行開採，因此產量稀少，相當珍貴。

能量

用高強的療癒效果解決各種疑難雜症

海洋碧玉是象徵個性的礦石，它會讓你意識到自己的獨特性，提升展現自我的能力。而且它還有很高的療癒效果，會吸收負能量，在解決煩惱、改善失眠等地方派上用場。也很推薦用來冥想。

其他礦石

極光23

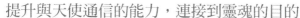

【A23】 *Auralite 23*

提升與天使通信的能力，連接到靈魂的目的

KEYWORD 復活、再生、連接靈魂目的、預知外來

原產地 ✦ 加拿大	
結晶系 ✦ 六方晶系（三方晶系）	
硬度 ✦ 7	
成分 ✦ SiO_2 ＋包裹體	
星座 ✦ 牡羊座　天體 ✦ 土星　靈數 ✦ 33	

特徵

含有多達二十三種礦物的石頭

極光23以紫水晶為主體，含有二十三種不同的礦物。誕生的時間大約在十二億年前，有一種說法認為，隕石的撞擊導致了各種礦物以及金屬物質的熔解、混合和附著，從而形成了這種礦石。

能量

透過內在的淨化連接靈魂的目的

極光23會透過淨化與平衡的作用幫助持有者原本的生命功能進行復活和再生。它還有讓與靈性世界的連結加深的效果，讓你發現不必要的業障，朝著靈魂視為目標的方向開闢道路。

其他礦石

蛋白石

Opal

以活潑的彈性思維將新的想法化為可能

KEYWORD 發揮才能、希望、有創意的、消除疲勞、情緒高漲

原產地 ✦ 澳洲、墨西哥等	
結晶系 ✦ 非晶質	
硬度 ✦ 5～6	
成分 ✦ $SiO_2 \cdot nH_2O$	
星座 ✦ 巨蟹座　天體 ✦ 木星　靈數 ✦ 2	

特徵

在水中堆積而成的礦石

蛋白石是細小的二氧化矽晶球在水裡堆積在像是岩石縫隙等地方所形成的。因為暈彩效應發出彩虹光的叫作「貴蛋白石」（precious opal），沒有這種光澤的則叫「普通蛋白石」（common opal）。

能量

使富有創意的才能獲得提升

蛋白石擁有充滿光明希望的能量，會對每一個脈輪造成影響，促使身心靈恢復元氣。它會賦予思考彈性，孕育不受他人影響的自由想法，所以很適合想要發揮富有創意的才能的人。

量子混合水晶

【矽混合石】 *Quantum Quattro Silica*

內觀自省，接受真實的自己，愛真正的我

KEYWORD 內觀、寧靜、無心、高次元的意識、確立自我

原產地 ✤ 納米比亞、非洲等

結晶系 ✤ 多種晶體結構

硬度 ✤ 2～4

成分 ✤ 矽孔雀石＋孔雀石、煙晶、藍矽銅礦等的混合體 Cu_4H_4、OH_8、Si_4O_{10}、nH_{20}

星座 ✤ 處女座　天體 ✤ 木星　靈數 ✤ 3

特徵

內含超過四種礦物的混合石

量子混合水晶是以矽孔雀石為基底，混入孔雀石、煙晶和藍矽銅礦（shattuckite）的礦石。「Quantum quattro silica」是俗稱，每個字的意思分別是「量子」（quantum）、「四」（quattro）、「二氧化矽」（silica）。

能量

強化靈感和創造力

量子混合水晶會連接高次元的意識，使你內觀自省，強化精神，幫助你確立自我，讓你更容易得到靈感或想出獨一無二的點子。它的淨化效果很強，也可以期待療癒或放鬆的功效。

超級七

Super Seven

能夠感受到和地球、宇宙的連結

KEYWORD 調和、整體運勢、統合、成功、大量的療癒、內觀、開運

原產地 ✤ 巴西、印度、馬達加斯加等

結晶系 ✤ 六方晶系（三方晶系）

硬度 ✤ 7

成分 ✤ SiO_2 ＋包裹體

星座 ✤ 射手座　天體 ✤ 太陽　靈數 ✤ 9

特徵

含有七種礦物，能量充沛的礦石

超級七的本體為紫水晶，再加上黃磷鐵礦（cacoxenite）、針鐵礦（goethite）、煙晶、纖鐵礦（lepidocrocite）和金紅石（rutile），是七種礦物合而為一的礦石。雖然能量很高，但不會挑選持有者。

能量

補充綜合能量

超級七廣泛對應不同脈輪，會讓綜合運勢往上提升。除了提高接地力以外，還能讓你感受到與靈性世界的連結，有促進內觀、調和的效果，故作為自我成長的輔助品也很有用。

その他鉱石

天眼石
Eye Agate

有神之眼寄於其中驅魔護身符

KEYWORD 驅魔、驅邪、防護罩、執行力、達成願望

原產地	非洲、中國、西藏等
結晶系	六方晶系（三方晶系）
硬度	7〜9
成分	SiO_2
星座	天蠍座　天體 太陽　靈數 8

特徵

浮現有如眼睛般的花紋

天眼石又名「神之眼」，是瑪瑙的一種。在結晶化的過程中，含有二氧化矽的水溶液出現週期性地沉澱形成分層，由於每次混入不純物的量都不一樣，才會造成這種特殊的紋路。

能量

反彈邪氣，抵禦災難

天眼石有很強的驅魔力，會反彈各種邪氣或負能量並抵禦災難，幫助你不被周圍牽著鼻子走，而是堅持自己的意見，讓你能踏著穩健的步伐朝達成願望的方向邁進。

紫方鈉石
Hackmanite

切換成能夠享受改變的思維

KEYWORD 樂觀、提升社交運、適應、樂趣、開朗

原產地	加拿大、巴西、緬甸、俄羅斯、阿富汗等
結晶系	等軸晶系
硬度	5〜6.5
成分	$Na_8Al_6Si_6O_{24}(Cl_2, S)$
星座	天秤座　天體 木星　靈數 3

特徵

顏色會因為紫外線變深

紫方鈉石是很受歡迎的收藏家礦石，為蘇打石的變種。擁有照射紫外線不會褪色，而是會讓顏色變深的罕見特性，會變成藍色、紫色、白色、粉紅色等各式各樣的顏色。

能量

提高適應力，建立良好的人際關係

紫方鈉石會讓你切換成正面思考，提高對環境變化的適應力，讓你即使做著不習慣的事情，也能從中找到樂趣和喜悅，對提升溝通能力也很有幫助。推薦給不擅長融入團體的人。

精靈石
Fairy Stone

以平穩的能量包容萬物，精靈之石

KEYWORD 溫柔、療癒、清爽、平衡、健康、豐饒

原產地✣加拿大

結晶系✣六方晶系（三方晶系）

硬度✣3

成分✣主要成分為$CaCO_3$

星座✣巨蟹座　天體✣金星　靈數✣2

特徵

令人聯想到精靈的奇特礦石

精靈石是只在加拿大魁北克省（Quebec）的河川出產的礦石，有別於它的名稱，外型相當樸素。奇特的造型自然形成於冰河湖底，背面有楔型的紋路。

能量

招來豐饒的幸運符

精靈石是會讓你遠離邪惡事物、災厄並招來豐榮的幸運符。它會培養溫柔寬厚的心，因此也會為人際關係帶來好的影響。而且平穩的能量會治癒身心靈的疲勞，據說對維持身體健康也很有幫助。

紅寶黝簾石
【灰簾石】 *Ruby in Zoisite*

保持陰陽平衡，維持能量

KEYWORD 陰陽、開發靈力、領袖魅力、活化生命力

原產地✣印度、巴西、坦尚尼亞等

結晶系✣斜方晶系

硬度✣6～7

成分✣ $Ca_2Al_3(SiO_4)_3(OH)+Al_2$

星座✣天秤座　天體✣太陽　靈數✣6

特徵

紅寶石的比例越高，價值就越高

鮮紅色的紅寶石被淡淡綠色的黝簾石含在其中，所呈現出來的對比十分美麗。儘管黝簾石的比例通常比較高，不過紅寶石的含量越多，價值就越高。

能量

在連接靈性世界的同時活化生命力

紅寶黝簾石結合了黝簾石的強大靈力以及紅寶石提升接地力、活化效果和領袖魅力的能力，釋放出非常強大的能量。它會維持陰陽平衡，讓你發揮在靈性世界和物質世界兩邊的能力。

Chapter 4

認識能量石

要讓能量石發揮出原本的力量有好幾種條件，
例如礦石與持有者之間的關係以及狀態等等。
讓我們深入了解能量石的性質，和它們好好相處吧！

何謂能量石？

儘管「能量石」一詞目前已經相當普遍，
可是什麼樣的石頭會被稱為「能量石」呢？
本節將針對能量石的定義進行說明。

與珠寶的差別

能量石也包含半寶石

在本書中也有出現的紅寶石、藍寶石以及祖母綠等礦石，比起「能量石」，應該有更多人把它們當成「珠寶」吧？從礦物學上來看，作為珠寶流通的石頭與作為能量石流通的石頭一模一樣，兩者並沒有顯著的差異；但是一般來說，品質、稀有度及財產價值性較高的礦石會被歸為「珠寶」，其他不能被當成珠寶的則是「半寶石」（semi-precious stone，或稱次貴重寶石）。

雖然一般認為品質高的礦石能量也比較優秀，但半寶石只是不能被做成珠寶而已，並不是能量有問題。因此能量石同時指珠寶以及半寶石。

與持有者的關係

光是「持有」
並不會讓石頭發揮力量

正如「能量石」這個名稱，礦石本身的確蘊含著某種力量，不過如何使用則取決於持有者。不論礦石的能量有多強，如果與持有者關係疏遠，那它就只是一顆普通的「石頭」。擁有明確的想法，把想法傳遞給石頭，如此一來，「能量石」才會發揮它的力量。

脈輪與能量石

據說能量石的能量與脈輪有非常密切的關聯性。
本節將針對與脈輪之間的關係進行說明。

⦚ 何謂脈輪？

影響身心狀態的能量出入口

「chakra」在梵文的意思是「輪子」，指遍布身體各處的生命能量出入口（一般認為主要脈輪有七處，次要脈輪較鮮為人知），類似中醫的「經絡」或針灸的「穴道」。本書會由下往上依序介紹大地之星脈輪（腳底）～靈魂之星脈輪（頭頂上方）這九個脈輪各自的位置和主題（請參考P293）。

脈輪會像輪子一樣不停旋轉、吸收能量，對各別對應的身體部位或心靈層面產生強大的作用。一旦脈輪失衡，我們可能會變得難以控制情緒、身心失調導致生病或是容易招來不幸。換句話說，脈輪的正常運作會影響到體內能量的活性化。

⦚ 脈輪作用減弱的原因

在日常生活中
受到的心靈創傷是主因

只要脈輪正常運作，讓體內充滿好的能量，身體和心靈就能保持在健康幸福的狀態。

然而我們或許可以說，人只要活著，就不可能永遠都是這種狀態。因為脈輪的功能會受到我們的情緒嚴重影響。當內心受到創傷或我們選擇迴避這類創傷時，脈輪的旋轉有可能會過快、過慢或直接關閉。一旦脈輪的功能陷入混亂，就會導致能量的流動受阻或失去平衡。

此外還有一種說法認為，在肉體上，當身體的某個部位生病時，就代表鄰近的脈輪作用變弱了。

脈輪的顏色與能量石

和脈輪顏色相同的礦石
是調整能量的幫手

在能量石與脈輪的關係當中，「顏色」是人們最重視的要素。每個脈輪分別對應不同顏色，一般認為跟脈輪顏色一樣的礦石會與脈輪產生共鳴並增幅能量。也就是說，佩戴和比較虛弱的脈輪相同顏色的礦石，會讓礦石成為輔助脈輪作用的幫手，幫助我們調整身心靈的平衡。

由此可見，能夠調整脈輪的礦石多不勝數，但一如在 Chapter 3 的「其他」所介紹的內容，也有和每一種脈輪都無法形成連結的礦石。此外，即便是有調整功能的礦石，影響力也會因礦石的狀態而異。

選擇與脈輪狀態相符的礦石

挑選對應虛弱脈輪的礦石

若要以平衡脈輪為目的來使用能量石，首先，請先想想自己覺得比較虛弱或想要改善的部分。對應該處的脈輪是沒有正常運作、比較脆弱的地方。能量石具有輔助虛弱脈輪的功能，佩戴與該脈輪所對應的顏色相同的礦石會增強你的能力；如果想進一步提升目前的特質，也可以佩戴適合該部位的能量石。例如想溫柔對待身邊的人就佩戴心輪的礦石，想提升溝通能力就佩戴喉輪的礦石，想強化直覺則適用眉心輪的礦石。

脈輪的位置與介紹

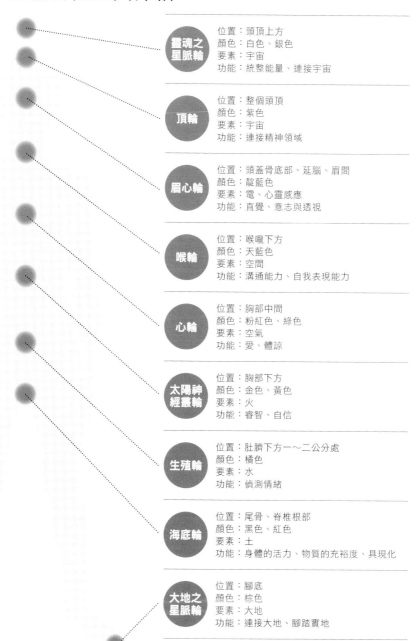

靈魂之星脈輪
位置：頭頂上方
顏色：白色、銀色
要素：宇宙
功能：統整能量、連接宇宙

頂輪
位置：整個頭頂
顏色：紫色
要素：宇宙
功能：連接精神領域

眉心輪
位置：頭蓋骨底部、延腦、眉間
顏色：靛藍色
要素：電、心靈感應
功能：直覺、意志與透視

喉輪
位置：喉嚨下方
顏色：天藍色
要素：空間
功能：溝通能力、自我表現能力

心輪
位置：胸部中間
顏色：粉紅色、綠色
要素：空氣
功能：愛、體諒

太陽神經叢輪
位置：胸部下方
顏色：金色、黃色
要素：火
功能：睿智、自信

生殖輪
位置：肚臍下方一～二公分處
顏色：橘色
要素：水
功能：偵測情緒

海底輪
位置：尾骨、脊椎根部
顏色：黑色、紅色
要素：土
功能：身體的活力、物質的充裕度、具現化

大地之星脈輪
位置：腳底
顏色：棕色
要素：大地
功能：連接大地、腳踏實地

如何接觸能量石？

為了把能量石的力量發揮到極致，
持有者與能量石之間必須互相信賴。
本節將介紹與能量石建立良好關係的方法。

POINT 1　與能量石溝通

不是持有就好，
傳達自己的意念才是最重要的

既然難得拿到了能量石，如果把它當成「物品」對待的話，會很難跟它形成能量連結。礦石的「能量」只要持有者沒有「想做什麼」、「想變成什麼」之類的想法，就不會對人類產生任何作用。換句話說，讓自己的想法與礦石緊密相連，你們的能量才會同步，礦石才會開始用它本身的力量來幫助你。

首先，請你注意要盡量把能量石放在自己身邊，與它進行良好的溝通。但這並不代表一定要跟石頭說話，請向它傳達「信任」的意念並善待它。如此一來，你與能量石之間便會萌生羈絆，也更容易接收到能量的恩惠。

尤其剛拿到手的礦石幾乎都沒有和持有者產生能量連結。請試著把它做成手鍊等飾品佩戴在身上，或是放在房間裡，偶爾看看它、摸摸它，在同一個空間裡至少相處一個禮拜吧！

POINT 2　淨化

為了讓能量保持穩定，
請做好定期保養

　　一般認為，能量石會代替持有者吸收負能量，而且還有容易被持有者的精神狀態或所處環境等外在因素影響的特質。假如就這樣繼續使用的話，負能量有可能會不斷累積，導致礦石無法充分發揮原本的能力。

　　因此，要請各位定期進行的行為叫作「淨化」。所謂的淨化是指將累積在石頭裡面的負能量洗乾淨、將它「重置」的行為，藉此讓石頭的能量回歸穩定。淨化的詳細作法將會在P304進行介紹，請以合適的方式保養不同礦石。

POINT 3　不過度依賴能量石

別只靠石頭的力量，
自己也要付出努力

　　前面說過，要讓能量石發揮力量，傳達自己的意念、強化與石頭的連結至關重要。然而，能量石充其量只是你的「幫手」。儘管擁有神奇的能力，卻不代表只要把願望告訴它，它就一定會幫你實現。

　　在人際關係上，你應該不會想要幫助那些不主動採取行動的人吧？同理，假如你什麼都不做，能量石也不會回應你的心願。而且人們或多或少都在依賴著什麼而活，但要是因為過於依賴放棄努力，反而可能會造成不好的影響。

　　絕對不可或缺的是你的意志，是你為了成為理想的自己而努力的態度。只要你用積極的態度認真加油，兩者便會相乘，帶來好的結果。

加工過的能量石

雖然加工過的礦石給人的印象普遍不佳，
但有些卻擁有比天然石更強大的能量。
本節將詳細介紹能量石的加工。

好的加工與壞的加工

根據加工的方法或目的，
有時狀態會更勝天然石

　　提到能量石，應該有很多人覺得越天然的價值越高，在能量方面也比較好吧？當中搞不好也有人認為加工品＝仿冒品，然而在目前於市面上流通的礦石當中，以開採當時的狀態使用的礦石卻並不多。

　　礦石的能量與其晶體結構、成分、顏色等所產生的「波動」（振動）密切相關。舉例來說，對成色不佳的礦石進行加工（加熱處理等），使成色的重要元素「離子」活化，讓顏色變得更鮮豔。如此一來，加工過後、成色鮮明的礦石，就會比原本的狀態擁有更強的能量。人們還會基於其他各種原因對礦石進行著色加工，但這種以改善顏色為目的的加工，多半會對礦石起到正面的作用。

　　除此之外，正因為天然石是自然的產物，也有一些礦石在日常的佩戴上會不太方便。例如在製作首飾時，

很多礦石如果不先經過加工（含浸處理等），在切割等流程會遇到困難；現在之所以有這麼多礦石在市面上流通，有很大一部分可說是加工技術造成的。

　　上述說明的這些加工方式不太會削弱礦石本身的能量，甚至還有可能讓能量增強。可是反過來說，以不好的方式加工過的礦石也層出不窮。首先是「染色」，也就是單純被顏色染過的礦石。縱使色彩鮮豔明亮，在感受到能量之前，它就會因為碰到汗水或水分掉色，所以並不推薦各位購買這種礦石。

　　其次是把便宜的石頭染色，當成別種高價的石頭賣出。這種石頭說穿了就是仿冒品，能量也截然不同，所以需要特別小心。但是近年來，仿冒品的作工非常精細，以幾乎和真品如出一轍的品質製作而成。我們很難單憑肉眼判斷礦石的真偽，建議從值得信賴的能量石專賣店進行購買。

主要的加工方式

加熱處理

為了讓成色更鮮豔而加熱礦石的處理方式。雖然多半用來提升礦石的能量，但也會被用來改變顏色，再當成其他礦石販售。

浸泡過離子溶液等的加熱處理

瑪瑙等礦石經常使用的處理方式。雖然會因為加工的礦石種類等因素而無法一概而論，但也有機會讓能量朝明確的方向增長。

鍍膜處理

將變成離子的金屬蒸鍍在石頭表面的處理方式。以水晶來說，由於水晶本身幾乎沒有特殊的性質，所以一般認為這種處理方式並無不妥。

裂隙處理

利用微波在水晶內部製造裂隙（裂紋）的處理方式。雖然裂隙會削弱水晶原本的能量，但要是因此出現彩虹，也可能會帶來正面的效果。

含浸處理

為了提高硬度把礦石泡在樹脂裡的處理方式。對礦石幾乎沒有任何影響，但大眾對於玉常用的有色樹脂觀感不佳。

放射線處理

為了讓礦石顯色而照射放射線的處理方式。雖然常常對礦石帶來不好的影響，但幾乎不會對人體造成危害。

◢ 人造石與仿造石

如果期待礦石帶來的能量，就應該避開仿造石

除了加工過的天然石以外，在市場上流通的還有「人造石」及「仿造石」。儘管它們很容易被當成同一種東西，但在製作的方法和能量的有無都相去甚遠。

人造石擁有跟天然石一模一樣或非常相似的成分和晶體結構，又名「合成石」。或許沒什麼人會特地把人工製造的石頭當成能量石來用，但考慮到它們的晶體結構、成分和顏色等跟能量有關的要素，我們可以說，人造石也擁有類似天然石的能量。

雖然不像天然石那樣，具有因為產地的文化或人們的意念產生的特殊能量，不過也有一些礦石正因為是人工製造才能提供穩定的能量，所以可以按照喜好進行挑選。

仿造石一般又稱「仿冒品」。與人造石的不同之處在於它們是以和天然石完全不同的成分製成。只有外表做得很像天然石，根本連能量石也稱不上，並不具備礦石特有的能量。如果只是當成流行配件戴在身上倒也無妨，但無法期待礦石能帶來能量。

如何挑選能量石？

常聽人家說，實際在購買能量石的時候，
不知道要選哪一個才好。
本節將介紹選出最佳能量石的訣竅。

重視直覺

有沒有「被礦石吸引的感覺」是掌握速配度的重點

　　挑選能量石最重要的是你自己「喜不喜歡」這顆石頭。持有能量石的人大多會挑選能量與自身心願相符的石頭。可是，不論條件再怎麼合適，光是「持有」並不能讓石頭發揮出原本的力量。不要只看能量特質合不合適，選擇沒來由地吸引自己的礦石，才能建立更堅固的能量連結。有一點要注意的是，在精神狀態不穩定時所挑選的石頭，有可能會與負面的情緒產生同步。建議這時最好不要馬上決定，而是過段時間再重新挑選。

　　另外，想要搭配多種礦石一起使用時，基本上也是相信直覺就好。只要是自己直覺認為好的礦石，應該就會產生相互作用，提升彼此的能量。

實際觀賞、觸摸

親身感受礦石的能量，覺得恰到好處代表速配度極佳

　　能量石可以從各式各樣的門路購得，例如專賣店、飾品店或網路商店等等。如果對在網路上看到的石頭產生像是觸電般的感覺，就代表那是命運的邂逅，直接購買也沒問題。然而在絕大多數的情況下，實際用眼睛看、用手觸摸，才能確實遇到適合自己的能量石。

　　之所以這麼說，是因為即使是同一種礦石，能量也會有微妙的差別，不拿在手上便沒辦法確定彼此究竟合不合適。而且由於市面上還有許多品質惡劣或外型相似的礦石，因此購買在看過之後覺得狀態可以接受的石頭會比較安心。

　　在實體商店購買時，建議前往值得信賴的能量石專賣店，除了較容易買到品質優良的礦石外，還能從具備專業知識的店員那裡得到各種建議。

各種形狀的能量差異

形狀具有意義，經常被作為某種象徵。
因此每種形狀所蘊含的能量特性可能也不盡相同。

圓形／球形

象徵完全性的形狀，全方位釋放能量，穩定當前環境。

心型

象徵愛與生命力的形狀，強化對自己的愛與周圍的協調和連結。

蛋形

象徵重生與復活。擁有創造新事物的力量，能用於萬事起頭時。

勾玉型

會帶來「陰、陽」的能量，自古便被當成辟邪的護身符。

正方形

象徵男性面。有「穩固四方」的涵義，調整能量平衡。

六角柱

最穩定、淨化力最高的形狀。有端點的話會從晶尖發射能量。

金字塔型

象徵榮耀與不滅的形狀，強化靈感，使能量產生活性。

五芒星

象徵人類（尤其是女性面）的形狀，強化及穩定能量。

六芒星

來自猶太教，象徵正義及幸運，能夠擴散或擴大能量。

梅爾卡巴

象徵男性面與女性面、精神與身體的整合。促使精神層面的成長。

十字架

象徵宇宙的形狀，十字架的中央代表現在。調整身心靈的平衡。

各種配件的能量差異

能量特性也會因為配件的種類而有不同的傾向。
請在購買能量石的時候作為參考。

飾品

《 手鍊 》

可以在日常生活中佩戴在身上，就算是
能量石初學者也可以簡單上手，是最受
歡迎的能量配件。基本上可以對應任何
一種礦石，但是要小心別把不適合的礦
石搭配在一起。

《 戒指 》

吸收礦石能量時，指尖是最容易讓能量
進到體內的入口，效果會因佩戴的手指
而異。金屬的部分建議使用純金、純銀
或白金。

注意

手鍊、戒指等戴在手指或
手腕上的飾品很容易碰到
水，使用前請先確認好礦
石的性質。

佩戴在不同手指的效果

左手
拇指＊貫徹自己的信念
食指＊提升積極性
中指＊改善人際關係
無名指＊加深與戀人的羈絆
小指＊與戀愛有關的邂逅

右手
拇指＊展現自我
食指＊穩定情緒
中指＊不受邪氣侵襲
無名指＊提高專注力
小指＊度過難關

《 項鍊 》

由於脖子上有靜脈通過，因此一般認為
這個部位與人類的精神緊密相連。讓能
量石直接接觸脖子周遭會帶來療癒、精
神上的安定並活化能量。

《 耳環、耳夾 》

耳朵上面有無數條神經，因此一般認為
這個部位會對感受方面造成影響。能量
石耳環／耳夾會幫助我們提升創造力及
展現才能，特別推薦給從事創意相關工
作的人。

《 胸針 》

胸針別的位置在靠近心臟的胸口，因此
會帶來與情感息息相關的作用。能量石
胸針除了失戀等跟戀愛有關的負面情緒
之外，還會治療壓力與內心的創傷。

《 手機吊飾 》

透過視覺將能量注入身心。由於重要的
是視覺上的特徵，建議選擇明顯的圖案
或帶有涵義的形狀，例如六角形等等。

水晶球

圓形（球形）被認為是最安定的形狀，
會讓礦石的能量經常保持在一定的狀
態。不論是渾然天成的球體，還是經過
研磨加工成球形，涵義基本上都是一樣
的。裝飾在房間裡是比較一般的作法，
但如果尺寸小一點的話，也可以包在布
裡隨身攜帶。

原石

有些礦石可以透過加工或搭配其他礦石
產生加乘效果，有些則會因此導致能量
遭到破壞。從能夠發揮「礦石真正的力
量」這點上來看，未加工過的原石應該
稱得上是最容易感受到礦石能量的使用
方式。

如何製作手作飾品？

「好想要戴更貼近自己喜好的飾品喔……」有這種想法的人，
在此向你們推薦從挑選能量石開始的手作飾品。
它們應該會讓你的意念增強，
並且感受到與能量石的堅固連結。

能量石手鍊

基本款果然非手鍊莫屬！
簡單又能隨心搭配是魅力所在

能夠把自己喜歡的石頭，例如適合實現願望或解決煩惱的礦石、外觀符合喜好的礦石、自己或重要的人的生日石搭配在一起，是手作飾品的最大魅力。透過從挑選礦石開始的製作過程，你投注在飾品中的意念會更強烈，與礦石之間的關係也會更緊密。

在各種飾品當中，最能感受到搭配自由性的就屬手鍊。作法只是把石頭及各種配件穿在繩線或彈力線上。雖然稍微了解一下礦石之間的速配度會比較好，但基本上沒有「這樣不行」的搭配，即使是初學者也可以簡單上手。不過，像手鍊這種把石頭串在一起的飾品，只要石頭之間的能量流動越好，就越能發揮出它們原本的能力。如果只是裝幾個吊飾或金屬配件的話倒沒什麼關係，但是最好不要把其他異物串在中間。

《 材料及工具 》

· 天然石珠
· 吊飾、金屬配件
　（沒有也沒關係）
· 線（釣魚線）或彈力線
　30～50公分
· 量尺
· 剪刀
· 夾子

在天然石珠之間插入吊飾或純金、純銀製的金屬配件等等，時尚度會大幅上升。

為了防止珠珠在製作期間脫落，把夾子夾在從線尾算起大約10公分的地方。

用量尺測量手圍。串珠時，成品要比手圍多1～1.5公分。

串完之後，參考下圖將線的尾端打結。剪掉多餘的部分，把結藏在珠珠之間。

打結的方法

拆掉夾子，將線的兩端對齊併攏，像畫一個「8」一樣打結。請注意，要是把結打得太鬆的話，珠珠與珠珠之間就會出現空隙。

《 專屬飾品的 Q & A 》

Q 做好的飾品應該要經常戴在身上嗎？

光就「親手製作」這點也會達到「輸入」的效果（參考P306），在飾品剛完成時，我們較容易與石頭形成能量連結。因此建議做好之後先隨身攜帶一週左右，之後再視情況調整。

Q 可以把自己做的飾品當成禮物送人嗎？

只要是以送禮為前提，想著對方製作的飾品就沒問題，只是需要在送出之前先完成淨化。另外，如果同時也教他該如何輸入，對方應該就能更深刻地感受到能量石的效果。雖然並不建議把原為自己做的飾品送給別人，但假如是這種情況，也請在淨化之後再送。

能量石的淨化

淨化具有讓礦石的力量再生的效果，
是能量石不可或缺的保養工作。
請選擇合適的方法幫不同的能量石淨化吧！

何謂「淨化」？

**消除礦石累積的疲勞，
讓它回到純淨的狀態**

　　能量石會吸收各種不好的能量，把它們囤積在自己體內。為了讓能量石發揮原本的能力，我們必須定期把累積在裡面的髒東西洗乾淨，讓礦石回到純淨的狀態。淨化具有讓礦石保持在良好狀態、將原本的能力發揮出來的功能。

　　不過根據石頭的類型，也有一些不適用的淨化方式，因為可能會造成劣化，請事先做好確認再行操作。

主要的淨化方式

《 日光浴 》

把石頭放在陽台或窗邊接受日光照射的淨化方式。以中午前（早上～十點左右）曬十分鐘～一小時為宜。請注意有些礦石很怕紫外線，請避免太陽直射。

《 月光浴 》

把石頭放在陽台或窗邊接受月光照射的淨化方式，適用所有礦石。在靠近滿月、萬里無雲的夜晚進行最為理想。此外，午夜過後，「妖氣」和「邪氣」會慢慢增強，請在那之前幫石頭淨化。

《 流水 》

把石頭放在杯子或碗裡，用水沖洗的淨化方式。只要放著用水沖五～十分鐘就好，不須搓洗。請注意也有一些怕水，可能會劣化或融化的石頭。

《 鼠尾草 》

讓石頭過煙的淨化方式，幾乎適用所有礦石。把白鼠尾草的葉子放在火上烤，拿著石頭在煙上過幾次，然後在同一個空間靜置一小時左右。除了鼠尾草之外，也可以用點香的方式。

《 晶簇 》

使用水晶、紫水晶等淨化力強大的水晶晶簇的淨化方式。首先請用流水等方法，幫晶簇本身做好淨化，再把想淨化的石頭放在晶簇上。

《 音樂 》

這種淨化方式是讓石頭聆聽水晶音叉等發出來的「療癒之音」，或自己聽著覺得很舒服的音樂。刺激的音樂可能反而會造成壓力，故以療癒音樂（healing music）為宜。

《 鹽 》

把石頭埋在鹽巴裡的淨化方式。把粗鹽等裝在盤子裡，將石頭埋在鹽巴裡十分鐘左右。取出後要仔細把鹽巴擦拭乾淨。請注意有些礦石很怕鹽分，最好避免使用這個方法。

需要特別注意的礦石

＊怕日曬的礦石
　（變色、褪色）

- ・藍銅礦
- ・紫水晶
- ・祖母綠
- ・天使石
- ・蛋白石
- ・光玉髓
- ・紫鋰輝石
- ・硫磺
- ・舒俱徠石
- ・天青石
- ・土耳其石
- ・紫龍晶
- ・螢石
- ・孔雀石
- ・拉利瑪
- ・粉晶
- ・菱錳礦
- 　等

＊怕水的礦石
　（變色、褪色、氧化、失去光澤）

- ・藍銅礦
- ・矽孔雀石
- ・土耳其石
- ・黃鐵礦
- ・赤鐵礦
- ・孔雀石
- ・青金石
- ・拉利瑪
- 　等

＊溶於水的礦石

- ・透石膏（石膏）
- 等

＊怕鹽的礦石
　（變色、褪色、氧化）

- ・魚眼石
- ・琥珀
- ・透石膏
- ・土耳其石
- ・黃鐵礦
- ・粉紅菱鋅礦
- ・赤鐵礦
- ・百吉石
- 　等

關於「輸入」

有了能量石之後絕對不可或缺的，
就是把自己的意念或心願
灌注在石頭裡的「輸入」（programming）。
藉由這個步驟，我們才能與石頭產生能量連結。

▌輸入的重要性

為了讓石頭記住
關於你的資訊

能量石並不是只要拿在手上就會幫你實現心願。為了將能量石的能力發揮到最大值，你需要把自己的心願完整地告訴它。基於這個原因，拿到能量石之後，首先想請你做的第一件事就是輸入。正如字面上的意思，輸入是指把跟你有關的資訊輸入到能量石，不過當然不是要你真的用筆寫在石頭上；只要想著心願接觸能量石，就會比較容易形成能量連結。

然而，輸入並不是只要做一次就好。萬一持有者偷懶怠惰，或不再對願望充滿熱情，能量石內的資訊就會遭到覆蓋。請你無論何時都不忘保持積極努力的態度，持續對能量石進行輸入吧！

《 輸入的重點 》

請務必在輸入前為能量石淨化。能量石在來到你的手上之前，很有可能被各式各樣的人經手過。清除這些訊息會讓能量石更容易把你的資訊記錄下來。

把想法或願望傳達給能量石的時候，建議盡可能說得具體一點。這會讓石頭清楚了解自己應該對你產生什麼樣的作用，使朝目標前進的力量大幅增強。

冥想與能量石

或許已經有很多人已經實際做過了，
「冥想」是一種強化注意力、讓精神面成長的方法。
一般認為搭配能量石會有更好的效果。

▍將能量石用於冥想

促進能量循環，
提高冥想效果

人每天都在不停思考，帶著大腦和身體的負擔過日子。一般認為，冥想藉由把所有意識集中在呼吸上，來達到停止思考、減緩負擔的作用。因為這也會造成能量的活性化，所以也可以期待強化身心的效果。據說在習慣冥想的人當中，有很多都實際體驗過冥想帶來的各種效果，例如注意力或記憶力的提升、負面情緒的減少或是從壓力中得到解放等等。

這樣的冥想也有使用能量石的作法。因為石頭會產生波動，所以會進一步促進能量循環。在P292也有提過，脈輪對應的顏色與能量石的顏色息息相關，因此可以選擇能補足脈輪作用的能量石。

《 冥想的作法 》

1.選擇打坐、坐在椅子上或仰躺等輕鬆的姿勢。無論選哪一種，都要把背打直。此外，在剛洗好澡或睡覺前這種對能量抵抗較弱的時間點冥想最為合適。

2.花二十秒左右吸氣、吐氣，緩慢地深呼吸。使用能量石的時候，請用雙手握著或貼在額頭上，靠近與能量石對應的脈輪。

3.從短短的五分鐘開始，習慣以後再慢慢拉長時間。每天一點、一點地進行會有明顯的效果。

能量石Q & A

我們收到了很多基於「想最大程度地感受到能量石的能量」，
在挑選及使用上的各種問題。
本節將針對常見的疑問提供答覆。

Q　能量石要整天戴著比較好嗎？

A 最好是每天戴，但是不建議戴一整天。當持有者把能量石佩戴在身上時，能量石會代替持有者持續吸收不好的能量，一直戴著可能會對能量石造成負擔；而且如果是會活化能量的能量石的話，在睡覺時佩戴可能會降低睡眠品質。

和人類一樣，能量石也需要「休息」。請定時拿下來讓它喘口氣，或是透過淨化把囤積的壞能量洗乾淨。只要和能量石保持穩定的能量連結，就算稍微拿下來一下，也不用擔心連結中斷。

Q　價值比較高的礦石，能量就比較強嗎？

A 不一定。從一顆幾百塊到一顆幾百萬，能量石的巨大價差與品質和稀有性有關。品質較高，或是產量較少、流通量有限的礦石，通常價格會比較高。

品質優良的礦石，能量的確也比較強，不過如果產量大的話，有時候也可以用低廉的價格買到高品質的礦石。而且能量石與持有者之間的契合度也是一個問題，因此不能說能量石的價格越高，效果就一定越好。然而，低價入手的能量石，受到的待遇無論如何都會比較隨便。因為持有者「珍惜石頭」的意念會影響能量，所以花大錢買石頭的確有可能會強化這種意念。

Q　可以同時佩戴一種以上的能量石嗎？

A　基本上沒有問題。雖然沒有特別規定只能戴幾種，但只要適度，就會產生加乘效果，使各種能量石的能量在交互作用下向上提升。不過要是有太多種的話，能量也可能會被打亂，或是互相抵觸導致能量下降，所以最好避免同時佩戴好幾種能量石會比較好。如果想要吸收各種礦石能量的話，建議準備幾種飾品，根據當天的心情分開使用。

Q　有沒有不用淨化的能量石？

A　雖然無法很肯定地說有沒有完全不用淨化的能量石，但一般認為，石英家族（quartz）、舒俱徠石這些礦石有淨化自己的作用，所以持有者不需要頻繁淨化。

可是，這些礦石的淨化力也有可能會因為疲勞的累積而下降。當能量石的顏色失去光澤時，請進行淨化，讓它們好好休息。此外，剛買回家或感受到礦石能量（如願望成真、受到保護等等）的時候也要淨化，這樣與石頭的連結才會更加強固。

Q　能量石有使用期限嗎？

A　只要認真保養、珍惜使用，基本上不需要考慮能量石的使用期限。不過，有些礦石可能本身的礦物性質比較弱，或是被做成手鍊等飾品天天佩帶，導致出現磨損、光澤黯淡等物理性的劣化。此外，要是疏於淨化，讓能量石累積太多不好的能量，即使淨化也可能會無法復活。

Q　能量石的效果要多久才會出現？

A 會視與持有者的契合度和情況而異。有人馬上就感受到效果，也有人要等到幾個月～一年以後，請不要著急，試著慢慢和能量石相處。大量的接觸以及小心翼翼的呵護應該會增強能量連結，讓你更容易收到能量石的幫助。

但不管怎麼說，在剛拿到能量石的時候，都是從只需要一點點能量就能實現的願望開始的。除了別放過生活中的小確幸或細微的變化之外，也別忘了對能量石抱持著信賴與感謝的心。

Q　可以戴著洗澡或下海嗎？

A 雖然也有一些比較不怕溫度變化的礦石（石英家族等），但基本上，礦石對溫度變化、鹽分和氯都很脆弱。這些不但有可能成為變色或損傷的原因，還可能會造成礦石劣化或能量降低，因此在進入浴室、大

海或游泳池時，先把能量石拿下來會比較好。萬一不小心泡到海水，請立刻用水清洗，仔細把水分擦拭乾淨。另外，如果是像河川、湖泊這種不含鹽和氯的水域，則有淨化能量石等正面的作用。

Q　除了做成飾品之外，有其他攜帶的方式嗎？

A 不喜歡飾品的人，可以把能量石放在口袋或包包裡帶著走，這時請包在材質柔軟的布裡或放進化妝包，小心不要讓石頭受傷。
除此之外，你不必勉強自己配戴能量

石。就算只是放在房間裡，只要記得透過觸摸或觀看，與能量石頻繁溝通，就能感受到與配戴在身上相當的能量連結。

Q　別人送的能量石有效嗎？

A　如果是對方以送給你為目的得到的能量石，它所蘊含的能量就很值得期待。因為裡面也包含了對方對你的心意，所以請好好珍惜吧！可是，如果對方是把自己原本在用的能量石送給你的話，對方與石頭之間就有可能已經形成了強烈的能量連結。要是淨化之後還是覺得能量不太對勁，大概就不是那麼有效果了。

Q　明明是戴了很久的能量石，
　　但現在卻覺得不想戴了……

A　就算是自己認同後買回家，用到現在都沒遇到問題的能量石，也可能會在某個瞬間就覺得「不想戴了」。會發生這種情況主要有兩個原因。
一個是因為能量石的狀態變差、能量減弱。假如是這個原因的話，只要做好淨化，幫它把壞能量洗乾淨，應該就可以解決了。另一個是因為能量石結束了它的使命。你需要的能量會因時而異。請你把它處理掉，或是在下次用到之前妥善收好。

Q　我想了解保養及存放能量石的方法。

A　經常配戴的飾品類很容易因為被汗水或水浸濕，出現變色、褪色、汙染等劣化現象，請頻繁用軟布乾擦。
至於存放方式的話，或許可以準備能量石專用的盒子或袋子。材質建議選擇據說有驅邪效果的絲綢或天鵝絨。如果要把好幾顆能量石收在一起，要注意別讓石頭互相刮傷。

Q 能量石有傷也沒關係嗎？

A 能量石基本上都是在自然中形成的礦物，很多本來就有表面的傷痕或裂隙。這種傷不會對能量造成影響，所以不需要太過神經質。

即使是在使用期間造成的傷，如果是不會在意的程度就沒有問題；但要是傷口很大或碎掉的話，最好當成是能量石已經功成身退，看是要在淨化之後收起來還是直接丟掉都沒關係。

Q 結束使命的能量石該怎麼處理？

A 就算能量石因為碎裂或其他因素讓你變得不再需要，繼續放在身邊也不會造成危害，可以在淨化之後妥善保存，以備不時之需。

如果想處理掉的話，不論是因為破損，還是因為已經感受不到能量，我們都不希望你把能量石當成垃圾丟棄。由於石頭本來就是大自然的產物，因此在淨化之後透過埋在土裡等方式，讓它們回歸自然才是最理想的。飾品類請把石頭和金屬等其他部分分開處理。

Q 我不小心把能量石弄丟了……

A 能量石不見也可以想成是它已經完成了自己的使命。

它是否幫你實現了心願，或是代替你受了傷，保護你不遇到危險呢？要是你不記得有發生過這些事情的話，擁有這顆能量石也許對你來說還太早了。無論如何，帶著感恩的心與它道別，應該也會讓你和新的石頭有一場美好的邂逅吧！

能量石用語

在販賣能量石的商店或介紹能量石的書籍裡，
用了很多我們平常不太會聽到的專業術語。
本節將解釋學會以後可以更深入理解的能量石用語。

【豐盛水晶】

「Abundance」一般是「豐富」的意思，指有很多小端點聚集而成的晶簇生長出較大的端點。如同這個名稱，據說它是象徵豐饒的礦石。

【砂金效應】

Aventurescence，可見於東菱石、太陽石等的特殊光學效應之一。指礦石內部含有不同礦石的微小結晶，被光照到時會閃閃發光的現象。

【暈彩效應】

可見於瑪瑙、斑彩石、拉長石等的特殊光學效應之一。指結晶內部的週期性結構導致礦石在照到光時產生多色漫射，發出彩虹光的現象。「Iridescence」這個名稱來自希臘神話的彩虹女神伊麗絲（Iris）。

【包裹體】

指在結晶的成長階段跑進礦石裡面的水、空氣或其他礦物等內含物。大部分的天然礦石都有包裹體，也會被用來當成分辨人造的判斷依據。主要常見於石英（水晶）類，

含有金紅石的是髮晶，含有綠泥石等礦物的則是花園水晶。因為就是所謂的雜質，如果不好看，價值就會隨之降低；但要是內含美麗或稀有的礦物，便會成為礦石的賣點，價格也可能會比一般還高。

【鍍膜水晶】

表面會反射出彩虹光的蒸鍍水晶。用很長的時間（約十二～十八小時）將離子化的金屬蒸鍍在以攝氏八七一度（華氏一六〇〇度）的高溫加熱過的水晶表面，以堪比煉金術的加工法製成。製作過程完全在真空下進行，需要很高的技術。此外，金屬並非單純塗布在表面，而是會滲透到水晶裡，所以不會掉色。儘管有些人對加工過的水晶印象不佳，但水晶原本的能力再加上蒸鍍金屬的性質，會讓很多鍍膜水晶擁有無與倫比的能量，這也是鍍膜水晶的特徵之一。

【裂隙】

指所謂的裂痕。基本上，一般認為沒有裂隙的礦石品質比較好，但人

為加工過的爆花晶，以及自然形成的裂隙會發出彩虹光的彩虹水晶則是例外。

【晶簇】
好幾根六角柱狀的結晶生長在一起的水晶群，指的不是礦石的種類，而是狀態。一般認為能量會從每一根結晶的尖端——即「端點」釋放出來。擁有極強的淨化力，也能用來淨化其他能量石。

【硬度】
表示物質軟硬的標準，針對該物質被其他物質刻劃時，能夠做到多少抵抗進行數值化。數值越接近十代表越硬，越接近一代表越軟。
硬度十的是被視為在所有礦物中最堅硬的鑽石，反之硬度低的則有方解石、綠龍晶和透石膏（石膏）等等。硬度較低的礦石很容易破裂或受損，使用時需要特別小心。

【蛋面切割】
將礦石琢磨成半球體的切割法。除了不透明或具有特殊光學效應的礦石以外，因為有掩飾傷口的特性，所以也常常被用在硬度七以下、容易受傷的礦石。

【貓眼效應】
Chatoyancy，可見於虎眼石等的特殊光學效應之一。指在礦石內部的反射光聚集在表面，形成像貓眼一

樣的線條（白色光帶）。從正面看時，線條會出現在正中央；但如果轉動礦石，線條也會跟著一起旋轉。

【閃光效應】
Schiller effect，可見於月光石等的特殊光學效應之一。指蛋面切割的礦石因為內部的分層結構，讓光線反射到每一層，在表面形成像月光一樣的青白光。月光石的閃光效應又稱「月暈效應」（adularescence）。

【半寶石】
指除了被當成珠寶的「貴重寶石」（precious stone，包含鑽石、紅寶石、藍寶石、祖母綠）以外的所有礦石。嚴格來說是礦石的原石，美麗的天然石就屬於半寶石。雖然貴重寶石給人的印象比較接近珠寶，但無論是貴重寶石還是半寶石都可以當作能量石。此外，在能量石界，有些人也會把不是礦物的珍珠、珊瑚等納入半寶石的範疇。

【星彩效應】
Asterism，可見於紫蘇輝石等的特殊光學效應之一。指被光照到時，會從一個共通的中心點出現好幾條放射狀光帶的現象。光帶看起來像流星一樣，因而得名。又稱「星光效應」。光帶的形狀會因為礦物的種類、透明度、包裹物等因素而改變。

【男性面、女性面】

工作運、金錢運等男性能量較強的礦石，我們會用「男性面較強」來形容；戀愛運等女性能量較強的礦石，則會用「女性面較強」來表現。基本上，若男性面較高，女性面就會比較低；女性面較高時，男性面就會比較低。但這充其量只是在說能量特性，不需要過於在意。例如當女性想提升金錢運時，也可以使用男性面較高的能量石。

【天然色】

指未經人工著色，維持從地底開採出來時一樣的顏色。即使被加工成水晶球或水晶珠，只要沒經過染色加工，就會被分類在「天然色」。

【波動】

指能量石的振動（vibration）。礦石會因為產地、成分、顏色等因素具備不同的振動，人們認為這種振動是礦石的能量（energy）。包含我們人類在內，所有由物質構成的事物幾乎都會產生振動。如果你因為觸摸能量石而恢復冷靜或打起精神，就代表你感受到了能量石的波動，與之產生了共鳴。

【刻面切割】

正如「facet」（切面、小平面）這個字的意思，指將無數個平面以幾何學的方式結合在一起的切割法。種類五花八門，例如「桌形切割」、「正方形切割」、「八邊長方形切割」「長方形切割」、「橢圓形切割」與「明亮型切割」等等。因為是能最大發揮透明度與亮度的切割法，所以常用於有高透明度以及高光線折射率的礦石。

【輸入】

指和礦石共度一段時光或傳遞自己的想法，藉此讓礦石記住持有者心願的行為。在使用前進行輸入，不但會更容易與礦石產生能量連結，還會使礦石的力量得到強化。

【端點】

指水晶原石的結晶尖端。端點的形狀、大小和紋路等等會影響水晶名稱及能量特性。而且一般認為水晶的能量會從這裡釋放。

介紹能量石專賣店

最後向各位介紹由本書的監修「NATURE WORLD」
所經營的能量石專賣店。
歡迎各位在尋找適合自己的能量石時蒞臨選購。

Healing Shop「ピュアリ」

本店提供半寶石、手鍊等天然石飾品
及花精等療癒商品。位於東陽町的實
體店鋪則有陳列及販售數百件半寶
石，也能配合您的需求製成手鍊。

〒136-0076
東京都江東區南砂2-1-12 東陽町スクウェアビル5F
TEL 033-6458-4550／
HP http://natureworld.co.jp/
營業時間 週一～週五 10:00～19:00／
　　　　六、日 12:00～17:30
（黃金週、盂蘭盆節、過年期間公休）

陳列了為數眾多的天然石原石及裸
石，可以實際拿起來欣賞把玩。

製作手鍊時，請從種類豐富的天然
石串珠當中，選擇自己喜歡的進行
製作。

索引

● 作者

登石麻恭子

西洋占星術研究家。英國國際芳香療法協會（International Federation of Aromatherapists，簡稱IFA）認證芳療師。日本芳療環境協會（The Aroma Environment Association of Japan，簡稱AEAJ）認證芳療講師。花精應用諮詢師。

早稻田大學教育學部理學系生物學專科畢業。將西洋占星術作為統合身、心、靈的整體工具，實踐採用能量石等媒介的療癒占星。亦從醫療占星術的觀點進行植物（尤指香草等藥用植物）、礦物（能量石）、身體及西洋占星術的相關研究，視其為畢生志業。在東京都內開班授課，並舉辦有關西洋占星術、西洋占星術＆植物療法以及能量石等主題的講座。主要著作有《魔女のアロマテラピー》（INFAS Publication）、《魔女の手作り化粧品》（WANI BOOKS）等。

須田布由香

NATURE WORLD股份有限公司董事。二〇〇三年遇見花精後漸漸愛上它的魅力，而後致力於花精的普及活動，同時實踐以能量石為首的各種療癒法。精通使用花精和能量石的療癒法。不但是巴赫花精（Bach）、美力花精（Power of Flower Healing）等的應用諮詢師，還是獲得認證的水晶療癒師、般尼克療癒師、能量探測師以及神諭卡占卜師。著有《一番くわしいパワーストーンの教科書》（ナツメ社）。

● 監修

玉井宏

NATURE WORLD股份有限公司執行董事。該公司販售能量石、花精等療癒用品。直營店「ピュアリ」的格言是「以客戶為出發點的豐富品項」，店內陳列無數品質優良、價格合理的商品，深受顧客的信賴。在以「購買代理店」、「Market Out」、「無資產經營」、「開放式方針」等獨特經營策略聞名的三住股份有限公司擔任常務董事，長年負責新興事業策略，座右銘是「經營的原點是『顧客的需求』」。

裝幀	アガタ・レイ（56HOPE ROAD STUDIO）
本文設計	下舘洋子（ボトムグラフィック）
DTP	千葉克彦
攝影	山下令
插畫	そねくみ
企劃・編輯	成田すず江（株式会社テンカウント）
商品協力	ネイチャーワールド株式会社　http://www.natureworld.co.jp/

SHUGOSEKI POWER STONE KUMIAWASE & AISHOU DAIJITEN

Copyright © 2021 Akiko Toishi, Fuyuka Suda, Hiroshi Tamai
All rights reserved.
Originally published in Japan by KAWADE SHOBO SHINSHA Ltd. Publishers,
Chinese (in complex character only) translation rights arranged with
KAWADE SHOBO SHINSHA Ltd. Publishers, through CREEK & RIVER Co., Ltd.

出　　　版／楓樹林出版事業有限公司
地　　　址／新北市板橋區信義路163巷3號10樓
郵 政 劃 撥／19907596　楓書坊文化出版社
網　　　址／www.maplebook.com.tw
電　　　話／02-2957-6096
傳　　　真／02-2957-6435
監　　　修／玉井宏
作　　　者／登石麻恭子、須田布由香
翻　　　譯／歐兆苓
責 任 編 輯／周佳薇
內 文 排 版／楊亞容
港 澳 經 銷／泛華發行代理有限公司
定　　　價／580元
出 版 日 期／2022年12月

國家圖書館出版品預行編目資料

能量石與誕生石全書 / 登石麻恭子、須田布由香作；玉井宏監修；歐兆苓譯. -- 初版. -- 新北市：楓樹林出版事業有限公司, 2022.12　面；　公分
ISBN 978-626-7218-05-1（平裝）

1. 占星術　2. 寶石

292.22　　　　　　　　　　　111016247